权威·前沿·原创

皮书系列为
"十二五""十三五"国家重点图书出版规划项目

妇女教育蓝皮书

BLUE BOOK OF
WOMEN'S EDUCATION

中国妇女教育发展报告
No.3

REPORT ON THE DEVELOPMENT OF WOMEN'S EDUCATION
IN CHINA No. 3

高等教育中的女性

主　编／张李玺
副主编／刘　梦　黄　河　周应江

社会科学文献出版社
SOCIAL SCIENCES ACADEMIC PRESS（CHINA）

图书在版编目（CIP）数据

中国妇女教育发展报告. No.3，高等教育中的女性／
张李玺主编. －－北京：社会科学文献出版社，2018.8
（妇女教育蓝皮书）
ISBN 978 - 7 - 5201 - 2908 - 4

Ⅰ.①中… Ⅱ.①张… Ⅲ.①妇女教育 - 研究报告 -
中国 Ⅳ.①G776 ②G52

中国版本图书馆 CIP 数据核字（2018）第 126011 号

妇女教育蓝皮书

中国妇女教育发展报告 No.3
——高等教育中的女性

主　　编／张李玺
副 主 编／刘　梦　黄　河　周应江

出 版 人／谢寿光
项目统筹／王　绯
责任编辑／张建中

出　　版／社会科学文献出版社·社会政法分社（010）59367156
　　　　　地址：北京市北三环中路甲 29 号院华龙大厦　邮编：100029
　　　　　网址：www.ssap.com.cn
发　　行／市场营销中心（010）59367081　59367018
印　　装／三河市龙林印务有限公司

规　　格／开　本：787mm × 1092mm　1/16
　　　　　印　张：28　字　数：423 千字
版　　次／2018 年 8 月第 1 版　2018 年 8 月第 1 次印刷
书　　号／ISBN 978 - 7 - 5201 - 2908 - 4
定　　价／128.00 元

皮书序列号／PSN B - 2008 - 121 - 1/1

本书如有印装质量问题，请与读者服务中心（010 - 59367028）联系

中国妇女教育发展报告 No. 3
——高等教育中的女性
编委会

主要编撰者简介

张李玺　女，中华女子学院教授，博士生导师。1982 年毕业于北京大学哲学系，2002 年获香港理工大学哲学博士学位。现任中国妇女研究会副会长，中国妇女教育专业委员会主任，国际社工教育联盟中国理事。享受政府特殊津贴专家。荣获"第三届林护杰出社会工作学人奖"。曾任中华女子学院院长，联合国发展署社会性别项目高级顾问，世界银行性别咨询委员会委员。从事社会学教学和性别研究 20 多年，先后出版或发表了《角色期望的错位：婚姻冲突与两性权力》《家庭社会学》《父权制的复苏和中国妇女的回应》《国家、市场、家庭：好家风建设中的互动机制》等专著和中英文论文。主编了《倾听与发现：女性口述史丛书》《中国女性社会学：本土知识构建》等著作。主持和承担了"中国女性社会学学科建构研究""中国城市流动女性人口状况"等国家和省部级课题。

摘　要

20 世纪 90 年代我国高等教育进入大众化时代，高等教育规模发生了翻天覆地的变化。本研究包含了两类研究主体和对象：女大学生与女教师。

在第一部分对女大学生的研究中，首先，梳理了从新中国成立至今所取得的巨大成就，即接受高等教育的女生增多，层次不断扩大。其次，探讨了当前女大学生生存发展存在的问题：女性入学机会在城乡方面差异显著；女性入学机会在地域方面差异显著；高校中男女专业分布不均；女性教育回报低于男性；高校中女性学课程未进入主流课程体系。最后提出了对策建议，即建立健全两性平等教育的法律法规；修订和完善现行教育政策和法规中的性别歧视和性别盲点方面的内容；将社会性别意识纳入教育决策主流；努力构建先进性别文化与观念；加强女大学生自立自强的教育；加强女性教育研究机构的建设，促进高校女性课程的开展。

在第二部分对女教师的研究中，首先，梳理了我国高校女教师的发展历程。其次，揭示了当前我国高校女教师的发展仍旧存在着一些边缘化的问题，主要体现在：第一，学术地位较低，女性工作相对贬值；第二，职务差别明显，高校管理层的性别失衡现象明显；第三，收入差异，女性实际收入低于男性；第四，高校中仍存在性别观念的盲视区。据此提出以下对策：第一，将性别意识纳入主流决策层；第二，性别意识在文化中重构；第三，在高校内部改革中进行推动两性平等的尝试。

关键词：高等教育　性别公平　女大学生　女教师

目 录

皮书数据库阅读**使用指南**

总 报 告

General Report

B.1

性别视角下的高校女性
发展历程与现状研究

郑新蓉　武晓伟*

引　言

自 20 世纪 90 年代我国高等教育体制改革和调整之后，"高等教育大众化"的历程开始，短短十几年时间，我国的高等教育发生了巨大变化。2015 年教育部全国教育事业发展统计公报显示，截止到当年，我国各类高等教育的在学规模已经达到了 3647 万人。研究生招生人数共计 64.51 万人，其中，博士生 7.44 万人，硕士生 57.06 万人。在校研究生人数高达 191.14

* 郑新蓉，北京师范大学教育学部教授、博士生导师；武晓伟，北京师范大学珠海分校教育学院副教授，北京师范大学教育学博士。

万人，高居世界首位。高等教育的毛入学率已达40%[①]，远超过马丁·特罗所提出的国际高等教育大众化15%的最低标准，我国正式跨入高等教育大众化阶段[②]

参与高等教育过程是女性社会地位提高的显著标志之一。首先，女性接受高等教育的人数和比例逐步提高，特别是近年来，女大学生比例迅速增加已经成为很多高校的新变化。从2007年至2015年，全国各级各类学历教育学生情况中"女学生占学生总数的比重"显示，从普高至博士，各学段女生比例都在上升。其中，增长幅度最大的是本科阶段，这8年增长了5个百分点，女生人数占在校学生总数2007~2015年分别为：47.36%、48.15%、48.89%、49.68%、50.4%、51.03%、51.78%、52.46%，[③] 这表明，当前，大学本科阶段女生已稳占半壁江山。

其次，高校规模扩张使教师队伍也得到扩充，女性教师规模增长也非常迅速。1997年，我国普通高校教职工总人数84.72万，其中女教师33.1万，[④] 占39.05%。2006年，高校教职工总人数达171万，女教师增至75.6万，[⑤] 较10年前净增长42.5万人，增长率高达128.40%。2014年，高校女教职工总数更是高达109.9万人，占教职工总数的47.05%。[⑥] 由此可见，女教师已成为我国高校教师队伍的重要组成部分。

---

① 数据来源：中华人民共和国教育部门户网站，http://www.moe.gov.cn/srcsite/A03/s180/moe_633/201607/t20160706_270976.html。
② 马丁·特罗（M. Trow，1926~），美国著名教育学社会学家，他在20世纪60年代末提出的"高等教育发展阶段理论"将高等教育划分为"英才（Elite）""大众（Mass）"和"普及（Universal）"三个发展阶段，并将15%、50%作为高等教育发展从精英到大众，再到普及的临界点。事实上，我国高等教育于2002年已经步入了国际公认的大众化发展阶段，比1999年设定的2010年达到15%的目标提前了8年。
③ 数据来源：中国统计年鉴，查询地址：http://www.stats.gov.cn/tjsj/ndsj/。
④ 本报告所指的普通高校教职工总数为校本部教职工人数，不包括科研机构人员、校办企业职工和其他附属机构人员（以下同）。数据来源：中华人民共和国教育部政府门户网站，http://www.moe.edu.cn/edoas/webs1te18/44 八 nfoll244.htm。
⑤ 数据来源：中华人民共和国教育部门户网站，http://www.moe.edu.cn/edoas/webs1te18/62 八 nfo33562.htm。
⑥ 数据来源：中华人民共和国教育部门户网站，http://www.moe.gov.cn/s78/A03/moe_560/jytjsj_2014/2014_qg/201509/t20150902_205061.html。

本研究对女大学生的界定有别于学界的一般界定，即在高校注册入学和接受教育的女性群体，包括全日制和在职学习两大类。本研究所指的女大学生主要是指在校大学生，包括全日制专科生、本科生和研究生群体中的女性，而不含在职教育和自考学生中的女生。

本研究对高校女教师的界定是指在经国家政府部门批准的全日制普通高等院校中具有教师资格证书，专门从事教学或者科研工作的专任女性教师，以及兼任或专任学术、行政管理职务的女性。事实上，本研究中的高校女教师包含了女性教师和女性管理者、领导者这两个主要的群体。写作中因行文的方便和一些约定俗成的说法，高校女教师、女性管理者和领导者也会使用大学女教师、高校知识分子指代，或者直接称女教师。

由于本研究包含了两类研究主体和对象，所以将分为两个大部分进行论述，即第一部分着重论述高校女大学生群体，第二部分着重论述高校女教师群体。

第一部分　高校女大学生的生存与发展

一　文献综述

（一）国外研究

以社会性别理论为视角的西方女性主义教育思想在西方教育研究中独树一帜，影响也颇广。最早系统地阐释教育领域中有关性别问题的学者应是英国早期女权运动的带头人玛丽·沃尔斯通克拉夫特（Mary Wollstonecraft）。早在 1792 年，玛丽就提出在教育的起点、过程和结果三阶段均要实现性别平等。现代女性主义者进一步提出消除教育领域的性别不公是社会追求民主与平等的重要标志。还有一些学者在教育系统内部针对教育各要素做了分析。比如，兰诺·威茨曼（Lander Weizman）对美国教科书中人物形象进行了分析，丹·玛克（Dam Make）对法国、西班牙、瑞典、苏联、罗马尼亚

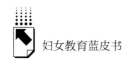
五国的教材中男女主角做了比较研究，沙·若兰（Sand Georland）对英国高等学校教材的传统性别刻板印象做了深入研究。另一些学者运用性别视角对课堂教学中的性别偏见问题做了讨论。赛德克（Seediq）夫妇研究了学校中男女性别隔离的现象后指出"性别隔离造成了女孩在学校里被忽视"。①

在一些发展中国家，学者们较多关注教育资源与权利的性别配置，注重不同学科在教材、课程、专业设置和教师指导上的性别差异，并探讨了不同教育环境所造成的不同性别学生在学业与各方面表现的差异。

美国学者玛丽·布林克（Mary Belenky）称"由于整个高等教育的知识体系是以男性的思维模式建立起来的，导致女性在接受高等教育过程中，对知识的认知方式与男性不同，她们在对知识的学习中会遇到更多的困难"。②

（二）国内研究

伴随着西方女权主义、女性主义研究的深入，以及在北京召开的第四届世界妇女大会，越来越多的中国学者开始关注性别平等，关注教育领域中的两性问题。但由于研究起步较晚，国内关于高等教育中女性方面的资料较少。20世纪90年代这段时间可以说是中国女性主义萌芽时期，我国女性学的创始人李小江在其《性别与中国》一书中首次批判了男权中心的文化。而在《中国女性主义》中，作者强调要重视理论与实践的结合。③

在高等教育的研究层面，安树芬在《中国女性高等教育研究》（2002）中提出"大学女教师的人数比例偏小，职称层次偏低，这种状况影响着女性对于学校行政管理和学术管理的参与"。同时她也提出要把性别意识纳入国家整体的教育决策，加快改善高等教育的诸环境。④ 王珺在《阅读高等教育——基于女性主义认识论的视角》（2007）中，揭示出高校在体制和课程

---

① 刘慧群：《社会性别视角下的高等教育公平》，《吉首大学学报》（社会科学版）2009年第5期，第12页。

② 杜静：《女性主义视野下我国高等教育性别平等问题研究》，硕士学位论文，内蒙古农业大学，2008。

③ http：//www. literature. org. cn/Article. aspx? ID = 7733，女性主义在行动。

④ 安树芬：《中国女性高等教育研究》，北京：高等教育出版社，2002。

设置上均存在性别歧视。① 肖巍在《女性主义教育观及其实践》（2007）一书中系统地阐述了在高校开设女性学相关课程的必要性。

学术论文方面，何雪莲在《让高等教育奏响和谐之音——女性主义视角下的中国女子高等教育》（2004）中认为，当代中国高等教育中，女性入学率和总人口比例差异明显。② 王香丽的《建国后我国女性高等教育的主要成就和问题》对广东省高校进行了问卷调查，发现家庭阶层会影响女生进入高等学校就学的机会。农民和城乡无业人口、半失业人口家庭中的女生进入高等学校的机会较低，家长文化程度、家庭综合经济实力、家庭对教育的重视程度成为主要因素。③ 杜静在《女性主义视野下我国高等教育性别平等问题研究》（2008）中，提出制约女性接受高等教育的因素有政治、经济、文化和家庭，她还发现高校专业设置，教学过程中都存在性别差异。④ 王瑞兰在《女性主义视野下我国高等教育回报中性别冲突的研究》（2010）一文中借助女性主义视角分析了教育回报问题，即就业。她认为在高校中的就业指导没有关注男女性别差异，女生成就动机不足，影响了其求职，并在日后工作中容易产生"成功恐惧"，造成高等教育中女性回报率较男性低。⑤

1997年，中华女子学院开展了"面向21世纪中国女性高等教育研究"，该研究入选全国教育科学"九五"规划重点课题。该课题以性别作为分析视角，描述了我国高等教育女性问题，还建立了我国第一个"专业信息库"，从而为高等教育中的女性研究提供了宝贵的数据支持系统。

---

① 王珺：《阅读高等教育——基于女性主义认识论的视角》，天津：天津人民出版社，2007。
② 何雪莲：《让高等教育奏响和谐之音——女性主义视角下的中国女子高等教育》，《高等教育研究》2004年第5期，第12～13页。
③ 王香丽：《建国后我国女性高等教育的主要成就和问题》，《广东工业大学学报》2005年第6期，第36页。
④ 杜静：《女性主义视野下我国高等教育性别平等问题研究》，硕士学位论文，内蒙古农业大学，2008，第34～40页。
⑤ 王瑞兰：《女性主义视野下我国高等教育回报中性别冲突的研究》，重庆师范大学，硕士学位论文，2010，第43～51页。

近年来，有不少学者研究了"女大学生就业"的问题，尤其是女大学生就业难的问题。西方学者提出"比较优势理论"，即女性的比较优势在于家庭内部，男性的比较优势在于市场外部。在劳动力市场上女性劳动力价值不及男性。她们对自己价值的较低期待使她们在劳动力资本上数量和质量都存在不足，导致收入低于男性。但是这种分析是站在供给方，而忽视了需求方。如果从后者来看，假设男女劳动力不存在差别，女性就业难实质上就是由于市场歧视的存在。贝克尔（Gary Stanley Becker）从经济学角度进行分析，他认为由于很多雇主是男性，拒绝女性劳动者，那么他们的雇用决定不在于劳动力本身的生产能力，而在于"歧视偏好"，并且他们愿意为此多付出。追求利润最大化与歧视是相悖的。该理论不能解释歧视的存在导致利益受损，也并未说明为何歧视女性而喜欢男性。贝克尔又提出"统计性歧视"的概念，即企业将群体特征看成每个人所具有的特征，并利用这些特征产生歧视行为。在信息不完善的市场中，雇主无法预测每个工人的生产能力，但他总愿意雇用有较高生产率的工人，而雇主总认为男性工人会比女性工人有较高的劳动生产率，从而选择男性而非女性。而女性在就业市场上寻找工作的时间和空间都较少，雇主的偏见又加重了女性劳动者找工作的成本，这种恶性循环导致了最终的歧视。以上是西方发达国家的市场分析，并不完全适用于中国。

我国学术界针对"女大学生就业难"的研究有两个方面：一是性别对大学生就业的影响；二是"女大学生就业难"的原因。岳昌君等人对大学生求职影响因素进行了实证分析，结果表明性别在寻找工作上存在显著差异，男生比女生更容易找到工作。叶文振等人认为，女大学生落实就业单位较难，性别在大学生就业市场上是一个重要因素。纪月梅等人的研究认为，性别对工资也有影响，在学校里女生的学习能力强于男生，但进入就业市场后，女生工资普遍低于男生，而且这种工资差别会随着工作年限而增大。范元伟等人的研究认为，男生找工作弹性比女生大，在其他条件不变的前提下，男生比女生找工作快一个月。在当前女大学生就业现状调查中，比较权威的有以下几个。2000年，北京毕业生三次抽样调查显示，"存在女大学毕业生找工作难"。2002 年,江苏省妇联在《妇女权益保障法》颁布实施 10 周年之际对该地区进行了调查,其中有关女大学生的就业问题调查发现,80% 的女大学生在找工作中遭到了歧视,34.3% 的女生有多次被拒绝的经历。2002 年,厦门对 1068 个本科生进行了问卷调查,包括就业率和就业质量等若干方面。在同等条件下,女生就业机会为男生的 87.7%,其初次就业率为 78.8%,低于男生 11.3 个百分点。用人单位拟付工资不足 3000 元的女生比例为 64.4%,比男生高 14 个百分点;2000 元以下的女生比例为 54%,也超出男生 14 个百分点。[1] 男性平均起薪为 1631 元,女性为 1507 元,两者之间相差 124 元,与 2003 年相比,男生的起薪上升,而女性的起薪下降。[2] 在对女大学生就业难的原因进行分析时,已有研究主要集中在传统性别差异思想、就业需求岗位矛盾、女大学生面临的性别歧视、法律对于女性就业的保障不足等几个方面进行分析。

二 高等教育中女大学生生存发展现状与问题

(一)新中国成立以来女性高等教育发展

新中国制定了一系列法律政策,以保障男女两性平等接受高等教育权。如《妇女权益保障法》《婚姻法》等;同时,制度建设也为女性提供了保障。1995 年 9 月 4 日,第四次世界妇女大会指出"男女平等是促进我国社会发展的一项基本国策",这反映了党和国家对妇女的尊重和重视。党的十八大报告中也首度将男女平等作为国策。

高等教育平等的一个重要指标就是接受高等教育的机会平等。《中国教育统计年鉴》显示,自 1949 年至 2000 年,女大学生在校人数一直呈现大幅

---

① 蒋阳飞:《新形势下高校毕业生就业歧视及对策思考》,《中国大学生就业》2004 年第 22 期,第 37 页。

② 阎维方、丁小浩、文东茅、岳昌君:《2005 年高校毕业生就业状况的调查分析》,《高等教育研究》2006 年第 1 期,第 45~46 页。

上涨趋势，尤其是改革开放后，这表明新中国成立后制定的男女平等政策促进了女性进入高等教育。

高等教育平等的另一个指标是教育层次。新中国成立后，不仅人数上女性开始上升，而且高等教育各个层次中女生比重也大幅增加。1981年实行学位制度后，研究生教育有了较大发展，女研究生数量也有了较大提升（见表1）。

表1　高等教育各层次女生占学生总数的比例

单位：%

学年度	1987年	1995年	2000年	2014年
本/专科生	33.0	35.4	41.0	52.1
硕士研究生	21.3	30.6	36.1	51.6
博士研究生	8.8	15.5	24.0	36.9

在本书中蒋承对近十年来女大学生的发展状况做了较为详细的研究，据她统计，近年来，女大学生占比迅速增加已成为很多高校的新变化。以2007~2012年全国各级各类学历教育学生情况中"女学生占学生总数的比重"为例，从普通高中到博士研究生，各学段女生比例都呈现上升趋势。其中，增长幅度最大的是本科生和硕士研究生。

另外，我国还建立了专门以女性为教育对象的高等学府。10年前，这类学校14所，在校人数约3万。比如，宋庆龄、何香凝等人筹建的新中国妇女职业学校（1949），即中华女子学院前身。改革开放40年来，该院已发展成为一所普通高校，为社会培养了许多女性人才。

总之，新中国成立以来，我国女性高等教育有了较大发展，不仅提升了女性参与社会的机会，也改善了其受教育状况，对构建和谐社会主义具有重大的历史意义。

（二）我国当前女大学生发展存在的问题

第一，入学机会存在着城乡间的差异。"面向21世纪中国女性高等教

育研究"课题组曾对北京、上海、山东、黑龙江、广东、甘肃的高校和 5
所女子院校进行问卷调查，结果显示，女大学生城市（大、中、小型城市）
生源比例 60.9%，农村（乡镇、农村）生源比例 39.1%，二者相差近 22 个
百分点。① 以甘肃省为例，50.9% 的城市大学生里，女生比例为 60.7%；
49.1% 的农村大学生里，女生仅仅有 37.3%。

　　第二，入学机会存在着地域的差异。据《中国女性高等教育现状调查
数据分析报告》，1999 年，北京市女大学生在校人数已超过 40%；2005 年，
这一比例达到 43.5%。同年，北京市女大学生的在校人数比全国平均水平
高出 2.52 个百分点。2002 年，上海市高校中女生达 39.9%，同年，全国高
校女生人数平均值是 37.2%，这说明上海市女大学生人数超过全国 2.7 个
百分点。② 仅仅从女大学生人数这一项基础指标上看，经济欠发达地区和西
部地区，女大学生比例远未达到全国平均值。以 2000～2002 年为例，女大
学生在校人数较低的地区有：安徽、江西、福建、宁夏、西藏、新疆，在校
人数占比都不到 40%。③

　　第三，高等教育专业分布的男女差异。不少女性主义学者认为，高校
中某些专业为男生/女生而设的这种说法是无学科理性的，专业分布差异
是社会意识形态、权力结构以及相关利益在专业划分中的体现，来自社会
文化。早期的知识、结构、制度乃至观念都是由男性构建的，当男女两性
开始同等接受高等教育时，为了避免女性过多涉足社会主流事务，参与社
会公共事务，就将其放置在不同于男性的专业领域中。改革开放以来，虽
然女性参与高等教育的机会已经逐步增多，但在选择专业上还存在较大差
异。《中国女性高等教育现状调查（问卷）数据分析报告》显示，2004
年，哈尔滨工业大学外语专业的女大学生比例为 66%，动力工程专业女
大学生比例为 11.4%，数学力学专业的女大学生比例只有 8.1%，而后两

① 杜静：《女性主义视野下我国高等教育性别平等问题研究》，硕士学位论文，内蒙古农业大
　　学，2008，第 77～79 页。
② 王立波：《女大学生在校比例的国际比较》，《当代青年研究》2002 年第 6 期，第 30 页。
③ 安树芬：《中国女性高等教育研究》，北京：高等教育出版社，2002。

个专业男生所占的比例为 88.6% 和 91.9%。调查还发现，女性在选择专业上更倾向于文学、艺术、教育等文科，理科较少。更有一些"女生专业"，有关部门和大学甚至在录取分数线上就开始划分"男女线"，从而提高男生选择此专业的机会。2012 年，上海外国语大学和中国人民大学两所大学的小语种高考提前录取批次公布的分数线中，对一些地区划分了"男女线"，女生的入学分数线甚至高于男生五六十分。对于这种情况，上海外国语大学的回应是在外语类专业中，男生稀缺，他们希望通过划线来使男女在这些专业中的人数相对平衡。①

21 世纪教育研究院副院长熊丙奇认为，高考提前批次划分男女线事实上是一种歧视现象。而且当今就业市场上存在"重男轻女"现象，理工科比文科更加容易找到工作，理工科专业男生明显多于女生，因此，这种表面为平衡男女而划分的"性别线"，导致女生在选择专业上不如男生灵活性大，机会也相对较小，从而进一步影响其就业。跟该问题密切相关的是，在本书中张可成等人研究了当前我国女大学生就业现状，发现女大学生专业与工作一致程度较高，这表明，在大学期间的专业划分极大地影响着女大学生职业生涯发展。

第四，教育回报女性低于男性。伴随我国高等教育发展、大学扩招，毕业生人数也相应增加，导致了就业市场上的竞争日益激烈。虽然，在我国所颁布的各种职业法规中明确规定在就业领域实施"男女平等"，但现实中仍旧存在歧视女性的现象。江苏省妇联的一项专题调研显示，有 80% 的女性毕业生在找工作中曾遭遇到性别歧视，其中有 34% 的女性曾被用人单位拒绝多次，男生签约率高于女生 8 个百分点。② 在人才招聘上，不光是企业对男生十分青睐，近年来，某些国家机关和事业单位在其招聘条例上也写明只收男生。如 2008 年，南京化工职业技术学院在其招聘辅导员的相关材料中就明确注明需要男性；2012 年，福建省发布的秋季公务员招考信息简报中，

①　《高校录取划分男女线否认歧视，称由就业需求决定》，http：//news. sohu. com/20120721/
　　n348687312. shtml。
②　安树芬：《中国女性高等教育研究》，北京：高等教育出版社，2002。

对性别的限制十分明显，该省招聘仅限男生的岗位比仅限女性的岗位多了800多个。[①]

再回到高等院校专业设置上，男女职业选择在很大程度上是受到其在大学所学的专业影响。女性偏文科专业，就业也倾向于选择"女性行业"，比如幼儿教师、护士、文秘、服务类工作。而男性偏理工科，就业也集中在IT、金融等方面。工资和待遇上，所谓的女性行业和男性行业不可相提并论，其行业发展空间也较小。在本书中郭黎岩和王冰详细地分析了当代女大学生就业存在的问题，特别分析了就业压力的来源，其中社会性别歧视给女大学生就业造成了巨大困扰。

第五，女性学课程未进入高校课程体系。在高校开设性别课程不仅可以促进学生对性别议题的重视和了解，也可帮助女大学生摆脱传统观念的束缚，认识自我，解放自我，对于我国真正落实性别平等的国策具有极其重要的意义。虽然我国目前性别研究正在突飞猛进地发展，自1980年起，国内很多高校相继成立了妇女研究中心、性别研究中心等机构，但女性学科还处于边缘地位，没有进入高校学科主流。在我国目前高等教育的学科体系中，至今仍旧没有设立二级学科的"女性学"；同时，女性学的研究成果也并没有很好地应用到教学和研究中。

三　对策建议

（一）建立健全两性平等教育的法律法规

从1949年以来，我国相继出台了一系列保护妇女权益的法律法规，为妇女解放与自主发展提供了法律保障。1995年9月1日《中华人民共和国教育法》第9条规定："中华人民共和国公民有受教育的权利和义

---

① 《厦门公务员招考职位被举报涉嫌性别歧视》，http://news.sina.com.cn/c/2012-08-28/222725054333.shtml。

务。公民不分民族、种族、性别、职业、财产状况、宗教信仰等，依法享有平等的受教育机会。"第 36 条规定："受教育者在入学、升学、就业等方面依法享有平等权利。学校和有关行政部门应当按照国家有关规定，保障女子在入学、升学、就业、授予学位、派出留学等方面享有同男子平等的权利。"1999 年 1 月 1 日《中华人民共和国高等教育法》第 9 条规定："公民依法享有接受高等教育的权利。"此外，《中华人民共和国妇女权益保障法》《中国妇女发展纲要（2001～2010 年）》《中国妇女发展纲要（2011～2020 年）》也对妇女与教育提出了相关保障。所有这些法律法规均旨在消除男女两性在教育领域的不平等。另外，我国积极履行《消除对妇女一切形式歧视公约》，改善妇女尤其是贫困地区妇女的教育环境。制定性别平等的法律法规，可以避免性别偏见与歧视，有利于促进经济、政治、文化等方面的两性平等，增进人们对男女平等的认识，构建和谐社会。

目前，很多保证性别平等的教育法律、法规以及政策都是原则性的，缺乏操作性，而且执行力不足，现实效果不明显。当前存在的劳动力市场性别隔离与歧视和高等教育中专业设置的男女差异必须引起有关部门的重视，政府要发挥主导作用，强力进行推进，包括政策宣传和舆论引导，也必须进行严格的执法检查，让政策落到实处。

（二）进一步修订与完善现行教育政策和法律法规中的性别歧视和盲点内容

当前，在现行的教育政策体系中，对女性教育权益明显不利的规定较少，但对女性的教育权益关注不够、保护不足的盲点现象倒是不少，因此需要进一步加以修订和完善。比如，在原有计划经济体制下，高校的分配政策对女性就业起到了一定支持，但市场经济实施以来，市场选择并不能保证女大学生拥有与男生平等的就业机会，因而，要制定一些新政策进行补充，让女大学生成为政策的受益者。

（三）将性别意识纳入教育决策层的主流

当今，公共领域中性别议题被忽视的原因很多，人们对"性别"认知和理解的缺乏是重要原因之一。人们习惯于把性别置于一定的地域、民族、阶层和家庭中去思考，并没有单独地进行强调。因此，性别意识就会经常在决策时被忽视。将社会性别意识纳入教育决策的主流，西方国家的一些经验值得我们借鉴。比如，1994 年，瑞典实施了性别平等的政策，其主要目标是促进男女在全社会所有的领域内享有平等机会，享受权利与承担义务，将两性平等的观念和意识嵌入政策的所有层面。

在教育领域中，性别歧视通常是指基于性别而使男性或者女性的教育权利实现受到限制或损害。女性是否遭遇性别歧视，取决于教育政策的公平取向，包括城乡、地区、阶层等各个层面，因此，只有决策层纳入性别观点，意识到性别歧视，才能改变现存的不平等，真正保障女性在教育中的权益。

（四）构建先进的性别文化

先进的性别文化以男女平等为核心，尊重女性的独立人格与价值，公正合理地评价，肯定其在人类发展过程中所做的贡献，倡导男女平等和谐发展。在我国，由于受到封建伦理观念的影响，诸如"女子无才便是德""男尊女卑""男主女从"等观念还根深蒂固，影响了社会各个领域对女性的认可与接纳，不仅对女性自身发展不利，也阻碍了社会平等。因此，构建先进的性别文化是非常重要和必要的。

国家和政府可以规划成立"两性教育发展中心"，倡导两性平等；高等院校可以通过学科建设研究基于性别平等的课程体系构建，将先进的性别文化浸入其中；社会成员尤其是女性应该带头倡导和示范，追求富有知识与内涵、健康体魄与心智、高雅志趣的美好生活。对女大学生价值观的培养，在坚持社会主义核心价值观的主导地位的同时，要结合女性教育的规律，不断创新教育内容和教育方法，使女大学生具有更加独立、进取、创新、务实的精神。

（五）加强对女大学生的教育

保障女性平等受教育权益的外部机制很重要，但也应该注重个体发展，即女性自身要有独立自主、自强不息的精神。因此，在高等教育中，应加强对女大学生自强自立的教育，使其提高自我发展的意识，以及依法保护自己的能力，在不断提高其受教育水平的过程中，积累人力资本，充分发挥所学，实现人生的价值，为社会贡献力量。在本书中石肜、李洁、王宏亮通过对高校女大学生社会参与状况的调查发现，女大学生参与社会建设是衡量女性是否拥有平等的社会权利和是否主动争取平等的社会权利的一个重要标准，也是帮助女大学生树立自立自强精神的一种很好的教育方式。

（六）加强建设高校女性研究机构，促进女性课程开展

20 世纪 80 年代，我国高校妇女研究中心开始建立，高校是非常重要的研究力量，是推进女性教育理论建设的主力军。但是，在以往的妇女问题研究中，大多数专家、学者几乎都是分散在各个不同学科内部的，因此，从学术意义上来说，我国目前还没有一个自成体系的独立研究机构。许多高校的妇女研究中心处于边缘地位，所以，要进一步鼓励高校在性别研究方面积极探索，建立科研和教学机构，促进性别研究的开展。

有关女性学课程的设置可以参考西方国家的一些经验。20 世纪 60 年代至 90 年代，美国已经有上百所大学建立了女性研究中心，68% 的大学设有女性学方面的课程。截至 1995 年，欧共体国家的大学有 10 个国家可以颁发女性学硕士学位，9 个国家可以授予女性学博士学位。日本、韩国、印度、菲律宾等国家的大部分高校也开设了女性学相关课程。这些课程极大地促进了女性的发展，增强了她们的自信，对学校管理、教师和学生的性别观念塑造也起到了积极作用。

所以，国家应积极推动女性课程的建设，建立全国性和地区性的学术网络，资源共享，相互交流，创办更多有影响力的女性研究方面的刊物，开展更为有效持久的教师培训，从而真正实现高等教育中的两性平等。

第二部分　高校女教师发展历程、问题与建议

一　文献综述

（一）国外研究

西方学界对于高校女教师的研究起步较早，可以追溯到 20 世纪 60 年代末，伴随着女权主义运动，西方国家的女教师也逐渐走进研究者的视野。

美国对高校女教师的研究可以概括为三方面。第一，女教师的地位。学者们大多认为，大学里女性教师人数虽然增多，但比起男教师，女教师仍处于大学的底层，在权力中心的外围。1971～1972 年被称为美国大学的"女性研究年"，这两年里大量的研究都集中在女性走进高等学府的屏障、女博士的教师生涯、女性的工作历程，以及男女两性在学校和学科中所处的位次和工资收入上的差别。主要结论就是女性在高校职级、收入、任期等许多方面都处于不利的地位；女教师的职业生涯发展存在长期的偏见、冲突和斗争。① 第二，女领导，如女校长、女院长。高校中女院长（领导）是很特殊的一个群体，她们拥有权力，因此她们的发展、角色、地位等方面的研究也备受美国学术界的关注。第三，女教师职业发展的策略。贝罗克莱丝指出：女教师的职业发展是可变的。在组织层面，需要制定相关政策改变对女性的偏见与排斥；在制度层面，鼓励吸纳女教师，因为女性更耐心、更容易倾听和接受不同的意见；在文化层面，需要通过自上而下的压力来逐步改善当前以男性为主导的文化环境。② 琳达·卡丽提出要从人际网络中寻求支持者，来帮助女教师面对逆境；萨伊斯、斯图瑟斯也提出过相类似的观点，比如，

---

① Rossi, A. S. & A. Calderwood, *Academic Women on the Move*, New York: Russell Sage Foundation, 1973, pp. 1 – 299.

② Collins, L. H., C. C. Joan & Kathryn Quina, *Career Strategies for Women in Academe: Arming Athena*, Calif: Sage Publications, 1998, p. 31.

可以使女教师避免角色模糊，逐渐认清自己的学术使命和责任，并建立良好的人际关系等。[①]

英国针对大学中女教师的研究开始于20世纪70年代末，比较有代表性的学者是罗杰、艾丽、苏·杰克逊、莫里、罗莎琳达等，他们从不同角度对英国高校中男女教师发展的现状、原因、策略等方面进行了论述。其中，罗杰、艾丽从女性主义的视角出发，立足于高校科研与教学二分，分析了女教师职业发展的瓶颈与障碍后提出：第一，在英国很多高校中，普遍认为科研重于和高于教学，而大量女性被排除在科研队伍之外；第二，虽然教学部门拥挤着大量女性，但教学标准却由男性而定，因此，"好教师"也常常与女教师相距甚远。

澳大利亚对高校女教师的普遍关注是从20世纪80年代初开始的。自1975年"国际女性年"之后，很多领域（包括入职、收入、培训等）的性别议题一直是关注重点。但对高校女教师的研究并未受到研究者们的足够重视。很多人都有这样的认识：只要能够进入高等学府从事教学与科研工作的女性，就能够排除所有形式的性别偏见。[②]然而事实上，这种看法是完全错误的。

除上述三国之外，欧盟各国和加拿大关于大学女教师的研究也有许多优秀的成果。2007年出版的《女性、大学、变革：欧盟及美国的性别平等》（*Women*，*Universities and Change*：*Gender Equality in the European Union and the United States*）一书，重点讨论了欧盟各国促进大学内性别平等的若干政策措施。比如，欧盟委员会规定：性别平等是高校重要的准则，大学既要实现男女平等，又要积极走向性别的主流化，组建各种机构和组织来促进教育领域的女性研究。欧盟委员会还明确规定，在各成员国提名的科学委员会中，女性比例不得少于40%；在"研究和发展框架计划"评估委员会中，女性

① LindaL Carli，"Coping With Adversity，" in Collins L. H. & C. C. Joan （eds.），*Careers Strategies for Women in Academe*：*Arming Athena*，Calif：Sage Publications，1998，pp. 283 – 293.

② Ryan，S. & B. Cass，*Why So Few*：*Women Academics in Australian Universities*，Sydney：Sydney University Press，1983，p. xi.

比例也不得少于 40%。2002 年，加拿大出版了论文集《处于大学荒漠地带的女性》(*Women in the Canadian Academic Tundra*)，其中共计收录 46 篇研究论文，主要研究对象就是大学中的女教师以及女性行政人员，内容涉及广泛。比如，大学里冷漠的人际关系对男女行政人员管理风格的影响、女性在大学里较低地位的原因、女教授取得成功的阻碍等。

通过以上论述可见，高校女教师的职业发展已经成为西方各国高度关注和积极探索的主题。

（二）国内研究

国内对于高校女教师的研究并不多，而与作为整体的教师发展的相关研究比较广泛，其中涉及大学教师的职业生涯发展、教师教育、教师评聘制度等，从理论和实践两个层面展开。本研究从高校女教师的发展入手检索文献发现，自 20 世纪 80 年代以来，伴随社会的转型，妇女问题也不断增多，加之西方女权主义思想的涌入，我国学者开始关注女性研究，特别是联合国第四届世界妇女大会在北京的召开，第一次将"男女平等"明确作为国策，女性发展问题日益重要。同时，随着近年高校扩招，女教师人数也不断上升，该群体的发展状况并不尽如人意。因此，学者们开始关注高校女教师。学术界目前对于这个领域的理论研究集中在下面这几个方面。

第一，高校女性教师职业生涯特点的相关研究。阶段论认为，大学女教师的职业生涯发展主要有四个阶段，即成长期、稳定期、上升期和衰退期。女教师的职业生涯发展目标还包括了"外职业生涯目标"和"内职业生涯目标"两个方面。[1] 设计论认为，高校女教师职业发展要先后经历青年时期的职业生涯成才设计，中年时期的职业生涯发展设计，老年时期的职业生涯延续设计。[2]

---

[1] 康婷：《高校女教师职业生涯发展研究》，硕士学位论文，辽宁师范大学教育学院，2007。
[2] 罗青：《高校女性教师职业生涯规划和发展研究》，硕士学位论文，天津大学职业教育学院，2006。

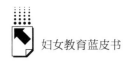

第二，高校女教师的生存状态研究。20 世纪 90 年代以来，研究者从不同维度、不同层面上探讨了高校女教师的生存状态。例如，张建奇探讨了20 世纪初到 90 年代我国高校女教师队伍的演变①。赵叶珠分析了 1994～2004 年我国高校专任女教师的基本状况②。秦桂秀等以广西高校为例，讨论了女教师发展的障碍③。万琼华论证了传统性别分工对高校女教师的负面影响。④

第三，高校女教师的地位研究。张建奇从女教师的比例、学科分布、职称晋升、自我认知和社会认同等方面，阐述了我国高校女教师地位。⑤ 王晓亚从社会学的视角，研究了我国高校女教师的学术地位。⑥ 罗青通过对女性教师的职称、职务等方面的考察提出，目前我国高等教育中的社会性别处于失衡状态。⑦ 另有研究者指出，高校行政权与学术权均集中在男性手中，女性进入管理层的比例极低，担任领导岗位的女性人数极少。比如，在调查的71 所大学中，女校长只有 3 人，加上正副书记女性的比例也不超过8.6%。⑧

第四，高校女教师职业发展受阻的成因研究。该研究主要集中在五个方面。一是性别歧视论。认为当前导致我国高等教育中男女两性间存在的不平

① 张建奇：《高等教育中女性地位研究》，博士学位论文，中山大学，1996。

② 赵叶珠：《中国高校女教师队伍发展的现状分析》，《大学研究与评价》2007 年第 2 期，第27 页。

③ 秦桂秀、刘华钢、陈媛：《关于广西高校女教师发展的障碍分析》，《广西社会科学》2005年第 12 期，第 46 页。

④ 万琼华：《试析传统性别分工对高校女教师的负面影响及消除途径》，《探索与争鸣》2004年第 1 期，第 32～33 页。

⑤ 张建奇：《我国高校女教师地位现状之研究》，《清华大学教育研究》1997 年第 4 期，第44～45 页。

⑥ 王晓亚：《高校女教师学术职业发展的社会学分析》，《医学教育探索》2007 年第 4 期，第32 页。

⑦ 罗青：《高校女性教师职业生涯规划和发展研究》，硕士学位论文，天津大学职业教育学院，2006。

⑧ 顾秀莲、丹增：《贯彻落实男女平等基本国策专题报告会》，http://www.yuxi.gov.cn/yimen/xxxs.aspid，2005 - 08 - 19/2007 - 08 - 09。

等的外部因素中，阻碍女教师晋升的最大障碍是"性别歧视和性别偏见"。[①]这是社会多方面原因造成的。二是家庭拖累论。认为高校女教师的职业成就之所以低于男性，家庭角色是女教师极为看重的，生育和家务劳动是根本的问题。[②] 三是自身责任论。"女性理想定位的偏差，女性知识面狭窄、自我意识淡薄、安于现状、不思进取等是制约女教师取得突破性进展的最大障碍"。[③] 高校中存在的男女两性间的不平等，主要是"女性自身的因素造成的，只有靠女性自身的努力才能解决"，[④] "自身素质是高校女教师社会地位的最终决定因素，是女教师实现自我价值的根本依据"。[⑤] 四是文化根源论。张晓明认为，中国文化传统和学术传统是决定妇女参与高等教育程度的关键性因素，现实中的男女教师不平等现象是"我国缺少鼓励女性参与高等教育的适切的社会文化"。[⑥] 曹爱华认为，传统性别文化在当代社会生活中"以其巨大的文化惯性力量，抗拒着男女平等的法律权利，并成为高校女教师发展中难以逾越的障碍。"[⑦] 五是多因素影响论。认为影响大学女教师生涯发展的因素不是单一的，而是"社会及家庭环境、性别刻板印象与个人因素"的多种因素共同作用的结果。[⑧]

第五，针对高校女教师发展的若干对策研究。一是自我赋权的理论。该理论认为，女性教师必须通过"自我赋权"来追求自己的理想，并树立崭

---

① 张建奇：《我国女性参与高等教育的制约因素与发展趋势》，《高等教育研究》1997 年第 4 期，第 33 页。

② 曹爱华等：《对高校女教师角色冲突的理性认识》，《天津市教科院学报》2006 年第 3 期，第 23～25 页。

③ 蔡瑞燕等：《女教师的培养和高校队伍建设》，《高等农业教育》2000 年第 2 期，第32～33 页。

④ 张建奇：《我国女性参与高等教育的制约因素与发展趋势》，《高等教育研究》1997 年第 4 期，第 34 页。

⑤ 钟华等：《高校女教师发展状况分析》，《内蒙古师范大学学报》（教科版）2006 年第 7 期，第 56 页。

⑥ 张晓明：《妇女参与高等教育特殊性的思考》，《高等教育研究》1999 年第 4 期，第 33 页。

⑦ 曹爱华：《对高校女教师角色冲突的理性认识》，《天津市教科院学报》2006 年第 3 期，第 48～50 页。

⑧ 罗文青：《高校女性教师职业生涯规划和发展研究》，硕士学位论文，天津大学职业教育学院，2006，第 26～20 页。

新的性别观念，来应对现实生活和工作中的角色冲突。[①] 二是生产力发展与家庭事务社会化发展决定论。该理论认为，先进的社会生产力是导致家务劳动社会化的大前提。[②] 三是合理选择论。该理论认为，高校女教师应该在多重角色中做出合理的选择，"预期确定、持久满足、负面效应、阶段兼顾"四条便是合理选择的原则。[③] 四是综合对策论。罗青认为创造社会的性别公平环境，建立女性必需的职业生涯规划，加强女性自身素质的培养等是女教师职业发展的对策。

近年来，学术界对女教师发展现实问题的研究主要集中在：女教师的队伍结构、女教师参政水平与层次、女教师发展与高校"扩招"及高等教育全球化等方面，研究者们主要从社会变革时期高校女教师发展存在的问题、原因和解决措施等方面进行了论述。

综观国内研究成果发现，研究中存在两种价值倾向。第一，部分研究者是从女教师个体出发，强调女教师的主体地位，认可其价值存在。第二，大多数研究者则是从社会需要出发，提出社会（高等教育）的发展需要开发女性人力资源，将女教师资源的开发视为一种外在的紧迫性，这种观点在国内 20 世纪 90 年代前女教师研究中表现尤为突出。另外，针对高校女教师的研究视角也经历了多次转变。最初是对女教师以一种俯视的视角，将其视为处于弱势地位的弱者，从女教师自身的发展角度提出改善建议，很少注意外在的社会结构和组织文化对女教师深层次的影响。随着研究的深入，研究者逐渐转为通过社会性别的视角来分析。

我国关于高校女教师发展的研究也存在一定局限性，主要体现在以下方面。首先，由于女教师的发展是在中国社会大变革、妇女问题充分暴露的特定背景下展开的，而研究者对社会主义市场经济以及全球化发展对女性社会

---

① 万琼华：《传统性别分工的现实存在与高校女教师的应对》，《辽宁教育行政学院学报》2004 年第 3 期，第 34 页。

② 年四华：《不应把妇女仅仅当成文明标准》，《争鸣》1998 年第 4 期，第 44 页。

③ 曹爱华等：《对高校女教师角色冲突的理性认识》，《天津市教科院学报》2006 年第 3 期，第 48～50 页。

地位和发展影响的研究欠缺，不少研究仅停留在微观层面，大多从某一个侧面、某一个具体问题进行表层论述与分析，很难形成系统、全面的解释高校女教师发展的理论框架，也难于形成宏观的、具有中国特色的高校女教师发展理论体系。其次，已有研究成果大多把女教师发展当作手段而不是目的，忽视了从人的全面发展高度来考虑作为一种生命体存在的女教师的发展，研究者依靠传统妇女解放理论，只有少数借鉴了西方女性主义的一些理论成果，女性主义的认识论与方法论还没有得到真正的运用。

二　我国高校女教师发展的历史变迁

我国高校女教师经历了一个从无到有，再到队伍逐步壮大的历史发展过程。蔡锋通过对民国时期我国高校女教师的研究指出：高校女教师队伍的发展经历了一个由小到大、由弱变强、由人数少到人数多、由层次低到层次高的变化。[①] 张建奇将 1949 年以来我国高校女教师的发展划分为三个阶段：1949～1966 年"'文革'前"；1966～1976 年"'文化大革命'时期"；1977 年至今"改革开放时期"。[②]

（一）男女区别：高校女教师的缺席

1920 年前，我国高等教育机构中基本没有女性的身影，无论女老师还是女学生都被排除在高校大门之外。这种结果不仅与当时中国政治、经济密切相关，也与旧中国文化观念，尤其是性别文化紧密相连。

在中国传统的性别文化中，男女是对立的，由这一组对立衍生出很多其他事物，比如阴阳、内外、尊卑、强弱等，它们规定着男女的社会地位、身份与行为，并形成一定的社会秩序。男女有别是我国传统性别文化中很核心

---

① 蔡锋：《民国时期高校女教师队伍的建设与发展》，《中华女子学院学报》2003 年第 5 期，第 22 页。
② 张建奇：《1949 年以来我国高校女教师队伍的历史演进》，《江苏高教》1997 年第 2 期，第 45 页。

的特征，这种差别不仅体现在生理上，更体现在男女劳动分工、角色、社会评价等方面，这些差别造成了男性优于女性的事实。

直到 20 世纪初，女性开始进入社会的经济、教育、文化甚至政治等领域，这种壁垒森严的男女区别的性别格局开始遭到挑战，批判男女有别的声音亦开始出现。其主要思想源流可以追溯到西方资产阶级的若干学说。当时很多人认为，西方之所以强盛，与其倡导男女平等的社会关系，以及女性的社会参与有关。梁启超在 1897 年的《倡议女学堂启》中指出：让女子接受教育"上可相夫，下可教子，近可宜家，远可善种。妇道既昌，千室良善，岂不然哉?"① 康有为是较早的中国传统社会性别的系统批判者。他在《大同书》中揭露了男尊女卑的思想对女性和整个社会的不利影响，并主张废除男女间的界限，赋予女性以参政、教育、就业等权利。"人则有男女，此固天理之必至而物形所不可少者也……故以公理言之，女子当与男子一切同之。此为天理之至公，人道之至平，同宇宙而莫易，质鬼神而无疑，仇万世以待圣人而不惑，亿万劫以待众议而难偏。""女子与男子同为人体，同为天民，亦同为国民。同为天民，则有天权而不可侵之；同为国民，则有民权不可攘之。女子亦同受天职而不可失，同任国职而不可让焉。"②

但是，值得注意的是，20 世纪初也几乎同时出现了坚守与提倡"男女有别"的纷争。而且，深入分析维新派强调的男女之同，实质上仍是一种男女区别的思想。其实质目的在于维护国家稳定和民族的繁衍生产，即以民族解放和国家振兴为旨归，并不是为了女性作为主体的人的自由与解放。正如后世的一些研究者们所评价的"女性在当时是被作为一种象征符号而被有话语权的男性演说，女性既被说成为国家衰弱的原因，又被再表现为民族落后的象征，男性提出了妇女问题，是为了寻找到一条救国保种的途径，妇女是载体、是手段，而强国才是目标"。③ 由此可见，此时所倡导的"男女平等"仍带有工具性质与特征。

---

① 舒新城：《中国近代教育史资料》（下册），北京：人民教育出版社，1961，第 789 页。
② 康有为：《大同书》，上海：上海古籍出版社，2005，第 21～126 页。
③ 王政：《社会性别与中国现代性》，天津：天津人民出版社，2004，第 178 页。

（二）解除女禁：高校女学生的初现

在我国，以近代高等学校的创建为标志，女性进入高等教育并参与其中已经有半个多世纪了，直到 20 世纪 20 年代初，才有极个别的大学出现了女性教师。

1840 年鸦片战争，西方列强打开我国国门，同时，西方资产阶级思想也随之流入我国，中国一些有识之士以及教会开始创办女学，少数女子投身到寻求解放的教育之中。最早在中国创办的女校可以追溯到英国东方女子教育协会 1844 年在浙江宁波创办的"阿尔特塞女子学校"（Aldersay Girl School），教女生认字、算数和教义，以及一些生活常识。中国人创办的第一所女校是在 1898 年，维新派经元善于上海创办的经正女塾。蔡元培于 1902 年创办了爱国女校，吴怀疢创立了务本女学。但直到 1907 年《女子小学堂章程》和《女子师范学堂章程》出台，女性接受教育才获得了法定的权利和地位。然而，男女不得同校的禁令仍然是女子教育难以冲脱的一道紧箍咒。因此，20 世纪之前的中国，女子高等教育几乎是空白。

20 世纪初，教会率先创办了一批女子高等教育的机构，比如，1905 年，北京的贝满女中扩建之后成为华北协和女子大学，即燕京女子大学前身，1908 年创建福州华南女子大学，1915 年创建金陵女子大学。到 1919 年 4 月，我国自行创办的高等教育机构都是男性独有的，既没有一所女子高校，也没招一名女生。正如张建奇所指出的，1862 年~1919 年 3 月，我国女性完全被排斥在普通高等教育制度之外；1919 年 4 月~1929 年 4 月，是我国女性获得受高等教育权利的时期。① 前者表现在：全五四运动前，中国人自己办的 84 所国立、私立高等教育机构中，无一女校，无一女性。这一时期，女性除了极少数能上教会大学或出国留学之外，其他女性仍旧无法进入高校学习。后者表现在：北京女师于 1919 年 4 月 23 日，改为女子高等师范学

---

① 张建奇：《我国普通高等教育中女性地位的研究》，博士学位论文，厦门大学，1996。

校，设有本科、预科和专修科。通常认为这是中国女子高等教育的开始。当时，针对女性的教育仍以旧时"三从四德"为主，培养贤妻良母为目标和宗旨，既不重视女性的知识水平，也不培养女性参与社会活动，并且此时中国人自办的普通大学中，仍不见女性身影，不向女性开放。

至 1920 年，我国才从普通大学中解除女禁，始有男女同校同学，高等教育中女性才开始起步。同时，从教会和国外留学归来的女性，最多也只能进入教会学校执教，却没有机会进入我国自己办的高等学府。1925 年"全国第三次教育统计表"显示，北京地区以初等教育为例，小学初等教育公立学校中，男性教师 1300 名，女性 30 名；小学高等教育中，男性教师 198 名，女性 22 名；中等教育中，男性 59 名，女性 6 名；高等教育领域中，女性则是空白。再以直隶为例，小学初等教育中，男性 4294 名，女性 264 名；小学高等教育中，男性 645 名，女性 21 名；中等教育中，男性 101 名，女性 4 名；高等教育中女性同样是空白。高等教育教师队伍中无女性的状况一直延续到大学开女禁。这从胡适的倡导中可以明显看到。胡适曾经主张"开女禁"，这不光是要打开男女同学之禁，而且也要首次打开男女教师之禁。[①] 胡适的主张恰好阐明了这样一个事实：开女禁前，女性不能进入一般大学执教，普通高校中也不允许存在女教师。

（三）在场与失语：女性参与高等教育铺陈

"五四新文化运动"前后到新中国成立的这段时间，"男女平等"成为主流话语，但并不意味着它在当时中国社会居于主导地位，更不表明"男女差别"就消失了。这一时期男女平等越来越成为主流，对旧式"男女区别"的性别传统思想具有较大的冲击，从而为女性参与高等教育做了理论铺垫。但是，"男女有别"又导致女性在高等教育中虽然在场，但却失语。

---

① 胡适认为，大学开女禁的第一步，当延聘有学问的女教授，不论是中国女子，还是外国女子。参见徐彦之《北京大学男女同学共校记》，原载《少年世界》第 1 卷第 7 期。

随着大学女禁逐步开放，特别是留美的陈衡哲被聘为我国第一个女教师后，女性开始进入高校工作，开始成为高校的"在场者"。1922 年，全国有大学 125 所，收女生的大学 25 所，仅仅占 20%。1931 年，招收女生的大学增加到 75%。大学招收女生是一种性别文化变迁的标志，并赋予了大学更高的使命，破除封建女子礼教后，在更高层次上推动了妇女解放。但整个20 年代里，大学女老师人数仍很有限，占全体教师的比例也很低。从一些省级报告的数据统计中，就能看出女大学教师的性别比例偏低这一基本事实。比如，1929 年，国立浙江大学共计 169 名教师中，只有女性教师 2 名。1931 年，河南大学教师共计 179 人中女性只有 9 人。[①] 此时，大学女教师的来源主要有三。一是在美、加、日、欧洲等地获得博士、硕士学位的女留学生，她们中的一部分在 20 年代担任大学教师，如陈衡哲、袁昌英、林徽因、杨荫瑜、谢冰心等。二是外国女教师。三是国内大学毕业的女大学生，其中，一部分是国内教会女子大学的毕业生，如吴贻芳等；另一部分是国内自办大学的女毕业生，如冯沉君等。总体来说，这一阶段大学女教师的分布不均衡，女子大学女教师多，一般大学女教师人数少。这主要也有三个方面的原因：第一，当时女大学教师的来源稀少，即女留学生与女大学生人数十分有限；第二，公众大多认为大学教师是男性职业，人们难以相信女教师能教好男大学生；第三，大学当局对男性偏好。应该说，女教师被聘任更多的是出于大学开女禁的需要。

进入三四十年代，大学女教师的人数有所增加，学科分布也相对广泛。这一时期我国的留学生教育也有了进一步的发展，女留学生数量的增加，尤其是公派女留学生的增加，就为许多女性学成后回国任教准备了条件。1940年教育部颁布的《大学及独立学院教育资格审查暂行规程》规定，在大学担任助教的一般要有学士学位，担任讲师者须有硕士或博士学位，而担任副教授以上职位的要获得博士学位。一般大学聘任教师上的崇洋倾向实际上也就制约了中国自己大学毕业的女性进入大学任教。如田琳 1942 年从日本留

---

① 张建奇：《我国普通高等教育中女性地位的研究》，博士学位论文，厦门大学，1996。

学回国后，在东北的四平开原女高师任教；留学博士罗玉君回国后任山东大学中文系教授、上海师大中文系教授；留美的赵萝蕤，1948 年获硕士学位后回国任燕大教授；留德的生物学家崔之兰回国后，先后在北平大学、云南大学、清华大学等校担任教学职务。[①] 此外，自然科学领域的女教师也逐渐增多。原因之一是当时女大学生选修自然科学的人数增多；二是大学为适应工商业的发展而进行职业调整，对自然科学教师的需求增多。女性对高等教育的贡献也越来越大，不仅涌现了一批名教授，如陈衡哲、袁昌英、林徽因、杨荫瑜、谢冰心、雷洁琼、劳君展等，还成长出了一批年轻的女助教，如被称为天文学上"东方女明星"的邹仪新当时就是广州中山大学天文系年轻的女助教。尽管如此，相比男性，女教师在高校仍处于"失语"状态。主要表现在以下两个方面。

第一，女教师总数量极少。据 1933 年度统计，男性教员有 6720 人，占全体教师的 93.22%，而女教师仅有 362 人，占总人数比例为 6.78%，其发展速度远远低于同期女大学生的发展速度（15.01%）。[②] 随着中国研究生教育的开展，一批女研究生毕业后部分人也进入了高校担任教师，这使得 40 年代后，高校女教师的人数有所增加。以下以 1946 年度第二学期和 1947 年度第一学期的教职员统计数来说明。

表 2　高校教师数量统计（1946~1947）

单位：人，%

学年度	总数	男教师数	女教师数	女教师占全体教师比例
1946 年第二学期	11909	9397	2512	21.09
1947 年第一学期	13363	10300	3060	22.90

从表 2 可以看出，1946 年度、1947 年度大学女教师分别仅占教师总数的 21.09%、22.90%；1947 年度第一学期比 1946 年度的第二学期女性教职

---

① 孙石月：《近代中国女子留学史》，北京：中国和平出版社，1995，第 326 页。
② 民国教育部：《全国高等教育统计（二十二年度）》，上海：商务印书馆，1936，第 5 页。

员的总数增长了 548 人，女教师职员占全体教职员的百分比增长了 1.81 个百分点。有研究者指出，这可能是民国时期女教师队伍增长的最快速度，并且女性教师队伍建设的发展速度略快于女大学生（1946 年女大学生在校比例为 18.3%，1947 年为 17.81%）的发展速度。[①] 需要指出的是，这里大学女教师的百分比包括女子大学的女教师在内，如果只计算一般高校的女教师，直到 1950 年，全国高校教师总数为 17319 人，女教师 1902 人，仅占10.98%。从中可见，当时大学中教师队伍里的"性别隔离"现象还是非常明显的。

第二，女教师待遇不佳。在高校任职的男女教师机会不均等，女教师地位低下，话语权微弱。尽管男女平等在 20 世纪 30 年代就已被法律所肯定，但实际上与其他女性一样，大学女教师并未获得这种权利，而是遭遇各种不公的对待。首先，大学对女教师存在偏见，认为女教师难以取得好成绩，女教师教不好学生，尤其是男学生。其次，女教师受聘难，解聘易。再次，女教师在晋职、调薪、出国留学、进修以及住房等方面都遭到不同程度的歧视。比如，在当时的高教界，男女升任职称就遵循着不平等的路径。男助教可以直升为讲师，而女教师因为其为女性，所以要首先成为"讲员"，然后再升为讲师。最后，女性虽然逐步进入大学教师行列，但几乎没有话语权。

（四）男女平等：女性成为高等教育的言说者

新中国成立之后，中国女性在政治上、法律上的主体地位才算真正明确。可以说，新中国的成立是中国女性社会地位全面提高的历史转折点。跟其他领域中的女性类似，女教师此后便逐渐在高等教育领域获得了"言说"的资格，拥有了主体身份。

女性教育被提到了政府的议事日程。新中国下大气力进行女性扫盲、

[①] 蔡锋：《民国时期高校女教师队伍的建设与发展》，《中华女子学院学报》2003 年第 5 期，第 4 页。

基础教育、中等教育和职业教育，也十分重视女性接受高等教育。1952年，我国实施了普通高等学校统一招考制（简称"高考"），女性比例不断增加。1947年是新中国成立前女性整体受教育水平最高的一年，高校女生人数占总人数的17.8%。1952年这一比例达到23.7%，1965年增加到了26.9%。①

1976年中国共产党十一届三中全会召开，我国历史开启了新的一页，中国妇女运动也上了一个新台阶，这为女性在高等教育中发出自己的"声音"奠定了基础。在这一背景下，大学女教师生存状况发生了巨大变化，逐渐开始拥有了主体身份和言说的力量。

第一，数量上，女教师人数越来越多。新中国成立至"文革"结束是"中国妇女整体性地被解放、被塑造的时期。这一时期，中国妇女在最短时间内（不到10年）完成了群体社会化过程，与历史上所有女人划开了鲜明的界限，也为日后乃至今天妇女的群体性发展奠定了重要基础"。② 根据本书中赵叶珠的统计，近20年来，在整个高校教职工队伍中，女性人数增长亦十分显著。1994年女教职工总数为31万人，2004年发展到62万人，2013年达到近105万人，近20年间增加了73万余人，增长率为236.2%；其中专任教师中女性人数从1994年的近13万人，发展到2004年的36万余人，2013年达到73万余人，增加了60万人，增长率为476.3%；行政人员中女性人数从1994年的6.5万人，发展到2004年的10万人，2013年达到近15万人，增加了8万余人，增长率为130.1%；教学辅助人员中女性人数从1994年的15万人，发展到2004年的6万人，发展到2004年的9万人，到2013年达到近12万人，增加了5.5万人，增长率为91.6%。另据本书中佟新的研究，在持续增长的女教师群体中，青年女教师的比例也在逐年增加。她进一步提出，青年教师正成为高校教育梯队建设的重要组成部分，其中青年女教师占女教师的比例达30%左右，成为高校迅速发展的重要人

① 闫广芬：《男女平等理论与中国女子高等教育》，《中华女子学院学报》2002年第3期，第56页。
② 李小江：《50年，我们走到了哪里？》，《浙江学刊》2000年第1期，第44~45页。

力资源和接班人。

第二，女教师整体实力增强。这主要体现在学历层次、专业技术职称和学术能力上。表3、表4和表5显示了我国高校女教师学历、职称和获得研究生指导资格的变化情况。

表3 普通高校女教师学历情况统计

单位：人，%

年度	专任教师数			博士			硕士			学士		
	合计	女教师	比例	合计	女教师	比例	合计	女教师	比例	合计	女教师	比例
1989	397365	114440	28.8	3138	238	7.6	52583	9997	19.0	154579	53734	34.8
1995	400742	132401	33.0	10443	1115	10.7	81420	21124	25.9	192546	76915	39.9
1999	425682	158974	37.3	23136	3246	14.0	100492	33301	32.8	217964	95334	43.7
2000	462772	176965	38.2	28228	4240	15.0	108210	37413	34.5	241097	106957	44.3

资料来源：中华人民教育部网站和1989年、1995年教育统计年鉴。

表4 普通高校研究生指导情况统计

单位：人，%

年度	研究生指导教师数			博士生导师数			硕士生导师数		
	合计	女教师	比例	合计	女教师	比例	合计	女教师	比例
1989	48602	5515	11.3	—			—		
1995	54836	8184	14.9	—			—		
1999	71860	12903	17.9	—			—		
2001	90738	16346	18.0	—			—		
2002	102970	20972	20.3	7065	831	11.7	81711	18703	22.8
2005	172051	41159	23.9	9849	1214	12.3	134444	36743	27.3

资料来源：中华人民教育部网站，http://www.moe.edu.cn/edoas/website。

表5 普通高校女教师职称情况

单位：人，%

1985年	合计	教授	副教授	讲师	助教	教员
总数	344000	5000	29000	133000	135000	39000
女教师数	920000	300	4000	36000	40000	12000
比例	26.7	6	13.8	26.3	29.6	30.8

续表

1991 年	合计	教授	副教授	讲师	助教	教员
总数	390771	15706	83788	150513	117112	23652
女教师数	115778	1700	16858	44656	44759	7805
比例	35.2	10.82	19.79	29.67	38.22	33.0
1995 年	合计	教授	副教授	讲师	助教	教员
总数	400742	31095	106520	166508	74946	21673
女教师数	132401	4286	25796	59834	33543	8942
比例	33.0	13.8	24.2	35.9	44.8	41.3
1999 年	合计	教授	副教授	讲师	助教	教员
总数	425682	39359	125900	156390	83196	20837
女教师数	158974	5933	37896	65359	39855	9931
比例	37.3	15.1	30.1	41.8	47.9	47.7

资料来源：中华人民共和国执行《提高妇女地位内罗毕前瞻性战略》国家报告，1994 年 10 月 11 日，中国教育统计年鉴（1991～1999）。

在本书中赵叶珠、佟新、朱耀平等学者的研究，还针对近 20 年来高校女教师和青年女教师的学历、职称，以及职务岗位分布、人才交流等情况做了详尽的论述。结果均体现出一个共同特征，即女教师队伍整体实力正在不断增强。另据刘伯红对高校女校长的发展状况研究，近年来，女领导的任职结构打破了担任"副职"的历史，正在不断优化，特别是在女书记的岗位上。其对京津沪渝四地大学中女性领导数量的统计显示，当前，我国高校中已经有女领导出现在领导班子的各个岗位上，在这四市 351 位女领导中，女副书记有 115 位，女副校长有 178 位，分别占该领导职务总数的 26.81% 和 18.78%，均超过女领导 18.55% 的平均比例。与当代中国各历史阶段相比，当下高校女领导的数量和规模，成为"中国史上之最"。

可见，从新中国成立至今，应该说我国女教师在普通高等教育中的生存状况发生了质的改变：一方面表现为女教师人数的迅速增长及其在高校教师队伍中所占比例的逐年攀升；另一方面表现为女教师在一定程度上获得了"主体"的资格、"言说"的权利。她们不仅"在场"，而且在高等教育的话语系统中，拥有了一定意义上的"言说"的主体性权利。可见，从时间纵向上看，我国高校女教师这半个多世纪的发展历程还是令人瞩目的。毋庸置疑，这得益于我国政府在男女平等基本国策实施方面所做的矢志不渝的努力。但不可忽视的是，高校女教师的发展仍存在一些问题。

三　我国高校女教师发展的问题

回顾高等教育发展的历史可以发现，高校女教师发展存在着一定被边缘化的问题。主要体现在以下方面。

（一）学术地位

首先体现在女性工作相对贬值。这是由重科研轻教学的实际状况而导致的。教学、科研是大学"一体两翼"，随着 19 世纪初德国大学确立以科研作为大学主要特征后，世界其他大学竞相效仿，科研拥有比教学更重要的地位。而科学技术对社会发展的作用变得日益重要，大学随之变得更加青睐科学研究，导致科研与教学分化。这可以说是近现代大学的共同特征。如英国学者戴维在《学问的中心》中指出，教学和科研的分化导致了大学也给教师进行了分层。① 从总的学术文化角度看，中国历史上缺乏为学术而学术的传统。经世致用成为大多数人的最高追求，这种现象在今天表现得尤为突出。学术研究往往不过是一些人谋求官职、换取高薪的手段。从评价制度看，这一方面体现在国家、社会对大学进行排名时，科学研究的各项内容（如项目的级别与多少、论文的多少、科研经费的多少等）总是被列为最重要的指标，与教学相关的指标主要是教师的数量以及教授、博士的比例等。另一方面体现在大学教师的考评制度上。一般情况下，教师的各种评聘与晋升，科研成果都是重点考察项目，尤其是在竞争的关键时候，教学

---

① 王承旭等编译《高等教育新论——多学科的研究》，杭州：浙江教育出版社，1988，第 58 页。

工作则被置于次要甚至不要的尴尬地位。因此，无论是对大学还是对大学教师而言，科学研究都成了一种权力、能力和地位的象征。这使得女教师处于发展中的劣势地位。因为从各项调查中发现，女教师一直徘徊在科研的边缘。具体表现为以下三个方面：第一，女性教师不成比例地聚集在教学部门，成为教学的主力军，尤其承担着更多的公共基础课和专业基础课的教学任务，因而较少参与科学研究；第二，进入科研领域的少数女教师，不光在科研项目立项、论文发表和著书立说上远落后于男教师，而且常常是以参与者、辅助人员的身份存在，因而也是低层次和边缘化的；第三，女性教师参加各种学术交流和学术会议的机会总体来说少于男教师，这也使女教师的学术资源、社会资源远远少于男教师，而且这意味着相当一部分女教师没有真正进入学科或专业领域。由此可见，女教师因难以进入科研的中心而大多聚集在教学部门，在科研尊贵于教学这一事实面前，女教师工作的相对贬值便不言而喻。

其次体现在"女性"学科受到轻视。所谓的女性学科，是一种社会建构。事实上，并不存在一种纯粹、客观的女性学科，但由于自古至今女性地位低下，人们便认为女性的智力不如男性，因而在很多人的观念中，已经存在一个比较公认的所谓女性学科，或者是适合女性学习的学科。本研究所指的女性学科也就是我们通常说的文科。"学好数理化，走遍天下都不怕"在一定程度上是对我国重理轻文的学术传统的形象浓缩。这种重理轻文的学术传统可以说一直延续至今，并影响着高校女教师的发展。高校女教师大多集中在文科领域，理工科中的女教师比例明显偏低。有研究指出：目前我国高校文科女教师远远多于男教师，而且随着年龄的降低，女教师人数却在增加。女教师在文科教师总数中的比例为47%，占全体教师总数比例为37%，两者差了10个百分点。[①] 即使在文科专业，女教师也多集中在教育学、文学、语言等传统"女性学科"，哲学、逻辑学等学科女教师较少。历史和现实都说

---

① 张晓明：《妇女参与高等教育研究》，博士学位论文，华中科技大学教育科学研究院，2003，第22～38页。

明：哲学从来就是一种非常男性化、独特的学科，哲学专业的男性化特征不同于理科和工科，它的主要论题之一就是，证明男性不但在身体上、体力上优于女性，而且在心智上也优于女性。此外，刘云杉等人对北京大学2005年新生专业选择的性别分布做了调查后发现，女生入学人数比例已接近男性，但女性在专业选择中存在明显的性别隔离现象。其中，在"男性偏好"的物理学、地质学、数学、工程技术等专业中，女生的百分比分别为13.20%、14.21%、17.93%、18.07%；在"女性偏好"的广告学、大语种、小语种中，女生的比例分别高达70%、66.8%、63.3%。① 在知识体系中，自然存在不同类的学科，从而会产生不同的学术群体与机构，这是十分正常的，也是知识发展所必需的。知识传统本身尽管存在概念的上位与下位关系，但知识并没有高低贵贱之分。我们人为地将知识划分等级，赋予理工科更高的价值，文科次之，甚至将理工科与男性相连，人文科学与女性相连，直接的结果之一就是从事文科的群体受到不公平的待遇，而这个群体的绝大多数为女性。

（二）职务差别

在美国的大学，系主任以上的女性领导只占10%左右。② 德国的261所高等教育机构中，只有25所院校中有女领导，其比例不足10%。③ 欧盟委员会在"2003杰出女性报告"中总结现状指出："在调查的所有男性中，有19%的男性担任高级职位，但是在所调查的女性中，只有6%的女性担任同样的职位。"④ 各国似乎都有这样的情形：女领导大多身处一些辅助性的岗位上，很难占据重要的权威性大的领导岗位，如大学校长、院长、教务处

---

① 刘云杉等：《女性进入精英集体：有限的进步》，《高等教育研究》2008年第2期，第27页。

② Lie, S. & L. Malik, *World Yearbook of Education：The Gender Gap in Higher Education*，London：Kogan Page，1991，p. 106.

③ 克里斯蒂纳·罗塞特：《德国妇女学术发展之路》，刘利群、张莉莉：《和谐世界文化多样——大学与媒介的责任》（上卷），北京：中国传媒大学出版社，2007，第120页。

④ 克里斯蒂纳·罗塞特：《德国妇女学术发展之路》，刘利群、张莉莉：《和谐世界文化多样——大学与媒介的责任》（上卷），北京：中国传媒大学出版社，2007，第120页。

长、科研处长、人事处长、系主任等职务。但近年来，高校管理层的性别失衡状况已经引起了许多西方国家的高度关注，它们已采取了一系列有针对性的措施，并取得了较好的效果。如有研究者通过对美国几所较大的综合性大学在校管理人员的性别统计发现：校级（正、副）领导中，女性为18.6%；院长及同级部门主管中，女性为17.6%；系行政主任中，女性为57%。[1] 再看国内的情况，2007年，中国人民大学做了一项"中国大学校长素质研究"调研，调查了国内的1792所各级各类高等院校发现，在我国大学中，女校长的比例仅为4.5%。[2]

现实表明与其他部门比较，高等学校女性参政的比例明显偏低。高校女教师参政情况比社会其他各界都要落后，这不但和高等教育的发展不相适应，也与大学中女性教师的地位、作用和发展不相吻合。高校不少管理部门还存在着男性独语、女性失语的现象，即不少高校领导仍然是"和尚班子"，女干部低层多，中层少，高层无。根据本书中刘伯红的研究，目前我国高校女性领导发展面临的主要问题有如下几个：第一，相对于其他部门女领导的发展而言，高校女校长的人数偏少，比例偏低；第二，高校女领导的任职还存在传统角色定型和边缘化的现象；第三，高校女校长发展的路径偏窄、空间不足；第四，高校女领导发展的支持性环境不利。

由此可见，我国社会的发展与经济水平提高了，高等教育的改革与发展也在向前迈进，然而，高校女性管理者的边缘化地位并没有明显地自然提升，男性在各类行政决策机构中处于绝对中心地位，他们不仅控制着大学中学术的话语权，还掌握着大学行政管理的话语权。

总之，无论是在我国当前高校的学术决策机构中还是行政决策机构中，基本上都是以男性为主体，女性所占比例很低。其结果，一方面因缺少足够数量的女性代言人，决策过程中女性声音微弱；另一方面，决策时女性视角的缺失，又容易致使女性利益遭到忽视，不利于女性公平地发展。

---

①　邱靖：《中美高校管理层中女性参与的个案比较》，《广西大学学报》（哲学社会科学版）2002年第11期，第44页。

②　杨雪梅：《中国大学校长素质调查》，《人民日报》2007年8月24日。

（三）收入差异

高校女教师发展的边缘化，还体现在实际收入上。比拉德在考察学术职业时发现，那些颁发博士学位的院校，1987～1988 年，在全职教授、副教授、助理教授、督导员（Instructor）和讲师等职称级别上，女性的工资分别比正常水平低 10.6%、6.4%、10.0%、11.1% 和 13.5%。同时，如果把所有职称都考虑在内，工资低了 24.8%，这反映了女性集中在较低级别岗位的事实。[1] 美国最近的研究也表明：高校女教师的实际工资仍然比男性低，这种差距在最近 15 年保持不变；在研究型大学里，同为最高级别的教授，女性只能拿到男性薪酬的 90%。[2]

事实上，这种现象在我国同样存在。诚然，我国早已实行了男女同工同酬政策，但如果深入考察，便会发现高校男、女教师的实际收入是存在较大差异的。主要原因之一是，高校工薪制度和人事制度的改革，高校教师的收入一般由国家发放的基本工资和学校发放的岗位津贴组成。后者是根据教师个人所在的岗位和所取得的教学、科研业绩决定的，而获得课题和发表高水平的科研论文，是高校岗位津贴发放的基础。然诸多研究都已表明：就科研绩效看，女教师常常处于劣势，因此，也就决定了女教师较低的岗位津贴。从实际工资收入看，女教师的实际平均工资远远低于男教师，而且，岗位津贴越高，女性越少，甚至呈现无女性的现象。

女性实际收入低于男性的主要原因之二，是近年来各高校将教师的科研工作业绩提到了前所未有的高度。拥有科研论文、课题、专著与项目的教师不仅能得到可观的奖励与资助，而且还能提高其年薪的档次，即科研搞得好

---

[1] T. 胡森、T. N. 波斯尔斯韦特：《教育百科全书（2）》，重庆：西南师范大学出版社，2002，第 540 页。

[2] Glazer, R. J., "Gender Equality in the American Research University: Renewing the Agenda for Women's Rights," in Mary Ann Danowitz Sagaria (ed.), *Women, Universities, and Change Gender Equality in the European and the United States*, NewYork: Plagrav Macmillan, 2007, p.168.

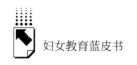

的教师，不仅奖金多，而且工资也高。"男教师常常处于科学研究的中心位置，而女性大量地被排斥在科学研究之外，或是处在研究的边缘地带。"[①]这就拉开了教师间实际收入的差距。使人困惑的是：世界各国为什么普遍存在这样一种现象？是女教师天生懒惰，还是女教师天生科研能力差？

女性实际收入低于男性的主要原因之三可能是教学业绩没有在评价体系中得到应有的体现。事实上，教学领域的标准也是由男性而定，所以，好教师的标准与女教师的观点也大相径庭。

（四）观念盲视与固化

在高校中仍有性别的盲视。比如，将男女平等认为是"男女平均"。在女教师怀孕哺乳期间，其工作量不变。在制度的制定方面，均以男性为标准。虽然女性进入大学的比例在增加，但真正能进入"学术圈"内和"行政圈"内的女性却依然十分有限，所以，女性的标准很难成为主流的标准，这就导致了学校在制定各种规章制度上难以考虑女性。高校在对女教师做出评价时，同样是以男教师的标准为准绳。女教师的特殊经验几乎得不到关注，女教师在教学、科研方面的独特方式往往被认为与标准有偏差或不成熟，女教师在生育和家务劳动等方面的独特价值和贡献也很少得到应有的体现。有研究者一针见血地指出，我国学术圈基本上是一个男性的世界，学术文化反映出较强的男权特征，女性很难进入由男性主导的这一环境。[②] 事实上，由于历史条件的局限，男教师的发展也并非全面、科学的，同样可能处于一种片面的不合理发展状态。更为严重的是，这种性别盲视实质上是否定了女教师的独特价值和要求，其后果要么将女教师淘汰出局，要么将女教师推向不堪重负的境地。在本书中，焦开山等人研究了高校女教师健康状况，

---

① Jaekson, S., "Transeending Boundaries：Women, Research and Teaching in the Academy, " in Howie, G. & A. Tauehert (eds.), *Gender, Teaching and Research in Higher Educaion：Challengers For the 21 Century*, London：Ashgate Publishing, 2002, pp. 26 – 29.

② 张莉莉：《象牙之塔的女性：在困难中前行》，《中华女子学院学报》2008 年第 1 期，第 48~49 页。

明确提出高校女教师的身体健康状况并不乐观，女教师的患病率较高。深入分析高校女教师患病原因，研究者认为女教师不但承担着与高校男性同样的教学、科研和管理任务，同时她们还肩负着沉重的家庭重担，承担着比男性教师更多、更繁杂的家务劳动，心理上还要承受更多方面的压力，心理压力大，工作任务重，生活不规律。

另外，在高校中还存在一定性别观念的固化现象。比如对"贤妻良母"价值的固化。虽然目前主流社会对现代大学女教师的发展理想模型是"事业成功＋贤妻良母"，但隐含的假设是事业的成功必须建立在贤妻良母的基础上。研究者发现，大多数的男性教师认为女性应该先做好母亲、妻子，然后再谋求其他可能的发展，而这种观点部分女教师也是认同的。显然，在女教师职业角色与家庭角色中，主流社会自觉不自觉地突出其妻子与母亲的家庭角色。正如波伏娃此前所揭露的"神圣化母亲"的实质中说"母职如今成了母性奴隶……对所有那些希望自由和独立的妇女，对那些想要自己谋生的妇女，对那些希望为自己而思考和想要拥有自己生活的妇女来说，母职是最危险的陷阱。"[①] 在波伏娃看来，"贤妻良母"角色恰恰是妨碍女性实现自我的重负。因此，女性要突破自我，必须超越内在的角色限制。当今社会为广大职业女性设计的"贤妻良母＋事业强者"的模式看似理想，但在现实社会中却难以调和，要想做到两全其美，女性不得不超负荷地付出。就高校女教师而言，由于其学术职业的特殊性，矛盾更加突出。

四　对策建议

（一）性别意识纳入主流决策层

在此之前我们需要探讨的一个问题是，为什么要将性别意识纳入决策主

---

① 罗斯玛丽·帕特：《女性主义思潮导论》，艾晓明等译，武汉：华中师范大学出版社，2002，第281页。

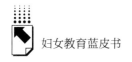

流？第一是实践的需要。包括中国在内的许多国家在现代化进程中，由于女性群体总是处于社会的边缘，"几乎任何一种政治和经济制度的改革都首先波及她们的利益"，[①] 即发展问题多以妇女问题为表征而凸显出来，这就使女性发展问题一方面成了热门问题，另一方面也成了"老大难"问题，同时女性的发展还是一种不可多得的未开发的人力资源，要妥善解决这些问题，决策者就必须将女性发展问题纳入决策主流。第二是具体决策中存在不少性别意识的"盲点"，甚至性别歧视。虽然在新中国成立之后，国家制定了一系列的法律法规和政策等用于保障男女平等，然而在具体的决策中还存在一些性别的"盲点"，甚至公开的性别歧视。社会性别意识与决策的关系近年来已经引起了研究者的关注。如李慧英就将公共政策分为了五类：性别歧视政策、性别中性政策、性别敏感政策、性别平等政策和积极差别政策。[②] 在这五种政策中，性别歧视政策因其与我国男女平等的基本决策背道而驰普遍遭到人们的唾弃。但人们通常认为性别平等政策与性别中性政策最有利于实现男女平等，其实不然。在现时代的实践中，性别敏感政策才最能反映女性利益与要求，也最有利于性别平等的实现。首先，性别平等政策的宗旨是使每个人都得到相同对待的政策，它使女性获得了与男性同等的做"人"的资格与权利，其意义是十分深远的。但在中国社会发展过程中，男女平等政策形成了两个误区———一是将男女平等理解为男女相同；二是将男女平等理解为以男性为标准，女性向男性看齐。这容易导致漠视女性的特殊情况，否定男性女性之间的自然属性差异，以及因历史因素所导致的男女社会地位差异。其次，性别中性政策是指假定男女两性是"无差别"的，实施无差别对待政策。这种政策难以将原本处于弱势的女性纳入社会正常的发展轨道，甚至加剧了女性与社会之间的分离。而性别敏感政策是指意识到男女两性的差别，并将这些差别与社会结构关联，而且意识到没有女性的平等参与，任何发展都不是可持续的社会发展。其目的是从源头上努力去消除家庭、社会组织和整个社会中的性别歧视，让男女共同分享政治和经济等活动空间，以推进两性的和谐发展。

接下来我们需要讨论的是如何将性别意识纳入决策主流。第一，改善决策群体的性别结构。以大学为例，不管是行政管理权力还是专业的学术权力，其核心位置几乎均由男性所掌控，职务级别越高，女性人数越少。比如，我国教育部直属 71 所高校中，校级女性领导只占同级干部总数的 8.6%，大学的女性校长只有 3 位;[①] 上海师范大学高耀明教授通过对上海市 8 所高校担任重要领导岗位者的性别统计发现，校级领导岗位中男性为 88.89%，女性为 11.11%；院（系）级领导岗位中男性为 82.06%，女性为 17.94%。[②] 女性参政比例低不利于在决策过程中体现女性的意愿、发出女性的声音，女教师正当权益的保护也将大打折扣。只有保证女性和男性共同平等地参与各级各个层次的决策，让女性自己发出声音，才能够在决策层面真正体现出女性的利益与需求。第二，构建性别敏感机制，同时提高决策者的性别敏感意识，也确保性别平等的思想能得到切实贯彻。应该说，从国家层面来看还是积极地实施两性平等，但到了基层就出现了问题。这可以通过开展各类社会性别意识的培训项目，将两性平等的性别意识向社会各界、各级领导干部和群众进行宣传指导，并提出具体要求，还可以通过建立各个部门、各个行业的性别统计数据库，以了解性别结构状态，确保在各机构、各个层面中社会性别平衡。第三，建立性别意识奖惩机制，让各层次的决策者对性别平等负责，并与他们的绩效和报酬挂钩，从而使决策者逐渐达成性别自觉，使政策不断走向完善。

---

① 顾秀莲:《国际妇女运动的发展与中国的男女平等国策》,《外交学院学报》2005 年第 5 期, 第 41 页。

② 高耀明等:《高校女教师的生存状态分析——以上海市为例》,《高等教育研究》2008 年第 8 期, 第 34～37 页。

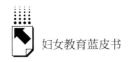
（二）性别意识在文化中构建

先进的性别文化，就是指与社会发展相适应的，有利于推动性别平等、公正、和谐生存与发展的文化。改造落后陈旧和腐朽的性别文化与构建先进的性别文化是一个一致性的过程。构建先进文化与构建社会主义两性文化也是一个完全一致的过程，因为先进的社会主义两性文化是先进文化的一个重要部分，如果没有先进的性别文化，先进文化也是空谈；反之，如果离开了先进文化，社会主义两性文化也是无根之木、无源之水。因此，两者是统一的、同构的、不可分割的。基于以上认识，构建先进的两性文化应主要从以下方面着手。

首先，要能够对现有的、现存的性别文化进行反思、质疑和批判。构建先进的性别文化必然要对以往旧的文化进行批判性反思，只有如此，我们才能知道在现行的性别文化中，哪些是正确的，哪些是错误的，哪些是该保留的，哪些是必须剔除的。对现有两性文化的反思，至少要从三个方面进行考虑。第一，对现有知识体系进行反思与质疑。这是因为我们发现现有的知识体系是以男性为中心建构的，女性的文化被忽视、埋没，女性的经验极为缺乏，这是非常不合理的，因而要进行检讨。第二，对现有的性别话语进行反思与质疑。性别话语构成性别文化，现有的性别话语亦是由男性这一单一的社会主体把控和构建，女性在这个过程中依然处于缺失的地位，这种话语的不平等关系已经固化了，因此，构建先进的性别文化需要形成一套先进的性别话语体系。第三，对现有的性别文化中男女二元对立的思维方式进行反思与批判。现有的性别文化中男女是二元对立的，而且具有浓厚的"男尊女卑"的色彩，这种男女对立的文化使得女性角色陷入生理性的窠臼，要构建先进的性别文化就必然要摒弃这些陈旧的观念，以更为开放、能动式与多元化的思维进行思考行事。

其次，从传统文化中努力提取合理性的因子。构建先进的性别文化，并不是要切断、隔绝和否定历史。相反，应该从我国漫长悠久的历史长河中挖掘优秀传统文化中那些合理的方面，我们不能因传统性别文化中存在不合理成分，就持全盘否定的态度，① 甚至对几千年文明史中女性优秀的品质和特点等进行全盘否定，我国女性在历史中创造了很多瑰丽的文化，她们在历史中沉淀的优秀特质和精神品质，应在新的历史条件下继续得以发扬和创新。绝不可从一个极端走向另一个极端。

最后，还从西方女性主义的理论和实践中汲取有益于我国的营养。1922年，英国著名哲学家罗素指出："不同文化之间的交流过去已被多次证明是人类文明发展的里程碑。"② 作为当代西方文化重要组成部分的女性主义理论，因其以独特的女性视角来解释和分析，进而提出只有根除男性宰制和女性依附的权力关系，只有解构父权体制，才可能实现女性的解放这一独到的见解，正在对我国的性别文化产生重要的影响。但是，女性主义的诸多理论毕竟是在西方这样一个不同于我国的土壤中生长起来的，加上它本身也是一个不够完善和严密的体系，因此，对于各种西方女性主义、女权主义的观点、理论，我们既要承认其普适性，也要看到民族性和地区性差异。正如萨万斯所说："女性主义是世界性的。旨在把妇女从一切形式的压迫中解放出来，并促进各国妇女之间的团结。女性主义又是民族的，旨在结合各个国家具体的文化和经济条件考虑妇女解放的重点和策略。"③ 因此，在接受其理论成果的过程中，我们应秉持鲁迅先生提倡的"拿来主义"态度，坚持去粗取精、去伪存真的原则，从而努力提取西方女性主义合理的成分作为构建我国先进性别文化的思想资源。

总之，从高等教育系统外的大环境看，只有将社会性别意识纳入决策主流，进一步建立先进的性别平等制度和法律体系，高等学校女教师的进一步发展才有政策保障；只有建构先进的性别文化，女教师的进一步发展才有宽松自由的社会空间与明确的努力方向。否则，难以从根本上推动性别平等的实现，女教师的全面发展也难以达成。

---

① 周群英：《论先进性别文化与先进文化的同建和发展》，《中国矿业大学学报》2004 年第 4 期，第 33 页。
② 埃默森：《一个自由人的崇拜》，胡品清译，长春：时代文艺出版社，1988，第 8 页。
③ 鲍晓兰：《西方女性主义研究评介》，北京：生活·读书·新知三联书店，1995，第 19 页。

（三）高等教育系统内的实践

长期以来，对两性平等的思考，我们习惯于强调国家、政府的应为，注重法制的建设与完善等，这些的确能推动两性平等，但我们相对忽视了大学在推动性别平等方面的应为和能为，甚至将大学围墙内的性别平等建设责任也推向社会。其实，"对社会的批判和导引，既是大学之能为，更是大学之应为"。① 因为大学的职能在某种程度上就决定了它绝不仅仅要适应时代的变革，更要对充满矛盾的时代施加它的积极影响；决定了它不只是单纯地跟随社会的脚步，还要在这个旅程中成为时代精神的领头羊。如果在推进两性平等发展的努力中，大学只是扮演一种旁观者与被动者的角色，那么这显然违背了大学的引领性、创造性。因此，当下高校女教师发展所面临的困境，虽然受到高等教育系统以外的历史与现实等多种因素的制约，但高校不能因此借口女教师发展的历史性和客观性而坐等条件的成熟，或者用双手捂住自己的眼睛说"我没有看见"。相反，针对当前女教师队伍发展中面临的问题，大学不仅存在改善的空间，而且理应积极寻求改善女教师发展条件的对策，而且还要发挥它对社会性别平等的批判和监督职能。这就要求大学不仅要具有性别敏感意识，而且要努力开展性别敏感发展实践。我们将从教师教育、建设组织机构、政策实践三个方面，就高等教育系统内应如何开展性别敏感发展实践予以构想。

第一，教师教育。教师性别意识的教育包含了高校领导和普通教师两个群体。从高层决策者到基层教师，既没有性别意识又没有具体的内容，这是导致决策者、教师社会性别意识欠缺、性别敏感能力较低、高等教育活动出现性别偏见和性别刻板印象的重要原因之一。因此，应从决策者和普通教师两个层面的教育入手来提高性别敏感意识。

1. 强化决策者的性别意识，加强性别教育。从理论角度以及国际经验看，通过强化决策层的性别意识来推动性别敏感发展是一种较为有效的办

---

① 禹旭才：《社会批判：大学必要的职能》，《江苏高教》2007 年第 6 期，第 67~68 页。

法。目前，国外很多国家都开始对决策层进行培训，我国目前还只有少数高等院校开设了社会性别或女性学课程，在高校决策者培训中，社会性别意识还远未引起应有的重视。因为现实中高校的绝大多数决策者都是男性，他们的社会性别意识不强，只有将性别教育渗透到决策层，再上升为高校组织规范与原则，才能更好地推进性别平等在高校范围内的发展。将社会性别意识纳入决策层，这种培训不光是说教或开设一些课程，还要通过多种办法引导高校决策者逐渐培养起这种观念，对女教师在高校中的地位和作用加以关注。社会性别意识应该成为决策者必备的专业素养，也应该成为其执政能力的一项重要内容。

2. 加强对教师的性别平等教育。在高校尤其是师范院校开设有关性别的课程。比如，西方很多国家都在大学开始了性别课程，美国的大学每年都会开设三万多门与性别、妇女问题有关的课程。因此，在我国的高校中也要积极推进性别课程，将其作为一个系列，含必修与选修、专业与通识。同时，国家可以组织教育行政部门和专家学者积极编写教材，各地区加大力度进行师资培训。近年来，我国一直坚持实施高等学校教师岗前培训，可以在新教师岗前培训中纳入性别平等的课程。在西方很多国家，"在职训练已被证明是一种降低教师性别和种族刻板印象的有效途径，这种训练可以帮助教师采纳无性别歧视的教学方法进行教学"。[1] 在我国高校当前社会性别敏感性欠缺的情况下，很有必要有针对性开展这方面的在职培训（in-service training），这种在职培训与岗前培训的性别敏感理念灌输不同，它是在教师教学活动中，结合实际对其进行性别敏感的一些训练。他国的经验已经证明，这种方法有利于教师减少性别刻板印象，从而促进教育领域的性别平等。

此外，还要系统而全面地制定教师培养目标，使其与教师培养计划紧密相连，也将其与教师的评价和考核系统挂钩。

---

① 周小李：《社会性别视角下的教育传统及其超越》，华中师范大学，博士学位论文，2008，第48～50页。

第二，建设组织机构。高校应积极为推进男女平等、女教师的发展建立一些组织和机构。比如，欧盟的很多大学都设有"平权工作委员会"（Working Committee Equal Treatment），来监督、促进大学的两性平等。我国高校在这方面还是比较欠缺的，除了"妇女工作委员会"之外，缺乏一些专业性的机构，因此，很有必要设置相应机构。具体来说可以从三个方面着手。

1. 积极发挥高校女职工委员会的作用。根据《中华全国总工会女职工委员会条例》（2004年2月28日）的规定，大学女职工委员会具有发动女职工独立自主精神，保护全体女职工的合法权益，参与相关法律、法规和政策的制定与监督、调查等职能。由此可见，女职工委员会作用不可小觑。然而现实中我们经常忽视它的效用，很多教师都认为高校女职工委员会主要是组织一些常规活动，至于如何培养女教师的性别意识、促进女教师的发展并没有提上工作日程。因此，首先要积极发挥高校女职工委员会的作用，将性别平等思想和意识纳入工作主流。

2. 创设专门的促进性别平等的组织机构。如欧盟各国大学的"平权工作委员会"就不是一个象征性的组织，而是各大学立法的核心机构，且有权参与各种与性别平等相关的工作程序。如果大学中存在性别偏见现象，此委员会有权提出反对意见，如果大学相关的权威部门对委员会的反对意见不予理睬，《大学法案》（University Act）明文规定，其有权向国家教育科学文化部继续申诉，该部最后决定处理意见。又如，奥地利在《联邦政府平等机会法案》中规定，任何一所大学都必须有一个专门的组织机构来负责协调性别平等，以促进女性发展并加强性别研究。事实上，欧盟各国都有这一规定，且大学都设有类似的机构。再如，针对2005年1月萨默斯"在科学与数学顶级团队中女性人数偏少可能归结于男女天生的差异"的言论，哈佛大学又组建了两个专门工作小组，一个是"女教师专门工作组"（Task Force on Women Faulty），一个是"科学与工程领域女性专门工作组"（Task Force on Women Science and Engineering），致力于帮助女性获得成功。

3. 适度拓展必要的女性发展空间。在这个方面西方国家有很多有益的尝试，比如，欧盟成员国多数大学专门为女教师设立了若干服务项目，还启动了多层次的名师指导工程，帮助女教师来一起搭建正式与非正式的工作平台和工作网络，从而来帮助其规划职业生涯。基于此，高校可以帮助女教师开拓一些空间，组建一些对女教师发展有益的团体，比如"女教授协会"等，并定期组织形式多样的学术讲座与其他活动，提高女教师的学术兴趣，帮助其反思自我、不断前进。

第三，政策实践。高校实施性别敏感政策有两个方面含义：一要将性别意识纳入决策系统；二要实施一些过渡性的政策。前者之前已经达成共识，这一部分着重论述后者。高校首先应该承认历史、社会等因素造成的女教师的不利处境，通过政策来调整和缩短男女两性之间的差距。因此，高校可以从下面三个方面进行。

1. 科研政策适度倾斜。高校可以在课题申报、学术成果出版、研究资助、成果引用等方面，对女教师进行一定的倾斜，帮助女教师改善科研环境，提升其科研水平。

2. 给予女教师参政议政的保护。无论是在高校行政管理系统还是在学术系统中，女教师经常处于"圈外"，因此，应在参政竞争中给予女教师适当的保护。我们可以借鉴国际上的一些做法。比如，欧盟规定：（1）在各成员国提名的科学委员会中，女性至少达40%；（2）在对"研究与发展计划"进行评估和监管的委员会中，女性至少达40%。鉴于我国高校权力集中于男性的现状，我国应借鉴西方发达国家的做法，在高校领导人员的选拔、聘用过程中增加女性比例。

3. 合理补偿女教师生育价值。高校在制定相关政策时，要考虑女教师的生理特点，对女教师给予一定的政策保护。比如，可以适当减轻女教师在生育时期的工作量和工作负担，在其怀孕期、哺乳期可以适度减少工作量。正如一些研究者指出的，"为了解决女性知识分子的双重角色矛盾，学校要在必须完成的教学工作量、必须发表的科研成果量等方面实行男女有别的规定，也就是说对女性的要求略低于男性""从客观上承认女性知识分子承担

家务劳动的社会价值"。① 显然，针对女教师的保护性政策也有两点需要说明：一是这种保护性政策实质上是一种过渡性的措施；二是一些特殊保护政策要和女教师的能力培养相适应、相结合。相反，如果保护性政策长期实施，反而会降低女教师的地位，同样不利于女教师的发展。因此，在保护性政策实施的同时，还要逐步鼓励女教师参与男女竞争，并走向实质性的平等，从而实现真正意义上的男女和谐发展和全面进步。

---

① 朱巧菊：《高校女知识分子发展状况调研与女工工作对策研究》，《工会论坛》2005 年第 5 期，第 22 页。

专题报告

Special Reports

B.2

促进高校女大学生就业机制的研究[*]

郭黎岩　王冰^{**}

摘　要： 女大学生就业问题，一直是各国政府、学校和家庭以及女大学生自身的社会现实问题，也是我国政府就业政策制定与实施的关注点。本研究从国家政策视角，立足于我国女大学生就业实际，针对国际经济发展变化格局，面对我国高校女大学生就业困境与压力，采用自编问卷，对高校女大学生就业压力、存在问题及影响因素进行调查与分析，在借鉴美国、欧盟、日本等发达国家女大学生就业政策及促进机制的基础上，从明晰政府职能、强化法律监管、构建女大学生就业监

---

* 本研究系中国妇女研究会妇女教育专业委员会、中华女子学院"中国高等教育中的女性"研究课题重点招标项目，立项批准号：LPS2014002。

** 郭黎岩（1956~），女，沈阳师范大学女子学院院长，教授，主要研究方向为女性心理与发展教育、女大学生就业等；王冰（1981~），女，沈阳师范大学女子学院讲师，研究方向为从事女性、儿童心理与健康教育、女大学生就业等。

管机制、优化女大学生专业素养、完善女大学生就业指导机制、提升女大学生综合素质等方面提出了有效改善女大学生就业机制的策略。

关键词： 国家政策　女大学生　就业机制

一　引言

从国家政策视角，立足我国女大学生就业实际，针对国际经济发展变化格局，面对我国高校女大学生就业困境与压力，梳理女大学生就业中存在问题及阻碍因素，在借鉴各国大学生就业相关政策基础上，提出适合我国国情的女大学生就业相关政策，乃是一项具有前瞻性、全局性和战略性的研究，它对推动我国高校女大学生教育与就业，提升女性就业与创业能力，推动性别平等，创造和维护公平竞争氛围，提高女大学生就业率，具有重要的现实意义。

（一）研究背景

1. 国际经济格局的变化

世界经济格局的重组引发了社会结构的调整，虽然经济全球化进程推动了跨国投资规模的扩大，带动了产业、技术、知识、人员和管理模式的跨国转移，优化重组，促进了大学生作为高层次人才资源的流动，为其就业拓展了机遇，但大学生也面临着就业的严峻挑战。

在经济全球化趋势下，政府机构面临着改革，例如政府职能的转变、机构改革的深化、依法行政的推行、法治政府的构建、服务型行政模式的塑造等。这些调整外在表现形式是国家机关、事业单位精简机构、人员分流、减员增效；而各国许多企业在应对跨国公司和企业竞争过程中，为提高经济效益，降低成本，增强竞争实力，也会采取兼并等措施。随之而来的是，国内大中型企业对人才的需求增长趋势逐渐减缓，对学历及能力的需求越来越高，在一定程度上，我国及世界其他国家对大学生能力和素养以及个性品质与职业技能的要求越来越高。国际人才标准注重能力、素质和品德行为等综合素养，更加注重人才的创新素质和实践能力，这对当代大学生来说是现实的挑战。

我国加入 WTO 后，竞争机制的引入，导致人才竞争加剧，中国高等教育在精英教育转向平民教育的过程中，"皇帝的女儿不愁嫁"的趋势一去不复返。大学扩招，企事业拥有高层次学历者增加，降低成本，选拔精英，青睐高学历、高能力成为用人单位人才录用的规则。用人单位倾向选择名校毕业生、高学历者、男性，这成为女大学生就业的第一道屏障。

2. 女大学生就业困境凸显

自 20 世纪 80 年代后期，高校毕业生就业政策发生深刻的变化，由国家统包统分政策，改为以市场为导向，自主择业，双向选择。与此同时，高校实施扩招政策，以扩大内需，带动经济发展。2008 年以来，国际金融危机引发各国经济格局发生变化，劳动力需求减弱，大学生就业率降低，失业人数逐步增加。大学生就业属于新的增量就业，受宏观与微观经济环境的影响最大，而女大学生群体更是受冲击最大的群体。

随着高等学校扩招政策的实行，高校大学毕业生人数呈现逐年增多的趋势。1998 年大学毕业生为 108 万人，女大学生占 38.31%；2001 年大学毕业生为 145 万人，女大学生占 40.77%；2003 年大学毕业生为 212 万人，女大学生占 44.29%；2005 年大学毕业生 338 万人，女大学生占 45.2%；2007 年大学毕业生 495 万人，女大学生占 48% 以上；2008 年大学毕业生达到 559 万人；2009 年大学毕业生增至 610 万人，女大学生占 50.08%；2010 年大学毕业生达 630 万人，2011 年增至 660 万人，2013 年高达 699 万人，2014 年达到 727 万人，2015 年达到 749 万人。在师范类、艺术类、医学类以及综合类大学中，女生超过 60%。

大学毕业生以每年 50 万人以上的速度迅速增长，而每年工作岗位可容纳的人数并未增加，大量毕业生竞争少量的就业岗位，导致大学生就业供需

矛盾加剧，就业率急剧下降，女大学生就业呈现难上加难的局面。女大学生在求职过程中，又遭遇了显性或隐性的性别歧视，表现为录用单位以不适合女性为由拒绝招聘女大学生；有的部门公开提出"只要男性"或者"男性优先"，即使不限制性别也提高了女性录用标准，甚至在聘用中附加诸种条件，如合同期内不得结婚、生育，否则合同自动终止等，隐性的性别歧视把女大学生拒之门外。"中国职场反性别歧视"调查结果显示，20%的高学历女性有被拒绝的经历，16%被调查的女性有过自己成绩明显优于男性却被拒绝录用的经历。

在我国，女大学生就业歧视，还表现为性别歧视、生育歧视、外貌歧视、工资歧视和晋升歧视等。女大学生就业中显现的种种"重男轻女"现象均与用人单位追求经济利益最大化有关。由于女性生理因素、婚姻因素、生育保险以及女性劳动保护费用的支出，用人单位经营成本增加，因此用人单位夸大雇用女性可能产生的负面效应，往往通过提高女性的雇用条件或给予女性较低的报酬及待遇来排斥女性就业，这样，女大学生在竞聘中，相当一些人被排挤在社会保障体系之外。另外，女大学生就业层次，工作稳定性、工资薪酬低于男性，且主要从事相对低端的服务业和边缘行业。几年来，女大学生签约率低于男生，就业质量低成为女大学生就业难的主要特征。

近年来，女大学生考研比例、保研比例高于男生，女硕士、女博士越来越多，这也反射出我国女性高学历者逐步增加，但仍面临就业中需要公正、公平、合理配置的问题，这是困扰政府、社会、学校、家庭和女大学生自身的难解之题，引发了社会的高度关注。因此，扩大就业，增加就业岗位，完善女大学生就业机制，是我国政府就业政策的重要目标。

3. 促进女大学生就业政策的出台

就业政策是一个国家在特定历史阶段为促进劳动者就业所采取的相关规定，是专门针对高校毕业生就业而制定的，规范相关部门行为，为高校毕业生创造就业机会、扩大就业机会的一系列制度、规则及法则的总称。几年来，党和政府在大学生就业政策制定上取得了突破性进展，在大学生就业政策框架体系建设上取得了突破，在大学生就业管理体制方面取得了突破，在引导大学生就业观念上也取得了突破。在制定管理体制、积极拓宽就业渠道方面，在运用市场机制调节方面，以及在公务员招录、鼓励毕业生到基层及边远地区工作等方面均出台了促进高校毕业生就业的相关政策。这些都有力证明，只要采取积极的政策、措施，大学生就业矛盾就会有效缓解。但仍然缺乏针对女大学生就业难的相关政策和规定，更缺乏配套机制的支持。为此，应尽快构建有助于我国女大学生就业的机制，保证女大学生公平就业，这是解决女大学生就业难的政策诉求。

4. 构建女大学生就业机制的需求

第一，构建女大学生就业机制应构建一个由政府、就业主体、就业环境三方结合的长效机制。这个机制既符合中国国情，也考虑女大学生主体特点，又兼顾用人单位的利益不受影响，使女大学生就业在一个和谐、共进、可持续的机制下运行。

第二，构建女大学生就业机制应有一个从性别歧视走向性别平等的法律支持的社会环境，并以稳定的法律体系为保障，通过《反就业歧视法》《妇女就业法》《就业促进法》的有效落实和相关保障男女就业平等、维护女性就业合法权益的条例，把男女平等的国策落实到女大学生就业行动中，加速女大学生就业法制化进程，促进女大学生公正、平等就业。

第三，构建女大学生就业机制应强化政府服务职能，统筹协调就业市场资源，积极探索有利于促进女性就业、创业的途径，发挥女性人才优势，实现市场与学校就业指导的有效对接，建立女性就业网络联盟，启动女大学生就业信息服务的国家、地方、高校三级联网，促进人事、劳动、教育、学校互通互联和资源信息共享，加大各界对女性就业创业的支持。

第四，构建女大学生就业机制期待校企合作，共建双导机制。高校应配置专门的女大学生就业指导专业机构，由高校与企事业联手研制适宜女大学生就业和提升专业素养的课程，建立实践基地，开展就业咨询服务。女大学生应加强自身能力及综合素质培养，提高自身应对行业选拔的能力，发挥自

身的专业优势，加强创业技能训练，提高行业竞争实力和吸引力，提高就业成功率。

（二）研究概述

1. 就业机制的界定

就业机制是一个尚未清晰界定且相对模糊的概念。国内有学者，如北京大学夏业良使用这一概念是从诸学科领域的理解出发，尤其是从理论经济学角度界定。就业机制可初步定义为：由多个结构部分或变量组成，遵循一定方式对就业行为和就业现象产生相对运动或影响，并随着时间发生变化的相互联动过程及其运行机体。就业机制直接作用的结果就是就业容量（以一定时期内所能容纳的就业者绝对数量为标志）或就业效力（以一定时期内能安置特定数量就业者的货币数额为标志）的变化。[1][2]

2. 就业机制的含义及理解

就业机制作为某一国家或城市一定时期内就业安排的总体运行系统，它包括若干个子系统，例如，与就业有关的法律和法规的制定与监督、就业政策制定、劳动力市场运行、工资报酬或激励、劳动力教育与培训、劳动力转移和流动等机制。就业机制的确定有利于确定政府在解决大学生就业问题上的角色和定位，改善就业环境，解决大学生就业难的问题。目前，我国的女大学生就业机制还待完善。

二　女大学生就业存在的问题及影响因素

客观地分析女大学生就业存在的问题、成因及影响因素，对建立有效的应对机制具有重要的作用。本研究在国内若干所高校访谈基础上，针对女大

---

① 夏业良：《就业机制的内涵与中国城市就业机制》，《复旦学报》（社会科学版）2000年第6期，第59~65页。

② 辛雪：《女大学生就业压力及其与社会公平感的关系》，硕士学位论文，沈阳师范大学，2012。

学生就业压力进行调查，对其压力现状、影响因素和存在问题进行实证研究，为构建女大学生就业机制提供客观依据。

（一）女大学生就业现状的调查

本研究主要针对女大学生就业压力进行调查，采用自编问卷《高校女大学生就业压力调查问卷》为测评工具，面向辽宁省及河北某大学的大三至大四女大学生进行测试，分析其压力现状、影响因素，客观分析问题所在，为掌握女大学生就业压力基本情况提供依据。

1. 女大学生就业压力的现状调查

（1）调查对象

①开放式调查与访谈样本

对沈阳师范大学的 20 名大四女大学生进行访谈。从河北联合大学、沈阳师范大学两所学校共选取 30 名大四女大学生进行开放式问卷调查，共发放问卷 30 份，回收有效问卷 27 份，问卷回收有效率为 90%。

②预测被试

在编制《高校女大学生就业压力调查问卷》过程中，研究对象为大学三、四年级的本科女生（以辽宁省各类高校为主）。预测样本 160 人。发放问卷 160 份，回收 148 份有效问卷，有效问卷回收率为 92.5%。被试人口统计学变量见表 1。

表 1 初测被试人口统计学特征

单位：人，%

	专业		年级		生源地		党员		学生干部		确定工作	
	文	理	大二	大四	农村	城市	是	否	是	否	确定	不确定
人数	47	96	79	65	60	86	22	106	62	72	32	33
比例	32.9	67.1	54.9	45.1	41.1	58.9	17.2	82.8	46.3	53.7	49.2	50.8

③正式施测被试

正式施测的样本为 700 人，对象为大学三、四年级的本科女生（以

沈阳师范大学、辽宁大学、沈阳工程大学、辽宁科技大学、沈阳工业大学、河北联合大学等高校为主)。取样时注意保持各级各类大学、专业、城乡生源等人口统计学变量的均衡性和适当性，以保持被试代表性。发放正式问卷700份，回收问卷634份，有效问卷回收率为90.6%。被试人口统计学特征见表2。

表2 正式施测被试人口统计学特征

单位：人，%

	专业		年级		生源地		党员		学生干部		确定工作	
	文	理	大三	大四	农村	城市	是	否	是	否	确定	不确定
人数	372	252	359	256	272	353	90	535	248	370	100	149
比例	59.6	40.4	58.4	41.6	43.5	56.5	14.4	85.6	40.1	59.9	40.2	59.8

（2）研究方法

①形成初始问卷。通过对女大学生访谈和向其发放开放式问卷初步了解女大学生就业压力基本情况。对于开放式问卷结果，参考有关文献确定分析单元和编码类目进行汇总整理。同时结合国内外同类问卷的编制探讨女大学生就业现状的维度，编制高校女大学生就业压力初始问卷。

②预测并对结果进行分析处理。对160名女大学生发放初测问卷，考虑到大一、大二学生对就业压力不敏感也不了解，因此问卷发放对象为大三和大四女生，采用SPSS 13.0对预测结果进行探索性因素分析、验证性因素分析、项目分析及描述性统计分析。

③形成正式问卷。根据项目分析、因素分析的结果，对题目进行筛选，删除不合理项目，形成正式问卷。问卷包括六个维度，分别是女大学生的学业处境、担忧体验、适应不良、性别歧视、家庭冲突、外在支持。

④问卷的信度效度检验。在考察问卷信度时，分别计算了问卷的内部一致性信度、分半信度。前者达到0.924，后者达到0.977的水平，证明问卷具有良好的信度。

本研究采用以下两种指标考察问卷效度：内容效度和结构效度。内容效度：在问卷编制后请 3 位心理学专家、8 名心理学研究生及 10 名大四女大学生对问卷的维度和项目进行评定，删除或修改其中有问题的项目，以此保证了问卷的内容效度。结构效度：问卷的结构效度主要通过题总相关、维度与总分的相关以及各个维度之间的相关来考察。

（3）研究结果

①女大学生就业压力总体结果

为了考察女大学生就业压力的总体现状，本研究对 634 份有效数据进行了分析，以统计被试在就业压力各维度及总问卷的平均分数和标准差，结果见表 3。六个维度的平均分为 0.964～1.659，各维度平均分从高到低的排列分别为：适应不良、学业处境、性别歧视、担忧体验、外在支持、家庭冲突。从女大学生就业压力各维度的波动情况来看，性别歧视维度在不同个体中存在差异最大，其次是家庭冲突维度和外在支持维度（见表 3）。

表 3　女大学生就业压力各维度的平均分与标准差

维度	题项个数	平均分（M）	标准差（SD）
性别歧视	7	1.582	0.735
适应不良	8	1.659	0.605
学业处境	7	1.583	0.572
家庭冲突	4	0.964	0.686
外在支持	5	1.298	0.674
担忧体验	7	1.454	0.608
总问卷	38	1.475	0.528

②女大学生就业压力差异性结果

第一，女大学生就业压力的年级差异结果。本研究对女大学生就业压力进行了年级间的差异检验，结果见表 4。在性别歧视、家庭冲突两个维度上不同年级女大学生的就业压力存在显著差异，大四女生在这两个维度上的得分显著高于大三女生。在适应不良、学业处境、外在支持、担忧体验以及问卷总分上的差异不显著。

表4 女大学生就业压力在年级上的差异比较

维度	大三(M + SD)	大四(M + SD)	T 值
性别歧视	10.51 ± 4.91	11.93 ± 5.40	− 3.162 **
适应不良	13.33 ± 4.71	13.03 ± 5.11	0.690
学业处境	12.88 ± 4.41	12.07 ± 4.94	1.906
家庭冲突	3.50 ± 2.60	4.12 ± 2.86	− 2.583 **
外在支持	6.22 ± 3.28	6.66 ± 3.58	− 1.377
担忧体验	10.21 ± 4.05	9.82 ± 4.62	1.039
总分	56.64 ± 19.61	57.63 ± 21.79	− 0.544

注：** $P < 0.01$。

第二，女大学生就业压力的专业差异结果。本调查中，将大学生的专业分成文科（哲学、经济学、法学、教育学、管理学、体育类、文学、语言类、艺术类、历史学）与理科（理学、工学、农学、医学）两大类。通过对女大学生就业压力在专业上的差异进行比较发现，性别歧视、学业处境、家庭冲突三个维度中不同专业的女大学生就业状况显著不同。理科女生在性别歧视、家庭冲突维度上得分显著高于文科女生，在学业处境上的得分显著低于文科女生。其他维度以及总分上的差异不显著。

表5 女大学生就业压力在专业上的差异比较

维度	文科(M + SD)	理科(M + SD)	T 值
性别歧视	10.43 ± 4.63	12.29 ± 5.56	− 4.692 ***
适应不良	13.34 ± 4.63	13.07 ± 5.22	0.672
学业处境	12.95 ± 4.26	12.13 ± 5.13	2.127 *
家庭冲突	3.64 ± 2.67	4.12 ± 2.76	− 2.100 *
外在支持	6.50 ± 3.28	6.48 ± 3.54	− 0.073
担忧体验	10.20 ± 4.06	10.19 ± 4.572	0.032
总分	56.964 ± 19.96	58.27 ± 22.22	− 0.779

注：* $P < 0.05$，*** $P < 0.001$。

第三，女大学生就业压力的生源地差异结果。不同生源地的女大学生在就业压力上的差异见表6。在本问卷的六个维度以及总分上不同生源女大学生就业压力均存在显著差异，来自农村的女大学生得分显著高于来自城市的女大学生。

表6　女大学生就业压力在生源地上的差异比较

维度	农村（M＋SD）	城市（M＋SD）	T值
性别歧视	12.14±5.06	10.28±5.00	4.552***
适应不良	14.17±4.80	12.62±4.77	4.001***
学业处境	13.12±4.60	12.31±4.56	2.187*
家庭冲突	4.12±2.70	3.68±2.78	1.994*
外在支持	7.18±3.30	5.93±3.29	4.688***
担忧体验	10.87±4.07	9.65±4.32	3.619***
总分	61.60±19.51	54.47±20.15	4.452***

注：*P＜0.05，***P＜0.001。

第四，女大学生就业压力的学生干部差异结果。本研究对是否为学生干部在女大学生就业压力上的差异进行T检验。结果显示，在适应不良、学业处境、外在支持三个维度和问卷总分上非学生干部的得分均显著高于学生干部（见表7）。

表7　女大学生就业压力在学生干部与非学生干部上的差异比较

维度	是（M＋SD）	否（M＋SD）	T值
性别歧视	11.05±5.25	11.13±5.08	−0.189
适应不良	12.65±5.17	13.60±4.64	−2.225*
学业处境	11.74±4.78	13.12±4.42	−3.500**
家庭冲突	3.87±2.92	3.84±2.66	0.085
外在支持	5.85±3.34	6.79±3.31	−3.330**
担忧体验	9.73±4.35	10.41±4.18	−1.867
总分	54.88±21.18	58.90±19.56	−2.291*

注：*P＜0.05，**P＜0.01。

第五，女大学生就业压力在是否确定毕业去向上的差异结果。由于非毕业班女大学生尚不会马上涉及求职、确定毕业去向的问题，所以这里只对毕业班女大学生确定工作者与未确定工作者的就业状况进行比较。差异如下：在适应不良、学业处境两个维度和总分上未确定工作者的得分显著高于确定工作者，其他维度上差异不显著（见表8）。

表8　毕业班女大学生就业压力在是否确定毕业去向上的差异

维度	确定（M＋SD）	未确定（M＋SD）	T值
性别歧视	10.73±5.14	12.13±5.31	−1.843
适应不良	11.54±5.26	13.46±4.62	−2.593*
学业处境	10.60±5.26	12.51±4.24	−2636**
家庭冲突	3.94±2.46	4.19±2.82	−0.647
外在支持	6.04±3.47	6.81±3.30	−1.540
担忧体验	9.09±4.31	10.18±4.28	−1.734
总分	51.96±21.94	59.29±18.94	−2.384*

注：*P<0.05，**P<0.01。

第六，女大学生就业压力的家庭经济状况差异结果。对不同家庭经济状况的女大学生就业压力水平进行比较。方差分析结果显示，不同家庭经济状况下女大学生在就业压力问卷的六个维度以及总分上均存在显著差异，且差异方向一致。家庭经济状况较差者得分最高，经济状况中等者次之，经济状况较好者得分最低（见表9）。

表9　女大学生就业压力在家庭经济状况上的差异检验

		较好	中等	较差	F
性别歧视	M	9.2857	10.4812	13.4718	19.647***
	SD	4.08139	4.85894	5.40775	
适应不良	M	11.7143	12.8686	15.0688	11.887***
	SD	5.20714	4.81136	4.63631	
学业处境	M	12.0492	12.1936	14.2858	10.895***
	SD	4.69315	4.58865	4.38642	
家庭冲突	M	3.6667	3.7045	4.3988	3.321*
	SD	2.85190	2.72632	2.73561	

		较好	中等	较差	F
外在支持	M	4.4762	6.1119	8.1235	23.235 ***
	SD	3.54428	3.25767	3.28300	
担忧体验	M	8.2857	9.7738	11.8391	14.573 ***
	SD	5.19753	4.12839	4.17897	
总分	M	49.4778	55.1336	67.1877	20.687 ***
	SD	21.93079	19.81495	19.12174	

注：＊P＜0.05，＊＊＊P＜0.001。

对不同经济状况的女大学生就业压力水平进行 LSD 检验，检验结果如表 10 和图 1 所示。在性别歧视维度、适应不良维度、学业处境维度、担忧体验维度，家庭经济状况较差者得分显著高于家庭经济状况中等和较好者；在家庭冲突维度，家庭经济状况较差者得分显著高于家庭经济状况中等者；在外在支持维度，家庭经济状况较差者得分显著高于家庭经济状况中等和较好者，家庭经济状况中等者得分显著高于家庭经济状况较好者；在总分上，家庭经济状况较差者得分显著高于家庭经济状况中等和较好者。

表 10　家庭经济状况差异的 LSD 检验结果

维度	I	J	均值差(I－J)	显著性
性别歧视	好	中	－1.19551	0.283
		差	－4.18610 ***	0.000
	中	差	－2.99059 ***	0.000
适应不良	好	中	－1.15434	0.280
		差	－3.35448 **	0.003
	中	差	－2.20014 ***	0.000
学业处境	好	中	－0.14435	0.887
		差	－2.23659 *	0.037
	中	差	－2.09224 ***	0.000
家庭冲突	好	中	－0.03781	0.951
		差	－0.73210	0.255
	中	差	－0.69429 *	0.011

续表

维度	I	J	均值差(I－J)	显著性
外在支持	好	中	－1.63574*	0.025
		差	－3.64729***	0.000
	中	差	－2.01156***	0.000
担忧体验	好	中	－1.48804	0.111
		差	－3.55341***	0.000
	中	差	－2.06537***	0.000
总分	好	中	－5.65578	0.200
		差	－17.70996***	0.000
	中	差	－12.05418***	0.000

注：*P＜0.05，**P＜0.01，***P＜0.001。

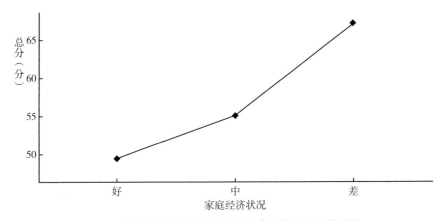

图1　女大学生就业压力在不同家庭经济状况上的差异

2. 女大学生就业压力影响因素分析①

（1）高校女大学生就业压力总体影响因素

问卷调查的结果显示：女大学生就业压力的平均分为1.475，从具体维度的得分上看，女大学在适应不良、学业处境、性别歧视三个维度上的分数高于理论中数，其中适应不良排在第一位。习惯了学生时代相对舒适、安逸的校园生活，临近毕业的学生要面对找工作频繁的考试、面试，碰壁、适应

① 辛彗：《女大学生就业压力及其与社会公平感的关系》，硕士学位论文，沈阳师范大学，2012。

复杂的社会等问题给女大学生带来的压力可想而知。学业处境排在第二位，学校、学习成绩等学业方面因素是求职中用人单位要考察的重要指标，不同专业不同的就业形势都给女大学生在面临就业时带来较多的压力与困惑。排在第三位的是性别歧视，可见性别壁垒给女大学就业带来很大的困难。全国妇联 2009 年 9 月 9 日发布"女大学生就业创业"调查显示，有 90% 的女大学生就业时受到性别歧视的困扰，90% 以上的女大学生在求职时，明显感受到用人单位的性别歧视①。这与李明对大学生就业压力进行研究时得出的女生比男生体验着更大的心理压力结果对应，也与本研究结果相似。由此可见，女大学生对当下情况的适应、学业处境情况和性别歧视问题是影响其就业状况的主要因素。

（2）高校女大学生就业压力差异性影响因素

①女大学生就业压力的年级因素

本研究对女大学生就业压力年级间的差异检验显示：在总分上毕业班与非毕业班女生的差异不显著。这与陈俊②、陈宇红③的研究结果不尽一致，因为二者研究的是大学生总体的就业状况，其中既包括男大学生又包括女大学生。而本研究是针对女大学生这一特定群体的调查。相对于男生来说女生心思更细腻，想法更多更加长远，大三已经对未来就业情况有所预期，到了大四也不会产生太多心理变化，所以大三、大四女生就业状况在年级上差异并不显著。

但是毕业班女生在性别歧视、家庭冲突两个维度的得分显著高于非毕业班女生，即大四女生在性别歧视、家庭冲突两个维度上体会到更多的压力。毕业班女生在性别歧视维度上得分高是因为她们有更多时间和机会参加求职应聘，在此过程中会更切实地了解到用人单位的需求倾向，甚至有同学

---

① 全国妇联妇女发展部：《女大学生就业创业状况调查报告》，载韩湘景主编《2009～2010年：中国女性生活状况报告（No. 4）》，北京：社会科学文献出版社，2010。

② 陈俊：《大学生就业压力、应对方式与自我概念的关系研究》，硕士学位论文，苏州大学，2008。

③ 陈宇红：《大学生就业压力及其应对方式的调查研究》，硕士学位论文，华中师范大学，2005。

已经遭遇因性别问题而被拒之门外。家庭冲突维度上，大四女生因为即将参加工作而给家庭生活带来诸多冲突，比如因工作地点问题而远离家乡亲人、与恋人分隔两地等都是毕业生通常遇到的困扰。同时，找工作、参加工作投入的巨大精力必然导致对家庭生活的关注减少。另外，女生更关注家庭的性格特点也可能使她们担心工作对家庭生活带来影响。这些问题随着毕业的临近都会更加现实地摆在毕业生面前，所以毕业班女生此维度得分更高。

②女大学生就业压力的专业因素

不同专业的女大学生在性别歧视、学业处境、家庭冲突三个维度中的就业状况存在显著差异。理科女生在性别歧视、家庭冲突维度上得分显著高于文科女生。因为专业性质决定了理工科专业更加强调数理逻辑思维，未来的工作性质与要求都更适合男生，用人单位的性别倾向也更加明显，它们直接提出"限男性"的要求也不足为奇，这难免使理工科女生感受到更大压力。用人单位多要求出差、熬夜、到现场的工作性质对女性来说多有不便，她们与家庭生活的冲突会强于以文职为主的文科生，她们在此维度上的得分也会更高。理工科女生在学业处境上的得分显著低于文科女生，这与当前理工科专业本身的就业普遍好于文科专业，而且理工科专业有更强的实用性和更注重应用技能的现状是一致的。不同维度差异的上下波动，导致不同专业女大学生就业状况在总分上差异不显著。

③女大学生就业压力的生源地因素

研究表明，来自农村的女大学生无论在就业状况的总分还是在各个维度上的得分都显著高于来自城市的女大学生。这一研究结果与陈俊、陈宇红、徐长江等人之前的研究结果基本一致。来自农村的女大学生在就业中存在诸如户籍政策壁垒导致的就业限制，家庭居住地问题带来的异地生疏感，家庭支持的缺少等诸多问题。同时由于城乡二元化差距，来自农村的学生相对于城市生源的学生而言，大多数经济条件较差或不好，社会支持情况也不如城市生源的学生。除此之外，来自农村的女大学生因生活环境与文化上的区别而形成了不同的心态与观念，与城市生源的学生相比，更努力来完成学业的农村学生会更加重视毕业后的求职工作。因此，农村生源的女大学生会比城市生源的女大学生有更多的就业困境。

④女大学生就业压力的学生干部因素

学生干部与非学生干部的就业状况也是不同的，在问卷总分以及适应不良、学业处境、外在支持三个维度上非学生干部的就业状况均显著高于学生干部。一般能够当选为学生干部的学生都有良好的组织协调能力、人际沟通能力，学生干部得到的锻炼也较多，这是用人单位比较看重的一个条件，因此学生干部的就业压力与困惑较小。在学生工作中，学生干部往往需要组织协调较多的活动，经常习惯这样忙碌和与之相应的压力体验后，其适应性好于非学生干部。

⑤女大学生就业压力在是否确定毕业去向方面的因素

对毕业班女大学生确定毕业去向者与未确定者的就业状况进行比较，结果显示，在现状总分以及适应不良、学业处境两个维度上未确定毕业去向者的得分显著高于确定者。已经确定毕业去向的学生因就业、择业带来的问题自然会明显减少，而未确定毕业去向者或在就业中四处碰壁，或在选择中犹豫不决、举棋不定，随之而来的压力必然很大。从适应不良和学业处境两个维度的显著差异可以看到，良好的心理准备对求职就业是十分重要的，这也是用人单位着重考察求职者心理素质的指标之一，值得女大学生予以重视。

⑥女大学生就业压力的家庭经济状况因素

针对不同家庭经济状况的女大学生就业状况水平进行比较，结果发现，不同家庭经济状况下女大学生就业状况存在显著差异。家庭经济状况较差者得分最高，经济状况中等者次之，经济状况较好者得分最低。家庭经济状况较好和中等者与经济状况较差者的得分差异尤为突出。由于经济水平的差异，家庭经济情况较差的学生不仅物质生活水平、消费水平与其他学生存在明显差异，心理上也很容易产生失落、自卑情绪。这些问题到临近就业时更加突显。经济状况好的学生可以更好地包装自己，有条件到其他地方求职，

来自家庭等外界的帮助更多，即便暂时找不到工作也不必过于担忧。而家庭经济状况较差的学生则没有这些优势，相反要背负生活与就业的双重压力，其就业压力因此会更加突出，在一些高校女大学生因就业、家境不良、求职挫败而心态失衡，情绪失控，且出现轻生行为的现象也逐渐增多。为此，排解女大学生就业心理障碍是促进女大学生顺利就业的重要前提。

（二）女大学生就业存在的问题

1. 社会性别歧视

在中国漫长的发展过程中，在悠久的传统文化影响下，男尊女卑、重男轻女的思想依然延续下来，"宁要庸男，不要靓女"的观念依然较重，并且不少单位在选择人才时以各种理由拒女生于门外。《女大学生就业创业状况调查报告》调查表明，91.9% 的被访女大学生感到用人单位存在性别偏见，且女生就业机会较少。女大学生年龄、身高、相貌等外在因素成为用人单位聘用女大学生的"合法"标准，而似乎学历与专业成为附属品[1]。

某高校自动化专业大四女生小 A，临近毕业，近几个月来游走于各大招聘会现场，共投出简历 6 份，其中 5 份至今没有回音，只有一家合资企业给予了回复，让她参加面试。小 A 非常看重这唯一的机会，不敢怠慢，来到面试现场，她发现参加面试的 6 人中有 3 人为女生，按照招聘单位设置的面试顺序，先男后女，可是还没有轮到这三位女生时，她们却被告知该岗位已"录用完毕""名额已满"。

很显然，这是一种隐性性别歧视，用人单位在招聘中不写明性别，但实际并不想招聘女性，这也是女大学生在求职过程中经常遇到的一种性别歧视现象。

2. 就业机制不健全

在访谈中，学生们还纷纷提到社会对女大学生就业的保障机制应该逐渐

---

① 郭黎岩、王冰、刘晓辰：《影响女大学生就业创业因素及促进机制的研究》，第九届沈阳科学学术年会，沈阳，2012 年 10 月。

健全，男性与女性享受平等待遇是基本国策，更是党和国家大力提倡并为之努力的方向，国家也出台了一系列相关政策与法规，保障女性的就业。但在现实社会中，女大学生就业机会并不均等，就业权益受到损害的现象时有发生。特别是考虑女性在生育期间，既需用人单位替补临时空缺，还需承担相应的工资支出，这成为用人单位婉拒女大学生的理由。刘晓明调查发现：56.7%的女大学生认为其职业发展存在瓶颈，影响因素分布为：孕产期占45%、家庭事务占29.4%、年龄因素占17.4%、其他因素为8.2%。这说明女性的生育对其职业发展产生较大的影响①。我国对女性的社会保障机制还待健全，监管力度还不够，更缺少可操作性的法律法规对用人单位加以规范和约束，使女大学生在自身发展、择业就业、社会参与的过程中不能享有与男生同等的机会与权利，影响女大学生就业。

3. 就业指导教育缺位

某高校汉语言文学专业大四女生3人、计算机专业大四女生2人、学前教育专业大四女生3人、艺术类专业大四女生3人，共11人参与集体访谈，她们普遍认为高校专业课程设置中，缺少系统的就业指导类课程，她们对就业政策、市场需求、供求关系、就业准备、创业指导等问题并不是十分了解，希望学校能够开设就业创业相关课程或专题，在毕业前夕对学生进行全面指导。

目前，高校就业指导系统、信息系统和培训系统还不够完善，尤其缺乏对女大学生针对性的就业创业指导。对女大学生就业的心理素质、应聘技巧、专业技能、职业生涯规划等方面，还未能提供专门、有效的帮助②。学校就业信息系统没有开放针对女大学生的求职信息系统，使供求信息不畅，女大学生专门就业的实习基地甚少，缺少实践机会，许多企事业单位不能为女大学生提供畅通的就业信息渠道。此外，女大学生创业需要具备多方面的

---

① 郭黎岩、王冰、刘晓辰：《影响女大学生就业创业因素及促进机制的研究》，第九届沈阳科学学术年会，沈阳，2012年10月。

② 郭黎岩、王冰、刘晓辰：《影响女大学生就业创业因素及促进机制的研究》，第九届沈阳科学学术年会，沈阳，2012年10月。

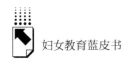

综合能力，即职业适应能力、人际交往能力、经营管理能力、个人综合素质等，这些都是创业过程的关键因素。由于这些女大学生未经社会锻炼，在校期间实习机会少、实践能力薄弱，更缺少创业所必须具备的风险感知力、市场竞争意识以及团队合作意识等，所以创业能力不佳，这些因素都阻碍了女大学生就业和创业的成功。

4. 自身素质欠缺

（1）就业心理准备不足，心理素质欠佳

调查中发现，女大学生在校学习期间比较关注专业知识的学习，而对专业的市场需求以及对社会贡献与发展能力等关注不够，对于就业政策也存在漠不关心的态度。因此，就业积极性不高，主动性不强，依赖性较大，社会交往能力不强，独立性与创新能力有待提高。这些都成为其顺利就业与自主创业的隐性阻碍[①]。由于心理素质欠佳，女性自卑、焦虑和依赖心理等弱点，女大学生存在着"等、靠、要、逃"的心态，依赖家人的社会关系或存在侥幸心理，憧憬得到一份理想的工作，而未做好充分的就业心理准备。

某高校经济学专业大四女生小 B，在身边同学奔走于各大招聘会现场却一筹莫展之际，她依然整日逛街消费，对就业现状和前景毫不了解却毫无担忧。调查得知，小 B 的父母均为银行领导，对女儿工作早已有所"安排"，对小 B 的要求也只是要拿到毕业证，该通过的考试都通过，因此小 B 自然不用投入茫茫寻求就业的毕业生大潮，真是"好女莫过有好父"。

访谈中，很多女大学生过分依赖家庭的"助力"，存在侥幸心理，缺乏自身积极努力争取机会的原动力，致使在就业过程中没有主动性和进取性。缺乏充分的就业心理准备是女大学生就业中明显的心理状态。

（2）职业期望值过高，职业胜任力偏低

被试中多数女大学生知识面较窄，转化能力和创新能力显得不足，尤

---

① 郭黎岩、王冰、刘晓辰：《影响女大学生就业创业因素及促进机制的研究》，第九届沈阳科学学术年会，沈阳，2012 年 10 月。

其是实践技能薄弱，处理应急问题能力不强。存在娇气、不肯吃苦、犹豫不决或是自视清高等特点。缺少参与意识、主动性以及实干精神。这些使得女大学生在就业竞争中承受能力较低，心理压力过大，职业胜任力偏低。在求职过程中，女大学生更期待到大城市工作，而不愿到经济欠发达地区，且把目光锁定在"国家公务员""国企"等工资待遇较高、职业环境好、发展前景光明的企事业单位，而缺乏从基层做起、从基础做起的职业心理准备，这种期望与现实能力之间的距离，也使得女大学生就业受阻。

某师范大学师范类专业（教育学、外国语、中文、心理学）大四女生10人接受集体访谈，被问及就业期待时，8位同学称自己想要到大城市寻求一份稳定的教师工作，教师工作体面，社会地位较高，收入较好，若不能够进入教师行列，也想冲击公务员、事业单位等岗位；被问及是否想过去农村支教时，只有一位来自城市的大学生说很想尝试，但如果条件太过恶劣的话，会选择放弃。

客观分析女大学生就业中存在的问题，改变其就业难的问题不但亟须转变女大学生的就业理念、就业主观愿望，使其提高就业技巧，增强就业竞争力，更重要的是建构切实可行向和科学、完善、高效的促进机制。

三 促进女大学生就业政策与机制的国际比较

就业，乃各国民生之本，安国之策。一个国家要促进经济稳定持续地增长，社会保持稳定运转和发展，必须向全民提供更多的就业机会，保持各阶层关系的协调。然而，无论是发达国家还是转型国家或是发展中国家，都面临着如何实施扩大就业的问题，都需要坚持实施积极的就业政策，发挥政府职能，促进市场就业机制完善，加强大学生就业和创业能力培养。针对女大学生就业问题，各国都面临女性就业性别歧视、就业不平等问题。世界经济论坛公布《全球性别差距报告》指出，2014年全球性别平等排名前十位分别是：冰岛、芬兰、挪威、瑞典、丹麦、尼加拉瓜、卢旺达、爱尔兰、菲律

宾、比利时，我国排名为87。[①] 从世界范围看，推动女性就业平等，确保女性在社会、经济、文化上的平等权利，成为各国政府政策主流。第九次世界妇女大会《行动纲领》，首先提出把性别意识纳入政策主流，"应推行一种积极和鲜明的政策，将性别观点纳入所有方案和政策之中，从而在做出决定前，就分别对男女产生的影响进行分析。"[②] 尽管各国女性就业的社会文化背景、经济发展状况、女性受教育程度不同，但在政府层面，都采取了积极、有效的应对之策，在建立女大学生就业机制方面，都有可借鉴之处。

（一）美国促进女大学生就业政策与机制

1. 美国就业政策

20世纪90年代以来，美国政府就经济增长同时带来就业问题进行了政策上的调整。第一，采取以持续经济增长创造就业；第二，采用经济调控政策促进就业；第三，推进福利制度和失业保障制度改革；第四，提高劳动力和就业服务体系的技术含量；第五，政府支持大力发展服务业，扩大劳动力就业；第六，发挥中小企业在就业上的作用；第七，优先发展高新技术产业，高度开放创业教育的培训；第八，实施灵活就业政策。

美国在就业上实施宏观调控政策，有力促进了大学生就业和创业。尽管美国实施自由就业模式，政府也不对高校毕业生就业负直接责任与义务，但仍然把大学生就业纳入社会就业体系，在市场配置和完善保障机制上，特别是法律机制上，把大学生就业纳入国家法制的轨道，以保障大学生就业政策的实施。

2. 美国促进女大学生就业机制

第一，健全法律保障机制。美国为保障女性就业权益，先后颁布《公平报酬法》《民权法案》《怀孕歧视法》等条款。受供需矛盾加剧和性别歧视现象影响。1938年，美国正式通过《公平劳动标准法》，史称

---

① 杨雪：《欧盟共同就业策略的基础及其发展》，《人口学刊》2003年第2期，第42～46页。
② 陈桂蓉：《和谐社会与女性发展》，北京：社会科学文献出版社，2007，第91页。

《公平报酬法》。该法律体现了美国在消除就业歧视和性别歧视立法上的巨大进步，这一法律对消除劳动关系中的不平等现象都做出了具体的解释和规定。1991 年美国又颁布了《1991 年民权法案》，对于《民权法案》中的某些条例进行了修改和完善，推进了男女平等的进程。

第二，健全生育保障机制。1993 年美国通过了"家庭和医疗休假法案"。1994 年又建立了"一揽子职业中心"，使许多女性通过这个渠道走上了职业岗位。女性生育及产假保障机制的建立，使女性就业积极性得到提高，女性平等权益有了保障。与此同时，联合国又在 1979 年通过了《消除对妇女一切形式歧视公约》，对减少女性就业的性别歧视、社会偏见等不平等现象产生了重要影响，为女性应获得的多项权利提供了制度上的保障。

第三，建立社会扶助机制。美国相继成立了许多全国性妇女组织，实施有助于社会扶助的项目，例如"全美妇女组织法律辩护与基金会""美国民权联盟妇女权益"项目等，以使广大妇女权益受到保护，促进妇女事业发展。

上述促进就业的机制，对减少或消除女性就业歧视、促进女性就业平等均起到了积极作用。

（二）欧盟促进女大学生就业政策与机制

1. 欧盟就业政策

作为区域一休化发展程度最高的地区，欧盟 2000 年春开始启动"里斯本战略"（Lisben Strategy），该战略目标是到 2010 年使欧盟成为世界上最具竞争力和活力的知识经济体，形成一种能够促进可持续增长并实现更多更好就业，以及更加强调社会公平的经济环境。

欧盟为应对全球化经济挑战，加强企业竞争力，鼓励企业创造多种条件，增强劳动者就业能力；发展资本投资市场，加速资本流向企业家和发明者；采取政策，推动消极劳动力向积极劳动力转变；加快企业组织现代化进程；提高企业员工劳动适应能力；建立学校与社会合作法律关系；加强"准员工"培训；提高妇女就业率；等等。

2. 欧盟促进女大学生就业机制

欧盟国家在大学生就业政策上，第一，创建可供大学生就业的工作岗位；第二，为大学生就业提供良好的保障措施和服务，实现劳动力的最优配置和供应。在促进女大学生就业方面欧盟举措如下。

第一，建立法律保障体制。2002 年底，欧盟出台了一些关于"平等待遇"的规定，要求各成员国以立法形式来保障大学生的就业。例如，德国在《德国民法典》第 611 条第 2 段规定：因受到歧视使应聘者丧失应得到的工作，应聘者可以获得适当赔偿。英国也在《平等法案》中规定：企业应公布男女职员的工资差异，以减少职场的性别歧视。欧盟各成员国纷纷以立法形式来确保失业者获得有效的和必要的赔偿，让失业者利益不受损害。

第二，健全生育保障机制。针对供需矛盾加剧和性别歧视的影响，瑞典政府为简化女性劳动力市场就业的矛盾，采取以下政策：其一，采取"父母津贴"政策，以法律形式规定父母在养育子女中的"养育津贴"以及所享受的假期，父母在子女出生后享有两个月带薪休假待遇；其二，成立"孩子托管中心"，完善"儿童日托体系"，为公民排解因子女白天无人看管所带来的困扰。

第三，建立社会扶助机制。为促进女性就业，欧盟设立了专门机构。1981 年成立了"男女平等机会咨询委员会"为妇女就业权益保障提供全方位的指导和扶助。近十年后，"欧盟就业委员会"应运成立，后来又通过"建立性别平等机构"的相关建议。欧盟在平均分配男女就业权及其他权利方面发挥了积极的推动作用。

第四，完善信息网络服务机制。为加强大学毕业生就业服务体系的建设，欧盟国家以信息化联盟手段，实现了国家、地区、学校大学生就业信息一体化，通过有效的就业信息资源网络管理，实现了多成员国资源共享与服务。

（三）日本女大学生就业政策与机制

1. 日本就业政策

随着日本经济形势的恶化，企业用人需求减少，大学生就业难的问题日益凸显。日本政府为缓和紧张态势，采取宏观调控政策于 1994 年出台"全面就业支持计划"，设想创造更多的就业岗位解决大学生就业难问题，还建立毕业生就业咨询中心。日本政府为应对经济产业结构的变化，通过改革加大支持新兴与成长型产业的力度，采用促进创立新企业而创造新的工作岗位的举措，促进国内就业问题得以积极解决。

2. 日本促进女大学生就业机制

第一，建立法律保障机制。无论哪个国家，女性在社会角色中均处于弱势地位，日本女性就业面临诸多困难，针对女性就业难问题，日本政府采用立法和政策扶持双重措施，保证女性在生育、教育、就业、医疗和养老等方面得到应有权利。日本政府先后颁布了《生育休假法》《雇用保险法》《男女雇用均等法》来保证从事社会劳动的妇女生育时和休假内享受一定的补贴。日本政府旨在通过立法，消除女性就业歧视，确保女性在就业和生育中获得公平和均等的对待。日本还颁布相关法规，促进女大学生就业，提高女大学生就业意识，推进社会男女平等观念深入人心。

第二，健全社会保障机制。日本女大学生在求职中，更看重"稳定"的工作，文科女生更倾向于选择能为女职工的生育提供良好的保障的职业；理科女生选择受经济状况影响小的食品企业。大多数女大学生更看重提供医疗保险制度的国家政策导向。为此，日本早在 1956 年就为女性创建医保制度，五年后又在全国范围内创建了"国民皆参保"的医疗保障网。这一机制保证了广大女性可享受政府给予的补贴政策。日本政府这些政策出台，促进了女性就业质量和数量的提升，为女大学生就业解除了后顾之忧，值得各国学习与借鉴。

（四）我国女大学生就业政策与机制

1. 我国就业政策

改革开放 40 年，我国政府结合国情制定了大学生就业相关政策，实现了历史性突破，大学生就业市场机制的建立，使政府角色和职能发生了显著的变化。政府在解决大学生就业问题中逐步建立了服务型的形象。国家相继

出台了促进我国大学生就业的相关政策，其政策演变大体经历了以下历史阶段。

第一个阶段："指令计划、统包统分"阶段（新中国成立初期至1978年）。其显著特点是，依靠国家指令性计划进行分配，政府主管部门编制计划、政府下达计划、高校和用人单位实施计划。这种高度集中的计划经济体制下的大学生就业政策，有利于我国培养适合经济发展需要的人才和统筹选拔稀缺人才；为国家经济建设和社会发展起到有力的促进作用。

第二个阶段："统一计划、供需见面"阶段（1978～1985年）。其显著特点是，由原来的指令性计划向指导性计划过渡，实施计划统一、分级安排、供需见面。国务院"关于改进1981年普通高等学校毕业生分配工作的报告"提出了"抽成调剂、分级安排"的办法，尽管"切块计划、条条分配、供需见面"是分配上的一个转变，但对于绝对计划来讲，已迈向了"双向选择"的就业新模式，不能不说是就业史上的一大进步。

第三个阶段："政策指导、双向选择"阶段（1985～1993年）。其显著特点是：分配计划切块、调配方案协商、一定范围自主择业、逐步实施"双向选择"。1985年《中共中央关于教育体制改革的决定》对大学毕业生就业分配做出明确的要求，为大学生"自主择业"机制的确立奠定了思想和制度的基础。1989年国务院又批准了《高等学校毕业生分配制度改革方案》，指出我国高校毕业生分配制度改革目标是在国家就业指导方针和政策实施下，逐步实行毕业生自主择业，用人单位优先录用的双向选择制度。就此，我国大学生就业新机制得以确立。

第四个阶段："计划调控、自主择业"阶段（1993～2002年）。其显著特点是，师范类毕业生以及到边远及艰苦地区的毕业生由国家安排就业，多数毕业生自主择业和自主就业。即通过人才市场，采取"自主择业"的就业方法。后来国家又陆续颁布相关政策，在国家政策导向下有关部门推荐学生到用人单位。实行通过人才劳务市场"双向选择、自主择业"以及"不包分配、竞争上岗、择优录用"等毕业生就业制度。

第五个阶段："市场导向、自主择业"阶段（2002年至今）。其显著特点是，计划调控、市场引导，加强管理、拓宽渠道，自主择业、鼓励创业。鼓励大学毕业生自主创业是我国大学生就业机制凸显以市场为导向的又一个典型特征。这标志着我国大学生就业制度结束了"计划""分配""派遣"的历史，实现了市场导向、政府调控、学校推荐，学生与用人单位双选的新机制的建立。

2013 年以来，我国政府对大学生就业和创业采取了有力的措施，从政府层面制定了相关促进就业的政策，先后下发了《进一步做好普通高等学校毕业生工作的通知》《进一步做好新形势下就业创业工作的意见》《国务院关于进一步支持小型微型企业健康发展的意见》等。鼓励企业为高校毕业生开展岗前培训；省会以下城市放开吸收毕业生落户限制；公共就业和人才服务机构实施"人事代理服务"；高校毕业生参加社会保险享有权利及待遇；推进选拔大学毕业生到农村基层锻炼工作的进程。几年来，我国政府相继出台了一系列鼓励大学毕业生自主创业的就业政策，对大学生实施学费补偿和助学贷款，代偿创业贴息政策。大力实施了农村义务教育阶段教师"特岗计划"。这一系列政策为我国女大学生就业创业奠定了良好的政策基础。

2. 我国促进女大学生就业政策与机制

第一，完善法律保障机制。我国政府逐渐重视性别歧视的现象，在国家立法中都有明确的反对禁止性别歧视的规定。例如《中华人民共和国宪法》与《中华人民共和国劳动法》中都有体现"法律面前人人平等"的重要内容。在《妇女权益保障法》《就业促进法》等法律条文中都有明确规定，应保障女性劳动者的合法权益。我国香港、台湾等地区也通过颁布《性别歧视条例》《两性工作平等法》等法律条款禁止女性就业中性别歧视，确保两性同工同酬，女性权利不受侵犯。除此之外，我国还颁布了一些促进女大学生就业的规定。例如，《中国妇女儿童发展纲要 2011～2020》中指出要消除就业中的性别歧视、扩大妇女就业渠道、促进女大学生充分就业、全面落实男女同工同酬。

第二，社会扶助支持机制。2008 年以来，教育部、人社部和全国妇联

共同开展了女大学生创业导师行动及创业扶持行动。截至 2013 年，全国已创建女大学生实践基地 8100 多个。同时，国家还出台了妇女小额担保贷款贴息的财政政策，对有意愿创业的女大学生，国家将提供 5 万 ~ 10 万元的小额贷款，国家贴息。地方各级妇联也做出了促进女大学生就业的相应举措。例如，青海省妇联曾下发《关于进一步做好女大学生创业就业工作的通知》，从实际方面入手，为女大学生成功创业、就业提供帮助支持。大连市、安康市等多个市级妇联先后下发此类通知，以从实际方面，促进女大学生创业就业。2014 年，全国妇女联合会、教育部和人社部三部门联手，举办"2014 年助推女大学生就业创业行动"，旨在建立企业与女大学生的联系，加强企业家与女大学生的沟通交流，提高女大学生创业、就业率。另外，还有专为女大学生准备的专场招聘会、岗前培训、经验交流会，以促进女大学生与用人单位双向选择，有效沟通。

（五）中外女大学生就业政策与机制的比较与借鉴

纵观各国大学生就业政策的实施，各国促进女大学生就业机制各有不同，大体可分为三种情况：第一，以计划配置为主的就业机制；第二，以市场配置为主的就业机制；第三，以有控制的市场配置为主的就业机制。除我国以外大多数为市场配置型以及计划配置型就业机制，我国目前还属于有计划的市场配置型机制。中外女大学生就业机制表现出相似的特点。

1. 中外女大学生就业政策与机制的特点

政府层面：宏观调控、政策支撑、企业和高校改革形成体制上较为完善的保障机制。

从各国就业模式来看，高校毕业生就业基本纳入社会就业体系，各国政府对高校毕业生就业采取不负担责任和义务的方式，也不直接干预和限制，但在市场运作失灵情况下，通过宏观调控、政策导向，提供完备的服务体系，确保女大学生就业机制有效运行。第一，建立了完善的女性就业法律保障机制，推进了法制化进程；第二，制定了多种有效促进女性就业的政策，弥补市场调节中的缺陷；第三，政府加大对中小企业扶植，扩大就业率；第四，普遍建立消除性别歧视，男女同工同酬以及女性生育保障机制；第五，建立了社会扶助机制；第六，设立了专门机构，为女大学生就业提供了组织保障。

学校层面：完善就业服务体系，建立有利于大学生就业的网络信息化管理和大学生就业指导服务机制。中外高等学校在女大学生就业中普遍建立了比较完备的毕业生就业服务体系，其特点：第一，就业指导机构专门化；第二，就业服务信息化、网络化，资源共享一体化；第三，就业服务内容课程化，服务方式全程化；第四，高校与企业联系，建立了人才培养与用人需要相适应的协调机制。

社会层面：校企合作、中介服务，建立用人实体提供大学生实习锻炼机制。第一，发达国家，无论大中小型企业，无论国企或私营企业，都十分注重吸纳人才，用人实体重视与高校合作，提供相关经费支持；第二，中介组织机构定期发布招聘信息，与高校开展就业指导和就业能力培训；第三，企业注重为即将毕业的大学生提供实习机会，提高毕业生岗位适应能力。

总之，各国在大学生就业政策与实施机制上具有共性，也存在差别，无论是宏观调控还是微观操作，都对女大学生就业产生积极的促进作用。

2. 发达国家女大学生就业机制对我国的启示

发达国家女大学生就业政策及机制以及有益的经验对我国就业机制的完善具有重要的借鉴作用。

从法律制度层面，高校女大学生就业的性别平等法律有待完善。我国的法律中，《妇女权益保障法》《就业促进法》《劳动法》都有支持就业和性别平等的法律内容。但是对如何保护女性平等权利不受侵犯以及有力惩罚措施，还欠缺相关法律。对于违反就业歧视法律后承担的责任也尚不清晰，我国相应的法律执行力度弱，监管制度缺失。

在社会保障层面，对于女性由于生理问题而造成的就业歧视问题，没有相应的社会保障体系进行调节。

在保障制度上，应逐步完善和加强社会关于女性劳动者的生育补偿、生

育保险制度建设，尽快出台国家层面对女性劳动者同工同保的特殊保障政策，全面推进女大学生的就业。

从社会服务层面，女大学生在求职过程中，由于专门的女性就业咨询、中介和信息联网等服务机制尚未建立和完善，加之社会专门为女大学生就业的中介服务体系尚不健全，女大学生就业尚未在一个可维护市场公平竞争、反对歧视的秩序下进行。随着我国女大学生就业机制的完善，在政府、社会、学校及用人单位共同努力和协作下，一个健全完善的女大学生就业机制将会呈现在国人面前。

四　建立女大学生就业机制的途径

（一）优化政府职能，完善法律监管和社会保障机制

建立政府监管机制，发挥政府在女大学生就业中的服务、监管和协调作用，是保证就业工作在法制环境下公正、公平、和谐、可持续运行的重要基础。具体应从以下几方面实施。

1. 从观念上积极贯彻男女平等的国策

从观念上，在全民范围内积极贯彻男女平等国策，无论政府、企业、事业单位还是学校都始终把男女平等的理念落实其行动中，在主流文化和主流媒体的阵地上唱响"男女平等"的主旋律，做到家喻户晓，人人皆知。让先进的性别文化和男女平等思想在大众心目中深深扎根，为女大学生就业创造有利的氛围和健康的舆论环境。加强女性参与社会事务管理与决策，提高女性录选比例，为女大学生成才、发展创造条件。在制度方面，建议以"男女平等"国策作为唯一标准，彻底清除违反国策或与国策不符的内容。加强各级政府监管力度，专设监控机构及时处理各种性别歧视的投诉，保护女性的劳动权益和帮助女大学生获得合理的就业待遇。

2. 从机制上建立大学生就业监督机制

省、市各级政府应从建立大学生就业监督管理机制入手，发挥大学生就

业管理部门对就业率数据、就业信息渠道开放、就业机会公平竞争效果等检查监督作用。把大学生就业作为考核各级政府政绩的重要指标，充分发挥财政政策在促进大学生就业的公共政策体系的核心作用。

3. 从政策上加大宏观调控力度

从政策上，政府通过宏观调控，加快第三产业发展；为不同层次女性提供多种就业机会，尤其应积极发展高端服务业，不断扩大女性在金融、旅游、文化等产业及家政服务业的就业机会，提高女大学生就业层次和质量。

4. 从制度上健全社会保障制度

从制度上，进一步健全社会保障制度，把尽早完善女大学生就业的社会保障制度和特殊的优惠政策纳入政府职责范围。具体应采取的措施是：首先，建立生育保险制度；其次，建立有效的性别歧视奖惩措施；再次，推进家务劳动社会化，加大养老育幼的政府投资力度；最后，建立促进女大学生就业的援助制度。

（二）优化女性专业内涵，构建学校就业指导机制

1. 优化女性专业内涵，打造女性课程特色

优化女性专业内涵，改革课程体系，构建就业指导机制，打造女性课程特色。我国高等教育阶段课程体系中，女性课程是薄弱环节，而女大学生占大学生总数一半以上，现行的课程体系较少涉及或不涉及女性就业所需的知识、能力和技能方面，为此，改革课程体系，打造女性课程特色，优化女性专业内涵，充分利用女性自身优势，塑造女性专业特长，培植女性优势学科是高校课程改革的趋势。目前，在社会学、管理学、教育学、心理学、护理学、语言学等学科中可加大女性优势学科建设力度，加大女性专业人才培养力度，以积极的政策来助推女大学生就业。

2. 做好女性职业规划，提高女性职业胜任力

女大学毕业生职业胜任能力是从事职业的必备能力，是立足社会，服务社会，实现人生价值的基本素质。女大学生能够在就业市场上成功竞争，并能顺利发展，就应做好职业规划，把就业指导前移，实现就业指导全程化。

具体应从以下几方面入手。

第一，以课程为载体，把与用人单位匹配的知识、技能、职业素养教育贯穿女大学生全程教育阶段。

大一阶段：开设未来专业准备教育课程并纳入通识教育课程体系。重点培养女大学生职业意识使其了解专业发展前景、掌握职业规划知识，指导女大学生了解市场行情，储备专业知识、技能，培养专业兴趣，制定学习规划，锻炼就职必备的基本能力。

大二阶段：开展专业与职业相结合的职业教育，确定职业目标，从专业、就业、职业三方面制定女性职业发展规划，并通过教学实践课程安排女大学生到实习基地见习研习，培养女大学生职业兴趣与爱好。

大三阶段：开展专业实习与兼职实践教育。通过专业实习，了解行业发展与专业需求状况，聘请用人单位经理、技术人员为顾问，指导女大学生参与用人单位的人才招聘、职场应聘观摩。高校通过女大学生职业技能面试培训和演练，提高大学生就业面试录用率以及职业胜任力。

大四阶段：开展女大学生就业指导课程，指导女大学生进行职业规划，提升就业应聘技巧，还指导女大学生熟悉职业信息来源，使其学会采集就业信息，通过信息网络平台，知晓用人单位需求信息，积极参与各种招聘活动，储备就业经验，提高应试技能，提升心理素质。

第二，以能力培养为核心，改革高校女性人才培养模式和实践教学体系。

首先，高校建立女大学生职业教育指导中心，以培养女大学生就业和创业能力为目标，建立用人单位对女大学生能力需求的调查机制和高校对女大学生职业胜任力评价与跟踪机制，依据女大学生走向工作岗位满足就业需要的知识、技能、心理素质和职业态度，设计出既符合专业发展规律又满足市场需求的女大学生就业能力模型，帮助女大学生开发能力，科学分析自身优劣，有效评估自我，合理择取职业方向，实现女大学生和用人单位双向匹配。

其次，以市场为导向，把知识创新、实践教学体系、改革专业能力结构、强化就业意识、提升心理素质等渗透到女性人才培养模式改革中，尤其把培养女大学生到基层、到边远地区就业的敬业、乐业、勤业的职业精神和职业理想教育贯穿女大学生人生观、价值观教育体系中。

最后，构建适应市场需求的新型女性人才培养模式。全球著名调查公司麦可思－盖洛普在《2007 年中国大学生就业报告》中将就业能力作为高校办学质量评估的重要指标。因此，高校依据市场对大学生能力需求的反馈状况，及时调整女性人才培养模式，也是解决女大学生人才市场供需结构的根本途径。为此建议高校尽早实施女大学生"双导师制"，聘请有经验、高素质的企业经理和技术顾问及第三产业创业者为女大学生实践指导教师，同时为女大学生匹配专业教师进行专业素质、能力、技术、科研等"双指导"。学校通过与企事业、城乡中小学以及各行业进行"联姻"，使女大学生有见习、研习、实习、顶岗一体化的实践过程，从而缩短女大学生职业适应期，提高职业胜任力。

（三）实施网络联盟，构建就业信息共享机制

1. 构建互通互联的就业网络联盟，实现信息共享

各级政府、企事业单位和人才服务机构、中介服务机构以及高校就业指导中心建立互通互联网络联盟，实现女性人才市场、用人单位需求、高校学生就业有机融通，资源信息共享，这种机制应通过毕业生就业管理工作委员会将大学生就业岗位需求信息进行分类汇总和统计分析，定期发布，使高校女大学生尽快知晓就业信息。建立开放的、多元化的大学生需求岗位信息共享平台，使人事、劳动、教育、企事业、高校网络互联互通，实现资源共享。同时，政府应加强维护求职者，尤其是女大学生求职者反性别歧视的权益，确保公平、公正、平等竞争的就业秩序。

2. 建立女大学生就业信息档案，及时有效沟通服务

建立完善的女大学生就业网络信息体系，及时发布各行各业需求信息，针对女大学生专长特点及时提供对口信息服务。建立女大学生信息档案，通

过网络沟通、信息化服务以及组织与用人单位的需求见面会，使女大学生系统、及时、准确了解专业发展及市场需求情况，清楚认识自身优势与局限，以有备选择，减少求职的被动性与盲目性。

（四）提升女大学生自身素质，构建女性就业竞争机制

女大学生自身素质与修养是成功就业的核心要素，要发挥女大学生的专业优势，就要优化自身的素质与能力，提高个人职业修养水准。

1. 提高自身应对行业选拔的就业策略

女大学生应树立正确的竞争意识，确保自己顺利就业。首先，要审慎调研市场行情，确定就业定位；冷静分析自身条件、个性特征和职业兴趣，树立准确的就业定位。其次，要了解组织文化，制定求职战略，把择业就业取向与企业的时代背景、发展阶段、行业特点、文化环境相适应，避免盲目或相背而驰。再次，要树立竞争意识，了解竞争对手，储备竞争实力，不打无准备之仗。

2. 客观分析自身条件，发挥女性优势

首先，女大学生要客观分析自身优劣，克服不良求职心态。调查发现我国女大学生中40%以上存在"等""靠""要"的心态；60%以上就业压力过大从而影响就业。因此，女大学毕业生要调整就业观念，以积极心态克服就业中的畏难情绪和观望态度。把握市场、主动出击，树立自信，既不自卑、消极应对、职场退缩，亦不自负、高傲错失良机。应调整心态积极积蓄实战能力。加强专业素养培养，提高知识技术含量，扩大人际交往面，提升积极参与社团活动和社会实践活动能力，加强个人修养，充分发挥女性在不同岗位上的优势。

3. 提高女大学生综合素质，增强就业竞争实力

首先，培养自主创业意识，增强社会责任感，学会把握机遇，挑战自我，勇于在艰苦条件下自主创业，并敢于获得成功。

其次，培养风险感知能力和团队协作能力，培养技术创新、组织管理创新以及人际交往能力。

最后，提高自身综合素质和创业精神。培养诚实守信、勤奋敬业、敢为人先、不畏困难、以身作则、踏实肯干、为人谦虚、做事认真、敢于担当等良好品质，应对用人单位的选择，提高就业成功率。

总之，政府、妇联组织和社会团体积极应加入女大学生就业创业行动，为女大学生成功就业和创业提供各种支持，如"小额贷款"、实习岗位、带薪实习、带薪科研，支持女大学生在社会经济文化和教育以及自主经营中不断发展并获得成功，只要政府、社会、高校与女大学生自身形成合力，就能从根本上改变女大学生就业难的问题，使女大学生就业走上良性轨道。

参考文献

丁海宁：《促进大学生就业中政府政策的研究》，硕士学位论文，西北大学，2008。

杜晓培：《大学生就业机制研究》，硕士学位论文，同济大学，2008。

奉海英：《大学生就业政策及保障体系研究》，硕士学位论文，湖南师范大学，2009。

郭黎岩：《促进师范毕业生到农村中小学就业机制的研究》，《教师教育研究》2011年第6期。

侯捷：《发达国家大学生就业制度研究及其借鉴意义》，《教育与职业》2007年第33期。

邝小淋：《就业性别歧视与女性就业支持研究》，硕士学位论文，中南大学，2010。

李晓明：《女大学生职业素质培养与就业指导》，光明日报出版社，2010。

刘畅、辛彗：《女大学生就业压力与社会公平感的研究》，《中国健康心理学杂志》2012年第6期。

刘小燕：《我国大学生就业促进政策实施效果评价研究》，硕士学位论文，西安建筑科技大学，2012。

刘远柱：《金融危机背景下政府促进大学生就业政策的思考——以大学生村官为例》，《黑河学刊》2011年第7期。

卢红丹：《女工"三期"劳动权利保护问题辨析》，《辽宁经济管理干部学院学报》2013年第3期。

彭伊凡：《民办高校毕业生就业困境及对策研究》，硕士学位论文，中南大学，2010。

邵存林：《我国大学生就业政策研究》，硕士学位论文，南京农业大学，2010。

宋红梅：《试论女大学生就业权益的法治保障》，《湖南社会主义学院学报》2014 年第 1 期。

王辉：《欧盟女性就业政策透析》，硕士学位论文，河北师范大学，2007。

王静：《完善女大学生就业政策》，硕士学位论文，中央民族大学，2013。

许文刚：《女大学生就业权益保护的法社会学研究》，《大家》2012 年第 9 期。

王晓瑞：《政府在大学生就业中的角色分析》，《北方文学旬刊》2010 年第 4 期。

王煜：《女大学生就业问题分析——以培华学院为例》，大学生论文联合对比库，2014，第 156～160 页。

闫秋实：《论大学生就业工作中的政府作用》，硕士学位论文，吉林大学，2008。

杨阿滨：《中外就业政策及其实践效应国际比较研究》，硕士学位论文，东北师范大学，2006。

杨艳红：《政府促进大学生就业策略研究》，硕士学位论文，华东师范大学，2007。

《〈就业促进法〉热点解读》，《工会博览》2007 年第 10 期。

余意：《解决女大学生就业歧视问题的对策研究》，硕士学位论文，湖南大学，2011。

张军民：《略论女大学生就业歧视的原因及对策》，《当代经理人》2006 年第 8 期。

张秀萍、夏薇、韩经：《发达国家高校毕业生就业机制的启示》，《辽宁师范大学学报》（社会科学版）2005 年第 3 期。

赵悦品、杨炜红、史彦辉：《国外大学生就业政策特点及其对我国的借鉴意义》，《科教文汇》2009 年第 8 期。

朱广花、赵晓琳：《构建女大学生就业促进机制的调整与思考》，《山东女子学院学报》2015 年第 1 期。

孟宪范：《转型社会中的中国妇女》，中国社会科学出版社，2004。

郝登峰等：《大学生就业创业理论与方法》，人民教育出版社，2010。

马书臣：《大学生就业机制的历史演进与政府角色转换》，《洛阳师范学院学报》2007 年第 3 期。

马万明、张胜前：《大学生就业指南》，国防工业出版社，2010。

田成诗：《中国就业的宏观经济决定机制研究》，人民出版社，2010。

徐小洲：《大学生创业技能发展战略研究》，浙江大学出版社，2014。

曾湘泉：《中国就业战略报告（2008～2010）：“双转型”背景下的就业能力提升战略研究》，中国人民大学出版社，2010。

B.3
当前女大学生就业现状调查研究

张可成　张务伟　等*

摘　要： 本研究通过对 2012～2014 届女大学生就业状况的调查资料
分析，发现女大学生在就业方式、就业地点、就业行业、
就业单位性质、职业类型、就业收入、专业与工作一致性
程度和工作满意度方面，存在着显著的性别差异。整体来
看，女大学生的就业质量不如男大学生，特别是在就业方
式、就业行业、就业单位性质、就业收入等方面，差异更
为突出。

关键词： 女大学生　就业　性别差异

一　导言

从新中国成立初期至今，我国的就业政策大致经历了三个阶段，分别是
统包统分阶段、由供需见面逐渐向双向选择的过渡阶段、以市场为导向的自
主择业阶段。伴随着高等教育规模的不断扩大，高校毕业生数急剧增加，加
上产业结构的升级和就业制度的变化，就业竞争愈加激烈，就业矛盾进一步
突出。2009～2013 年我国大学毕业生人数分别为 610 万、630 万、660 万、

---

* 项目负责人：张可成，博士研究生，山东女子学院教授，主要研究方向为人力资源管理；项
目组成员：张务伟，博士研究生，山东女子学院教授，主要研究方向为人力资源开发与就业；
陈丽、张艳艳、迟冬梅、张景媛、魏崇红、王孝莹、姚树新、任晓剑、李仕超、曹丽、吴磊、
王晨、王新月、祁静。

680 万、699 万，而 2014 年达到 727 万①。由于就业岗位、用人需求结构、毕业生就业观念等因素的影响，大学生就业困难，这成为亟须解决的社会问题。

根据教育部有关数据统计，在普通高等学校毕业生中，1998 年女生占36.6%，2002 年占 42.7%，2006 年占 45.8%，2012 年达到 51.2%②。从数据来看，女大学生占比不断增加，就业前景令人担忧。在同一岗位的同等条件下竞争上，与男大学生相比，女大学生的就业机会只有男生的 80% 左右，且女大学生的就业质量总体低于男大学生。根据调查，女大学生要获得一次笔试、面试的机会，平均要投出 9 份简历；要获得一份心仪的工作，平均要投出 44 份简历；大于 90.9% 的女大学生在求职中表示感受到用人单位的性别歧视；56.7% 的女大学生觉得男生比女生就业机会多③。女性特有的生育期不仅会造成工作中断，还会因生育保险给企业带来额外的经济负担；在薪酬方面，女大学生也普遍低于男大学生。

近年来，女大学生就业问题逐渐引起了政府部门、学校及社会各界的广泛关注，政府为促进大学生就业还制定了三支一扶、大学生村干部等优惠政策。但总体上来看，政策取得了一定的效果，但女大学生就业难的问题没有从根本上解决。

女大学生就业问题不仅是劳动者的就业问题，更是劳动力市场上的性别歧视和社会公平问题。所以，解决女大学生就业难的问题就显得尤为重要。如果对这一问题不加以重视，很可能会引发一系列的社会问题。

（一）研究内容与框架

本研究主要分析大学生在就业方式、就业地点、就业行业、就业单位性

---

① 新华网：《2014 年高校毕业生人数将超 700 万》，新浪新闻网，2014 年 2 月 4 日，http：// news. sina. com. cn/c/2014 – 02 – 04/092529396137. shtml。

② 刘正伟：《全国女大学生人数已连续 4 年超过男生》，《钱江晚报》2013 年 11 月 7 日，第 A0004 版。

③ 成岗、黄阳阳：《女大学生投 44 份简历才得到一份意向协议》，《南京晨报》2010 年 3 月 8 日，第 A05 版。

质、职业类型、就业收入、专业与工作一致性程度和工作满意度方面存在的差异。

研究框架如图 1 所示。

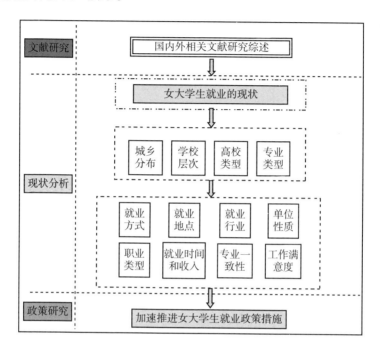

图 1　研究框架

（二）数据来源

本研究在问卷正式定稿与调查之前进行了问卷的预调查。2015 年 1 月，课题组组织 50 名大学生作为调查员进行预调查，共发放问卷 200 份，回收完整的问卷 193 份，根据预试者提供的意见对问卷进行了修订。正式调查是在 2015 年 2～3 月（寒假期间），笔者组织和发动山东女子学院 400 名大学生作为调查员进行实地调查。调查形式为调查人员与大学毕业生面谈，现场填写调查问卷。本次共调查了 363 所高校，共发放居民调查问卷 2000 份，回收 1903 份，回收率为 95.15%，有效问卷为 1854 份，有效率为 97.43%。本报告以这一群体作为研究对象，各变量的统计特征如表 1 所示。

表 1　样本描述性统计

项目		频数（人）	比重（%）
毕业届次	2012 届	477	26.05
	2013 届	506	27.64
	2014 届	848	46.31
性别	女	1123	60.93
	男	720	39.07
城乡分布	农村	1186	64.35
	城市	657	35.65
学历层次	专科	849	46.14
	本科	991	53.86
高校类型	高职高专	539	29.31
	民办本科院校	180	9.79
	普通本科院校	1120	60.90
就业地点	县城及以下	415	23.26
	地级市	248	13.90
	一般省会城市	488	27.35
	副省级及以上城市	633	35.48

二　女大学生自身状况

通过调查女大学生的城乡分布、学历层次、高校类型和专业类型，可以了解女大学生自身的基本情况。

（一）女大学生城乡分布

表 2　女大学生城乡分布

单位：%

城乡分布	女	男	A∶B（B=100）
农村户籍	67.89	58.89	115
城市户籍	32.11	41.11	78

从表2可以看出，农村户籍（以城乡户籍划分）的女大学生，所占比例高达67.89%，是城市户籍的女大学生的两倍多，比农村户籍的男大学生所占比例高出15个百分点。相对于男大学生来说，城市户籍女大学生所占比例为32.11%，只有城市户籍男大学生所占比例的78%。可以看出，相对于男大学生，来自农村的女大学生比例要高，而城市户籍的女大学生所占的比例要低。

（二）女大学生学历层次

表3　女大学生学历层次

单位：%

学历层次	女（A）	男（B）	A∶B（B = 100）
专科	55.76	31.20	179
本科	44.24	68.80	64

我们把所调查大学生的学历层次分为本科和专科。可以看出（见表3），女大学生的学历层次大多为专科，所占比例为55.76%，比专科男大学生高出79%。女本科生所占比例为44.24%，只有男本科生的64%。可以看出，调查样本中，女大学生的学历层次专科占多数，且与男大学生相比，女大学生专科学历所占比例要高于男大学生，女大学生本科学历所占比例要低于男本科生。总体来看，相对于男大学生，女大学生的学历层次相对较低。

（三）女大学生高校类型

表4　女大学生高校类型

单位：%

高校类型	女（A）	男（B）	A∶B（B = 100）
高职高专	34.68	20.97	165
民办本科院校	6.27	15.28	41
普通本科院校（公办）	59.05	63.75	93

高校类型可分为高职高专、民办本科院校和公办普通本科院校三大类别。从表4中的数据可以看出，女大学生所读院校占比最高的是公办普通本科院校，为59.05%，其次是高职高专，占比34.68%，占比最小的是民办本科院校，仅为6.27%。男大学生所读高校类型所占比例大小依次也是公办普通本科院校、高职高专、民办本科院校。

相对于男大学生，女大学生所读院校为公办普通本科院校的比例为59.05%，略低于男大学生（63.75%），约是男大学生的93%。女大学生所读院校为民办本科院校的比例占6.27%，男大学生为15.28%，女大学生仅为男大学生的41%。女大学生所读院校为高职高专所占比例占34.68%，比男大学生（20.97%）所占比例高出65%。总体来说，女大学生所读院校大多为公办普通本科院校和高职高专，且相对于男大学生，女大学生所读院校为公办普通本科院校和民办本科院校的比例要低于男大学生，但是女大学生所读院校为高职高专的比例要高于男大学生。

（四）女大学生专业类型

高职高专毕业生专业类型，其中包括财经大类、制造大类、电子信息类、土建大类、文化教育大类、旅游大类以及其他类型。从表6中的数据可以看出，高职高专女大学生选择居于前三位的专业类型依次是财经大类、旅游大类和文化教育大类，占比分别为32.00%、25.58%以及8.00%。高职高专男大学生选择居于前三位的专业类型依次是财经大类、旅游大类及土建大类（电子信息类），占比分别为17.25%、15.78%及9.17%。

高职高专毕业生选择居于前三位的专业类型的比例有较大的性别差异。女大学生选择的专业类型居于第一位的是财经大类，比例为32%。高职高专男大学生选择的专业类型居于第一位的财经大类，比例为17.25%。由此可见，虽然高职高专的大学生多倾向于就读财经大类，但女大学生就读财经大类的比例远高于男大学生。就旅游大类而言，高职高专女大学生选择此类专业的比例居于第二位，占比为25.58%，男大学生仅占15.78%。这也反映出，相对于男大学生而言，女大学生更倾向于选择旅游类的专业就读。高职高专女大学生的选择偏好居于第三位的是文化教育大类，占比8%。高职高专男大学生的选择偏好居于第三位的是土建大类和电子信息类，占比9.17%。

高职高专女大学生选择艺术设计传媒大类比例占5.33%，男大学生占6.61%，女大学生只有男大学生的81%。女大学生选择公共事业类的占4.61%，男大学生占2.20%，女大学生为男大学生的2倍多。制造大类的女大学生占2.06%，男大学生占7.52%，女大学生仅为男大学生的27%。其他专业所占比例较少，均不超过5%。

由此看出，高职高专大学生选择专业类型差异较大。选择财经大类的所占比例都较大，女生更为突出。女生倾向于选择财经及旅游类的文科专业类型，而男大学生相对选择得较少。男大学生就读理工专业的比例要大于女大学生。这可以反映出，高职高专女大学生倾向于选择经管类和文科类的专业，男大学生倾向于选择理工类的专业。

表5　高职高专女大学生专业分布

单位：%

专业类型	女（A）	男（B）	A∶B（B＝100）
财经大类	32.00	17.25	186
制造大类	2.06	7.52	27
电子信息类	7.27	9.17	79
土建大类	3.39	9.17	37
文化教育大类	8.00	8.07	99
交通运输大类	2.55	3.67	69
旅游大类	25.58	15.78	162
艺术设计传媒大类	5.33	6.61	81
医药卫生大类	3.03	3.67	83
生化与药品大类	1.33	3.30	40
农林牧渔大类	0.73	2.75	26
法律大类	2.42	4.59	53
轻纺食品大类	0.61	2.02	30
公共事业类	4.61	2.20	209
资源开发与测绘大类	0.00	1.28	0

续表

专业类型	女（A）	男（B）	A∶B（B＝100）
材料与能源大类	0.48	1.65	29
环保、气象与安全大类	0.24	0.00	—
公安大类	0.12	0.00	—
水利大类	0.24	1.28	19

　　普通本科院校的专业类型包括经济学、管理学、理学类、文学以及其他类型。如表6所示，普通本科院校的女大学生选择居于前三位的专业类型是管理学、经济学和理学类，占比分别为37.70%、22.37%以及10.30%。本科的男生选择居于前三位的专业类型是管理学、工学和理学类，占比分别为21.60%、20.32%以及15.84%。

　　在普通本科院校专业类型中，男女大学生都倾向于攻读管理类的学科。但女大学生选择管理学的人数比例远远高于男大学生，高出约75%。就理学学科而言，男大学生选择此类专业的人数比例远远高于女大学生，男大学生占比15.84%，女大学生占比10.30%，仅为男大学生的65%。相对于男大学生而言，女大学生更倾向于选择经济类的专业就读，比男大学生高出约46%。女大学生就读于经济类的学科仅次于管理学，选择比例居于第二位。不论男大学生女大学生，选择其他专业的人数比例都比较少。

　　可以看出，本科女大学生选择经管类、医学类、哲学偏文专业的人数较多，要远大于男大学生，而在其他专业，小于男大学生。

表6　本科女大学生专业分布

单位：%

专业类型	女（A）	男（B）	A∶B（B＝100）
哲学	1.52	1.28	119
经济学	22.37	15.36	146
法学	3.51	3.68	95
教育学	6.79	5.28	129

续表

专业类型	女（A）	男（B）	A：B（B＝100）
文学	9.13	11.68	78
历史	0.82	1.44	57
理学	10.30	15.84	65
工学	4.80	20.32	24
农学	0.70	1.76	40
医学	2.11	1.12	188
管理学	37.70	21.60	175
军事学	0.23	0.64	37

三　女大学生就业现状

男女大学生就业方式、就业地点、就业行业、就业单位性质、职业类型、就业时间和收入、专业与与工作一致性程度和工作满意度方面存在差异。

（一）女大学生就业方式状况

高校毕业生的就业方式包括网上签约、劳动合同、灵活就业、升学、自主创业、三支一扶、服务西部、其他国家基层项目、应征入伍、出国学习、出国就业、非派遣省外签约以及其他类别。如表 7 所示，女大学生主要的就业方式为网上签约、劳动合同以及灵活就业，其中占比最高的是劳动合同，比例高达 53.66%，其次是灵活就业的方式，占比为 19.38%，再次是网上签约，比灵活就业低将近 9%。除了这几种主要的就业方式，女大学生还倾向于升学、自主创业等就业方式，分别占 7.14% 和 1.52%，还有少部分女大学生选择三支一扶、服务西部、其他国家基层项目、出国学习、非派遣省外签约等就业方式，但是所占比例微乎其微，只有不到 1% 的比例。男大学生的主要就业方式也是网上签约、劳动合同以及灵活就业，占比分别为10.42%、42.08%、17.92%。

表7 女大学生就业方式

单位：%

就业方式	女（A）	男（B）	A∶B（B=100）
1. 网上签约	10.36	10.42	99
2. 劳动合同	53.66	42.08	128
3. 灵活就业	19.38	17.92	108
4. 升学	7.14	7.36	97
5. 自主创业	1.52	8.06	19
6. 三支一扶	0.27	0.42	64
7. 服务西部	0.09	0.97	9
8. 其他国家基层项目	0.54	5.83	9
9. 应征入伍	0.00	0.28	0
10. 出国学习	0.45	1.39	32
11. 出国就业	0.27	0.14	193
12. 非派遣省外签约	0.27	0.28	96
13. 其他	6.07	4.86	125

不管是男生还是女生，签订劳动合同都是最主要的就业方式。其中，女大学生选择签订劳动合同的比例比男大学生高出约28%。可能的原因是更多的男大学生选择了创业等其他就业方式。选择网上签约方式的女大学生（10.36%）人数比例和男大学生（10.42%）差距不大。选择灵活就业方式的女大学生占19.38%，男大学生占17.92%，女大学生比男大学生高出约8%。由于女大学生就业难，从而选择性了灵活的就业方式。可以看出，如今较多的大学生开始转变传统的就业观念，灵活多样的就业形式同样得到他们的青睐。选择升学的男、女大学生所占的比例大体相当，约占7%。这可以看出，如今更多的学生希望通过提高学历来获得更好的就业机会。女大学生选择自主创业所占比例只有1.52%，相比之下，有更多的男大学生选择自主创业，占比为8.06%，比女大学生占比高约6.5%。这一方面可能是因为女大学生受传统性别观念的影响，更倾向于规避创业风险，缺乏创业精神；另一方面也可能因为相对于男生创业，女生创业要面临更大的困难和挑

战。选择三支一扶、服务西部、其他国家基层项目、应征入伍、出国学习的女大学生占比都低于男大学生，这可能是因为这些就业方式的条件较为艰苦和富有挑战性，无论是从心理还是生理特征上，女大学生都不如男大学生具有优势。

从总体上讲，不论是男大学生还是女大学生，签订劳动合同、灵活就业和网上签约是毕业生最主要的三种就业形式。其中，女大学生选择签订劳动合同和灵活就业的比例都高于男大学生，这是因为男大学生除了选择签订劳动合同和灵活就业外，还有相当一部分男大学生选择自主创业和其他就业形式。

（二）女大学生就业地点

从具体的就业地点分布来看（见表8），不论男生女生，高校毕业生选择进入副省级及以上城市工作的人数比例最高；其次是一般省会城市和县城及以下；最后是地级市。

表8　女大学生就业地点分布

单位：%

就业地点	女（A）	男（B）	A：B（B = 100）
县城及以下	21.98	25.07	88
地级市	13.11	15.19	86
一般省会城市	29.09	24.79	117
副省级及以上城市	35.83	34.96	102

选择进入副省级及以上城市男大学生占比 34.96%，女大学生占比 35.83%，男女相差不。女大学生毕业后选择在一般省会城市工作的比例 29.09%，而男大学生为 24.79%，女大学生占比比男大学生高出 17%。女生毕业后选择在县城及以下、地级市就业的人数比例较小，分别占 21.98% 和 13.11%，分别为男大学生的 88% 和 86%。这说明相对于男生而言，女大学生仍然倾向于选择在较大城市就业。

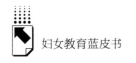
（三）女大学生就业行业情况

高校毕业生进入就业行业存在较大的区别（如表9所示），其中，女毕业生进入行业居于前五位的依次是住宿和餐饮业、教育、批发和零售业、金融业、制造业，占比分别为 41.45%、8.80%、6.74%、5.77% 以及 4.79%。可以看出，接近一半的女大学毕业生选择进入住宿和餐饮行业。一方面说明服务业在我国经济中的比重上升较快，其行业特点使其成为吸纳女性劳动力的主要就业行业；另一方面也说明女大学毕业生找到好工作越来越困难，她们逐步认清现实，根据实际情况选择就业行业。男毕业生进入行业居于前五位的依次是住宿和餐饮业，建筑业，制造业，信息传输、计算机服务和软件业及金融行业，占比依次是 26.15%、8.26%、7.80%、6.42% 以及 6.42%。从男大学生的就业情况来看，一是男大学生就业行业比较分散，二是从事传统行业所占比例大于女大学生。

从女生的就业状况来看，女大学毕业生就业相对集中。女大学生从事行业占第一位的住宿和餐饮行业，占比达到 41.45%，男大学生从事行业占比最大的也是住宿和餐饮行业，占比仅有 26.15%，女生比男生多出 59%，这与现实情况是比较吻合的。从表9的数据可以看出，女大学生从事科学研究、技术服务和地质勘查业，纯农业（种植业），采矿业，电力、燃气及水的生产和供应业，水利、环境和公共设施管理业占比分别为 0.20%、0.68%、0.59%、0.88% 和 0.78%，占比均不到 1%，女大学生从事表中其他工作的比重也多在 3% 以下。可以看出，这些大多是偏体力劳动的工作，女生由于本身的生理素质不适宜从事这些行业，而且受传统观念的影响，女大学生自身也不愿意到这些行业就业。

从事行业占比来看，男大学生和女大学生从事行业比较接近的有房地产业，居民服务和其他服务业，文化、体育和娱乐业，公共管理和社会组织，女大学生和男大学生所占的比例分别为 4.59% 和 4.43%、4.20% 和 3.98%、2.44% 和 2.29%、2.83% 和 2.60%。这些行业大多是新兴的行业，对性别的要求不是特别高，总的来说，男女大学生从事这些行业的人数比例都不是很大。

表9 女大学生就业行业

单位：%

就业行业	女（A）	男（B）	A∶B（B＝100）
纯农业（种植业）	0.68	0.92	75
林、牧、渔、水利业	1.27	1.68	76
采矿业	0.59	2.29	26
制造业	4.79	7.80	61
电力、燃气及水的生产和供应业	0.88	1.53	58
建筑业	2.44	8.26	30
交通运输、仓储和邮政业	1.86	5.66	33
信息传输、计算机服务和软件业	4.50	6.42	70
批发和零售业	6.74	5.50	123
住宿和餐饮业	41.45	26.15	159
金融业	5.77	6.42	90
房地产业	4.59	4.43	104
租赁和商务服务业	1.86	1.22	152
科学研究、技术服务和地质勘查业	0.20	2.45	8
水利、环境和公共设施管理业	0.78	1.68	46
居民服务和其他服务业	4.20	3.98	106
教育	8.80	6.27	140
卫生、社会保障和社会福利业	3.32	2.45	136
文化、体育和娱乐业	2.44	2.29	107
公共管理和社会组织	2.83	2.60	109

（四）女大学生就业单位性质

从男女大学生就业单位性质的角度来看（见表10），女大学生进入单位性质居于前五位的依次是私营企业（内资）、国有企业（含国有控股）、党政机关事业单位、个体经济（户）、其他，占比分别为43.11%、21.22%、10.13%、7.52%以及6.36%，从事私营企业（内资）的比重接近一半，女大学毕业生进入就业单位性质前五位的比例，占女大学生总就业单位的

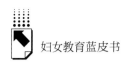

88.34%，可以看出，女大学生就业单位非常集中。男大学生毕业进入行业性质居于前五位的依次是私营企业（内资）、国有企业（含国有控股）、城镇集体企业、党政机关事业单位、个体经济（户），占比分别为38.16%、23.39%、7.02%、6.73%以及5.85%。

表10 女大学生就业单位性质情况

单位：%

就业单位性质	女（A）	男（B）	A：B（B＝100）
党政机关事业单位	10.13	6.73	151
国有企业（含国有控股）	21.22	23.39	91
城镇集体企业	4.15	7.02	59
私营企业（内资）	43.11	38.16	113
港、澳、台投资企业	0.29	2.49	12
外商投资企业	1.83	2.19	84
中外合资企业（联营经济）	2.12	3.36	63
个体经济（户）	7.52	5.85	129
社会组织机构	2.12	2.92	73
国际组织机构	0.29	0.44	66
自由职业	0.87	2.05	42
其他	6.36	5.41	118

男女大学生进入行业性质最多的都是私营企业（内资），女大学生所占比例比男大学生多出13%。其次是国有企业（含国有控股），女大学生是男大学生的91%。再次是党政机关事业单位，女大学生比男大学生高出约51%。可以看出，女大学毕业生选择进入竞争压力较大的私营企业（内资）的门槛相对较低，而进入相对较安逸的国有企业（含国有控股）门槛相对较高，但由于家长的期望、女生本身的生理考量、工作稳定、易于照顾家庭等，进入党政机关事业单位对女大学生的吸引力要远大于男生。

就业行业相差最大的是港、澳、台投资企业，女大学生仅为男大学生的12%。其次是自由职业，女大学生为男大学生的42%；再次是党政机关事业单位，女大学生比男大学生高出51%。

从以上分析可以看出：（1）无论男毕业生还是女毕业生，在私营企业（内资）的比例都比较大，说明私营企业（内资）是目前吸纳劳动力最多的部门；（2）就业行业相差最多的是港、澳、台投资企业，自由职业以及党政机关事业单位。

（五）女大学生职业类型

表11显示了高校男女毕业生从事的主要职业类型。可以看出，女大学生就业比例最高的职业类型为销售人员，占比为14.16%，男大学生所占比例为15.29%，女大学生所占比例为男大学生的93%；第二是财务/审计人员，女大学生占比12.38%，比男大学生的同一指标（7.33%）高出69%；第三是客服人员，女大学生占比10.99%，比男大学生同一指标（6.86%）高出60%；第四是行政/后勤人员和教师，均占7.03%；第五是文职/办事人员，占6.63%。其他指标的占比均没有超过6%。

男大学生就业比例最高的职业类型与女大学生相同，也为销售人员，远远超过其他类型的职业，占比15.29%，其次为管理人员和技术/研发人员，分别占11.08%、9.05%。

男女大学生从事的职业差别最大的是文职/办事人员，女大学生从事文职/办事人员比男大学生同一指标高出77%；其次是财务/审计人员，女大学生从事财务/审计人员的比例比男大学生的同一指标高出69%；再次是客服人员，女大学生从事客服人员的比例比男大学生同一指标高出60%。

表11　女大学生从事的职业

单位：%

从事的职业	女（A）	男（B）	A∶B（B＝100）
生产人员	5.64	7.96	71
销售人员	14.16	15.29	93
市场/公关人员	4.85	5.30	91
客服人员	10.99	6.86	160

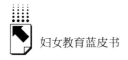

续表

从事的职业	女（A）	男（B）	A∶B（B=100）
行政/后勤人员	7.03	8.27	85
人力资源	6.14	5.15	119
财务/审计人员	12.38	7.33	169
文职/办事人员	6.63	3.74	177
技术/研发人员	2.48	9.05	27
管理人员	5.64	11.08	51
教师	7.03	4.52	155
顾问/咨询	0.69	1.40	49
专业人士（如会计师、律师、建筑师、医护人员等）	0.50	0.94	53
其他	15.84	13.10	121

（六）女大学生工作时间和收入

从男女高校毕业生的工作时间和收入来看（如表12所示），我们得出以下结论。（1）女大学生每周的平均工作时间虽略低于男大学生，但每周平均工作时间依然超过5.5天。女大学生一周平均工作5.52天，比男大学生每周少0.1天，是男大学生每周平均工作时间的98%。（2）女大学生每周平均加班次数虽略低于男大学生，但每周平均加班次数为1.69次，比男大学生每周平均少加班0.11次，是男大学生平均加班次数的94%。（3）女大学生每天的平均工作时间与男大学生没有显著差异，但每天的平均工作时间均超过8.5小时。女大学生每天的平均工作时间为8.54小时，平均比男大学生少0.03小时，表明女大学生和男大学生平均每天的工作时间几乎相同。（4）女大学生平均更换工作次数与男大学生一致，均在3.37次左右。（5）女大学生的月平均总收入显著低于男大学生。女大学生的月平均总收入为3073元，比男大学生少629.85元，是男大学生月工资收入的83%。

不难发现，女大学生的月工资额明显低于男大学生。虽然我们无法从这一点得出"女大学生就业受歧视"的结论，但如果基于按劳索酬的原则，至少可以说明有相当数量的女大学生所从事的岗位对其就业单位的价值要低于男大学生所从事的岗位，或者大部分女大学生所从事职业的劳动强度要低于男大学生。但是女大学生在周平均工作时间、平均加班次数、每天平均工作时间及更换工作次数等方面与男大学生相近，这在另一方面反映出，在劳动力就业市场上存在一定程度的性别歧视。

表 12　女大学生工作时间和收入情况

单位：%

就业时间和收入	女（A）	男（B）	A∶B（B＝100）
一周平均工作天数（天）	5.52	5.62	98
一周平均加班次数（次）	1.69	1.80	94
一天平均工作时间（小时）	8.54	8.57	100
更换工作次数（次）	3.37	3.36	100
月总收入（元）	3073.00	3702.85	83

（七）女大学生专业与工作一致程度

表 13 显示了男女高校毕业生的专业和工作的一致性程度，从中可以得出如下结论。女大学生所学专业与毕业后所从事工作一致的占 12.49%，比男大学生同一指标高出 56%。所学专业与毕业后所从事工作高度相关的女大学生占 8.84%，是男大学生同一指标的 84%。所学专业与毕业后所从事工作相关的女大学生占 31.41%，是男大学生同一指标的 94%。所学专业与毕业后所从事工作低度相关的女大学生占 21.81%，是男大学生同一指标的 88%。所学专业与毕业后所从事工作不相关的女大学生占 25.46%，比男大学生同一指标高出 9%。

数据表明，女大学生专业与工作一致程度呈两极分化。与男大学生相比，在职业选择方面，女大学生更加保守，更倾向于选择与所学专业较为一致的职业。

表 13　女大学生专业与工作一致程度

单位：%

一致程度	女（A）	男（B）	A∶B（B＝100）
不相关	25.46	23.26	109
低度相关	21.81	24.89	88
相关	31.41	33.33	94
高度相关	8.84	10.52	84
一致	12.49	8.00	156

（八）女大学生工作满意度

从男女高校毕业生的工作满意度情况来看（见表14）可得出如下结论。
（1）非常不满意自己目前所从事工作的女大学生占所有参与调查的女大学
生数量的3.11%，男大学生占4.04%，女大学生非常不满意自己目前所从
事工作比例占男大学生同一指标的77%。（2）不满意自己目前所从事工作
的女大学生占所有参与调查的女大学生数量的8.74%，与男大学生
（8.67%）相差不大。（3）对自己目前所从事工作的满意度情况感到一般的
女大学生占所有参与调查的女大学生数量的45.44%，比男大学生的同一指
标高出7%。（4）比较满意自己目前所从事工作的女大学生占所有参与调查
的女大学生的33.69%，是男大学生同一指标的91%。（5）非常满意自己目
前所从事工作的女大学生占所有参与调查的女大学生数量的9.03%，比男
大学生的同一指标高出16%。

表 14　女大学生工作满意度

单位：%

工作满意度	女（A）	男（B）	A∶B（B＝100）
非常不满意	3.11	4.04	77
不满意	8.74	8.67	101
一般	45.44	42.45	107
比较满意	33.69	37.07	91
非常满意	9.03	7.77	116

从数据分析可以看出，对自己目前所从事工作感到不满意或非常不满意的女大学生数量不足两成，而对自己目前所从事工作感到比较满意或非常满意的女大学生数量超过四成，这表明大部分女大学生对自己目前所从事的工作整体感到满意。与男大学生的比较后进一步表明，对自己目前所从事工作感到不满意的女大学生数量与男大学生数量基本一致。从总整体来看，女大学生的工作满意度要高于男大学生。可能的原因是，相对男大学生而言，女大学生对自己的就业要求低，且社会对女大学生的要求也低于男大学生，导致女大学生工作的压力相对较小，满意度相对较高。

（九）小结

通过上述分析可知，女大学生就业情况主要呈现以下特点。（1）从就业方式来看，不论是男大学生还是女大学生，签订劳动合同、选择灵活就业和网上签约是毕业生最主要的三种就业形式。其中，女大学生选择签订劳动合同和灵活就业的比例都高于男大学生，这是因为男大学生除了选择签订劳动合同和灵活就业外，还有相当一部分男大学生选择自主创业和其他就业方式。（2）从就业地点分布来看，相对男生而言，女大学生仍然倾向于选择在较大城市就业，特别是在省会及以上级别城市。（3）从就业行业来看，女大学毕业生就业行业相对集中，多集中在住宿和餐饮行业。从男大学生的就业行业来看，一是男大学生就业行业比较分散，二是从事传统行业所占比例远高于女大学生。（4）从毕业生就业行业的性质来看，男女毕业生进入私营企业（内资）的比重都比较高，这与现行的经济形势相一致；但是女大学毕业生更倾向于选择比较安稳的工作，男大学毕业生更愿意选择晋升空间大的职业。就业行业相差最大的是港、澳、台投资企业，自由职业和党政机关事业单位。（5）从所从事的职业来看，男女大学毕业生从事职业占比最高的都是销售人员。差别最大的文职/办事人员，其次是财务/审计人员，再次是客服人员，但女大学生都比男大学生所占的比例要高。（6）从工作时间和收入情况来看，女大学生在周平均工作时间、平均加班次数、每天平均工作时间及更换工作次数等方面与男大学生相近，但月工资额却明显低于男大

学生。（7）从所学专业和目前所从事工作的一致性程度来看，与男大学生相比在职业选择方面女大学生更加保守，更倾向于选择与所学专业较一致的职业。（8）从工作满意度情况来看，超过四成女大学生对自己目前所从事的工作感到满意，从整体来看，女大学生的工作满意度要高于男大学生。

四 促进女大学生就业的政策建议

提高女大学生就业质量，是一项系统工程，需要各方面的努力，具体来看，主要应该从自身因素、人力资本、国家制度及高校方面采取努力。

（一）自身因素方面

自身因素，包括就业心理、生理、婚姻、个人意识等，制约着女大学生就业。

1. 树立信心

良好的心理素质，对女大学生成功就业有着十分重要的作用，但很多女大学生在心理方面存在着依赖、胆怯、逃避、不自信等消极现象。面对竞争时，她们表现出的不是积极解决问题，而是选择逃避或是依赖亲人朋友，承受困难的能力较低。这些消极因素，无一不制约着女大学生就业。当代女大学生应该转变观念，树立积极乐观向上的求职心态。

2. 树立正确的择业观、价值观

许多女大学生虽然接受了高等教育，但是在就业时过于理想化，认不清现实，没有正确的择业观、价值观。择业深受中国传统观念的影响，一味地追求体面、稳定、没有挑战性的工作，只有很小比例女大学生愿意通过激烈的社会竞争追求自己的事业。很多女大学生在就业时，希望能一步到位，也就是找到稳定、环境舒适、收入丰厚的工作，希望能到发达城市就业，不愿从事艰苦的工作，更不愿到边远贫困地区和基层单位。女大学生的这种就业观不仅与当今竞争激烈的市场经济脱钩，而且也与用人单位的需求冲突，从而导致其就业困难。所以女大学生要树立正确的择业观，可以先选择竞争力较小的基层单位或是中小企业，在工作中不断学习知识、不断积累经验，照样实现自身的社会价值；机会来临时，可以向更好的工作岗位发展。

3. 努力提高自身的综合素质

女大学生要注重自己各种素质的培养，包括文化素质、心理素质、职业素养等。有人将人才分为四种类型：知识面宽，专业知识精深；既有较宽的知识面，又有精深的专业知识；知识面宽，专业知识精深，富有创新精神和发散思维。对于用人单位来说，大多更青睐于第三和第四种人才。但是大多数女大学生由于在校期间只注重理论知识的学习，较少注重实践能力的培养，不能有效地将所学知识与社会实践结合起来，她们大多数属于第一种和第二种人才。在校期间在努力学好专业知识的基础上，加强自己的社交能力、协调能力、适应能力和创新能力的培养，从而使自己在求职时更有竞争力。

4. 努力做好自身职业规划

在校和即将毕业的女大学生应该注意上述问题，充分思考所学专业与职业选择之间的辩证关系。女大学生应该更加清楚地认识到，大学教育的目的除了教授基础知识外，更重要的是培养学生发现问题、认识问题、分析问题和解决问题的能力，从本质上来说是要教会学生找到正确地认识世界的思维模式和改造世界的综合能力。只有这样，女大学生才能抛开所学专业等外在因素的干扰，自信地踏入社会，选择更能体现自身价值的工作岗位。对在校女大学生而言，为毕业后能够获得理想的薪酬，一方面应加强基础知识学习和综合能力的培养，提前思考自己的职业发展规划，尤其是在踏入社会前一年，要对自己将要从事何种岗位的工作有清晰的认识，并着重储备与该工作岗位相关的知识和能力。

（二）人力资本方面

人力资本因素，包括受教育程度、人际交往能力、是否受过职业培训等影响着女大学生的就业质量。

1. 提高人际交往能力

良好的人际交往能力是大学生综合素质的核心之一，也是我们工作生活的必要条件。良好的人际关系不仅有助于大学生身心健康，而且能使大学生获得丰富的信息，保持与社会的密切联系。首先，女大学生要克服自身的自卑心理。其次，女大学生应从入学开始，就有意识地培养自己的交际能力，应多参加集体活动，逐步提高社交能力。

2. 积极参加职业培训

基于我国目前的产业结构布局，市场对劳动密集型人员、技能型人才的需求比较大[1]。但是现在的许多女大学生只有理论没有实践，只有学历没有技术，所以女大学生要充分利用自己的课余时间，积极参加适合自己的职业培训。首先，要明确就业方向。其次，选择合适的培训机构。职业培训可以提升大学生的专业素养，还可以提高大学生理论联系实际的能力，更重要的是使大学生具备求职所需的各种工作技能。

（三）国家制度方面

制度方面主要从完善相关法规政策、健全相关的社会保障机制和建立有效的女大学生劳动力市场监督机制方面进行。

1. 完善相关法规政策

（1）完善相关的法律责任。《劳动法》第十三条规定妇女享有与男子平等的就业权利[2]。但是，从1995年1月起施行到现在，《劳动法》对关于就业歧视的法律责任并未做详细说明，也就是说，即使用人单位违反了相关法律，也不会因此而受到惩罚。因此，完善就业歧视的相关法律责任显得尤为重要。

（2）加强执法力度。对于用人单位性别歧视行为的惩罚，我国法律的提法由于太笼统，对用人单位起不到威慑作用，从而对女性的就业起不到应

---

[1] 曾湘泉：《变革中的就业环境与中国大学生就业》，《经济研究》2004年第6期，第85～92页。

[2] 段玉强：《大学生就业指导》，北京：中国经济出版社，2005，第53～54页。

有的保护作用，所以加强对就业歧视现象的执法力度迫在眉睫。因此，要加大对歧视女性的企业和用人单位的处罚力度，让法律成为保护女大学生就业的有力保障。目前应该设立专门机构来完善反就业歧视方面的法律救济程序。

2. 健全相关的社会保障机制

社会保障制度的不健全给用人单位带来一些经济上的负担，为了追求利润最大化这些单位或明或暗会有性别歧视。如果想解决女大学生的就业问题，用人单位的利益问题不可忽视。所以，我们要改革现有的生育保险制度，将女性的生育保险纳入社会统筹。建立全国统一独立的生育保险险种，设立专门的机构管理和监督生育保险基金的运行①。

3. 建立有效的女大学生劳动力市场监督机制

许多刚毕业的女大学生，由于维权意识较差，当自己遭遇性别歧视时不能运用法律武器保护自己的合法权益。而我国目前在就业歧视方面的监督保护机构只有劳动行政部门、劳动争议仲裁委员会和工会。劳动执法部门要加强对劳动力市场的监督和管理，及时纠正和查处对女大学生就业的歧视行为。

（四）高校方面

高校方面，应该通过调整人才培养模式和提供及时有效的就业指导等促进女大学生就业。

1. 调整人才培养模式

（1）根据社会需求设置专业课程。许多高校专业学习多年不变，没有考虑社会的容纳能力和市场的需求结构，专业设置较为陈旧，导致与社会需求发生脱节。高校专业的设置要与社会的发展与需求紧密结合起来，特别是一些与市场经济发展紧密联系的专业，要随着市场的变化而进行相应的调整，课程内容、教学方法要适应社会需求。这样，学生在学校学到的理论知

---

① 闵君：《女大学生就业难问题研究》，《华中师范大学学报》2009 年第 3 期，第 58~60 页。

识才能跟得上社会的需要和发展。

（2）注重学生实践能力的培养。许多高校重理论，轻实践，致使学生实践能力较差，而女大学生相对于男大学生而言动手能力较差，不能很好地将所学知识运用到社会实践中。首先，学校可以多组织社会实践活动。其次，可以针对女大学生开设实践性较强的课程，培养女大学生的实践能力。还应为女大学生提供实习机会，让她们提前接触社会，主动调整自己的职业目标，积极为适应社会而主动改变自己。

2. 提供及时有效的就业指导

高校的就业指导工作理应对大学生就业起到重要的推动作用，虽然目前很多高校都开设了就业指导课程，但是对大学生尤其是女大学生的帮助有待提高。所以高校有必要进一步完善毕业生就业指导体系，加大就业指导工作力度，将就业指导纳入日常的教育管理，实现就业指导与教育教学的有机结合，为女大学生成功就业奠定良好的基础。首先，设立专门的就业机构指导就业工作，从新生刚入学就要进行，引导女大学生做好职业规划；授课教师要树立就业帮扶责任感，将就业指导思想渗入到教育教学的每个环节。其次，应注重加强学生求职时应具备的求职技巧、求职素质养成的指导。最后，相对于男大学生，女大学生有其自身的特点，高校应提供针对女生心理、生理特点的就业指导，让她们树立正确的择业观、人生观，使女大学生能正确认识自己的优势、劣势，对自己有准确的定位，发挥自身优势。

B.4
近十年来女大学生的发展状况：
基于学生发展理论的实证研究

蒋 承 张潇潇 金文旺*

摘 要： 近年来，我国女大学生的总体规模，以及高学历层次人才的人数与比例，都出现了历史性的增长，其发展水平也逐渐成为各界关注的焦点。本研究基于学生发展理论，通过分析北京大学教育学院2003~2013年所开展的六次全国高校毕业生问卷调查的大样本数据，对近十年来女大学生（主要是毕业生）的发展情况，包括总量和结构特征、家庭环境、学业发展、工作与实习经历、就业价值观以及高等教育评价等方面进行了全面讨论，并提出了关注学生参与和性别发展差异等相关建议。

关键词： 女大学生 发展状况 学生发展理论

一 研究背景与问题

（一）研究背景及问题的提出

近些年来，我国宏观经济持续增长，民众生活富裕程度不断提高，社会

---

* 蒋承，男，博士，北京大学教育学院/教育经济研究所副教授，主要研究方向为教育经济与管理；张潇潇，女，北京大学教育学院科研助理，主要研究方向为数字化学习；金文旺，男，北京大学教育学院研究生，主要研究方向为教育管理。

结构和社会观念也不断发生变化，带来了社会对高学历人才需求不断增长，对女大学生平等接受高等教育日益重视。加上国家义务教育的全面普及和高等教育助学政策体系的不断完善，我国女大学生无论是总体数量规模，还是高学历层次人才的人数和比例，都出现历史性增长。特别是近年来，女大学生占比迅速增加已成为很多高校的新变化。参考《中国统计年鉴》①得到的数据，2007～2012 年全国各级各类学历教育学生情况中"女学生占学生总数的比重"显示，从普通高中生到博士研究生，各个学段女生比例都呈现持续上升态势。高等教育逐渐呈现的"阴盛阳衰"问题也引发了社会的广泛关注。

与此同时，学生发展理论的不断完善为研究我国女大学生发展情况提供了新的视角。自 20 世纪 30～40 年代于美国发源以来，学生发展理论从社会学、心理学、生态学等角度来解释学生成长和发展的规律，关注大学生如何发展成为具备了解自我、了解他人及世界能力的个体的过程②，理论研究重点亦逐步从研究学生发展的某一特定方面，到研究学生总体、全面发展上。随着学生群体不断丰富的多样化，国际上，尤其是美国，对女性学生等弱势群体学生的研究逐步增加，开始从研究学生发展的普遍规律，逐步向研究对象的专门化、学生发展的基本理论建构以及学生事务管理的长效机制建立等方面发展③。美国在这方面积累了宝贵的经验，学生发展理论日渐成熟，深刻影响了美国学生管理工作实践，并为之提供理论指导。相比之下，国内这方面的研究尚属空白。

鉴于此，本研究将基于学生发展理论，通过分析北京大学教育学院于 2003 年、2005 年、2007 年、2009 年、2011 年和 2013 年开展的六次全国高校毕业生调查数据，对近十年来女大学生（主要是毕业生）的发展情况进

---

① 截至课题撰写时，国家统计局尚未发布 2014 年统计年鉴，故各级各类学历教育学生数量仍统计至 2012 年。统计年鉴查询地址：http：//www. stats. gov. cn/tjsj/ndsj/。

② 克里斯汀·仁、李康：《学生发展理论在学生事务管理中的应用——美国学生发展理论简介》，《高等教育研究》2008 年第 3 期，第 19～27 页。

③ 马冬卉、陈敏：《美国高校学生发展理论及相关问题探讨》，《现代教育》2007 年第 3 期，第 135～136 页。

行全面讨论，特别是对男女大学生之间的性别进行对比研究，从而对高等教育中女大学生培养提出建议。

（二）研究意义

国内目前还没有以学生发展理论为基础的女大学生专题研究，本课题的开展将极大地填补这一空白。同时，依托北京大学教育学院近十年的高校毕业生调查数据，通过定量、比较分析的手段，对我国女大学生发展情况有了全面、深入、细致的了解，对于进一步完善女大学生培养工作具有重要意义。

（三）研究方法和数据

1. 研究方法

本研究旨在摸清当前我国女大学生发展状况，依托北京大学教育学院2003～2013年六次全国高校毕业生调查数据，从学生发展理论、社会资本理论以及就业理论等方面，探寻近十年来我国女大学生的发展趋势和规律，发现其中存在的问题，提出相应政策建议。鉴于国内相关研究领域并没有对女大学生发展状况做出较为全面的定量分析，本研究将填补该领域的研究空白。根据以上研究目标和内容，本课题主要采用的研究方法如下所述。

（1）文献研究

收集国内外关于女大学生发展情况的相关文献，并使用学生发展理论、社会资本理论以及就业理论等进行全面的梳理和总结，为该开展创新性研究提供理论支撑和方法指导。文献来源以文献数据库为主，同时收集国内与女大学生发展环境相关的宏观层面数据，结合最近发展动态，全面深入地进行文献研读。

（2）比较研究

在利用北京大学教育学院于2003年、2005年、2007年、2009年、2011年和2013年开展的六次全国高校毕业生调查数据，对近十年来女大学生（主要是毕业生）的发展情况进行全面讨论的基础上，特别强调男女大学生之间的性别对比研究，分析各个指标上男女大学生之间的差异，突出女大学生发

展状况。

（3）定量研究

基于前面的研究基础，结合本研究目标，运用 SPSS 专业统计软件，对北京大学教育学院六次全国高校毕业生调查数据进行频数分析、均值分析和交叉分析。通过对大样本数据的充分挖掘、分析，探究近十年来我国女大学生的发展状况。

2. 样本数据说明

为全面准确了解我国高校扩招后的毕业生就业状况，为完善相关决策和高校人才培养机制改革提供更丰富、有效的信息，北京大学教育经济研究所从 2003 年开始，每两年开展一次覆盖全国高校的毕业生就业状况问卷调查。问卷调查对象是当年的应届毕业生，调查时间是当年的 6 月。至今已取得 2003 年、2005 年、2007 年、2009 年、2011 年以及 2013 年六年大范围调查数据。

调查样本的确定主要参照我国高等教育的地区结构、学校类型结构、专业结构、性别结构等进行抽样，尽可能确保调查样本具有较好的代表性。在发放问卷时，对每所抽样高校根据毕业生学科和学历层次按一定比例发放 500~1000 份问卷，每所高校调查数据并不能代表该校的毕业生总体，但是对全部调查高校的汇总数据作为全国高校毕业生的样本具有代表性。问卷内容包括高校毕业生的基本信息、求职过程、就业状况、接受高等教育状况四部分。①

至今，调查数据已被广泛用于各类重要课题，包括全国教育科学"十五"规划项目国家重点课题"中国高等教育规模扩展与劳动力市场的相互作用研究"、国家社科基金重大项目"高校毕业生就业问题与对策研究"、国家社科基金课题"高校毕业生就业预警机制研究"、国家自然科学基金课题"高校毕业生就业满意度调查研究"和"高校毕业生求职效率研究"、教育部人文社会科学重点研究基地重大项目"高等教育与劳动力市场相互作

---

① 岳昌君：《高校毕业生就业状况分析：2003~2011》，《北京大学教育论》2012 年第 1 期，第 32~47 页。

用"、教育部财务司课题"中国高校毕业生就业状况的监测和分析"，等等。具体样本数据情况见表1。

表1 六次调查的样本数据说明

	2003 年	2005 年	2007 年	2009 年	2011 年	2013 年
东部高校(所)	16	14	17	21	10	13
中部高校(所)	8	9	9	5	9	6
西部高校(所)	21	11	2	3	11	11
"985"高校(所)	4	5	3	3	3	4
"211"高校(所)	8	4	1	6	4	4
一般本科院校(所)	16	19	11	14	9	11
高职大专院校(所)	15	3	8	5	7	7
民办高校(所)	2	1	3	0	4	1
独立学院(所)	0	2	2	1	3	3
专科生(%)	39.3	16.6	38.5	26.3	38.9	21.3
本科生(%)	57	78.5	53.9	61.9	55.3	69.3
硕士生(%)	3	4.1	6.6	11.2	5.5	8.9
博士生(%)	0.6	0.7	1	0.6	0.3	0.5
男性(%)	57.9	56.7	54.6	53.6	49.1	52.8
女性(%)	42.1	43.3	45.4	46.4	50.9	47.2
样本学校数(所)	45	34	28	29	30	40
样本学生数(人)	18723	21220	16388	21753	19768	15928

注：2003～2011 年样本数据情况参考岳昌君（2012）对样本数据的描述情况。

在对样本数据进行充分挖掘的同时，本研究通过分析国家统计数据，对2003～2013 年近十年来全国高等教育分学历层面、分性别层面的总体变化情况进行了分析。数据显示，在分学历层面，样本数据与全国数据所反映的变动趋势一致，同时，样本数据变动幅度更显著，具有很强的代表性。具体情况如图1 所示。

分性别层面，样本数据中，女性大学生占样本总体比例略低于全国整体数据水平，但均呈上升趋势，具体如图2 所示。

总体来看，样本数据在学历层面、性别层面具有很强的代表性，通过分析样本数据可以有效获得全国近十年来高等教育发展情况，特别是女大学生发展情况。

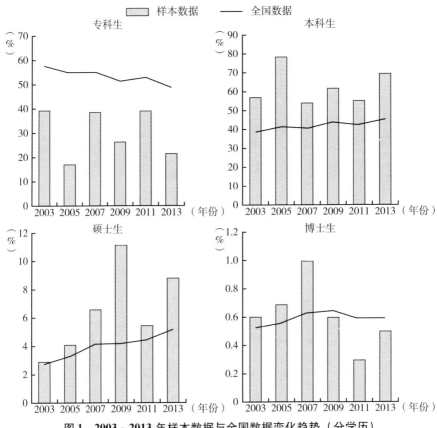

图1 2003~2013年样本数据与全国数据变化趋势（分学历）

资料来源：根据中华人民共和国统计局历年"统计年鉴"整理而得。

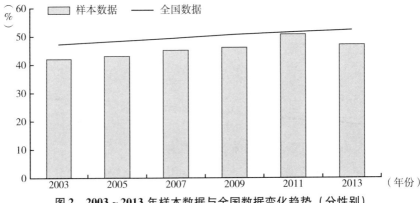

图2 2003~2013年样本数据与全国数据变化趋势（分性别）

资料来源：根据中华人民共和国教育部"教育统计数据"整理而得。

二 相关研究的梳理与综述

（一）学生发展理论与女大学生的发展

学生发展理论主要起源于 20 世纪 30～40 年代的美国，成熟于 20 世纪 60～70 年代，至今仍然处于持续完善之中。20 世纪 30～40 年代，美国高校学生人数逐渐增加，学生成分多元化，原来的学生管理模式逐渐难以适应形势的需要和学生的需求。为此，美国教育委员会 1937 年发表《学生人事观点》的报告，认为高校除了研究、传授知识外，促进学生及其职业发展是高等教育神圣而重要的目标。1949 年，美国教育理事会再次发表以"学生人事观点"为题的报告，要求教师、管理人员和学生事务工作者在促进学生发展的同时要关注学生在背景、能力、兴趣爱好以及人生目标方面的差异。以这两个文件为基础，一些学者从环境、心理等方面研究学生发展，学生发展理论初步形成。1972 年，美国高等院校人事协会推出了《明日高等教育工程》，要求把学生发展按照提供的操作模式，连接到学校各项工作中去，目的是使学生做到自我实现和自身独立。1996 年以来，ACPA 相继发表《学生的学习是当务之急——学生事务的含义》《优质学生事务实践原则》《强大的伙伴关系：对学习的共同责任》等文件，提出搞好学生的学习是当务之急、学生事务管理人员应将促进学生学习作为自己的工作任务和根本目标，并提出"以学生为本""尊重学生个性发展"的理念；优质的学生事务实践应能促使学生从事积极的学习活动，为学生营造更好的学习氛围，并能利用系统咨询提高学生和学校绩效，形成教育性的合作伙伴关系，构建支持性、包容性的校园社区，以促进学生学习；所有参与高等教育的人必须将他们自己视为为学生学习而服务的教师、学习者以及合作者。学生发展理论的研究也从开始着重研究学生发展的普遍规律，到逐渐向发展内容、研究对象的专门化方向发展，学生发展理论逐步成熟。

作为人的发展概念在高等教育语境下的延伸，学生发展理论研究人员关心如何从理论的角度研究学生发展问题，关心学校所提供的教育、管理、服

务项目能否促进学生发展。

学生发展理论是学生事务管理的理论基础，主要描述学生发展的五个重要理论维度，包括：智力发展、道德发展、心理发展、职业发展、自我发展。不同的研究人员对"学生发展"内涵有不同的定义：Rodgers认为"学生发展"是学生在高等教育机构中，不断成长、进步，各方面能力得到提升的方式，关注人的全面发展，高校的职责是鼓励学生学习、促进学生发展；Miller和Pince认为，人的发展概念长期处于一种被忽略的位置，学生发展是人的发展概念在高等教育中的具体应用，每一个处在发展阶段的人都需要完成不断增加的复杂的发展任务，实现自己的人生目标，获得个人的独立；Sanford认为，发展是一种积极的成长过程，在这一过程中，个人可以融入群体，参与各种活动，获得各种经验。

（二）社会资本理论与大学生发展

社会资本的概念最早兴起于社会学研究领域，强调人的社会属性，关注社会中人与人之间的互动关系，作用日趋显著，已逐步与人力资本一起成为研究就业情况的重要理论工作。

法国社会学家布尔迪厄认为社会资本是一种权力形式[1]，通过占有体系化关系网络进而获得实际的、潜在的资源的结合体[2]，它包含了对自己和他人的未来施加控制的能力。[3] 美国社会学家科尔曼提出，社会资本就是个人拥有的、表现为社会结构资源的资本财产，主要存在于人际关系和结构之中，并为结构内部的个人行动提供便利[4]。

在西方发达国家，尽管个人正式的工作搜寻工作（例如，参加招聘会、拜访应聘公司等）是影响个体就业和工资的重要因素，但半数以上的求职者

---

① 包亚明：《布尔迪厄文化社会学初探》，《社会科学》1997年第4期，第71页。
② 包亚明：《文化资本与社会炼金术——布尔迪厄访谈录》，上海：上海人民出版社，1997。
③ James S. Coleman, "Social Capital in the Creation of Human Capital," *American Journal of Sociology*, 1988 (94): 95 – 120.
④ 〔美〕科尔曼：《社会理论的基础》（上），邓方译，北京：社会科学文献出版社，1999。

个体往往会利用拥有的社会资本，特别是社会网络，寻找工作。社会资本的运用将促进劳动力市场效率。同时，借助社会资本或社会网络的帮助，求职者往往更容易获得较高的工资，提高就业几率，公司也将获得更高利润①。

相比西方国家，社会关系在中国资源配置中发挥着更为重要的作用。社会学家费孝通曾提出，中国社会更是以"伦理本位"为特征的"乡土社会"②。对大学生而言，家庭是其社会资本的主要来源，走出校园时所拥有的社会资本很大程度上表现为父母拥有的社会网络和资源③④。随着就业制度市场化程度的不断加深，社会资本对大学毕业生就业的作用不断加大，家庭对大学生就业的重要性已成为学者们的共识。

通过父母职业地位、受教育程度体现的家庭社会经济地位对子女地位的获得具有显著影响作用。家庭社会经济地位越高的毕业生更有可能推迟就业，而选择继续深造，同时，对求职更有信心，初次就业落实单位的概率更高。与此同时，部分社会调查数据亦有同样结论。北京师范大学"我国大学生就业问题研究"课题组研究表明：在工作落实影响因素重要性排序中，社会关系排在第二位。云南教科院研究指出，父母的受教育水平和职业层次越高的家庭，子女就业率越高⑤。

三 近期我国女大学生发展的总体状况

（一）女大学生的总体规模与结构

随着经济社会不断发展，近年来，我国高等教育中女大学生规模不断扩

---

① Montgomery, James D. , "Social Networks and Labor-Market Outcomes: Toward an Economic Analysis," *American Economic Review* 5 (1991): 1408 – 1418.

② 费孝通：《乡土中国　生育制度》，北京：北京大学出版社，1998。

③ 郑洁：《家庭社会经济地位与大学生就业——一个社会资本的视角》，《北京师范大学学报》（社会科学版）2004 年第 3 期，第 111 ~ 118 页。

④ 李黎明、张顺国：《影响高校大学生职业选择的因素分析——基于社会资本和人力资本的双重考察》，《社会》2008 年第 2 期，第 162 ~ 180 页。

⑤ 李慧勤：《高校毕业生择业行为与意愿》，中国教育经济学年会，2003。

大，上涨明显，高校"男多女少"的局面正在发生改变。

如图3所示，2004～2012年，全国高等教育（后文中"高等教育"相关数据均指"普通高等教育"）中女大学生比重逐年上升，由2004年的46.61%上升至2012年的51.21%，上涨比例高达9.87%。特别是自2009年起，女大学生数量开始超过男大学生，已撑起高等教育中的"半边天"。女大学生规模不断扩大，是时代发展留下的印记。一方面，国家和政府通过一系列政策保障女性受教育权利，将其列为各级政府规划和目标之一，从而有效地控制了女孩辍学率，提高了女孩入学率，保障了女性接受教育，尤其是接受高等教育的机会。

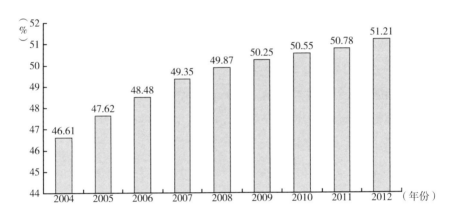

图3　2004～2012年全国高等教育中女大学生比例

资料来源：根据中华人民共和国教育部"教育统计数据"整理而得，http://www.moe.edu.cn/publicfiles/business/htmlfiles/moe/s7567/index.html。

另一方面，社会结构变化也促使女大学生数量出现增长。随着计划生育政策的实施，许多城镇家庭都是独生子女，绝大部分家长观念开明，希望子女接受更好的教育，也使得女孩有更多机会接受高等教育。此外，国家助学政策体系日渐完善，民众的生活富裕程度不断提高，女生因为经济原因而无法接受高等教育的情况基本不存在。女性接受高等教育比例的上升，说明随着社会发展和高等教育大众化，男女平等意识不断深入人心，有力地体现了教育公平。

具体来看各学历层级中女大学生比例情况。如图4所示，2004～2012年，各学历层级中女大学生比例均呈上升趋势，但具体到博士研究生、硕士研究生、普通本科以及普通专科学历来看，女大学生比例则有显著差异。

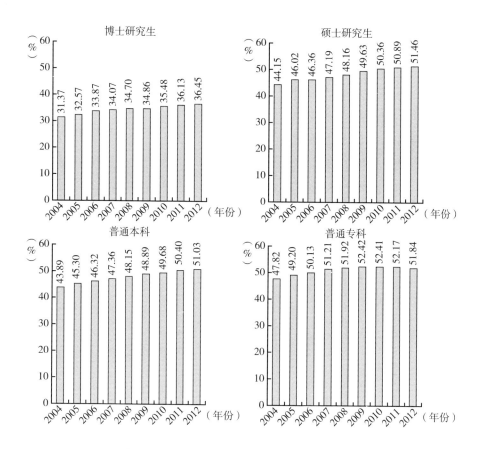

图4　2004～2012年全国各层级高等教育中女大学生比例

资料来源：根据中华人民共和国教育部"教育统计数据"整理而得，http://www. moe. edu. cn/publicfiles/business/htmlfiles/moe/s7567/index. html。

随着学历层次的上升，女大学生占高等教育总体数量的比例呈下降趋势。"博士研究生"中女大学生比例相对最低，基本在30%～40%，2004年比例为31.37%，到2012年达到36.45%，9年中上涨5个百分点。"普通专科"中女大学生比例相对最高，始终在50%左右徘徊，2004年女大学生比例为47.82%，2009年达到最高峰52.42%，到2012年为51.84%。对于

"硕士研究生"和"普通本科"学历，二者中女大学生比例基本维持在40%～50%，略低于"普通专科"中女大学生比例。

（二）女大学生的总体就业情况

1. 我国高校毕业生总体情况

从总量上看，近年来，随着我国高等教育规模的不断扩大，我国高校的毕业生数不断增加，据教育部高校毕业生就业信息数据[1][2]，2004～2011年我国每年的高校毕业生数量分别达到了255.8万、325.4万、407.6万、487.5万、559.4万、573.8万、621.6万以及657.9万人，平均年增幅达到14.8%，其中2005年的增幅最大，为27.2%，随后每年增幅呈下降趋势，2011年的毕业生数相对于2010年增幅为5.8%，其中增幅最低的为2009年，仅为2.6%，详见图5。

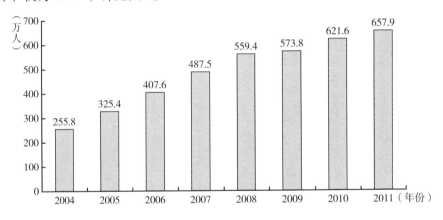

图5　2004～2011年高校毕业生数量

从学历层次来看，与总量连年递增相对应，我国高校各个学历层次毕业生数也不断增加。在专科、本科、硕士和博士四个学历层次中，专科毕业生

---

① 全国高等学校学生信息咨询与就业指导中心：《全国高校毕业生就业状况（2004～2008）》，北京：北京大学出版社，2009。

② 全国高等学校学生信息咨询与就业指导中心：《全国高校毕业生就业状况（2009～2011）》，北京：北京大学出版社，2011。

的规模增加最快，从 2004 年的 119.2 万增加到 2008 年的 295.8 万，五年间增长了近 1.5 倍。本科及以上学历层次的毕业生规模也有较大幅度增加。2004 年本科、硕士、博士学历层次的毕业生规模分别为 121.1 万、12.8 万和 2.7 万，到 2008 年分别增长到 229.3 万、29.9 万和 4.5 万，增幅分别为 89.3%、134.2% 和 118.7%，详见图 6。

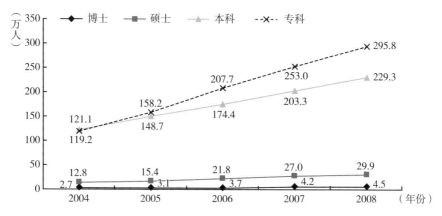

图 6　2004～2008 年分学历层次高校毕业生数量

各学历层次的不同增幅也使得全国高校毕业生的学历结构发生了变化。如图 7 所示，2004 年，专科、本科、硕士和博士学历的毕业生占全国高校毕业生的比例分别为 46.6%、47.4%、5.0%、1.1%，到 2008 年，这一结构变成了 52.9%、41.0%、5.3% 和 0.8%。专科毕业生的规模激增使得其在所有高校毕业生中的比例从 2004 年略低于本科生到 2008 年已经超过本科生 11.9 个百分点。

从性别比例上看，我国高校男女毕业生的数量都在不断增长，而女性毕业生数量的增长速度明显快于男性。2004～2008 年，女性毕业生数量高速增长，增速高于男性，这使得在毕业生总体中女性的比例持续增加。如图 8 所示，2004～2008 年，男女毕业生的比例差距不断缩小，2004 年男女毕业生的数量分别为 139.7 万和 116.2 万，男性的比例比女性高 9.2 个百分点；到 2008 年男女毕业生数量分别增加到 281.9 万和 277.5 万，两者在比例上的差距不到 1 个百分点。

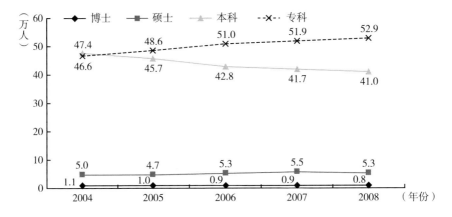

图 7　2004～2008 年分学历层次高校毕业生人数

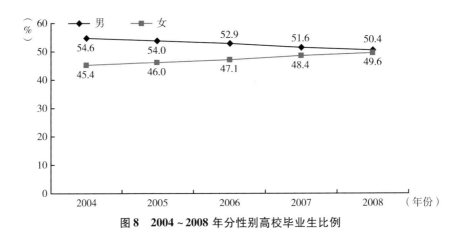

图 8　2004～2008 年分性别高校毕业生比例

2. 我国高校毕业生就业情况

高校毕业生就业过程中的性别差异一直是研究者关注的焦点。长期以来，女大学生就业难亦是社会热点问题。如图 9 所示，2004～2010 年，女大学生初次就业率总体呈上升趋势，但均不同程度地低于同期男大学生初次就业率。2004 年女大学生初次就业率为 76.7%，男大学生则为78.2%；到 2010 年，女大学生初次就业率增长为 85.1%，男大学生则增长为 85.8%。

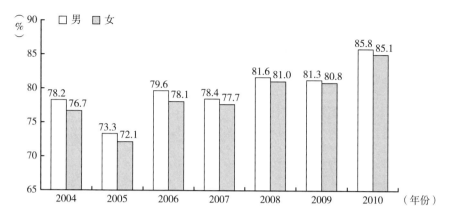

图9　2004～2010年全国高校毕业生分性别初次就业率

四　近十年来女大学生的发展情况：定量分析

（一）女大学生的个体特征

1. 女大学生总量情况

2003～2013年开展的六次调查的数据具有很好的时间代表性。第一，样本包含了1999～2013年的高校学生信息。调查虽针对2003～2013届毕业生，但由于2003年的本科毕业生是1999年入学的，2013年两年制的专科生及硕士研究生是2011年入学的，因此样本数据包含了1999～2011年入学学生的信息。第二，1999年开始的高校扩招实际上只有1999～2005年的扩招速度达到两位数，2006年之后都是以个位数的速度增长。而1999～2005年扩招入学的本科学生于2003～2009年毕业，因此样本数据包含了大幅度扩招进入高校的学生信息。第三，2003～2013年我国经济发展正处于特殊的快速发展时期。2001年我国人均国内生产总值自新中国成立以来首次超过了1000美元，之后经济发展进入了腾飞阶段。2006年人均国民生产总值超过2000美元，2008年超过了3000美元，2010年超过了4000美元。2001年中国成功加入世界贸易组织，对外贸易快速增长，对我国产业结构和就业

增长产生显著影响。尽管受全球金融危机负面影响，但我国国民生产总值增速仍较高，这是我国改革开放以来发展最快的时期。

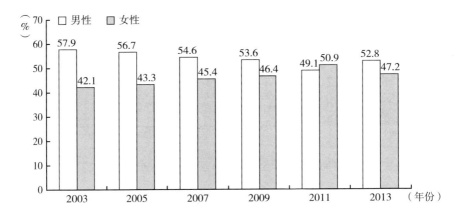

图 10　2003～2013 年调查样本中女大学生占调查总体比例

　　从六次调查的样本统计描述来看，近十年来，性别比例结构变化趋势较为明显，女大学生所占的比例呈上升趋势，由 2003 年的 42.1% 上升至 2013 年的 47.2%，个别年份，女大学生占比甚至超过男大学生，具体如图 10 所示。同时，男女大学生数量差距逐步缩小，如图 11 所示，调查中，男女性别比由 2003 年的 1.38 下降至 2013 年的 1.12，2011 年更出现女大学生数量多于男大学生的情况，男女比为 0.96。这一趋势与全国高校毕业生总体的性别结构变化趋势相一致。全国高校毕业生就业状况（2009～2010）调查中指出，总体数据显示，2009 年女性毕业生在数量上首次超过男性成为高校毕业生的主体。

　　女大学生比例的显著提高也为女性更广泛参政、就业、获取更平等的社会地位和更多话语权提供了前提，是社会进步的体现。女性在政治、经济、文化、社会等各层面扮演越来越重要的角色。同时，作为接受高等教育的主要门槛，高考具有较大程度上的相对公平性。女性可以通过自身努力争取好的高考成绩，从而更好地接受高等教育。女性本身更容易顺从，接受规范，思考问题较为全面，这一特点使其更易适应应试教育，从而进入高等教育阶段。

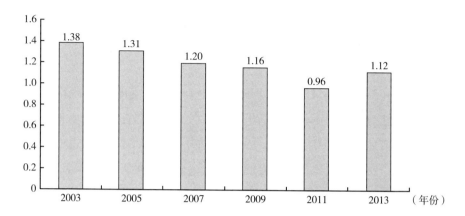

图11　2003～2013年调查样本中男女性别比

注：男女性别比＝男大学生数量÷女大学生数量。

2. 女大学生学历情况

与在校女大学生稳步增加的趋势有所不同，各个学历层次中女大学生的数量存在明显差异。

由图12中可看出，专科生层面中，女大学生占比达到50%左右，远高于在校女大学生总体占比水平。具体分析来看，对于高考分数相对低的学生来说，专科学历对学生日后职业发展的促进作用对女性来说可能更高，导致相对多的女性愿意就读专科学校。

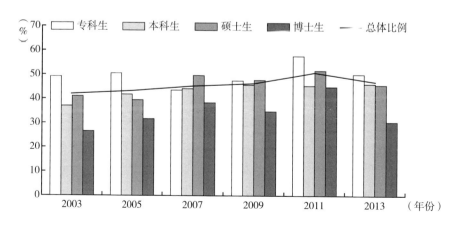

图12　2003～2013年调查样本中各学历层次中女大学生比例

近年来，本科生、硕士生中女性占比逐步提升，硕士生中女性比例个别年份甚至超过男性。这显示出女性整体来说对高等教育学历的诉求逐渐提高。

同时，从调查数据来看，博士研究生中女性的比例整体呈现增长的趋势，尽管女性的比例仍明显落后于男性。现在，根据调查结果，女博士生的占比正逐渐增加，个别年份甚至达到45%左右。但是，不容忽视的是，在校博士生中，女性的占比仍然明显低于男性，显示女性从事更深层次学术研究的动力不足。"女主内"等对女性角色定位的传统思想仍然在阻碍女性走向学术、科研领域，同时，女性受到家庭、婚姻、生育等事务的影响更大，各方面的压力使女性难以持续、专注地做学问。

总体看来，一方面，在高等教育的各个学历层面上，女性比例都有逐渐上升的趋势。这体现了女性对自身发展的日益关注，也体现了社会观念的进步。另一方面，随着高等教育层次的逐步提高，我国女性接受教育的比例逐步减少，男女两性之间的差异逐渐越大。这体现出随着年龄的增长，男女扮演的社会角色会逐渐分化。男女本身生理差异的因素起一定作用，"男主外，女主内"的男女社会分工的传统观念则是更主要的原因。

3. 女大学生生源地城乡情况

通过对2003～2013年毕业的大学生生源地情况调查可发现以下几点。

第一，乡镇、农村生活条件好了，上大学的机会多了，但高校中乡镇和农村生源的大学生比例却越来越少了。如图13显示，从2003年到2013年十年间，大中城市和县城的女大学生生源比例由55%左右稳步提高到了70%以上，而乡镇和农村的女大学生生源比例则降低到了不到30%。

一方面，教育资源配置的不均衡，导致城市乡村教育的差距越来越明显。农村师资力量的匮乏、教学设备的短缺，导致了农村学生在接受的整体教育质量上要低于城市学生，这一差距也体现在了高考成绩上。高考越来越强调"综合素质"，农村学生在这方面往往更吃亏。

另一方面，随着大学扩招，大学生逐渐褪去"天之骄子"的光环，大学学历的含金量降低，大学毕业的学生在就业市场上同样面临着残酷的竞

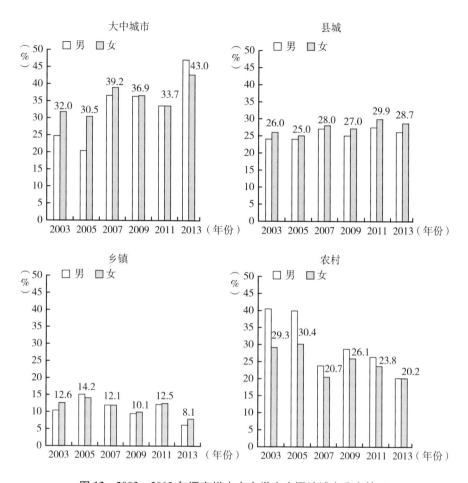

图13　2003～2013年调查样木中大学生生源地城乡分布情况

注：1. 受图幅所限，图中所列各比例为女大学生比例，男大学生比例未标注具体数字；
2. 大城市包括省会城市或直辖市、地级市。

争，而大学学费对一个农村家庭来说仍然高昂，考虑到投入产出比，农村学生迈入大学的脚步越来越迟疑。

第二，从数据来看，2003 年，对男大学生来说，来自大中城市的学生比例为 24.8%，来自农村的学生比例为 40.5%，而对女大学生来说，来自大中城市和来自农村的学生比例分别为 32.0% 和 29.3%，这两个比例相比于男大学生，分别高出近 7 个百分点和低出 11 个百分点。在生源地城乡分

布比例方面，男女大学生的差异明显。女大学生与男大学生相比，有更多的城市生源和更少的农村生源。

而随着时间的推移，男女大学生体现出的这种差异在逐渐消失。到了2013年，女大学生与男大学生的城乡分布已基本趋于一致。这表明，经过近十年的发展，来自农村的女性逐渐获得了与男性相当的接受高等教育的机会。农村地区由性别因素导致的男女大学生接受高等教育机会的不平等在逐渐消失。

4. 女大学生政治面貌

政治面貌方面，近十年来，我国高校学生中，中共党员的比例逐步提升，由2003年的23.5%（男性）和25.7%（女性）上升至2013年的38.1%（男性）和42.6%（女性），增幅较大。其中，女性大学生中中共党员的比例高于男性大学生，这说明，在追求思想进步方面，女性大学生更优于男性大学生。

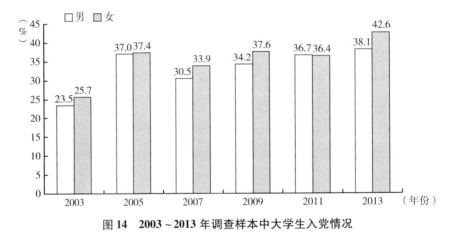

图14 2003～2013年调查样本中大学生入党情况

女大学生入党积极性强，思想上要求进步的意识增强，有了更多的信心和勇气提升自身政治素养，更好地为人民服务。女性敢于突破传统"男主外，女主内"的观念，有了从政和更广泛参与社会事务的诉求，在这方面意识甚至超过了男性。当然也不排除很大一部分女大学生入党的动机是不纯粹的，是出于对日后前途的考虑，党员身份在升学、就业等方面更具优势。

（二）女大学生的家庭背景

家庭环境作为人成长的第一环境，对人的发展有巨大的影响。父母的职业、受教育程度以及家庭社会关系对子女教育、社会资源占有情况进而求职等都具有重要影响。

1. 父母职业情况

社会资源按照个体职业地位高低呈金字塔形分布于社会中，每一个社会成员所拥有的社会资源数量取决于他在社会结构中的地位。通过研究一个人的职业地位可以初步判断其所拥有的社会资本情况。

在中国血缘关系为主的社会关系网络中，父母是大学生最直接的社会资本，父母的社会地位及其所拥有的社会资本很大程度上决定大学生在步入社会前所拥有的社会资本。而父母的职业情况很大程度上反映了父母所拥有的社会资本情况。

为了更有效地对比大学生所拥有的社会资本情况，本研究将父母职业分为：专业、技术人员和办事人员，国家、社会、企业的管理者和私营企业主，个体工商户、商业服务员和产业工人，从事农业的劳动者或农村进城务工人员，以及城乡无业、失业和已退休人员。

调查显示，父母为"从事农业的劳动者或农村进城务工人员"的大学生比例最高，近十年来基本在30%左右；其次为"个体工商户、商业服务员和产业工人"，基本在20%左右；再次为"专业、技术人员和办事人员"，这一比例基本在15%～20%，总体呈下降趋势；此外，"国家、社会、企业的管理者和私营企业主"比例相对较少，父亲的比例一般在15%左右，母亲的比例一般在7%左右；最后是"城乡无业、失业和已退休人员"，母亲的比例大大高于父亲，一般在20%左右，父亲则在10%左右。

调查中，父母为"从事农业的劳动者或农村进城务工人员"的大学生较多，说明大部分大学生所拥有的社会网络在金字塔结构中处于较低的位置，拥有社会资源的机会和质量受到结构位置的限制，社会资本含量较低（见图15、图16）。

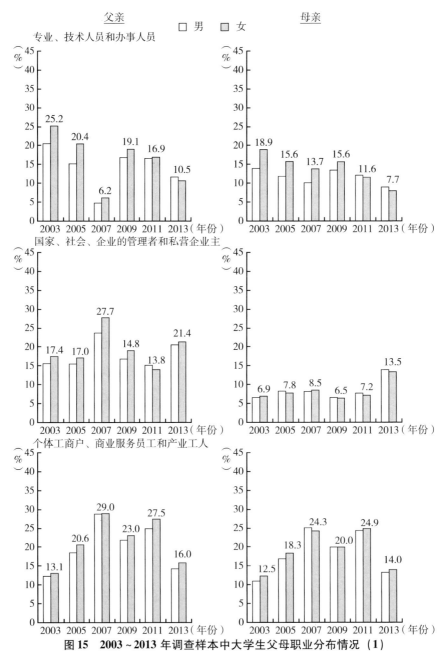

图15 2003～2013年调查样本中大学生父母职业分布情况（1）

注：1. 受图幅所限，图中所列各比例为女大学生比例，男大学生比例未标注具体数字；
2. 职业分类根据调查问卷中有关选项，参考《麦可思研究》（2009年10月中旬刊，总第18期）中关于家庭阶层分类模式。

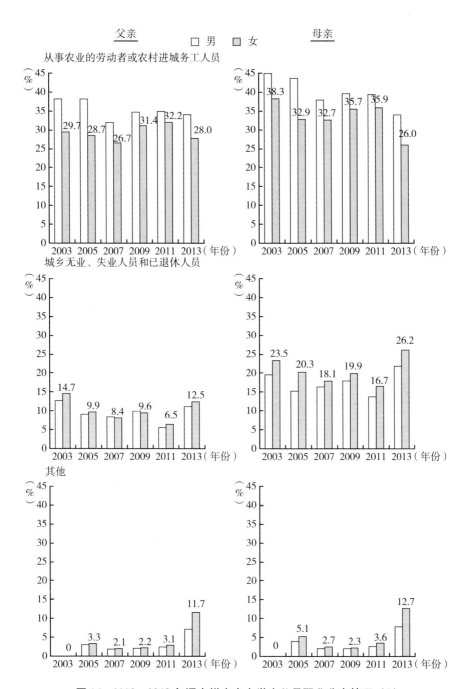

图16　2003～2013年调查样本中大学生父母职业分布情况（2）

2. 父母受教育程度

父母是家庭教育的主要责任者和执行者，是最直接、最经常、最重要的教育者。一般来说，父母的受教育程度越高，子女所接受的家庭教育水平也趋向于越高。

调查显示，大学生父母受教育程度基本呈现如下特点：受过高等教育，包括研究生、本科、专科学历的比例整体逐年提升；高中及中专成为在校大学生父母的主要学历；小学及以下学历的父母比例逐年降低；母亲的受教育程度普遍低于父亲。如图 17 所示，以女大学生的父母受教育程度为例，研究生学历水平中，父亲的比例由 2003 年的 1.5% 上升至 2013 年的 2.1%，母亲的这一比例则由 2003 年的 0.5% 上升至 2013 年的 1.0%；大学本科水平中，父亲的比例由 2003 年的 12.0% 上升至 2013 年的 14.6%，最高时曾达到 16.0%，母亲的这一比例低于父亲，由 2003 年的 5.1% 上升到 2013 年的 8.7%；专科学历中，父亲由 2003 年的 12.4% 下降至 2013 年的 11.1%，母亲则由 2003 年的 7.4% 上升至 2013 年的 9.9%。

如图 18 所示，高中及中专学历中，父亲的比例基本在 30% 左右，母亲的比例则在 25% 左右；初中学历中，父亲的比例在 25% 左右，母亲的比例则在 30% 左右，略高于父亲；小学及以下学历中，父亲的比例在 15% 左右，母亲的这一比例则远远高于父亲，在 25% 左右。

3. 家庭社会关系

调查显示，认为家庭社会关系对于找工作来说作用"非常少"或"较少"的大学生占比逐年提升，较为显著，且整体来看，女大学生这一比例较男大学生略高。

2005 年，14.8% 的女大学生认为家庭社会关系对于自身找工作作用"非常少"或"较少"，男大学生的这一比例为 13.9%；到 2013 年，女大学生的比例达到 44.6%，男大学生比例为 45.0%，8 年间增幅显著，增长了 3 倍。这说明越来越多的大学生认为只有通过自身努力才能取得心仪工作，也体现出随着市场经济的发展，就业劳动力市场更为公平、公正。

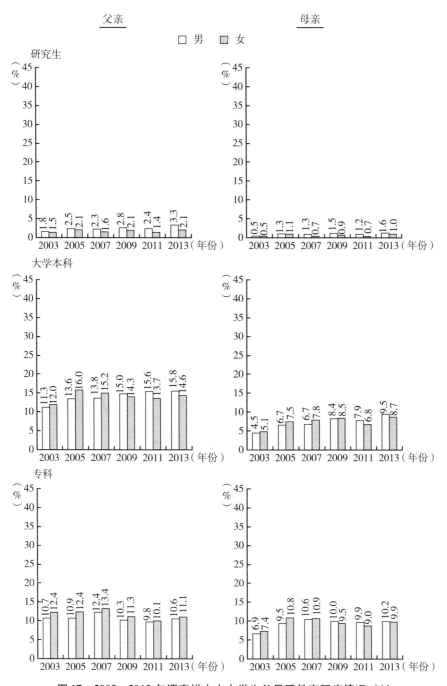

图17　2003～2013年调查样本中大学生父母受教育程度情况（1）

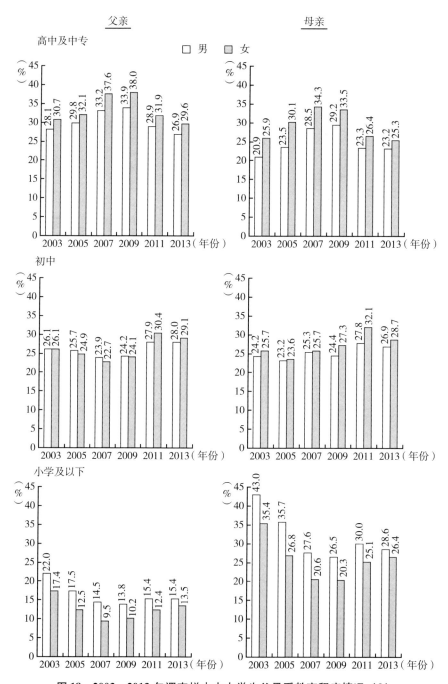

图18 2003~2013年调查样本中大学生父母受教育程度情况（2）

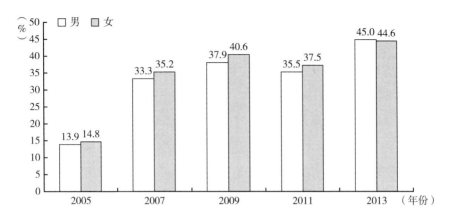

图19 2003～2013年调查样本中大学生对家庭社会关系在找工作中作用评价

注：图示百分比表示认为家庭社会关系对于找工作来说"非常少"或"较少"的百分比之和。

（三）女大学生的学业发展

如何通过简洁、明了、有效的方式评价女大学生的在校期间发展情况，是一个重要的问题。本研究试图通过"硬技能、软技能"两种重要技能的培养、形成来体现女大学生在校期间学习成长情况。

"硬技能、软技能"是近年来人才素质模型中经常提到的两个词，代表人才所必需的两类能力。"硬技能"主要指知识、经验、技能等比较容易评估的素质，侧重反映人的"智商"；"软技能"则主要指一个人的人格特质、社交能力、与人沟通能力、语言能力、个人行为等素质，侧重反映人的"情商"。

本研究通过学习成绩、资格证书获得情况、专业与兴趣爱好、辅修与第二学位、奖（助）学金获得等方面来评价大学生硬技能形成方面情况；通过学生干部担任情况、学生社团参与情况两方面来评价大学生软技能形成方面情况。具体如下。

1. 硬技能形成方面

（1）学习成绩

学习成绩是反映大学生发展情况的一个重要指标，学习成绩相关的研究

133

一直是教育界研究的焦点之一。此次调查也专门做了该方面的统计研究。

根据调查的结果，在历年所调查的所有女大学生中，均有超过38%的学生成绩排名在前25%，而在历年所调查的所有男大学生中，成绩排名在前25%的学生比例均只有不到33%。也就是说，在排名位于前25%的学生中，女大学生的比例远高于男大学生，并且差异明显。成绩排名在中上25%的学生中，女大学生占比少于男大学生，但二者相差不大。以上结果显示，在成绩较好的排名区域内，女大学生的比例显著高于男大学生的比例。

与成绩在前25%的男女比例情况恰恰相反，在所调查的所有学生中，成绩在中下25%和后25%的学生中，女大学生比例均远远低于男大学生比例（见图20）。

同时，对大学生在校期间考试不及格情况的统计显示，近年来，大学生不及格比例略有下降，男大学生出现不及格的比例远远高于女大学生。以2007~2013年数据为例，如图21所示，2007年31.4%的男大学生曾有考试不及格，而女大学生的比例仅为19.3%；到2013年，男女大学生比例均有所下降，男大学生不及格比例为27.9%，女大学生的比例为16.4%。

以上研究显示，高校学生学业成绩存在显著的性别群体差异。总体来看，女大学生的学习成绩远远好于男大学生，这一情况在过去十年间较为稳定。

分析男女生成绩差异的原因，一方面，是因为女生更好地保持了高中时良好的学习习惯，认为学业更加重要，大学里的女孩子似乎更愿意学习；另一方面，大学生相比于高中生，有相对较多的时间自由支配权，女生对运动、电脑的兴趣相比男生而言小很多，从而用于学习的时间相对更多，而男生能静下心来读书的少。整体来看，女生在学习时间的投入和学习的认真程度方面优于男生。陈太博等（2009）[1]在对大学生男女群体学业成绩差异进行了的实证研究，有效地论证了这一问题。

---

[1] 陈太博、毕新华：《大学生男女群体学业成绩差异研究》，《吉林师范大学学报》（人文社会科学版）2009年第2期，第103~106页。

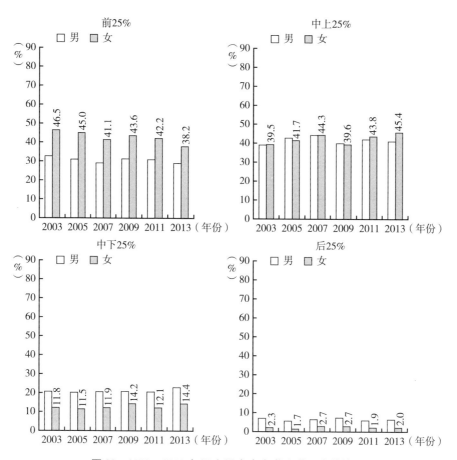

图20 2003～2013年调查样本中大学生学习成绩情况

注：受图幅所限，图中所列各比例为女大学生比例，男大学生比例未标注具体数。

（2）资格证书获得情况

面对日趋严峻的就业压力，越来越多的大学生加入考证大军，希望通过考证增加就业筹码，考证也成为大学生拓展自身能力，获得更广泛社会认可的重要手段。

调查显示，参与考证的学生比例较多。证书主要集中在英语类、计算机类、职业类三方面，其中英语和计算机较多。

过半的考生均拿到了英语类或计算机类的资格证书，这体现了英语水平和计算机操作能力作为衡量大学生基本素质的重要指标在大学生中得到了广

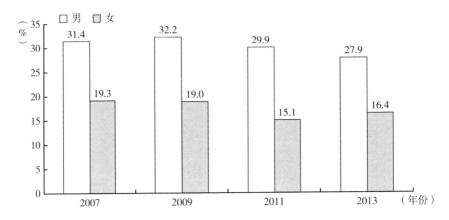

图 21　2007～2013 年调查样本中大学生不及格情况

泛的重视。

英语类证书的获取比例在 2009 年后开始出现下降趋势，一方面说明，社会上广泛存在的"英语热"近些年有所减弱；另一方面，这与其他各类证书广泛兴起有关。

计算机类证书的获取比例始终较高并且逐年递增，体现出计算机能力在未来信息化社会中日益不可或缺。较高的计算机能力对大学生未来职业发展的帮助会越来越大。

职业类证书的获取比例增速显著。2007 年女大学生获得职业类证书的比例为 26.0%，到 2013 年迅速增长至 44.2%，男大学生增速不及女大学生，亦由 28.3% 增长到 36.2%（见图 22）。职业类证书的兴起，与我国市场经济深入发展，人才市场逐步规范，一些岗位实行职业资格准入制度有关。例如，从事证券、期货、保险等金融行业，均需要取得从业资格。未来，随着市场经济的进一步发展，特别是我国经济与世界经济的进一步接轨，需要持职业资格证书上岗的岗位会越来越多。这也表明，越来越多的大学生能更早地对自己的未来职业发展做出规划，提早动手做准备。

整体来看，女大学生获取各类资格证书（包括英语类、计算机类、职业类和其他类）的人数比例普遍高于男大学生。这一定程度上与女大学生

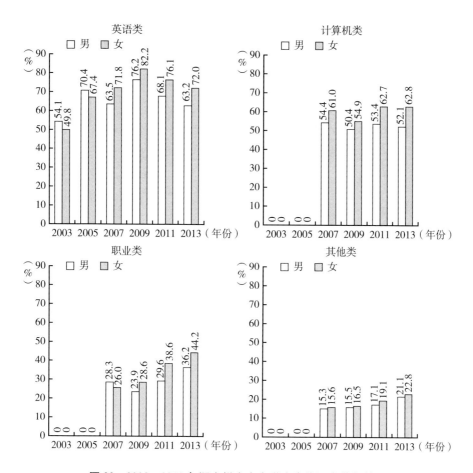

图22 2003～2013年调查样本中大学生资格证书获得情况

注：2003年、2005年调查中，仅调查英语类证书获得情况，故该年度计算机类、职业类、其他类证书获得情况缺失。

在劳动力市场就业过程中面临男女不平等性别歧视有关，使得女大学生更加有意识地培养、提升与升学、求职密切相关的各种技能，从而在未来职业发展方面获取更高竞争力。

值得注意的是，部分学生陷入"考证热"，将精力盯在眼花缭乱的证书上，而忽略了自己的本职学习和综合素质的提升，舍本逐末。对于大学生来说，在就业竞争压力增加的条件下，通过考证可以增加"附加值"，但必须注意适可而止，更不能本末倒置。

(3) 专业与兴趣

《论语》中云："知之者不如好之者，好之者不如乐之者。"科学家爱因斯坦也说过"兴趣是最好的老师"。可见学生个人兴趣爱好对学习效果有巨大影响。对于大学生来说，选择一个适合自己的专业对一生的职业发展至关重要。选择符合个人兴趣爱好的专业，有助于学生充分调动自己的潜能，打下更好的专业基础，为将来的职业发展做更充足的准备。

然而，调查显示，近十年来，毕业生在评价"所学专业与个人兴趣爱好一致情况"时，认为"非常吻合"或"基本吻合"的学生占学生总体的比例始终在65%左右徘徊，略高于"及格线"——60%。2003年，67.6%的女大学生认为所学专业符合个人兴趣爱好，男大学生的比例则略低于女大学生，为66.5%；到2013年，这一比例变为女大学生68.2%，男大学生67.4%，十年的时间略有上涨，但涨幅非常少。特别是在2009年，女大学生的比例为64.5%，男大学生为64.7%，降幅显著（见图23）。

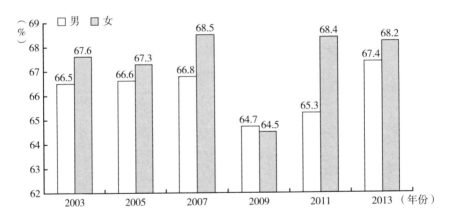

图23 2003～2013年调查样本中大学生专业与兴趣一致性评价

注：图中比例为，认为所学专业与个人兴趣爱好"非常吻合"或"基本吻合"的比例之和。

这一数据说明，学生进入大学后，有相当一部分学生对所选专业并不满意；并且在过去十年间，大学生对自己所学专业在满意度方面并没有显著改善。

造成这种情况的原因有多方面，一方面，高考结束选择志愿的时候考生和家长往往也会从多方面权衡，例如是否热门专业、是否名牌学校、未来就业情况、行业收入、录取概率等，加上考生本人对专业缺乏了解，以及对未来的职业发展思路不清晰，往往导致所学专业与个人兴趣爱好不一致。另一方面，某些热门专业报考者扎堆，不少考生被动调剂到其他自己本不喜欢的专业也是常见现象。

所学专业如果不符合个人兴趣爱好，学生有可能无法适应大学专业学习。如此而重新选择专业，可能会浪费更多的时间和精力，走更多的弯路。

在面对专业兴趣不理想的情况下，有的同学选择转专业，有的同学选择辅修其他专业或第二学位。

相比之下，选择转专业的学生比例少之又少。根据调查结果，从2003年到2013年，每年均有超过30％的学生认为所学专业与个人兴趣爱好不太吻合甚至相去甚远，但是每年仅有不到7％的学生能够成功转专业。

由图24可看出，过去十年间，大学生转专业的比例整体呈上升趋势，且涨幅较大；男女大学生之间，相差不大，女大学生转专业比例略高于男大学生。

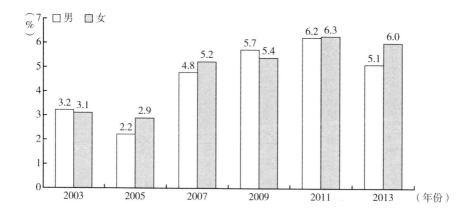

图24 2003～2013年调查样本中大学生转专业情况

一方面，越来越多的高校设置了在校生二次转专业机制，为更多学生选择适合、符合自己需求的专业提供途径，使大学生转专业的比例持续上升；但另一方面，在很多高校，学生转专业的门槛仍然较高，并非所有学生都有资格转专业，高校往往会通过设定转专业比例控制转专业学生的数量，部分高校规定达到规定成绩的学生，方具有转专业的资格。很多学生考虑到转专业的难度和代价而最终放弃。

（4）辅修和第二学位

为了适应高校改革及经济发展对人才的需求，提升学生适应社会的能力，近年来，越来越多的高校设立辅修课程，学生可根据个人兴趣爱好、能力申请。

调查结果显示，2003～2013年，约有15%的大学生辅修过其他专业，或取得第二学位，这一比例过去十年间整体变化不大，但略有下降。2003年18.9%的女大学生曾辅修过其他专业或考取第二学位，高于男大学生的15.8%；到了2013年，这一比例下降为，女大学生比例为15.4%，男大学生为11.6%（见图25）。

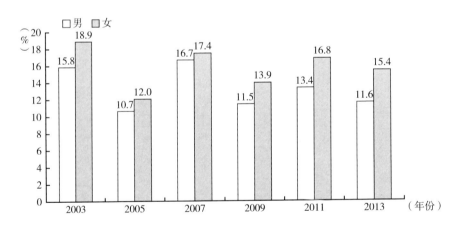

图25 2003～2013年调查样本中大学生辅修其他专业或第二学位情况

有的学生选择辅修或第二学位，是为了更好地找工作，有的则因为对本专业并不喜欢，还有的则是基于家长的要求，更有部分大学生则是盲目跟风。

（5）奖助学金获得情况

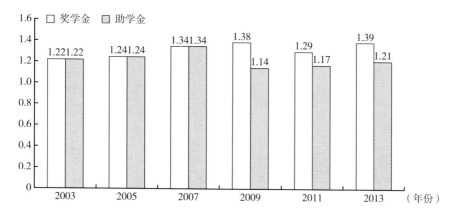

图 26　2003～2013 年调查样本中大学生奖（助）学金获得情况性别比

注：1. 奖（助）学金获得情况性别比＝女大学生奖（助）学金获得者比例÷男大学生奖（助）学金获得者比例；2. 2003 年、2005 年以及 2007 年调查中，未分别调查奖学金、助学金获得情况，合并调查"曾获得奖学金或者助学金情况"，故该三年奖学金和助学金数据相同。

奖（助）学金是对学生在校期间各方面表现的一种肯定。数据显示，近十年来，女大学生在获得奖（助）学金上已然超过了男大学生。如图 26 所示，2003～2013 年，奖（助）学金获得情况性别比始终大于 1，即女大学生奖（助）学金获得者比例始终高于男大学生奖（助）学金获得者比例。在奖学金方面男女差距有越拉越大的趋势，而助学金方面则男女比例逐渐趋于平衡。

2003 年，奖（助）学金获得情况性别比为 1.22，即每 100 名男大学生获得奖（助）学金，则有 122 名女大学生获得；到 2013 年，奖学金获得性别比为 1.39，助学金获得性别比为 1.21。

奖助学金获取方面出明显的"阴盛阳衰"现象，一方面，这显示女大学生在校期间更积极努力，表现获得更多的认可；另一方面，我国教育的评价导向值得反思。学业成绩仍然是衡量学生素质的最重要指标，考核大学生的综合素质时，其他很多方面很难进行量化评比，实践学分、学生干部的加分方式根本无法反映学生的真实能力。

2. 软技能形成方面

（1）学生干部担任情况

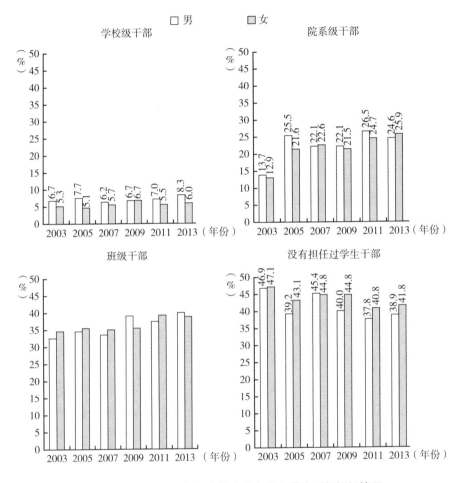

图 27　2003～2013 年调查样本中大学生学生干部担任情况

　　在校期间担任学生干部成为众多大学生提升自己能力、扩大社交活动范围的重要途径。担任学生干部，对提升大学生组织、协调、沟通、表达、领导等能力具有巨大帮助作用，在未来的求职过程中，也有助于丰富简历内容，增加就业筹码，提高就业成功率。

　　根据六次调查的结果，过半的大学生在校期间都曾担任不同级别（学校级、院系级或者班级）的学生干部。在校期间没有担任过学生干部的学生比例在40%左右。近十年来，这一比例整体呈逐渐下降趋势，说明近些年来，随着时代变迁和学生观念的改变，越来越多的大学生积极参与学生干部的工作，积极寻求通过担任学生干部提升、锻炼自己，获取更好的发展。

女大学生整体担任学生干部的比例略低于男大学生，尽管相差并不大。具体来看，2003年，女大学生中没有担任过学生干部的比例为47.1%，而男大学生为46.9%；2013年，女大学生没有担任过学生干部的比例降低为41.8%，而男大学生则降低为38.9%（见图27）。

细看各级学生干部分布情况。班级干部是学生干部的主体，35%左右的大学生在校期间曾担任班级学生干部，男女生担任班级学生干部的比例整体相差不大。

院系级干部是介于学校级和班级干部的中间层，近十年来队伍不断壮大，男女大学生相比，担任过院系级干部的比例相差不大，均由2003年的13%左右逐渐上升到2013年的25%左右，增幅显著。

学校级干部是干部中的精英，校级干部往往竞争更为激烈。历年均有6%左右的大学生在校期间曾担任学校级学生干部，这一比例近十年来较为稳定。男大学生与女大学生相比，在学校级干部中占据更高的比例。除2007年外，男生担任学生干部的比例均略高于女生。这说明男生在学校级干部的竞选中会占据优势。

总体看来，男女大学生相比，在班级干部和院系级干部的参与度方面相差不大。但是在涉及更激烈竞争的学校级干部方面，女生并不占优。表明性别仍然是决定大学生在竞选高级别干部中能否成功的一个重要因素。相比男大学生，女大学生在担任学生干部方面略显保守；或者是受传统观念的影响，女大学生在竞选学生干部方面存在劣势。

（2）社团参与情况

参加学生社团活动对大学生的发展至关重要，大学生可以借此积累一定的人力资本，在这一过程中建立起相应的关系网络，突破班级、宿舍的空间限制，与不同专业、不同性格、不同年龄、不同能力以及不同社会背景的人

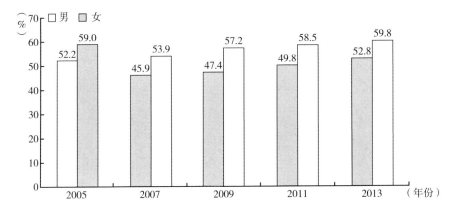

图 28　2005 ～ 2013 年调查样本中大学生社团活动参与情况

注：因 2003 年调查中未调查该内容，故自 2005 年开始比较。

建立联系。学生社团是大学生积累社会资本的重要途径。美国社会学家科尔曼（Coleman）认为，个人参加的社会团体越多，其社会资本越雄厚；个人的社会网络规模越大、异质性越强，其社会资本越丰富；个人从社会网络资源摄取的资源越多，其社会资本越多。

调查结果显示，半数左右的高校学生加入过各级各类的学生社团。相比之下，女大学生在社团参与方面较男大学生更为积极主动，从 2005 年到 2013 年，女大学生加入社团比例均比男大学生高出 5 个百分点以上（见图 28）。显示女大学生对社团参与的积极性要高于男大学生。参加学生社团有助于丰富大学生活，提高个人素质，扩大交际面，对大学生日后发展来说是不可多得的财富。

（四）女大学生的工作与实习经历

作为提升人力资本水平的另一种重要形式，工作经验或实习经验被认为是影响劳动者工资收入的一个重要因素。

近年来，诸多大学生在完成学业之余，积极投入实习工作中。有的希望通过实习更好地了解自身特点、促进职业规划；有的希望通过实习建立良好的人脉关系，通过积极的表现获取实习单位的认可，并最终能留在实习单位；有的则希望借此熟悉求职行业情况、了解职场处事规范、获得求职岗位

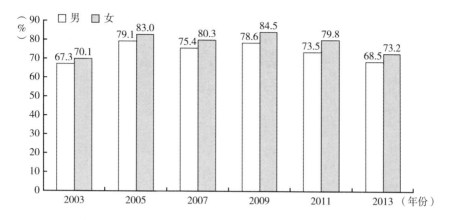

图29　2003～2013年调查样本中大学生实习或工作参与情况

技能，从而提高简历的竞争力；有的希望实践课堂知识，通过理论与实际的结合提升专业素养；还有的大学生希望借此获得实习报酬。

无论出于何种目的，广大学生都越来越积极地投入到实习工作的大潮中。调查显示，近十年来，有过实习或工作的大学生比例占大学生总体比例始终在65%以上，最高时达到84.5%，其中，女大学生的实习比例更高于男大学生。2003年，有过实习工作经历的女大学生比例为70.1%，同期男大学生比例为67.3%；2013年，女大学生比例达到73.2%，男大学生则为68.5%；2009年，达到大学生实习工作比例峰值，女大学生比例为84.5%，男大学生为78.6%（见图29）。

调查显示，女大学生在寻求实习机会的主动性方面显著高于男大学生。说明女大学生面对未来的求职压力，心态更为积极。

（五）女大学生的就业价值观

近年来，随着高校扩张，大学生就业压力加大，越来越多的大学生开始关注就业问题，希望通过参加学校的就业指导课、讲座来提升自身就业能力。由图30可看出，在校学生中，参加学校的就业指导课和讲座的学生逐年增加，半数左右学生参加过学校的就业指导课和讲座。具体来看，女大学生参与程度要高于男大学生，一方面，说明女大学生面对就业心态更加积极，努力寻求自

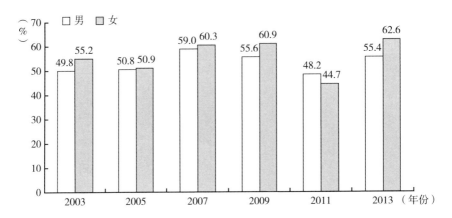

图30　2003～2013年调查样本中学校就业指导课或讲座参加情况

注：图中2011年数据为学生认为"学校开设就业课程或报告讲座对自身帮助'很大'或'较大'"的比例。因2011年未调查学生"是否参加过学校开设的就业指导课或讲座"，而是评价"开设就业课程或报告讲座"的帮助程度。

身职业出路；另一方面，也一定程度上反映了女大学生面对的就业压力要大于男大学生，她们需要通过自身努力尽可能提高劳动力市场的就业竞争力。

就业过程中，女大学生们最重视哪些因素呢？

六次调查中，对就业意向分类略有不同，2003年分为13种，2005年分为11种，2007～2011年分为14种，2013年则分为16种。

经统计，近十年来，无论女大学生还是男大学生，始终认为个人职业发展前景是选择就业单位的最重要因素，其次集中在施展个人才华、实现人生价值以及福利待遇收入好方面。

对劳动者人力资本投资的回报主要通过劳动者获得的收入和福利来体现，因而在求职过程中，收入和福利理所当然受到了高校毕业生的广泛关注。"福利待遇好"和"经济收入高"两项的排名在六次调查中都排在前列，但具体来看，"福利待遇好"的排名则较"经济收入高"更靠前。同时，"福利待遇好"在女大学生中的排名相比男大学生更为靠前，逐步达到第2名。说明，女大学生对于工作带来的非现金收入等保障性报酬更为重视。

相比单位规模和工作地点，无论女大学生还是男大学生，更重视单位的声誉。在6次调查中，"工作单位在大城市"和"单位规模大"均排名较为靠后，表明大学生在职业选择中对这两项均不太看重。而"单位声誉好"则基本排在前5位。

工作稳定对于毕业生也很重要，在6次调查中，"工作稳定"基本都排在中上位次。其中，女大学生对工作稳定的重视程度更高于男大学生，已由最初的第6位上升至2013年的第4位，男大学生则基本维持在第7位。

"符合兴趣爱好"是影响大学生就业选择的另一重要因素，基本排在中上位次，但男大学生比女大学生更重视自身职业发展与个人兴趣爱好之间的结合。各因素具体排序详见表2。

通过男大学生与女大学生的就业价值观进行整体对比，可以看到，女大学生对工作的稳定性、舒适度、劳动强度比男大学生更为看重，而在符合兴趣爱好、施展才华、经济收入等方面的要求要低于男大学生。这也体现出女大学生在求职方面的心态更加保守，以及寻求职业成长的动力相对不足。女大学生在工作稳定、舒适的前提下更愿意在兴趣爱好、施展才华等方面做出一些牺牲。这与男女两性的生理差别相关，也受到了传统观念的影响，女大学生在寻求职业成长方面会受到更多的舆论压力和现实阻力。

以上数据分析结果与《高校毕业生就业状况分析：2003～2011一文中观点较为一致。①

表2　2003～2013年毕业生就业意向排序

序号	项目	2003年		2005年		2007年		2009年		2011年		2013年	
		女	男	女	男	女	男	女	男	女	男	女	男
1	发展前景好	1	1	1	1	1	1	1	1	1	1	1	1
2	福利待遇好*	3	3	4	4	3	4	5	3	2	2	2	2
3	施展才华	2	2	3	2	3	2	3	2	3	3	3	3
4	工作稳定	6	7	6	6	7	7	5	7	5	7	4	7
5	符合兴趣爱好	5	4	5	5	4	4	6	4	7	4	5	5
6	经济收入高	3	3	4	4	6	5	7	6	6	6	6	4
7	单位声誉好	4	5	2	2	6	6	2	3	4	5	7	6

---

① 岳昌君：《高校毕业生就业状况分析：2003～2011》，《北大教育评论》2012年第1期，第45页。

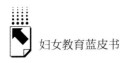

续表

序号	项目	2003 年		2005 年		2007 年		2009 年		2011 年		2013	
		女	男	女	男	女	男	女	男	女	男	女	男
8	对社会贡献大（其他）**	11	11	14	14	8	8	8	8	8	8	8	9
9	能获得权力和社会资源	13	12	10	9	13	13	13	12	12	10	9	10
10	工作自由	9	8	8	8	10	9	9	9	9	9	10	8
11	工作舒适度高、劳动强度小	12	13	9	10	12	12	11	13	11	12	11	12
12	单位规模大	7	9	7	7	9	10	10	11	10	11	12	11
13	工作单位在大城市	8	6	—	—	11	11	12	10	13	13	14	13
14	可兼顾亲友关系	14	14	11	11	14	14	14	14	14	14	15	15
15	能够解决户口问题	—	—	—	—	—	—	—	—	—	—	16	16
16	专业对口	—	—	—	—	—	—	—	—	—	—	13	14
17	工作单位所有制	10	10	—	—	—	—	—	—	—	—	—	—

注：＊2003 年和 2005 年调查中因未单列"福利待遇好"指标，其结果来自"经济收入高"指标；＊＊2003 年和 2005 年调查中，未单列"对社会贡献"指标，其结果来自"其他"指标。排序依据为评价该指标为"非常重要"和"比较重要"比例之和；"—"表示该年无该因素。

（六）女大学生对高校教育的评价

1. 总体评价情况

（1）2013 年调查中，未设计"对所在学校的高等教育质量总体评价"指标，故图 31 中数据为 2003～2011 年。

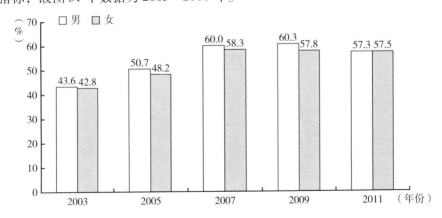

图 31　2003～2013 年调查样本中高校教育质量总体评价

（2）图 31 中百分比为总体评价为"满意"或"非常满意"的比例。

调查结果显示，总体来看，2003 年以来，我国高校毕业生对学校高等教育质量的总体评价持"满意"或"非常满意"态度的比例呈上升趋势，说明高校教育工作有较大提升，但可以发现，多数情况尚未达到60% 的"及格线"，说明我国高校教育工作仍有较大提升空间，需要进一步改进。具体来看，女性毕业生的满意度评价总体低于男性毕业生，需要高校在下一步工作中加大对女性学生的关注，教育设计上适当体现女性特点。

2. 具体评价情况

（1）评价内容

不同的高等教育质量观决定了高等教育不同的评价方式，如何评价现行高等教育对全面培养大学生的作用值得研究。陈琼琼认为，传统的高等教育质量观认为本科教育的质量由大学声誉以及资源占用情况等外部因素决定，例如，师资力量，所谓"大师"；图书馆的藏书量；在校生生源质量等。目前较为常见的世界大学排名、中国的本科教学质量水平评估等评价方法均强调用一定的价值标准或统一的参照系进行评价，更加注重输入指标和硬性标准[①]。然而，单纯保障教育条件和教育资源并不能必然提升教育质量，以资源投入评价为主缺乏对一些真正体现教育质量核心要素的分析。

自 2005 年起，调查问卷中增加毕业生对"受教育阶段学校提供的各种学习条件和机会"的评价情况，在 2005 年、2007 年以及 2009 年调查的基础上，根据教育工作变化情况，2011 年、2013 年调查中逐步调整评价因素。具体如下。

2005 ~ 2009 年问卷中从基础知识（通识教育课程的学习）、图书馆设施和藏书量、人际交往的机会、职业技能、选择课程的机会、教学辅

---

① 陈琼琼：《大学生参与度评价：高教质量评估的新视角——美国"全国学生参与度调查"的解析》，《高教发展与评估》2009 年第 1 期，第 24 ~ 30 页。

助设备的提供（计算机、实验仪器等）、实习机会、实行学分制和弹性学习年限制、学生对学校政策的表达机会以及参与研究项目的机会等 10 个方面来评价。

2011 年问卷中，剔除原问卷中"学生对学校政策的表达机会"这一指标，同时，将原问卷中"人际交往的机会、选择课程的机会以及实行学分制和弹性学习年限制"替换为衡量更为具体的"社团活动的机会""转专业的机会"指标。增加"就业指导"指标，体现对高校毕业生就业情况的关注；增加"任课教师工作的总体评价"，强调高校教师工作质量。

2013 年问卷中，在 2011 年问卷基础上，增加"专业知识的教学""专业领域的实践性技能培养""跨学科知识的学习机会"三个指标，进一步丰富、细化教育评价指标。

（2）评价情况

长久以来，我国高等教育情况主要通过构建政府、高校和第三方组织为主体的评价体系来对各高校教育情况进行排名，排名、评价过程中，强调具有博士学位教师的比例、科研经费和获奖数量以及百篇优秀博士学位论文等数量化指标，侧重对学校投入、条件以及师资的评估，缺少对学生认知、满意情况的评价，这样的评价机制更多地与计划性管理模式相适应，强调结果。

与传统高校教育评价方式不同，陈莉等[1]通过开展实证分析，构建研究生教育服务质量满意度评价多元线性回归分析方程，评价现行高校研究生教育情况，认为我国研究生教育服务质量存在较大改善和提升空间。

根据上述分析，结合调查问卷情况，本研究主要从学生满意度角度对高校教育情况进行评价。根据 2005 ~ 2013 年问卷调查情况，本研究主要从"教学和科研""服务和设施"以及"学习和生活"三个维度 17 个

---

① 陈莉、富冀枫、袁晖等：《基于满意度的研究生教育服务质量实证研究》，《上海交通大学学报》（医学版）2014 年第 2 期，第 224 ~ 229 页。

因素来评价近十年来我国高校教育质量情况，重点比较男女大学生评价差异。

如表 3 所示，近十年来，我国高校教育质量总体呈上升趋势，无论是"教学和科研""服务和设施"还是"学习和生活"等方面，女大学生对高校教育质量的评价普遍优于男大学生，但男大学生好评的增幅要大于女大学生。比较"教学和科研""服务和设施"以及"学习和生活"三方面，近十年来，"教学和科研"总体发展最快，学生好评度增幅最大；"学习和生活"则变化幅度较小，虽有发展但改善不大；"服务和设施"方面则介于二者之间。

具体来看男女大学生在评价高校教育质量上的差异。

教学和科研方面，主要通过"基础知识（通识教育课程的教学）"这一指标考察，2005 年、2007 年以及 2009 年增加了"实行学分制和弹性学习年限制"指标，2011 年增加了"对任课教师工作的总体评价"指标，2013 年则增加了"专业知识教学""专业领域的实践性技能培养""跨学科知识的学习机会"以及"对任课教师工作的总体评价"指标。尝试用更为多维的角度来评价学生对高校教育和科研工作的情况。

总体来看，女大学生对高校教育和科研工作的评价大多数情况下优于男大学生，但男大学生评价增速快于女大学生。2005 年，女大学生在"教育和科研"方面的整体评价为 2.39，介于较差与一般之间，到 2013 年这一数据变为 3.74，介于一般和较好之间，增幅为 56.49%；相比之下，男大学生则由 2005 年的 2.33 上升至 2013 年的 3.80，增幅为 63.09%。

具体到"基础知识（通识教育课程的教学）"评价上，2005 年女大学生评价平均分数为 2，为较差，到 2013 年这一数据变为 3.87，介于一般和较好之间，接近较好；相比之下，2005 年男大学生评价平均分数为 1.99，介于较差和很差之间，低于女大学生评价值，到 2013 年这一数据变为 3.95，更接近于较好，增幅大于女大学生。除此之外，不同年份调查中出现的其他指标结果显示，女大学生的评价普遍略高于男大学生。

表3 高校教育质量评价情况

序号	项目	2005 年		2007 年		2009 年		2011 年		2013 年	
		男	女	男	女	男	女	男	女	男	女
教学和科研											
1	基础知识(通识教育课程的教学)	1.99	2	1.94	1.93	2.04	2.06	3.77	3.81	3.95	3.87
2	专业知识教学	—	—	—	—	—	—	—	—	3.83	3.82
3	专业领域的实践性技能培养	—	—	—	—	—	—	—	—	3.79	3.7
4	跨学科知识的学习机会	—	—	—	—	—	—	—	—	3.57	3.47
5	实行学分制和弹性学习年限制	2.67	2.78	2.47	2.53	2.44	2.56	—	—	—	—
6	对任课教师工作的总体评价	—	—	—	—	—	—	3.67	3.74	3.87	3.86
	平均值	2.33	2.39	2.21	2.23	2.24	2.31	3.72	3.78	3.80	3.74
服务和设施											
7	图书馆设施和藏书量	2.52	2.55	2.32	2.35	2.27	2.27	3.68	3.66	3.85	3.82
8	教学辅助设备的提供(计算机、实验仪器等)	2.6	2.64	2.34	2.38	2.35	2.4	3.59	3.63	3.72	3.66
9	职业技能	2.47	2.56	2.29	2.38	2.43	2.5	3.47	3.52	3.65	3.57
10	就业指导	—	—	—	—	—	—	3.41	3.42	—	—
	平均值	2.53	2.58	2.32	2.37	2.35	2.39	3.54	3.56	3.74	3.68
学习和生活											
11	选择课程的机会	2.61	2.65	2.43	2.49	2.47	2.52	—	—	—	—
12	转专业的机会	—	—	—	—	—	—	3.39	3.28	3.51	3.43
13	参与研究项目的机会	2.99	3.16	2.74	2.9	2.48	2.74	3.45	3.26	3.54	3.47
14	人际交往的机会	2.41	2.51	2.3	2.37	2.38	2.44	—	—	—	—
15	社团活动的机会	—	—	—	—	—	—	3.42	3.42	3.64	3.6
16	实习机会	2.61	2.67	2.43	2.53	2.6	2.73	3.38	3.39	3.61	3.47
17	学生对学校政策的表达机会	2.91	2.97	2.66	2.73	2.66	2.7	—	—	—	—
	平均值	2.71	2.79	2.51	2.60	2.52	2.63	3.41	3.34	3.58	3.49

服务和设施方面，主要通过"图书馆设施和藏书量""教学辅助设备的提供（计算机、实验仪器等）"以及"职业技能"等指标考察，2011 年调查中另外增加对"就业指导"工作情况的评价。

总体来看，女大学生对高校"服务和设施"情况的评价大多数情况下优于男大学生，但男大学生好评增速快于女大学生，这一数据与上文对"教学和科研"指标的评价基本一致。2005 年，女大学生在"服务和设施"方面的整体评价为 2.58，介于较差与一般之间，到 2013 年这一数据变为 3.68，介于一般和较好之间，增幅为 38.76%；相比之下，男大学生则由 2005 年的 2.53 上升至 2013 年的 3.74，增幅为 47.83%。

学习和生活方面，主要通过"参与研究项目的机会"以及"实习机会"等指标考察，2005 年、2007 年以及 2009 年增加了"选择课程的机会""人际交往的机会"以及"学生对学校政策的表达机会"等指标，2011 年和 2013 年则增加了"转专业的机会"以及"社团活动的机会"等指标。全方位考查学生对高校学生综合发展工作的评价。

总体来看，与前两方面评价结果相一致，女大学生评价总体情况优于男大学生，但男大学生好评增幅要高于女大学生。2005 年，女大学生在"学习和生活"方面的整体评价为 2.79，介于较差与一般之间，到 2013 年这一数据变为 3.49，介于一般和较好之间，增幅为 25.09%；相比之下，男大学生则由 2005 年的 2.71 上升至 2013 年的 3.58，增幅为 32.10%。

以上分析说明，过去十年间我国高等教育改革工作取得重大发展，这一方面得益于近年来我国高度重视高校建设工作，不断推进高校教学管理机制改革，加大人财物投入；另一方面也反映了需进一步加强对学生综合发展的关注，通过高等教育实现学生全面发展。

五　主要结论与政策讨论

（一）主要结论

本研究主要围绕女大学生发展、高校教育评价等内容，依托北京大学教

育学院2003~2013年全国高校毕业生调查数据开展定量分析，从女大学生总体发展情况、个体特征、家庭背景、学业发展、工作及实习经历、就业价值观等方面，对我国近十年来女大学生发展，特别是从男女大学生性别差异角度看女大学生发展，进行详细分析、研究，进而从学生参与的角度评价我国高校教育工作。通过研究可以发现以下几点。

第一，总体来看，我国女大学生在规模和学历水平等方面均取得巨大发展。近十年来我国女大学生数量上升显著，并逐步超过男大学生数量。一方面，随着我国社会经济发展，高校招生数量逐年扩大，为更多人接受高等教育提供了机会；另一方面，受社会观念的转变，父母职业、教育背景情况，独生子女数量增加等因素影响，越来越多家庭加大对女孩子的教育投入，支持其接受更多的教育。与此同时，需要注意的是，女大学生数量随着受教育水平的提高，出现不同程度的减少，特别是在博士研究生阶段，女性的数量远远低于男性。一定程度上受男女社会分工传统观念影响，也反映出女性在深层次研究领域动力不足的问题。

第二，从女大学生个体特征角度来看，良好的家庭教育背景使得女大学生能够更好地接受高等教育。而相比男大学生，女大学生在校学习过程中，更加注重自身人力资本的积累，无论是学习成绩、资格证书获取情况、辅修或第二学位攻读情况，还是学生干部担任情况以及实习经历等方面，女大学生都较男大学生有更好的发展。然而，女大学生在人力资本积累上的投入，还无法合理解释男女大学生在初次就业方面的差异。

第三，高校教育发展需要加大对大学生参与的关注。长期以来，我国高等教育发展更多依赖政府指导、高校实施、第三方组织评价等因素，忽略大学生这一重要高等教育主体的参与，过多地强调师资、科研经费、基础建设等量化指标，缺少对学生认知、满意度的评价。通过分析，可发现我国高校教育质量总体呈上升趋势，在"教育和科研"领域体现尤为明显，而"学生的学习和生活"领域则发展最为缓慢，在女大学生评价中较为突出。

（二）政策调整与女大学生发展

近十年来，我国女大学生取得巨大发展，这离不开国家政策的支持。女大学生的数量逐年上升，并逐步超越男大学生，女大学生在校表现优异，在很多方面赶超男大学生，撑起半边天。相比于男大学生，女大学生更加关注自身人力资本积累，更为努力、勤奋、上进。

但在结束学习生涯，进入就业环节时，女大学生则面临巨大瓶颈。这一方面与女大学生自身情况有关，受家庭分工影响，女大学生就业后不久即面临生子等情况，需要投入更多的精力到家庭中，使得部分企业并不愿意录用女大学生；另一方面，也反映出国家在消除劳动力市场歧视上需要更多地投入，从而使女大学生和男大学生平等、公平竞争。与此同时，高校教育上，需更多关注女大学生自身发展需求，在创业、就业指导方面做好支持、引导工作，帮助女大学生更好地实现转变。

女性和男性在教育和就业方面的差异一直是社会学和教育学相关研究领域的重点内容，而作为人力资本相对较为一致的男女大学生群体，在进入劳动力市场时是否存在差异、存在怎样的差异，将成为研究两性劳动力市场就业、工资、歧视等方面的一个有效切入点。北京大学教育研究所进行的全国高校毕业生就业状况调查，数据涵盖毕业生教育背景、求职过程、就业起薪、就业期望等内容，样本量大，数据连贯，面板数据代表性强，将为后续研究提供很好的定量分析数据。

参考文献

闵维方、蒋承：《产业与人力资源结构双调整背景下的大学生就业——一个历史和比较的视角》，《北京大学教育评论》2012 年第 1 期。

鲍威：《学生眼中的高等院校教学质量——高校学生教学评估的分析》，《现代大学教育》2007 年第 4 期。

马冬卉、陈敏：《美国高校学生发展理论及相关问题探讨》，《现代教育科学》2007

年第 5 期。

　　秦飞：《近十年来我国女性高等教育研究述评》，《中华女子学院学报》2006 年第 2
期。

　　孟祥斐、徐延辉：《高层次女性人才的性别意识及其影响因素研究——基于福建省
的调查》，《妇女研究论丛》2012 年第 1 期。

　　李洁、王颖、石彤：《社会性别观念对女研究生学业成就的影响——基于第三期中
国妇女社会地位调查之女大学生典型群体调查数据的分析》，《妇女研究论丛》2013 年
第 3 期。

　　石春燕：《社会资本的性别差异——女大学生就业困境的社会学思考》，《齐齐哈尔
大学学报》（哲学社会科学版）2005 年第 5 期。

　　Chickering A. W. , Gamson Z. F. , "Seven Principles for Good Practice in Undergraduate
Education," *AAHE Bulletin*, 7（1987）：3 - 7.

　　郭冬生：《改革开放三十年来我国女性高等教育的发展》，《中华女子学院学报》
2008 年第 1 期。

近二十年我国高校女教师
队伍发展研究

赵叶珠 *

摘　要： 自1994年我国高校招生规模急剧扩大以来，进入我国高校教师队伍的女性也呈快速增长趋势，如今高校女教师已接近专任教师总量的半数。尽管如此，女性教师在高级职称人员中所占比例仍然明显偏低，担任校院级领导职务和学术带头人者偏少。造成这一局面的主要原因，是高校科研学术资源配置不合理、女性教师的家庭负担普遍较重和承担的教学任务压力过大。为此，笔者建议从进一步鼓励女性教师"自强不息"和逐渐改善外部环境创设"女性友好"氛围两个方面努力，并注重高校女教师群体的健康发展，切实提高其学术地位和职业能力。

关键词： 高校女教师　教师发展　职业能力

一　近二十年我国高校女教职工队伍发展趋势

我国高校教职工队伍主要由四大部分构成：专任教师、行政人员、教学辅助人员和工勤人员。其中，专任教师承担着高校教学和研究这一高校的核

* 赵叶珠，厦门大学教育研究院教授，主要研究方向为女性高等教育、性别与发展等。

心任务，是高校教职工队伍的主要力量；行政人员承担着高校人财物的管理工作，包括校、院各级行政管理部门及工会等群众团体中的管理人员，他们是高校教职工队伍的重要组成部分；教学辅助人员指承担实验室、图书馆等一些维持和支撑高校教学与科研运转工作的专业人员，是高校教职工队伍构成的重要方面军；工勤人员指的是各部门雇用的工人，也是高校教职工队伍不可或缺的组成。这四类人员分工明确、各司其职，维持着高校教学、科研、社会服务的正常运转。在有些国家，高校教职工与专任教师有明确的区分，教职工称作"Staff"，是指除了专任教师外的工作人员，如行政管理和教学辅助人员，而从事教学与科研工作的专任教师称作"Faculty"，在有些国家这两者的地位亦有明显的区别，Faculty 的地位明显要比 Staff 的地位高，尽管 Staff 也包括中层甚至高层教学与行政管理人员，比如日本就是如此。以下我们从 1994 年至今近二十年的跨度来分析高校女教职工队伍的演变情况。

（一）女性在高校教职工构成中的比例变化

近二十年来，随着我国高等教育规模的扩张，高校教职工队伍亦有明显的增长趋势。从数据来看，1994 年我国高校教职工总数为 84 万人，2004 年达到近 144 万，2013 年达到近 224 万人，近二十年间增加人数近 140 万，增长率为 165%。其中，专任教师从 1994 年的近 40 万人，发展到 2004 年的近 86 万人，2013 年达到 153 万多人；行政人员从 1994 年的 17 万余人，发展到 2004 年的 24 万余人，2013 年的 32 万多人；教学辅助人员从 1994 年的 12 万余人，发展到 2004 年的近 17 万人，2013 年的 21 万多人；工勤人员从 1994 年的 15 万多人，发展到 2013 年的近 17 万人。从 1994 年至 2013 年的 20 年间，专任教师数、行政人员数、教辅人员数和工勤人员数分别增加了 113 万多、15 万多、近 9 万、近 1.9 万人；增长率分别是 286.1%、87.1%、72.9% 和 12.4%。可见高校四大类人员中专任教师的增长速度最快，其次为行政人员、教学辅助人员和工勤人员（见表 1）。总之，近 20 年来我国高等教育规模的扩张直接推动了高校人数的增长及人员构成的变化。也反映出

20 世纪 90 年代中后期以来以提高办学效益为主要目标的我国高校内部管理体制改革的成果较为显著，表现在专任教师数的增长明显，工勤人员比例增长最少。

表 1 1994 ~ 2013 年中国高校教职工队伍发展数据

单位：人，%

	1994 年	1999 年	2004 年	2009 年	2013 年	增长	增长百分比
教职工总数	842586	881068	1437930	2086669	2235200	1392614	165
男性	530961	522579	817867	1136860	1187650	656689	123.7
女性	311625 (37)	358489 (40.7)	620063 (43.1)	949809 (45.5)	1047550 (46.9)	735925	236.2
专任教师数	396389	425682	858393	1363531	1530512	1134123	286.1
男性	269329	266708	493834	734242	798293	528964	196.4
女性	127060 (32.1)	158974 (37.4)	364559 (42.5)	629289 (46.2)	732219 (47.8)	605159	476.3
行政人员数	172880	179630	240017	316784	323388	150508	87.1
男性	108072	106207	135881	173474	174279	66207	61.3
女性	64808 (37.5)	73423 (40.9)	104136 (43.4)	143310 (45.2)	149109 (46.1)	84301	130.1
教辅人员数	122635	131531	169946	214558	211969	89334	72.9
男性	62296	61657	79688	99665	96339	34043	54.7
女性	60339 (49.2)	69874 (53.1)	90258 (53.1)	114893 (53.6)	115630 (54.6)	55291	91.6
工勤人员数	150682	144225	169574	191796	169331	18649	12.4
男性	91264	88007	108464	129479	118739	27475	30.1
女性	59418 (39.3)	56218 (39)	61110 (36)	62317 (32.5)	50592 (29.9)	-8826	-14.9

资料来源：根据各年度中国教育统计年鉴计算而成。

与此同时，我们不难发现，在整个高校教职工队伍中，女性人数增长亦十分显著。1994 年女教职工总数为 31 万多人，2004 年发展到 62 万余人，2013 年到达近 105 万人，近 20 年间增加了 73 万余人，增长率为 236.2%；其中专任教师中女性人数从 1994 年的近 13 万人，发展到 2004 年的 36 万余人，

2013 年达到 73 万余人，增加了 60 万人，增长率为 476.3%；行政人员中女性人数从 1994 年的 6.5 万人，发展到 2004 年的 10 万余人，2013 年达到近 15 万人，增加了 8 万余人，增长率为 130.1%；教学辅助人员中女性人数从 1994 年的 6 万余人，发展到 2004 年的 9 万余人，到 2013 年达到近 12 万人，增加了 5.5 万人，增长率为 91.6%；工勤人员中女性人数从 1994 年的近 6 万人，发展到 2004 年的 6 万多人，2013 年降为 5 万多人，20 年来减少了近 9000 人，出现了负增长（-14.9%）。由此可见，近 20 年来，进入高校工作的女性越来越多，而且在高校中承担教学科研这一中心工作的女性人数增加最快，高校中女性"半边天"的作用也越来越明显。

（二）性别视角下的女教师队伍构成变化

所谓性别视角，系指从男女比例关系来分析女性所占的比重，也就是从与男性进行对比的角度来分析女性的地位。为此，笔者将教职工总人数及四大类人员中女性所占比例进行了计算，得出在高校总人数、专任教师、行政人员、教辅人员和工勤人员中女教师所占的比例情况（见表 2、图 1）。

表 2　1994～2013 年性别视角下各类人员所占百分比

单位：%

	1994 年	1999 年	2004 年	2009 年	2013 年	增长百分比
女性占教工总数比例	37	40.7	43.1	45.5	46.9	9.9
男性占教工总数比例	63	59.3	56.9	54.5	53.1	-9.9
女性占专任教师比例	32.1	37.4	42.5	46.2	47.8	15.7
男性占专任总数比例	67.9	62.6	57.5	53.8	52.2	-15.7
女性占行政人员比例	37.5	40.9	43.4	45.2	46.1	8.6
男性占行政人员比例	62.5	59.1	56.6	54.8	53.9	-8.6
女性占教辅人员比例	49.2	53.1	53.1	53.6	54.6	5.4
男性占教辅人员比例	50.8	46.9	46.9	46.4	45.4	-5.4
女性占工勤人员比例	39.3	39	36	32.5	29.9	-9.4
男性占工勤人员比例	60.7	61	61	67.5	70.1	9.4

资料来源：根据各年度中国教育统计年鉴计算而成。

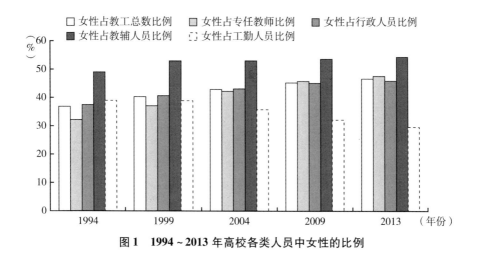

图1　1994～2013年高校各类人员中女性的比例

由表2可知，女性在教职工总人数中所占比例从1994年的37%上升至2013年的46.9%，上升了近10个百分点；女性在专任教师中所占比例从1994年的32.1%上升至2013年的47.8%，上升了15.7个百分点；女性在行政人员中所占的比例从1994年的37.5%上升到2013年的46.1%，上升了8.6个百分点；女性在教学辅助人员中所占的比例从1994年的49.2%上升至2013年的54.6%，上升了5.4个百分点；在工勤人员中，女性的比例从1994年的39.3%下降至29.9%，下降了9.4个百分点。可见，除了工勤人员之外，教职工总数和三大类人员中，女性的比例均有所上升，其中比例上升最快的是专任教师类中的女性。这说明，一方面自20世纪90年代以来，我国高教规模扩张而导致高校教师人数急剧增加，在此过程中，女教职工人数的增加最为明显，尤其是从事教学科研的专任教师队伍中，女性的人数增加十分显著；另一方面，从性别视角来看，男性在高校中的构成成分在减少，女性的构成成分在增加。可见，在维持高校的正常运转中，女性所起到的作用在逐步增大。

二　近二十年女专任教师构成变化趋势

本研究进一步从性别视角对专任教师队伍的变化情况进行分析，这是基于以下几点考虑。第一，专任教师的基本职责是从事教学与科研，这是最能体现高校实力和水平的核心工作，即人们所谓的学术性工作。第二，学术性工作在传统上被认为是在文化、价值、结构、就业等方面具有男性优势的领域，长期以来，女性在这一领域一直处于相对弱势的地位，所以，对专任教师队伍中女性的考察，最能说明高校女教师队伍的实质性变化，也最能反映女教师队伍的本质与特点。第三，在目前高校女教职工队伍构成中，专任教师人数占比例最大。如2009年，全国高校中女教职工队伍的总人数近95万，其中，女性专任教师近63万人（见表3），女性行政人员14万余人，女性教学辅助人员11万人，女性工勤人员6万人，女性专任教师占66%以上，女性专任教师人数增长也最为迅速。因此，对女性专任教师队伍的职称结构、学位结构和年龄结构的深入分析，有助于我们把握高校女职工群体的变化特征。

表3　1994～2013年高校专任教师职称、学历及年龄结构

单位：人，%

		1994年	1999年	2004年	2009年	2013年
专任教师总数		396389	425682	858393	1363531	1530512
男性		269329	266708	493834	734242	798293
女性		127060 (32.1)	158974 (37.4)	364559 (42.5)	629289 (46.2)	732219 (47.8)
职称结构	教授总数	28281	39359	83231	141999	182982
	男性	24421	33426	76186	105285	129864
	女性	3860 (13.65)	5933 (15.07)	16045 (19.28)	36714 (25.86)	53118 (29.03)
	副教授总数	102114	125900	250251	379095	442685
	男性	78466	88004	155031	218737	247355
	女性	23648 (23.16)	37896 (30.1)	95220 (38.05)	160358 (42.3)	195330 (44.12)
	讲师总数	168683	156390	280905	504421	611226
	男性	110682	91031	153080	256344	290230
	女性	58001 (34.38)	65359 (41.79)	127825 (45.5)	248077 (49.18)	320996 (52.52)

续表

		1994 年	1999 年	2004 年	2009 年	2013 年
职称结构	助教及以下总数	97311	104033	244006	338016	293619
	男性	55760	54247	118537	153876	130844
	女性	41551 (42.70)	49786 (47.86)	125469 (51.42)	184140 (54.48)	162775 (55.44)
学历结构	博士总数	8691	23136	70487	175872	285353
	男性	7820	19890	54968	122673	188921
	女性	871 (10.02)	3246 (14.03)	15519 (22.02)	53199 (30.25)	96432 (33.59)
	硕士总数	77293	100492	223860	434162	535784
	男性	58419	67491	129815	215744	243320
	女性	18874 (24.42)	33001 (32.84)	94045 (42.01)	218418 (50.31)	292464 (54.59)
	学士总数	192595	217694	532705	660715	654660
	男性	118647	122360	290127	345944	336577
	女性	73948 (38.40)	95334 (43.79)	242578 (45.54)	314771 (47.64)	318083 (48.59)
年龄结构	35 岁及以下总数	193765	211556	405729	608928	600527
	男性	119214	115447	199554	279769	259401
	女性	74551 (38.47)	96109 (45.43)	206175 (50.82)	329159 (54.06)	341126 (56.80)
	36~50 岁	99186	142981	356617	543184	679700
	男性	69148	96335	221467	317340	371112
	女性	30038 (30.28)	46646 (32.62)	135150 (37.90)	225844 (41.58)	308588 (45.40)
	51 岁及以上总数	103438	71145	96047	143136	216638
	男性	80967	54926	72813	102829	151902
	女性	22471 (21.72)	16219 (22.80)	23234 (24.19)	40307 (28.16)	64736 (29.89)

资料来源：根据各年度中国教育统计年鉴计算而成。

（一）职称结构

我国高校专任教师的职称系统由高而低依次为：教授、副教授、讲师、助教，其中教授和副教授被称为高级职称（教授又称为正高级职称，副教授又称为副高级职称），讲师为中级职称，助教为初级职称。经计算，1994年我国教授、副教授、讲师、助教的构成比例分别为7.17%、25.76%、42.56%、24.55%；1999年我国教授、副教授、讲师、助教的构成比例分别为9.7%、31.1%、38.6%、20.6%；2008年我国教授、副教授、讲师、助教的构成比例分别为11.1%、29.4%、37.4%、22.2%；2013年我国教授、副教授、讲师、助教的构成比例分别为11.96%、28.92%、39.94%、19.18%。可见，进入21世纪，我国高校职称结构的总体变化是已经从原先"塔基宽、塔尖少"的金字塔结构转向"塔尖较为缓和"的"似陀螺形"结构（见图2），说明近十年来高校职称结构中高级职称比例有很大提高。

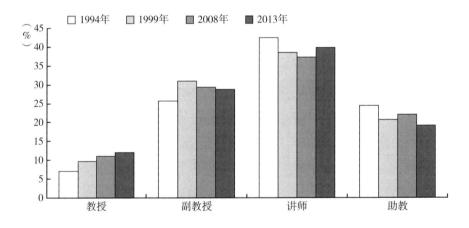

图2　近二十年间高校职称构成比例变化

笔者进一步从性别视角计算出女专任教师职称结构的比例（见图3）。具体分析如下。首先，从纵向发展来看，从1994年至2013年，女专任教师中各类职别所占比例均有大幅度上升，进入21世纪之后比例上升的幅度尤为显著。1994年在教授职别中女教授占比例为13.65%，在副教授中女性占23.16%，在讲师中女性占34.38%，在助教及以下类别中女性占42.70%，可见职别越高所占比例越低，每个职别之间相差约10个百分点，只有最低职别的助教及以下类别的女性比例超过了 40% ；到了 1999 年，上述四类职别中女性比例分别上升为 15.07% 、30.1% 、41.79% 、47.86% ，四类职别中两个低端的职别均超过了 40% ；2004 年上述四类职别中女性比例分别达到 19.28% 、38.05% 、45.5% 、51.42% ，其中助教及以下职别所占比例超过了 50% ，但女教授所占比例仍在 20% 以下；2009 年女性在各职别中的比例分别为 25.86% 、42.3% 、49.18% 、54.48% ，各个职别中的女性比例均上升较快，女教授的比例超过了 1/4，其他三个职别中女性的比例也都在 40% 以上；2013 年女性的比例分别是 29.03% 、44.12% 、52.52% 、55.44% ，其中初级和中级职别中女性的比例均已经超过了 50% 。可见 1994~2013 年，女性在各个职别中的比例都有明显的上升，在初级和中级职别中女性比例已经超过了一半。

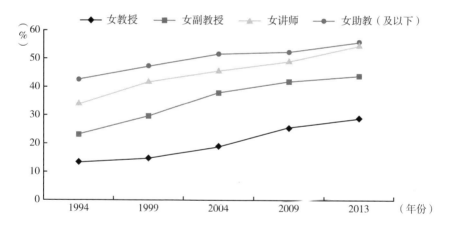

图3 1994~2013 年女专任教师中各职别比例变化趋势

其次，从横向发展来看，我们进一步考察女性专任教师的构成情况。分别对 1994 年、2004 年和 2013 年的三个横断面进行剖析。1994 年女教授占女专任教师的百分比为 3.03% ，女副教授的比例为 18.61% ，女讲师的比例为 45.65% ，女助教及以下的比例为 32.7% ，也就是说，1994 年在 100 名女专任教师中，只有 3 名女教授、19 名女副教授、46 名女讲师和 33 名助教及以下职称。到了 2004 年，在女专任教师中，教授、副教授、讲师和助教及

以下职别的比例分别变化为4.4%、26.12%、35.06%、34.42%，也即100
名女专任教师中，有4名女教授、26名女副教授、35名女讲师和34名助教
及以下职称教师。2013年，在女专任教师中，教授、副教授、讲师和助教
及以下职别的比例分别变化为7.25%、26.68%、43.84%、22.23%，也
即100名女专任教师中，有7名女教授、27名女副教授、44名女讲师和
22名助教及以下职称教师。可见，在女性专任教师中各职别的比例变化
趋势是高职女性逐步增加，但增加幅度十分缓慢，中级职别女性变化较
大，2004年以后增加较为迅速，同时，低职别女性在逐步减少。（参见图
4、图5、图6）

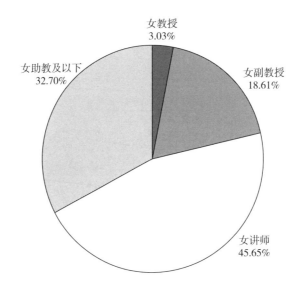

图4　1994年女专任教师中各类职称的分布比例

再次，我们还可以分析在专任教师总人数中，女教授和男教授、女副教
授和男副教授、女讲师和男讲师、女助教和男助教各自所占的百分比。如
1994年在396389名专任教师中，男女教授所占比例分别为6.16%和
0.98%，男女副教授所占比例分别为19.8%和6.0%，男女讲师所占比例分
别为27.9%和14.63%，男女助教所占比例分别为14.07%和10.48%，也
就是说，在100名专任教师中，分别有男教授6人、女教授1人，男副教授

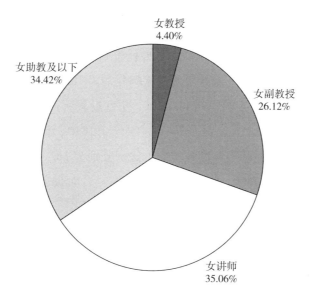

图5　2004年女专任教师中各类职称的分布比例

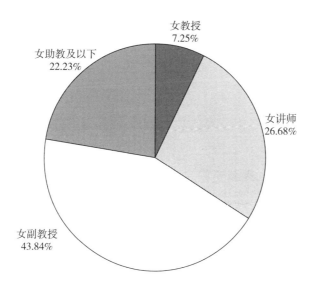

图6　2013年女专任教师中各类职称的分布比例

20 人、女副教授 6 人，男讲师 28 人、女讲师 15 人，男助教 14 人、女助教近 11 人，可见整个群体以男副教授和男讲师为主，女教授和女副教授人数很少，屈指可数。2004 年在 858393 名专任教师中，男女教授所占比例分别为 8.87% 和 1.87%，男女副教授所占比例分别为 18.06% 和 11.09%，男女讲师所占比例分别为 17.83% 和 14.89%，男女助教所占比例分别为 13.81% 和 14.62%。到了 2013 年，在 1530512 名专任教师中，男女教授所占比例分别为 8.49% 和 3.47%，男女副教授所占比例分别为 16.16% 和 12.76%，男女讲师所占比例分别为 18.96% 和 20.97%，男女助教所占比例分别为 8.55% 和 10.64%，也就是说，在 100 名专任教师中，分别有男教授 9 人、女教授 4 人，男副教授 16 人、女副教授 13 人，男讲师 19 人、女讲师 21 人，男助教 9 人、女助教近 11 人，可见整个群体的构成与 1994 年相比，有很大变化，表现在高级职称中的女教授、女副教授的人数有所增加，但增加的幅度较为缓慢，女中级职称的人数增加较多，低级职称人数维持不变（见图 7）。

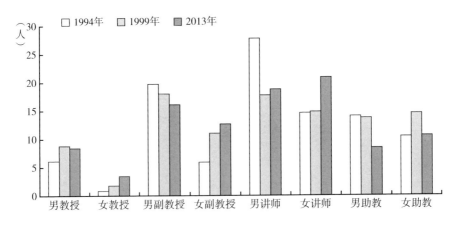

图 7　1994 年、1999 年和 2013 年 100 名专任教师中各类职称人数

（二）学位结构

学位，起源于中世纪，是标志被授予者所接受的高等教育程度和学术水平达到规定标准的学术称号，我国于 1981 年开始实行学士、硕士、博士三级学位的学术制度。对个人而言，学位既是一个人学术能力的标志，也是其学习经历的反映。对群体而言，各级学位获得者比例的构成，反映出该群体所接受的教育水平和学术能力与素质的整体情况。自 20 世纪 90 年代以来，随着我国学位制度的不断完善，高学历毕业生的增多，各高校在师资队伍建设中，越来越注重对高学历人才的吸纳，高校专任教师队伍的学位水平整体上提升较快。

以下我们进一步从不同角度对 1994 年、1999 年、2004 年、2009 年和 2013 年的高校专任教师的学位结构进行统计和分析。

首先，从性别视角来分析，我们计算出高校专任教师中男女教师的学位结构比例变化（见表 3），由表 3 可知，1994 年专任教师中拥有博士、硕士、学士学位的女教师分别为 10.02%、24.42%、28.4%，男教师为 89.98%、75.58%、71.6%，也就是说，在 100 位拥有博士学位的教师中，有女教师 10 位和男教师 90 位；以此类推，在 100 位拥有硕士学位的教师中，有女教师 24 位和男教师 76 位；100 位拥有学士学位教师中，有女教师 28 位和男教师 72 位。该年份男女比例之差分别为 80 个、51.16 个、23.2 个百分点；到了 2004 年，拥有博士、硕士、学士学位的女教师分别为 22.02%、42.01%、45.54%，男教师为 77.98%、57.99%、54.46%，男女比例之差分别为 56 个、16 个、8.9 个百分点；2013 年拥有博士、硕士、学士学位的女教师比例分别为 33.59%、54.59%、49.59%，男教师分别为 66.41%、45.41%、50.41%，男女比例之差分别为 32.82 个、－9.18 个、0.82 个百分点。可见，男女比例之差在逐步缩小，2013 年在硕士学位群体中，男女比例甚至出现了"倒挂"，女硕士比男硕士多了 10%。为了更为直观地反映该比例变化，我们将 1994 年、2004 年和 2013 年的数据制作成柱状图（见图 8）。

由图 8 可知，从性别比较的视角看，第一，近 20 年来，高校专任教师中拥有博士学位、硕士学位和学士学位的女教师比例在逐步增加，而男教师的各相应学位比例在逐步减少。第二，从 2013 年的数据来看，女硕士的比例最高，已经超过了 50%，其次是女学士，已经达到了 50%，女博士的比

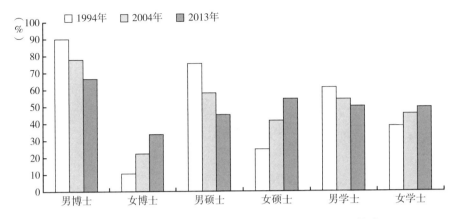

图8 1994年、2004年和2013年专任教师中学位比例构成

例最少，不到40%。第三，从发展趋势看，男女在各级学位上的比例差距在逐步缩小，两者均向着50%的中线接近。

其次，从女教师群体自身来看，经计算可知，1994年女博士、女硕士和女学士分别为871人、18874人和73948人，共计93693人；在100名女教师中，拥有博士、硕士、学士学位比例的分别是0.93%、20.15%、78.93%，到了2004年，女博士、女硕士和女学士分别为15519人、94045人和242578人，分别占比4.4%、26.7%、68.9%，2013年女博士、女硕士和女学士所占比例又变化为13.64%、41.37%、45.0%。画出直观图（见图9）。

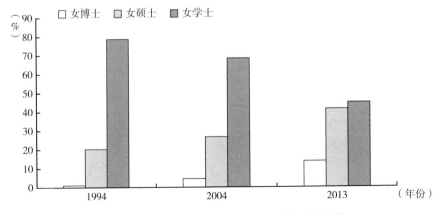

图9 1994年、2004年、2013年女教师学位构成

由图 9 可知,女教师的学位结构趋于优化,拥有高级学位如博士、硕士人数和比例显著增加。1994 年时女教师基本上是以学士学位为主,到了 2013 年女教师的学位构成中博士学位和硕士学位人数有了明显增加,同时,学士学位人数趋于减少,女教师的学位结构处于不断优化中。可见,我国高校近年来拥有博士、硕士、本科学位女教师比例增长十分迅速,尤其是拥有硕士和博士学位的女教师比例增长更为显著。

(三)年龄结构

本文将年龄分为 35 岁及以下、36～50 岁、51 岁及以上三个阶段加以分析(见表 3),首先,从性别视角也就是男女比较的视角来看,1994 年在 35 岁以下、36～50 岁、51 岁及以上三个年龄段中女教师所占比例分别为 38.47%、30.28%、21.72%,相应地,男教师的比例为 61.53%、69.72%、78.28%;到了 2004 年以上三个年龄段中女教师的比例分别发展为 50.82%、37.90%、24.19%,相应地,男教师的比例分别为 49.18%、62.10%、75.81%;到了 2013 年三个年龄段中的女教师比例变化为 56.80%、45.40% 和 29.89%,相应地,男教师的比例分别为 43.20%、54.60%、70.11%。男女比例之差从 1994 年的 23.06、39.44、56.56 下降到 2013 年的 -13.6、9.2、40.22。由此可见,由于高校专任教师队伍中女教师人数的增加,女性在各年龄段的比例均有所提高,男女教师之间的比例差距有大幅降低,甚至在 35 岁及年龄段还出现了负数,说明该年龄段女性人数超过了男性。36～50 岁年龄段的女教师比例也向着 50% 的比例靠拢,51 岁及以上的女教师比例增加较为缓慢,与男教师的差距仍然较大。从 2013 年的数据来看,35 岁及以下年龄段女教师占比例为 56.8%,说明近年来新进专任教师中以女性居多,超过一半。

此外,我们还可以对女专任教师群体自身进行分析,看看各个年龄段中女教师的比例构成。如 1994 年在所有女性专任教师中 35 岁及以下、36～50 岁、51 岁及以上三个年龄段的女教师分别占比例为 58.68%、23.64%、17.69%;2004 年该比例变化为 56.55%、37.07%、6.37%;2013 年又发展

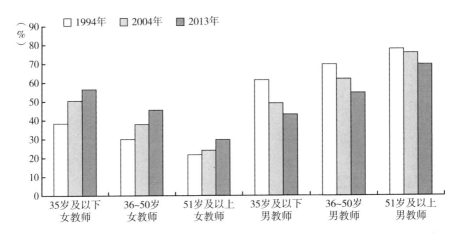

图10 1994年、2004年、2013年专任教师中各年龄段男女教师构成比例

为47.75%、43.19%、9.06%。也就是在100名女专任教师中，上述三个年龄段的女教师在1994年时分别是59人、24人和18人；2004年变化为57人、37人和6人；2013年又发展为48人、43人和9人。可见，目前女专任教师仍然以35岁及以下的青年教师和36岁至50岁之间的中年教师为主，51岁及以上女教师占比例最少，可以说女专任教师队伍在整体上具有"年轻态"的特征（见图10～图13）。

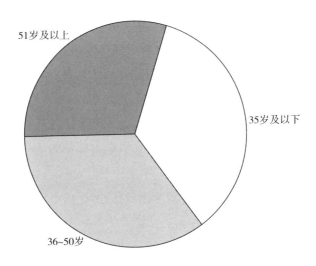

图11 1994年女专任教师中各年龄段构成比例

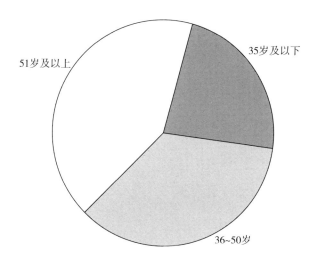

图 12　2004 年女专任教师中各年龄段构成比例

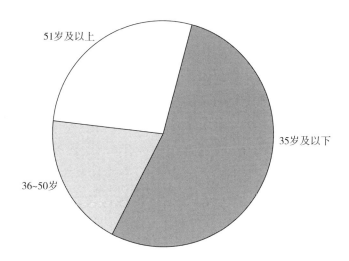

图 13　2013 年女专任教师中各年龄段构成比例

从以上对女专任教师队伍的构成状况及变化特点的分析可以看出：1994～2013 年的近二十年间，女专任教师队伍的职称结构、学位结构、年龄结构均发生了很大的变化，主要表现在以下几点。第一，从职称结构来看，女教师在职称结构的各职别中的比例均比以往有所增加，男女差异比以往有所缓

和，但"职别越高，女性比例越低"的情况仍然存在。第二，从学位结构来看，女教师中拥有高级学位如博士、硕士人数和比例显著增加，尤其在硕士和本科两种学位中女教师人数几近与男教师"平分秋色"，但在博士学位这一层次仍然有较大的发展空间。第三，从年龄结构来看，35岁及以下年龄段的青年教师占比例增长显著，超过了50%，说明新进教师中一半以上为女性。

三 女教师生存状态分析

2015年4月笔者以"高校女教师"为主题词，在CNKI网站上进行高级检索，在"模糊"状态下检索，共有803篇相关文献，在"精确"状态下检索，共有389篇相关文献。可见，学术界已经有不少学者对女教师的发展进行了研究，并发表了相当数量的研究论文。经过对这些论文关键词的初步分析，发现目前学术界对高校女教师生存状态的研究，主要集中在三个主要相互关联的方面：职业生涯发展、工作家庭冲突和心理健康状况。

（一）高校女教师职业生涯发展

1. 高校女教师职业生存状态虽然有所改善，但仍然处于不利状态。有相当一部分研究是关于女性职业发展现状的。研究样本量最大、最具代表性的调查研究是高耀明等人进行的研究，该调查以2006年8所上海市高校11230个人事统计数据为样本，从女教师人数百分比以及年龄、学历、专业技术职务和担任重要领导岗位状况五个观察点分析了高校女教师的生存状态。研究发现，虽然上海市在调查年度（2006）时，高校女教师（占比45.8%）人数已经接近男教师（55.2%），但女教师在上述各方面仍然处于不利地位，尤其是女性在担任院（系）级基层领导岗位中的比例低于20%；在校级领导岗位上的比例低于12%。因此，从上海市的个案可以看出，从总体上而言，我国高校女教师与男教师的生存状态仍然处于非平衡状态，高校组织仍然是由男性主导，女教师的生存空间仍然十分有限。

2. 高校女教师职业发展的主要困境是学术成就少、学术地位低。荆建华进一步从学术性职业的特性出发，分析了女教师职业发展的困境。该研究认为，学术性决定了一个人或一个亚群体在大学教师群体中的地位，决定了其在学科领域中的话语权。在教师学术职业发展过程中，对职业层级的提高起着最主要作用的决定因素是学术成就及由此形成的学术声望。学术成就和学术声望两者相辅相成，共同构成了学术话语权。在此思路指导下，该研究以 2003～2005 年河南省某所高校为样本进行，结果显示：每年度女教师在较高层次期刊上发表论文的数量仅仅达到或低于男教师相应数据的二分之一。在研究成果获奖方面，在中国科协青年科技奖的前 7 届全部获奖人数（691）中，女性只有 47 人，占 7.3%；在国家级奖项中女性获奖比例更低，获得自然科学奖的女性占 4.8%，获得国家发明奖的占 11.9%，获国家科技进步奖的占 12.9%。可见，在学术成就方面女教师明显不及男教师。

在学术地位上女教师也不如男教师。2011 年新增选两院院士共计 105 名，其中女性仅 1 人。在 2015 年工程院院士 751 人，其中女性 41 人，占 5.5%。除了在高级职称比例中女性所占比例较低以外，在博士生导师中女性比例也较少，如 2013 年博士生指导教师中女性仅占 15.24%。

在女性担任高校领导职务方面，根据 2006 年的一项研究，31 所副部级高校中，无一位时任女校长。如前所述，对上海高校的一项研究，女性参与高校决策和管理的程度也相当低：女性在校级领导层中的比例低于 12%，在院（系）级领导岗位中的比例低于 20%。

此外，高校女教师从事学术研究的时间投入也远低于男教师。每周投入科研 10～30 个小时及以上的人数中，男性教师比例达到 51.0%，而女性教师只占到 37.9%；每周投入科研时间在 5 小时以下的，男性占 26.1%，女性却占 37.6%。可见女教师对于科研时间的投入远比男性教师要少。

3. 有关女教师职业能力影响因素的研究。李晓园等从高校教师职业能力的角度，以教育能力和科研能力为高校女教师职业能力的表征，结合文献综述和深度访谈开发了针对个体环境、组织环境、社会资本、性别差异、教

育能力、科研能力 6 个研究向度的测量问卷，采用多问项 5 分制 Likert 量表，在 2011 年对江西省 8 所高校女教师进行问卷调查（共计回收 640 份有效问卷），该研究认为：女性性别对教师科研能力有不利影响。研究认为主要的原因是高校女教师缺乏可以使自己沉浸并陶醉其中的科研时间，以及基于种种原因参与学术交流和进修的机遇少于男性教师，从而失去大量的学术圈内可以利用的有效资源，使自己处于既从事学术职业又缺乏学术话语权而不得不蜷缩于学术底层、难以向上的尴尬境地。这一研究结论与上述荆建华的研究结论互为印证。

（二）工作家庭冲突

学者们对于高校女教师工作家庭冲突的研究主要从高校女教师的角色身份入手，指出其工作家庭冲突源于高校女教师的角色冲突。所谓"工作—家庭"冲突是指，作为中国高层次职业女性，一方面，女教师要在各自的教学科研岗位上勤奋工作、从事学术性的劳动，发挥自己的社会性角色（教师）；另一方面，她们又在家庭中发挥着自己的家庭角色（母亲、妻子、女儿、儿媳等）；由于高校教师所承担的社会角色具有高端性、高技术含量性、高创造性的特点，她必须比一般性的社会角色付出更大的劳动与创造，以及更多的时间和精力，从而产生了与家庭角色应承担的女性生育和家务劳动之间的冲突。林健将高校女教师工作和家庭的冲突表现归纳为内在表现和外在表现，内在表现包括个体能力无法满足角色要求、个体愿望与社会期许之间存在落差以及因此而导致的个体情绪冲突，即能力冲突、愿望冲突和情绪冲突；外在冲突主要是可以观察的外在行为和绩效方面，高校女教师面临着时间冲突、行为冲突，并最终产生了工作绩效与家庭关系间的冲突（见图 14）。

1. 家庭角色抑制了社会角色。有相当一部分学者认为高校女教师角色冲突主要表现为家庭角色阻碍影响着社会角色的实现。在家庭生活中，与男性相比，女性往往承担着较大的家务劳动和教育子女的责任，而家务劳动具有一定的繁杂性，教育子女又是一项需要倾注较多心血和智慧的工作，这两

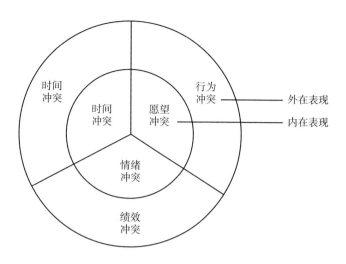

图 14 高校女教师面临的各种冲突示意

者都占据着高校女教师较多的时间和精力。与其他社会工作相比，高校教师的职业具有较强的知识性和创造性，要想出色地胜任工作，高校教师必须不断地学习，保证时间和精力的投入。在工作中，高校女教师和男教师面临着同样的教学、科研、晋升等压力，然而，高校女教师所承担的家庭责任、需要处理的家庭事务并没有减少。因此，高校女教师家庭角色的实现在很大程度上"束缚"着社会角色的实现。曹爱华认为，社会及高校女教师自己对自己角色的期待与角色能力的差异是高校女教师产生家庭和工作冲突的重要因素，社会传统价值观认为女人在家庭的角色应该是"贤妻良母"，倘若高校女教师自己也追求完美的家庭角色或者是事业和家庭上两全其美，那么由于她们特殊的生理状况，时间、精力分配的不足以及自身素质等主客观条件的限制，必然带来社会角色期望及女性自身的角色理想与现实女性的角色能力的巨大差异，使高校女教师在生活、工作、责任、义务等多重冲突中深受失去自我平衡之苦。

2. 社会角色影响了家庭角色。林健指出，高校女教师所承担工作任务的复杂性与挑战性使得她们对一些家庭事务感到力不从心。尽管女教师在工作时间上拥有较大的弹性，但是太多的工作任务挤占了她们晚上和周末的时

间，大量的家庭时间被她们用来完成工作任务。此外，陈建武、张向前通过对福建六所本科院校的女教师进行调查发现，工作对家庭生活的干扰明显高于家庭生活对工作的干扰，即高校女教师的社会角色大大影响了其家庭角色。

党曼在对河南10所本科院校的女教师进行抽样调查的基础上分析了高校女教师的角色冲突情况，指出配偶支持、是否有孩子及孩子的年龄等与高校女教师的角色冲突呈现出相关关系。党曼通过对家庭因素与高校女教师角色冲突的相关系分析可知：（1）配偶支持与角色冲突存在正相关关系，即丈夫越支持妻子的工作，妻子的角色冲突就越小；（2）角色冲突与是否有孩子存在着正相关关系，有孩子的女教师要面临更严重的角色冲突；（3）孩子年龄与角色冲突呈现出负相关关系，即孩子年龄越小，高校女教师的角色冲突程度越大。值得注意的是，党曼在这一研究中得出了家务承担与角色冲突不存在相关关系的结论，这与以往的研究结果不太一致，以往的研究表明家务劳动是引起高校女教师工作家庭冲突的重要变量[10]。

（三）心理健康状况

心理健康是指一个人的生理、心理与社会处于相互协调的和谐状态，包括智力正常、情绪稳定愉快、行为协调统一、人际关系良好、适应能力良好等心理特征。学者们对高校女教师心理健康状况的研究多是采用问卷调查的方式，利用SCL-90，即症状自量表，对反映心理状况的九个因子进行测量，九个因子分别为：躯体化、强迫症状、人际关系敏感、抑郁、焦虑、敌对、恐怖、偏执及精神病性。在女教师的心理健康方面的研究文献较多，表4展示了部分研究者对高校女教师心理健康状况研究的基本情况和研究结论（见表4）。

根据诸多学者们的调查来看，我国高校女教师的心理健康状况不容乐观。尽管各研究者选取的研究对象来自不同区域、不同高校，但在SCL-90测验中，高校女教师的心理健康状况测量结果显示出一致性。（1）高校女教

表4　高校女教师心理健康研究

研究者	年份	样本	工具	研究结论
李宝峰	2001	165 女，103 男，河南省若干高校	SCL－90	检出率较高，具有轻度及以上心理问题的女教师占29.1%，显著高于全国常模，突出表现：人际关系敏感、抑郁和焦虑；比男教师差，心理健康水平随着年龄的增长不断提高，高学历和中级职称女教师的心理健康问题比较突出
刘卫萍，钱旅扬	2006	南京5所大学，625 份问卷，男254 人，女374 人	问卷＋SCL－90，EpiData 录入，SPSS12.0分析	高校女教师心理状况比全国常模差；恐怖因子得分显著高于男教师；已婚教师在躯体因子上显著高于未婚女教师，而未婚教师在偏执因子上显著高于已婚女教师；45岁以上年龄组心理问题较为严重，随着年龄的增长，躯体化因子得分显著增加
赵艳丽	2006	青岛市5所高校200名女教师	SCL－90	高校女教师和男教师相比具有较高的忧虑性和较低的心理健康水平
邱秀芳、张卫等	2007	广东省24所高校教师5603 位	SCL－90	男教师生理和心理健康状况都显著好于女教师，但在社会健康上两者差异不显著。同时，调查显示男女教师间应对方式也存在着一定的差异，男教师更多采用解决问题和合理化，女教师更多采用求助和幻想。这可能与当前高校体制改革带来的竞争压力有关，除了工作上的压力外，女教师在家里还要承担贤妻良母的责任，又要经历怀胎生子、更年期等更多的生理反应，承受更大的压力
董鹏、郑惠敏等	2012	部分高校1430 份有效问卷，女教师	SCL－90 Excel 数据库，SPSS17.0分析	25.9%的高校女教师存在心理健康问题，高于全国常模(24.92%)，其中躯体化因子与全国常模相比存在显著差异，焦虑、强迫、人际关系敏感与全国常模相比也存在显著性差异
杨文娇，王映红	2012	湖北武汉市、辽宁朝阳市7所大学200名女教师	SCL－90，SPSS17.0 分析	高校女性教师在躯体化因子方面的得分与全国常模相比存在显著性差异；高校女教师在焦虑"强迫"人际关系敏感等因子上的得分显著高于全国常模水平；不同年龄段女教师在敌对、偏执和精神病性因子上的得分存在显著性差异；不同职称女教师焦虑"敌对"恐怖和精神病性等因子上存在显著性差异；不同专业女教师在焦虑因子和偏执因子上的得分存在显著性差异

师心理健康状况表现比全国心理健康常模要差，存在心理健康问题的高校女老师所占比例比全国常模要高。（2）高校女教师的心理问题主要集中在人际关系敏感、抑郁、焦虑三个方面。（3）高校女教师的心理健康水平在不同的年龄、学历、职称等方面有不同表现。

此外，有学者对高校女教师心理问题的外在表现进行了研究。李雪艳指出，高校女教师的心理问题主要表现为心理疲惫、情绪不稳定、失眠比例提高、衰老提前四方面[17]。肖一妙等以河南两所师范学校60位女教师为调查对象，在对其心理健康状况进行研究的基础上发现，头晕、失眠、感到四肢无力、记忆力下降、精神不振、情绪不稳定是高校女教师健康状况存在问题的主要表现。[18]

不少学者针对高校女教师心理问题的原因做了分析，指出角色冲突、工作压力过大和人际关系压力三大因素是导致高校女教师产生心理问题的主要原因。

（1）角色冲突。女性在社会生活中会面临和扮演不同的角色，在认同、接纳、模仿这些角色时，必然存在着心理上的适应与冲突问题。角色冲突是个人紧张的源泉，角色冲突所引起的"角色超载"，导致个体身心状况的损害。高校女教师作为社会生活中的成员之一，拥有多种身份，同时扮演着多种角色，其中家庭角色和社会角色是两大主要角色，也是最容易引起高校女教师的角色冲突。当家庭角色和社会角色"抢占"高校女教师的时间和精力时，她们就容易陷入应接不暇、疲劳应付的状态，长此以往，高校女教师就会出现不同程度的心理问题。此外，也有学者指出，教师角色内的冲突也是高校女教师角色冲突的重要方面。作为高校教师，除了教学，还有辅导、科研、管理、实验等任务，教学和科研带来的众多角色和任务之间冲突不断。总的来说，角色的多样化、角色期待的多元化和角色任务的多重性使高校女教师群体面临着复杂的角色冲突。多重角色冲突容易导致困惑、焦虑等负面情绪，如果对冲突和困惑等处理不当，就会导致职业倦怠，甚至引发严重的心理问题。

（2）工作压力过大。随着改革开放以来我国高校教育体制的不断改革和深化，高校对教师的要求也不断提升，高校已成为竞争十分激烈的职场。教学、科研、评职称成为众多教师当前面临的主要任务，高校女教师从中感受到强烈的急迫感和危机感。当前各高校在管理中普遍采用了聘任制、挂牌授课制、末位淘汰制、剥离分流、竞争上岗等制度，这无疑会给高校女教师带来较大的心理压力。

（3）人际关系压力。由于高校教师的工作具有较强的独立性，因此，高校女教师的社交范围以校园师生为主，对外联系相对较少，再加上高校女教师属于高级知识分子，她们看待事物有一套自己的标准和信念，重视对自己行为的观察和分析，有着较强的自我价值保护意识，因而人际交往能力则相对较差。因此，相对于一般女性遇到生活压力时喜欢找人倾诉发泄的行为，高校女教师不太愿意轻易倾诉，当她们自己无法处理自己的负面情绪或者压力时就有可能产生心理问题。

四 国际视野下的中国高校女教师地位

（一）国际视野中的女教授

中国高校女教师的整体发展状况与世界上其他国家相比较处于一种什么样的地位？这需要我们从国际视野的角度来进行比较与分析。然而，由于各国历史文化与教育传统的不同，各国高等教育体制尤其是教师职务制度上的差异，使得我们无法对各国女教师的地位进行全面而系统的比较。但是，我们可以选取教授这一职务最高级别专业职称为切入点（欧盟国家称为"Grade A"），通过考察各国女性在教授职务中所占的比例，以管窥国际视野下高校女教师的基本状况以及我国高校女教师在其中所处的相对地位。

按照数据的可获得性兼顾地区代表性原则，本文选取了2002年和2010年日本、美国以及欧洲若干国家的女教授占教授总人数比例进行统计并作图（见图15）和分析。从图中可以看出：首先，从世界范围来看，女教授占教授总人数的比例在总体上处于偏低水平。以2010年的数据为例，各国女教

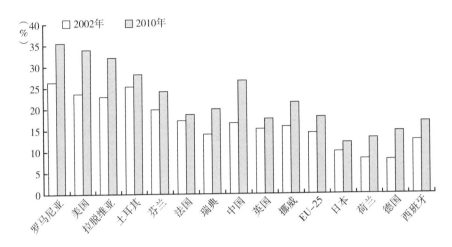

图15 2002 年及 2010 年若干国家女性在教授职位中所占比例

授的比例均在 40% 以下，比例范围值在 12%（日本，2009 年数据）～
35.6%（罗马尼亚），各国发展呈现出非均衡状态，女教授比例的高低与国
家经济发展水平并非正相关关系。其次，从发展的视角来看，2010 年图中
各国女教授的比例均比 2002 年有所提高。2002 年各国女教授的比例均低于
30%，比例范围在 8.0%（德国）～26.2%（罗马尼亚），2010 年各国女教
授的比例均较 2002 年有所上升，但各国比例上升的幅度不等。再次，若将
图中女教授在教授总人数中所占比例按照高低进行分类，我们可以将 2010
年的数据大致分为高（比例大于 30%）、中（比例在 30%～20% 之）、低
（比例小于 20%）三个级别，处于较高级别的国家有：罗马尼亚
（35.6%）、美国（34%）、拉脱维亚（32.1%）；处于中等级别的国家有：
土耳其（28.1%）、芬兰（24.2%）、中国（26.7%）、挪威（21.4%）等；
处于低级别的国家有：日本（12%）、荷兰（13.1%）、德国（14.6%）、西
班牙（16.9%）等；可见，不同国家的历史文化、学术制度，以及妇女发
展状况的不同，导致了女性在教授职位总体中所处的水平和地位不同。最
后，中国女教授占教授总人数的比例近年来增长较快。从图中我们可以看到
中国是所有国家中比例增长最快的国家，2002 年，中国同法国、挪威、英

国等相近，女教授占教授比例处于中等水平，低于美国，略高于欧盟 25 国的平均水平；到了 2010 年，中国女教授的比例已经超过了芬兰、挪威等国，女教授比例直逼高级别国家（注：2013 年比例已经达到 29%）。

（二）国际上女教师队伍发展目标

那么，究竟女性在高等教育中应该处于什么样的地位及水平？或者说，女性所占比例的应然水平是什么？1998 年联合国教科文组织在巴黎召开了《世界高等教育大会》，这是联合国首次专门召开探讨高等教育发展问题的大会，其目的是讨论 21 世纪高等教育发展的理念和行动纲领。在这次大会上，女性问题也被列入议题之中。大会秘书处专门做题为《女性与高等教育：问题和展望》的主题报告，报告分析了女性高等教育的现状以及主要存在的问题，并对如何加强女性在高等教育中的作用提出了战略性的努力方向，报告还设立了期望在 2010 年实现的目标，如大学的教授岗位和系主任一级的职位在招聘时必须基于男女平等的原则，随着越来越多的女性符合招聘所需的条件，女性比例的目标应向着 50% 努力。再如，报告也提出了理想化的目标，即在所有校长和副校长应有 50% 女性，然而数据表明，在现实世界中仅有 5%~7% 的校长或校长的职位是女性[20]。然而，现在 2010 年目标年已经过去 8 年了，在高校教授岗位和系主任一级的职位中女性的比例与 50% 的目标还有相当的距离，在所有校长和副校长的职位中离 50% 的目标差距就更远了。

（三）我国高校女教师队伍地位的判断

如何对我国女教师队伍的发展状况进行客观的评价？笔者认为应从纵横两个角度来展开。一方面，在纵向上，从 1994 年至 2013 年的近 20 年间，我国女教师队伍的发展成就令人瞩目。无论是从教职工人数总量来看，还是从专任教师人数、教授的职位人数来看，女性的比例都有明显增加，尤其是专任教师队伍中 35 岁及以下的女教师的比例有明显的增长，甚至有超过该年龄段男教师比例的趋势。此外，女教师中，拥有博士学位的女性比例也有

较为迅速的增加，这说明年轻的女教师队伍的实力和竞争力在逐步提高。另一方面，在横向上，从国际视角来看，与世界上主要的国家相比，我国女性专任教师的比例处于较高水平，但是，女教授的水平属于中等偏上水平。总之，近二十年来，我国高校女教师队伍无论在数量上，还是在质量上都具有长足的发展，在国际上也处于中等偏上的水平。当然，要在高等教育领域实现男女平等的目标，还有相当的距离，还需要相当的努力。

（四）女性在高级职称中比例低的原因分析

我国高校女教师队伍面临的主要问题是女性在高级职称中比例仍然较低，这也是一个世界性的问题。其原因除了在男权社会中女性进入学术性职业较晚等社会文化因素之外，还有机构制度本身的问题。阿尔特巴赫曾经进行过学术性职业的国际比较研究。该研究也从性别视角探讨和分析了学术职业领域里男女的共同性和差异性问题。结果显示，女性对于将教学作为学术生活的主要部分有着更积极的倾向，并认为应把教学效果看作是学术工作的更重要的方面而作为职务晋升的一项重要条件，现在的确在一些国家中学生的意见被用来作为评价教学效果的参考指标之一，但是，科研成果的出版与发表仍然是职务晋升的主要量化指标。由于男性对研究持有更加肯定的倾向，认识到研究成果这一硬性条件对教师评估、晋升所具有的重要性，并且，比女性更多的男性认识到资源对研究产出的重要性，尤其是获得研究基金、吸引高素质的学生做助手等。调查显示，在所有被调查的国家中，对于研究工作在学术生涯中具有的重要性，男性比女性有着更为清醒的认识，如获得终身教授、获得令人满意的教师评价和吸引学生及获得资源等方面。因此，从机构制度本身而言，"重科研、轻教学"的评价体系是女性在职位晋升过程中所面临的主要障碍。

当然，如前所述，女性工作与家庭的角色冲突、科研时间上的投入不足、社会资本和学术资源偏少、抱负水平偏低及成就恐惧等也是影响女性在学术职业发展中的重要因素。

五 高校女教师发展未来展望及建议

（一）未来发展展望

从历史发展的角度来看，过去二十年来，随着我国妇女受教育水平在整体上的不断提高，以及我国高等教育规模的不断扩张，进入高校工作的女性越来越多。2013 年女性教职工总数达到近 105 万人，比 1994 年增加了 73 万余人，增长了 236%。2013 年女性专任教师总数也达到了 73 万余人，近二十年增长了 476.3%。同年，女性行政人员总数为近 15 万人，比 1994 年增长了 130.1%。与此同时，2013 年拥有博士学位的女性比例比 1994 年提高了 24 个百分点；拥有硕士学位的女性比例比 1994 年提高了 30 个百分点；女教授的比例比 1994 年提高了 15 个百分点；女副教授的比例比 1994 年提高了 11 个百分点。可见，女性在高校队伍中人数的增加也同时伴随着女性"质"量上的提高。

从性别视角来看，2013 年在高校教职工队伍中，女性占比例达到 47.8%；在专任教师队伍中，女性比例到达 47.8%；在行政人员中，女性比例达到了 46.1%；在教学辅助人员中，女性比例达到了 54.6%；可见女性比例均接近甚至超过了男性比例。高校女性"半边天"作用越来越凸显。同时，女教师的学历水平和高级职称中女教师的比例均有相当程度的提高。2013 年，拥有博士学位的女教师比例达到了 33.59%，拥有硕士学位的女教师的比例达到 54.59%；2013 年在高级职称中，女教师的比例达到了 29%。可见，尽管高校这一学术型组织仍然体现出以男性为中心的特性，但是，近二十年来，女性也处于不断努力并试图突破这一由男权控制的领域，并逐步取得有限的学术话语权。

国际比较也显示，我国女性专任教师队伍在国际坐标中处于比例较高的地位，女教授比例在国际坐标中处于中等偏上的地位。

在整个教育领域中，高等教育是女性参与率最少的领域，2004 年，在

中等教育中，女教师比例约占45%。在小学中，女教师占比例达到54.2%。
从历史上看，女性在高校中占比例偏少的部分原因是高校对于教师学位水平
的要求较高，一般来说只有获得了高级学位才能成为高校教师。目前，一些
重点大学的职位招聘明确要求必须拥有博士学位，由于目前在我国越来越多
的女性获得博士学位，相信将会有越来越多的女性进入学术领域，因此，随
着时间的推移，进入高校从事学术性职业的女性仍将会不断增加，女性获得
高级学术职位的比例也会逐步提高。当然，由于女性获得高等教育的机会也
远远落后于男性，比如在女性接受高等教育相对较早的美国，女性获得高等
教育的机会也不过是在19世纪30年代，比起男性接受高等教育的起始时间
（17世纪，现代高等教育的诞生）要晚了近两个世纪；在欧洲女性获得高等
教育机会的时间与男性相比，时间跨度就更大；进而，女性进入学术领域的
时间也更加落后于男性；同时，各学术领域的"守门员"也多半是男性担
任，也就是说，女性要想在以男性为中心的学术性组织中获得发展与突破，
仍然是十分困难的。

总的来说，高校女教师已在高等教育机构中逐渐扩大了自己的数量和影
响力，其发展仍在持续中，高校女教师有望在未来能和男教师"平分秋
色"，但值得注意的是，高校女教师在高等教育机构中的"弱势"地位短期
内不会得到根本改变。因此，在高等教育机构中，女性要想获得成功，实现
真正意义上的男女平等，仍然是一个相当缓慢的过程，仍然需要女性付出艰
苦的努力。

（二）高校女教师发展的现实策略

高校女教师的发展不是单靠女教师自己"奋发图强"或者仅靠完善的
外部环境就能实现的，而是需要内部因素和外部因素的共同努力。高校女教
师自己是实现其发展的内部因素，社会、学校、家庭是支持高校女教师发展
的外部因素。

1. 高校女教师自身需"自强不息"

首先，在工作上，高校女教师仍然需要努力，在专心教学的同时还要注

重对科研的投入，加强自己的科研水平和能力。由于女性的母亲角色的天然本能，大多数高校女教师都是喜欢教学，重视教学工作，并把相当的精力投入教学工作。但是，国内外的教师和教师职务晋升评价机制均是重视科研，轻视教学。尽管学术界对这种评价体系的科学性颇存质疑，尤其在高等教育规模扩大的今天，高等教育机构应有不同的分类和定位，不同类型的高等教育机构对教学和科研也有不同的侧重。但是，作为女性教师应该认识到，由于科研成果具有可视化及可量化的特性、教学成果具有非可视化及不易衡量的特性，导致"重科研、轻教学"的评价标准将在相当长的时期内大行其道，被广泛采用。因此，高校女教师必须面对现实，转变观念，在将自己的精力投入到教学中的同时，也不忘记对科研倾注自己的心血。在自己的专业发展中应学习男性，注意建立可以信赖的学术网络，将自己与自己的专业和学科进一步融合，注意资源的有效整合与有效使用等学术生涯发展策略。

其次，高校女教师要学会调整自己的心理，协调好各种角色，最大限度发挥潜能。从生理上看，与男性相比，女性更容易产生烦躁、焦虑、忧郁、多愁善感等心理，这些负面情绪会不自觉影响教师的心态，进而会影响其工作水平和生活态度，不利于其能力的进一步发展，高校女教师应该清楚地认识到女性生理特点并学习一些调整心理、排解不良情绪的技巧，使自己处于一种健康、积极的心理状态。同时，高校女教师的多重角色冲突，也会使其增加心理负担，形成正确的角色期待、处理好角色冲突不仅有利于其工作发展，也有利于高校女教师的身心健康，更有利于高校女教师的家庭幸福。

2. 外部环境的逐渐完善

首先，社会层面应该逐渐形成更科学、更公平的制度保障。高校女教师是国家人才资源的重要组成部分，从战略角度而言，政府有关部门应该在《妇女权益保护法》的框架下，制定有利于高校女教师发展的行政性法律法规。从各机构来说，也应该在国家妇女保护的法律框架下，制定有利于女性发展的规章与制度。注意在职称评定、研究生指导教师资格评定中，实行女性优先的适当倾斜政策。

其次，学校层面应该为女教师提高自身素质创造各种条件，建立各种平台，如充电工程、心理辅导中心、女教工俱乐部等。由于高校教师是个极富知识性和创造性的职业，要想在工作上保持良好的状态或者取得进一步成就，高校女教师就需要不断地学习，因此，学校应该注意到高校女教师的现实需求，为其提供各种学习、继续深造的机会。此外，学校还应该关注高校女教师的精神和心理状况，采取一些措施为女教师进行心理辅导和减压，确保她们以积极健康的心态、饱满的热情投入工作。

最后，家庭层面应该为高校女教师分担家庭责任，为其营造一个舒适温馨的家庭环境。无论是在传统文化还是在社会期待中，家庭都应在女性生活中占据重要的地位，现实生活中，大多女性也确实将家庭视为自己的中心或者重心。在家庭中，为了扮演好家庭中妻子、母亲的角色，高校女教师需要及时从工作角色中转换过来，一旦角色转换不成功，或者家庭角色的扮演远远超出了工作角色的扮演，高校女教师的发展势必受到影响。因此，家庭方面应该理解高校女教师的工作性质，支持高校女教师的工作，尽量为其免除后顾之忧。

参考文献

曹爱华：《高校女教师的角色冲突与协调发展》，《高教探索》2008 年第 5 期。

陈建武、张向前：《高校女教师工作家庭冲突与职业倦怠关系研究》，《集美大学学报》2013 年第 3 期。

党曼：《我国高校女教师角色冲突研究》，《郑州轻工业学院学报》（社会科学版）2012 年第 3 期。

董鹏、郑慧敏、崔风涛等：《我国高校女教师心理健康实证研究》，《黔南民族医专学报》2012 年第 4 期。

高耀明、黄思平、夏君：《高校女教师的生存状态分析——以上海市为例》，《高等教育研究》2008 年第 8 期。

荆建华：《对国内高校女教师发展问题研究的元分析》，《河南教育学院学报》（哲学社会科学版）2010 年第 2 期。

李宝峰：《河南省高校女教师心理健康现状及对策研究》，《信阳师范学院学报》（哲学社会科学版）2001 年第 4 期。

李晓园、贺湘、万玉群：《高校女教师职业能力发展影响因素的实证研究——基于江西省八所高校的调查数据》，《中国成人教育》2013 年第 12 期。

李雪艳、姜淑梅：《高校女教师心理健康问题、原因及干预策略》，《赤峰学院学报》（自然版）2012 年第 22 期。

林健：《高校女教师工作、家庭的冲突与平衡》，《宁德师范学院学报》（哲学社会科学版），2012 年第 4 期。

刘卫萍、钱旅扬：《南京市高校女教师心理健康状况调查》，《中国校医》2006 年第 6 期。

邱秀芳、张卫、姚杜鹃：《高校教师的心理健康、应对方式及其关系研究》，《华南师范大学学报》（社会科学版）2007 年第 3 期。

肖一妙、吴光现、侯彩云：《高校女教师心理健康状况调查分析》，《齐齐哈尔医学院学报》2007 年第 15 期。

杨文娇、王映红：《高校女教师心理健康状况调查分析——基于 7 所高校的实证研究》，《长春教育学院学报》2013 年第 1 期。

张登印、俞国良、沃建中等：《大学教师成就动机的发展特点与影响因素研究》，《心理发展与教育》1996 年第 4 期。

赵兰香、李乐旋：《女性主观偏好对我国科技界性别分层的影响》，《科学学研究》2008 年第 6 期。

赵艳丽：《高校女教师心理健康状况调查研究》，《中华女子学院学报》2006 年第 4 期。

赵叶珠：《中国高校女教师队伍发展的现状分析》，《中国教育学前沿》2007 年第 3 期。

Poole Millicent, L. Bornholt, F. Summers, "An International Study of the Gendered Nature of Academic Work: Some Cross-cultural Explorations," *Higher Education*, 1997 (3): 373 - 396.

UNESCO, *Women and Higher Education: Issues and Perspectives*, Thematic Debate, World Conference on Higher Education, Paris, October 1998.

B.6
中国高校青年女教师发展状况报告[*]

佟　新[**]

摘　要： 青年教师是我国高等教育发展的重要人力资源。青年教师在进入高等教育之初性别结构均等，且青年女教师具有学历高、能力强的特点。但青年女教师的职业生涯随普通高校和重点高校的分化而不同。重点高校作为研究型高校，其青年教师竞争力强，青年女教师同样是学术精英，具有高度的职业认同，主动建构自己学术事业；而普通高校，因为非研究型高校的特点，青年女教师呈现低期望值，并建构出多元的职业生涯类型。青年女教师的职业发展面临生育和养育的巨大压力，市场化转型和传统性别观念加重了青年女教师的工作和家庭负担。在组织环境依然呈现传统的性别分工的特点情况下，青年女教师需要更开阔的学术团队的支持，更多的担任行政职务的机会。育龄期女教师需要从政策上得到组织支持。

关键词： 青年女教师　职业发展　工作和家庭平衡　组织的性别环境

一　问题的提出

高等教育是人们在完成中等教育基础上进行的专业化教育，目标是培养

---

[*] 本报告由"高校青年女教师发展研究"课题组完成。课题组成员有：佟新、杭苏红、王雅静和刘洁。

[**] 佟新，博士，北京大学社会学系教授，主要研究方向为妇女/性别研究、劳动社会学等。

高级专业人才。高等教育人才队伍的状况和发展潜力直接影响着高等教育的发展。目前，对高等教育之教师队伍的研究多关注其专业化程度和雇用体制，缺少对女教师的关注。对高校青年女教师的研究有重要的现实意义和学术价值。有学者认为，在全球范围内正出现高校教师女性化趋势。其原因在于：雇用女性的成本较低；工商业的蓬勃发展或其他行业的赚钱效应降低了教师职业对男性的吸引力。高校教师的职业对男性而言是其向上晋升的阶梯；而对女性而言则可能是其终生的事业[①]。

第一，青年女教师是我国高等教育发展的重要资源。2013 年，普通高等学校和成人高等学校有 2788 所，有培养研究生单位 830 个，其中高等学校 548 个，科研机构 282 个。从师资情况来看，2013 年普通高等学校教职工 229.6 万人，其中专任教师 149.7 万人，普通高校生师比为 17.53∶1。女教师达 71.4 万人，占总人数的 47.7%。2010～2013 年，三年间女教师增加了 10 万人。成人高等学校教职工 5.64 万人，其中专任教师 3.36 万人，青年教师占 25% 左右。

从历史的角度看，1950 年，普通高校女教师人数占总体教师人数的 11%；到 1981 年女教师比例增长为 25.79%[②]。改革开放后，高校女教师的比例不继上升，2013 年高校女教师比例为 47.7%。2004～2013 年，普通高校女教师人数从 36.5 万人增长到 71.4 万人，增长近 1 倍。普通高校女教职工的人数也在增长，从 2004 年的 69.1 万人，增长为 2013 年的 107 万人。结构上，普通高校女教师的比例从 2004 年的 42.5% 上升为 2013 年的 47.7%，接近一半。值得关注的是，2007 年，女教师比例曾达 52.6%，此后恢复到 50% 以下。[③] 在普通高校教学、管理工作岗位的女教师发挥了重要作用。青年教师在高校教育发展中起着基础性和梯队作用，目前青年女教师

---

① 〔美〕丹·克莱门特·劳蒂：《大学教师的社会学研究》，饶从满、于兰、单联成译，人民教育出版社，2011，第 8 页。

② 《中国教育年鉴》编辑组《中国教育年鉴：1949～1981》，中国大百科全书出版社，1984。

③ 根据中华人民共和国教育部网站公布的数据计算：http://www.moe.gov.cn/publicfiles/business/htmlfiles/moe/s7567/list.html。

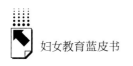

占女教师的比例达30%左右，是高等教育发展的重要后备军。

第二，高等教育的师资队伍仍存在性别差异，表现为职称结构上存在性别金字塔特征，即越往上层女性比例越少。自历史看，自1985年来的高校女教师的职称结构，讲师中女性比例适中，职称越高女性越少，女教授比例不足15%（见表1）。这种结构在青年教师中略有表现。

表1　高校女教师的职称概况

单位：人

年份	女教师总数	教授	副教授	讲师
1985	92000	300	4000	13000
1991	115778	1700	16858	44656
1995	132401	4286	25796	59834
1999	158974	5933	37896	65359

资料来源：参见中华人民共和国国家教育委员会计划建设司《中国教育统计年鉴》（1991～1999）的统计，统计年鉴分享平台：http://www.yearbookchina.com/navibooklist－N2006010312－1.html。《中华人民共和国执行〈提高妇女地位内罗毕前瞻性战略〉国家报告（1994）》，载禹旭才主编《烛照之思——当代中国高校女教师发展研究》，兰州大学出版社，2009。

从发展趋势看，高等教育师资的性别差异正向着平等的方向发展。1985～1999年，高校女教师中教授人数增加了18.8倍，副教授人数增加了8.5倍，讲师人数增加了4倍。从结构看，1985年，女教授占女教师的比例为0.3%，相对应的教授与教师比为1.5%；到1999年，女教授占女教师人数的比例提升为3.7%，而相应的教授与教师比达9.2%，女教授数量有所增长，但与男教授比，其比例有明显差距（见表2）。

表2　女教授占女教师人数比与平均状况

单位：%

年份	女教授占女教师人数比	教授占总体教师人数比
1985	0.3	1.5
1991	1.5	4.0
1995	3.2	7.8
1999	3.7	9.2

2006 年上海市 8 所高校中女教师正高、副高的人数低于男教师的相应人数，83.3% 的男教师和 16.7% 的女教师是正高职称，61.1% 的男教师和 38.9% 的女教师是副高职称。而在中级和初级职称中女性占优势，分别为 53.67% 和 56.40%。[①] 这说明女性在初职时是占有优势的，在成长的过程中有某种潜在的、神秘的力量使男性更可能脱颖而出或使女性相对落伍，这正是本研究最关注的内容。

1986 ~ 2009 年，历届自然科学基金项目获得者的女性比例也有类似的情况。青年项目中女性占 26.51%，面上项目中女性占 17.42%，重点项目中女性占 8.26%，杰出青年项目中女性占 6.20%。女性获得重点项目和杰青项目的比例长期徘徊在较低水平。[②] 从职称和获得项目的性别结构的变化可以看出存在着某些因素使女性落伍。对青年女教师的职业成长和发展进行研究，就是要发现她们在职业发展的过程中那些可能阻碍其发展的内在因素。

第三，本研究将推动支持青年女教师职业发展的公共政策，改善其在职称、职务、教学和科研发展上的劣势地位。

第四，本研究有助于在青年研究中加入性别视角。"青年"是一个具有弹性、不断被建构的概念。青年人常常自称"后生"，这意味着某种年龄的社会秩序。1919 年的"五四运动"代表着"青年"对传统文化的觉醒和批判，是新一代的青年要打破传统的年龄统治秩序。1985 年，联合国首次将青年定为 15 ~ 24 岁的人；世界卫生组织确定的新的年龄分段，青年的年龄上限提高到 44 岁。我国对青年的定义常因具体情况定。中国社会科学基金将青年定义为 35 岁以下；我国自然科学基金会将青年定义为 40 岁以下。在统计上，国家统计局的分类将"青年"的年龄界定为 16 ~ 34 岁（或 35 岁以下，不含 35 岁）。重点大学青年女教师的青年因中国科学基金会的分类扩展到 40 岁。这一年龄段的女性正处于生育养育的重要阶段，工作和抚育

---

① 高耀明、黄思平、夏君：《高校女教师的生存状态分析——以上海市为例》，《高等教育研究》2008 年第 8 期，第 75 ~ 80 页。
② 据国家自然科学基金相关统计资料计算。

构成双重压力，对此进行性别比较研究有助于为身处双重压力的女教师提供切实的帮助，通过公共政策支持其家庭责任和社会责任的共赢。

本研究以访谈、座谈和参与观察为主；对重点大学 89 名 40 岁以下的青年教师进行了问卷调查，其中女性 29 人。重点考察了三所不同类型的高校，一所为"211"大学，一所为普遍高校，一所为高等职业技术学校。在某重点大学召开青年教师座谈会一次，访谈青年男女教师 17 人，其中男性 6 人，女性 11 人。

本研究主要包含五个方面：一是我国高等教育中青年女教师的状况；二是回顾和评述相关研究；三是青年女教师职业生涯的特点；四是影响青年女教师成长的因素；五是研究激励女教师职业发展的相关政策。

二　我国高等教育中青年女教师的基本状况

青年女教师是我国高等教育的中坚力量，2013 年达到 34 万人，约占教师总量的 22.8%；在青年教师中女教师超过半数，规模可观。近年来青年女教师比例略有下降，从 2004 年占教师总量的 24.1%、2007 年占 25.8%，2013 年下降至 22.8%（见表 3）。

表 3　普通高校青年女教师占总体教师的比例

单位：万人，%

年份	青年女教师数	总体教师数	比例
2004	20.7	85.8	24.1
2005	23.8	96.6	24.6
2006	27.3	107.6	25.4
2007	30.1	116.8	25.8
2008	31.8	123.7	25.7
2009	32.8	129.5	25.3
2010	34.0	134.3	25.3
2011	35.8	143.4	25.0
2012	35.4	144.0	24.6
2013	34.1	149.7	22.8

2004 年青年教师占总体教师的 47.2%，2007 年占 48.5%，2013 年为 40.1%，略有下降（见表4）。青年女教师状况与青年教师状况同构。这与高等教育从恢复期或快速发展期进入成熟期有关。

表4 我国高校青年教师与青年女教师比例变化

单位：万人，%

年份	教师数	青年教师数	青年女教师数	青年教师比例	青年女教师占青年教师比(35岁以下)	女中青年教师比(35~44岁)
2004	85.8	40.5	20.7	47.2	51.1	39.1
2005	96.6	46.4	23.8	48.0	51.3	39.7
2006	107.6	52.0	27.3	48.3	52.5	40.6
2007	116.8	56.6	30.1	48.5	53.2	41.3
2008	123.7	59.2	31.8	47.9	53.7	42.0
2009	129.5	60.8	32.8	46.9	53.9	43.2
2010	134.3	62.0	34.0	46.2	54.8	44.0
2011	143.4	64.5	35.8	45.0	55.5	45.2
2012	144.0	63.5	35.4	44.1	55.7	46.0
2013	149.7	60.0	34.1	40.1	56.8	47.3

第一，可喜的是，青年女教师占青年教师的比例超过一半。在35岁以下的教师中，女青年教师的比例从2004年的51.1%增长到2013年的56.8%。2000~2010年的统计数据表明，青年女教师比重逐年上升并超过男性[1]。这表明，入职时性别比相对均衡。

第二，高校青年女教师具有高学历特征。2004~2013年，新入职女教师普遍具有博士或硕士文凭，是一批优秀的青年知识精英。2004年，普通高校女教师共364559人，其中博士15519人，硕士94045人，本科242578人，专科及以下有12417人。2013年，普通高校女教师共714450人，其中博士96432人，硕士292464人，本科318083人，专科及以下有7471人。

① 纪彤、陈新义：《高校青年教师队伍的现状与发展——基于2000~2010年的统计数据》，《继续教育》2014年第5期，第28~31页。

与 2004 年的情况相比，2013 年的高校女教师数量增长了约 1 倍，博士学历者增加了 5.2 倍，硕士学历者增加了 2.1 倍（见表 5）。十年来，高等教育中的女教师学历已经开始以博士和硕士为主，专科及以下学历的高等女教师人数有明显减少。"985""211"大学的招聘中拥有博士学位成为基本要求。

表 5　高校女教师的学历概况

单位：人

年份	合计	博士	硕士	本科	专科及以下
2004	364559	15519	94045	242578	12417
2005	417745	21282	118336	266611	11516
2006	475338	28366	147236	288526	11210
2007	526279	36114	176003	303753	10409
2008	564643	44194	198190	312164	10095
2009	595310	53199	218418	314771	8922
2010	624341	62939	238294	315134	7974
2011	652951	73718	255891	315745	7597
2012	680918	84962	273827	315054	7075
2013	714450	96432	292464	318083	7471

教师群体的博士比从 2004 年的 8.2% 上升为 2013 年的 19.1%。女教师中的博士比从 2004 年的 4.3% 上升为 2013 年的 13.5%。十年间，女教师的博士学历人数增加了 5.2 倍（见表 6）。

表 6　高校女教师与总体教师中的博士比例

单位：%

年份	女教师中的博士比例	教师总体中的博士比例
2004	4.3	8.2
2005	5.1	9.2
2006	6.0	10.1
2007	6.9	11.2
2008	7.8	12.3

续表

年份	女教师中的博士比例	教师总体中的博士比例
2009	8.9	13.6
2010	10.1	14.9
2011	11.3	16.3
2012	12.5	17.7
2013	13.5	19.1

第三，高校青年女教师有校际差异。不同类型的高校青年女教师在学历、岗位和晋升机会上有差异。2008年上海市高校女教师的研究表明，在研究型大学教师的性别比呈现男性优势，男性占62.39%。在教学型大学和高职高专学校中，教师的性别比相对均衡。

第四，青年教师在行政职务的选拔与提升上存在明显的性别差异，男性多元发展机会明显多于女性。数据表明，担任校级领导岗位的高校教师中，男性占88.9%；在担任院级领导岗位的高校老师中，男性占82.1%。领导岗位上的女性缺失。

三 高校青年女教师研究评述

十年来国内高校青年教师的研究中对女教师的研究相对不足。已有研究呈现跨学科特点，涉及社会学、心理学、历史学、教育学、人类学、女性学等领域，涉及的理论有职业生涯理论、生命周期理论、家庭与工作平衡（家务劳动分工）、学术的性别政治、劳动性别分工理论、性别表演理论和主体性理论等。研究方法上有实证研究、定性研究、个案分析和比较研究等。文献梳理采取了性别视角，忽略了那些没有社会性别意识的泛泛之谈。研究发现，对高校青年女教师的研究有个体主义视角、家庭主义视角和组织视角。个体主义的视角多以人力资源理论为基础，强调青年女教师是能动的主体，其个体拥有的人力资本和对教师工作的认同与成就动机是作用于职业发展的重要因素。家庭主义视角强调青年女教师正处于生命周期的特殊阶

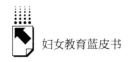

段，其生育和养育的家庭角色对职业发展有影响。组织视角强调青年女教师的事业发展与社会环境，特别是与组织的支持紧密相关，组织的性别友好程度直接作用于女性职业发展，而组织的性别歧视则会严重阻碍女性职业发展。

（一）青年女教师的职业发展依然存在性别不平等

当前，青年女教师是一支受过较高教育、基本素质高、有事业心、成就动机强的队伍。但她们正面临结婚、生子、哺育问题的时间争夺。学术评价体系的"去性别化"，使她们承受课题难申请、论文难发表、待遇水平低等多重生活压力[1][2]。

青年女教师面临学术职业发展的性别隔离，青年女教师在发展过程中出现了"天花板"问题。高校组织资源和评价体系中男性具有优势，女性人力资本投资回报率较低，女性领导少[3]。

（二）个体主义视角下的青年教师成就动机之性别差异

成就动机一直是影响职业发展的重要因素。女性自身的性别意识和观念决定其职业动机，并最终影响职业发展。一项专门对社科院女性学者的研究表明，女性学者的性别观念更现代和平等，她们受教育程度高，职业成就亦高于一般女性[4]。

成就动机在生命周期的不同阶段有复杂变化。青年知识女性具有主体意识，对事业的失败归因更倾向于内因，对事业的成功归因更倾向于外因，这

---

① 纪彤、陈新义：《高校青年教师队伍的现状与发展——基于 2000～2010 年的统计数据》，《继续教育》2014 年第 5 期，第 28～31 页。

② 张磊、王珏人、黄亚萍：《知识经济时代呼唤女性成才——高校青年知识女性成才障碍探析》，《高等农业教育》2001 年第 5 期，第 28～30 页。

③ 廉思、刘昕亭：《从"蚁族"到"工蜂"——廉思访谈》，《中国图书评论》2013 年第 6 期，第 83～91 页。

④ 李春玲：《性别观念与中国社科院女性职业发展》，《社会学研究》1996 年第 2 期，第 48～59 页。

种成就归因可能会影响女性职业发展，应强化女性的自信心①。

青年女教师存在着一种既期盼成功又充满焦虑的矛盾心理，害怕女强人这样的社会符号化标签②。有研究指出，成就动机存在性别差异，一方面，女性的成就动机的指向领域与男性不同，女性更倾向于人际关系领域，而男性更倾向于职场领域。另一方面，青年女性在成就动机上具有既渴望成功又害怕成功的人格特征，有一定的成功恐惧③。

（三）家庭主义视角下女性的工作和家庭的平衡问题

青年女教师正处于生育和养育的关键时期，女性面临家庭角色和工作角色的矛盾和冲突。

第一，传统的性别刻板印象习惯性地将女性角色归于家庭，并用传统的性别分工模式来要求青年女教师，形成对其工作的压力④。

第二，青年女教师因要经历孕期、产期、哺乳期等阶段，各种话语依女性的生理定位，表达对女性家庭角色的期待⑤。相关研究表明，青年女教师的确面临事业和家庭的双重角色的矛盾。女性的生育和家务劳动使其时间被分割、精力被分散，影响专业发展。婚姻与家庭变故、社会组织环境、观念性别偏见、主体性主观因素等都影响教师的发展⑥。

（四）男女平权主义的批判性视角

对女性职业发展中的家务劳动和家庭内不平等的性别分工影响女性职业

---

① 史振英：《青年知识女性成就动机与归因方式研究综述》，《赤峰学院学报》2010年第5期，第67~69页。
② 陈巧玲：《青年知识女性成就因弱化原因分析》，《辽宁工程技术大学学报》（社会科学版）2005年第5期，第517~519页。
③ 买跃霞、闻索霞：《女性成就动机的特点及其成因分析》，《吉林省教育学院学报》2009年第11期，第134~135页。
④ 廖志丹：《社会性别视野中高校知识女性发展》，《教育评论》2006年第6期，第35~38页。
⑤ 杨雪云：《文化堕距与青年职业女性角色冲突原因探析》，《中国青年研究》2011年第4期，第61~63页。
⑥ 祝平燕、莫文斌：《社会性别视野中的女性发展——对湖北高校知识女性专业发展现状的调查分析》，《湖北社会科学》2004年第12期，第153~155页。

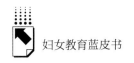

发展①。时间分配研究表明，女教师在工作上的投入不足不能简单地归于婚姻的拖累。婚姻状况与人们工作时间的多少没有性别差异，重要的原因可能是男女的时间策略不同，女性的时间利用具有分散化和碎片化的特点，时间被贬值。男性的时间利用具有整块性，职业时间能创造社会价值②。

从组织角度看，高校分为以学术研究为主和以教学为主两大类，每类高校对青年教师的要求不同，重点高等院校的学术要求高、评价指标制度是由学术成就来规定；教学为主的高校课时压力大。以男性为主的高等教育领域，其学术上层女性数量较少，缺少话语权。从高等教育研究中的论文发表者的年龄、学术生涯周期的长短、生育年龄等因素的分析发现，学术工作是一种"男性工作模式"，这种学术评价使女性的职业发展存在"劣势累积"效应。在学术竞争中，女教师因承担生育职责和过多的家务劳动而难以走向学术顶端；同时学术界的评价机制、女性的自我判断和努力程度共同作用于在高等教育研究中女性的职业发展③。

工科大学的青年女教师的学术发展障碍是学术界创造了一个将价值中立与性别化集合在一起的职业神话，号称性别无涉的学术领域存有性别偏见，男性气质的组织文化和性别阶层化强化了传统的性别关系④。大学的科层制安排、男子气概的理性与效率、学科文化的性别化特质、大学场域的性别文化是影响大学女教师职业发展的重要因素⑤。

女性科技人员在数量上和研究领域上与男性有明显差别，科学界以男性

① 朱依娜、何光喜：《高校教师工作与科研时间的性别差异及其中介效应分析——基于全国科技工作者状况调查数据》，《科学与社会》2014 第 3 期，第 86～100 页。
② 朱依娜、卢阳旭：《性别、家庭与高校教师的时间分配——基于 2011 年全国科技工作者时间利用调查》，《妇女研究论丛》2014 年第 5 期，第 24～32 页。
③ 余秀兰、牟宗鑫、叶章娟、王娜：《高等教育研究领域中的女性——基于对高等教育研究 2001～2010 年的载文分析》，《高等教育研究》，2012。
④ 王俊：《大学组织文化的社会性别逻辑——对一所研究型大学的案例分析》，《妇女研究论丛》2012 年第 6 期，第 76～81 页。
⑤ 王俊：《学术职业的性别寓言——解读大学女教师职业发展的新框架》，《现代大学教育》2010 年第 1 期，第 23～26 页。

为中心，高级技术职称和较高社会地位的女科技人员较少，女性处于相对不在场状况。女性科技人员获得奖励荣誉比例低于男性，参与竞争的机会较低。原因可能是两方面的，既有传统性别观念和劳动性别分工的作用，亦有女性缺乏抱负心的作用①。

30 岁到 40 岁是科技人员发展的关键期，也是女性进入婚姻的生育和养育的关键期，这形成了女性科研人员的劣势积累。女性自身的主观价值取向的微妙变化导致了学术产出降低；而同行评价的隐性性别歧视和现有政策激励机制的性别盲视加剧了学术研究性别分化。

美国学者乔纳森·科尔对美国科学界（主要是物理学界）女性易被遗漏的研究表明，女性存在以下职业风险：第一，女性在职业生涯的最初阶段缺乏支持和指导；第二，母亲的职责和职业与家庭生活的平衡使女性倾向选择放弃工作；第三，女性缺少职业期望和职业抱负；第四，女性在学术界被孤立和拒斥②。其主要原因在于：第一，传统性别角色观念和期望；第二，自我期望与承诺的主体性问题；第三，女性生育职责与家务劳动；第四，女性职业发展关键期与生命周期中生育使命的关键期的重叠，劣势积累效应的竞争模式使得女性被排斥；第五，学术体制的因素，学术体制的男性工作模式、学术的锦标赛的竞争模式、学术评价体制的劣势积累效应，共同作用于两性的学术差距。

个体主义视角的研究需要更翔实地展示青年女教师有关性别观念、职业的自我期望、职业的身份认同和年龄及经验的变化。家庭主义的视角需要分析青年女教师面对生育和养育的家庭角色的策略，以及分析在家庭的亲属关系互动中不断生成的弹性选择。组织视角的研究亦需要分析现当代学术体制和组织模式对青年女教师的支持以及女性建构自身学术支持网络的能力。

---

① 张今杰、张冬烁：《科学研究中的女性"相对不在场"现象——自然科学中的性别不平等问题研究》，《科技进步与对策》2008 年第 1 期，第 187~191 页。

② 〔美〕乔纳森·科尔：《科学界的社会分层》，赵佳苓等译，华夏出版社，1989。

四　高校的体制分化形成了青年女教师分化的职业发展路径

我国高等教育在体制上存在制度性分化。一是办学体系上分为公办教育、民办教育和中外合作办学等多种形式，前者是国家投入为主，后者是市场化投入为主。二是在培养人才上分为普通高等教育和职业高等教育，前者多为重点大学，以博雅教育为主；后者多为高等职业学院，以培养专业性人才为主。这些体制性的分隔使青年女教师发展出适应体制特点的职业发展策略，形成了不同职业生涯路径。

（一）重点大学集中了一批专业性强、学历高和有职业抱负的青年女教师

在我国的高等教育体系中重点大学是研究型大学，近年来因高等教育评估机制的作用，能够进入这些高校工作的人必须具有博士学历。在初职获得的激烈竞争中，这些具有博士学位女教师们，在学业成就和毕业学校的声誉等方面与男性比肩，甚至超过男性。正是这些重点大学的入职机制，打造了一批有职业抱负和专业素养的青年女教师。

近几年来，高校编制处于饱和状态，重点大学的进入门槛越来越高、招聘也越来越公开透明，并出现了全球性竞争。有些高校要求博士毕业后做两年博士后，经考察再入职的情况。我们的问卷调查表明，重点大学40岁以下的青年女教师有博士学位的比例达到90%，其中在国外获得博士学位的达35%；男性具有博士学位的比例为91%，其中在国外获得博士学位的为28%。这说明，女性要具有更过硬的文凭才更可能在入职的竞争中获胜。青年女教师的党员比例为58%，男性为56%；还有4%的女性和2%的男性为民主党派成员。

第一，这批青年女教师是一批习惯了"去性别"的竞争和熟悉竞争规则的人。她们在逐级考试竞争中成长起来，在心理上并不会因为性别因素而

弱化对自身的要求。有研究表明，理工科女生的学习成绩比男生更为优秀，男生成绩优秀者占男生总人数的比例仅为31.5%，明显低于女生51.8%的相应比例；分学科看，在数学、物理、化学、生物、计算机和工学六个学科中，女生成绩优秀者的比例比男生高2~26.4个百分点。读博期间，男女博士生的学术水平差别并不显著：平均来看，男女博士生发表的论文数分别为4.6篇和4.0篇，参加科研项目数量分别是2.6个和2.2个，拥有专著的比例分别为7%和6%，获得专利的比例分别为7%和5%。[①] 在入职竞争中，她们能够脱颖而出进入高校工作就已经证明其是拥有竞争实力和敢于竞争的人。

第二，这些在重点大学工作的青年女教师多怀有从事高等教育事业的梦想。访谈中，这些青年女教师都会谈起自己从小就梦想从事教育工作。正是怀着这一梦想才不断学习，获得博士文凭。与男性职业生涯存在的多种选择相比，青年女教师的这种职业生涯的自我规划更为明显，她们更多的是坚定地走上了高等教育之路。

一位来自北京某重点高校的青年女教师，从美国博士毕业回来，她说："回来就是想好好工作的，喜欢教书，期望在自己的研究领域做出些东西。"她们的学术志向与男性无异。

一位在某重点大学工作的青年女教师说："我从小就觉得女孩不比男孩差，男孩能做的我也行。"

一位在南京某重点大学工作的青年女教师说："我的职业目标是在教学上能够有些新的突破，能够多些教学方式与学生交流，希望学生比较认可我的一套教学方法，和学生形成良好的朋友关系。我一直在把既有的教案进行修改、完善，课堂上已经引入实践体验课程。我为自己的职业感到自豪，有一定的成就感。高校教师在行业外有比较高的职业声望，在行业内谈及声望问题比较复杂。作为青年教师，自己在平时生活中能感受到职业声望，比如有邻里谈到大学老师都比较羡慕尊重，会给孩子树立榜样。想成为一名知名

---

① 马缨：《博士毕业生的性别差异与职业成就》，《妇女研究论丛》2009年第6期，第38~42页。

教师，但也能看到现实中的一些困难。"

第三，高校青年女教师具有鲜明的性别平等意识，她们在工作态度和工作业绩上出现了明显的去性别化特点。

青年女教师多将其职业视为事业，主动地制定工作规则。对重点大学40岁以下青年教师的问卷调查发现，青年教师在人力资本、生活水平和各种主观性的指标上很少有性别差异，同质性强。

值得关注的是，尽管进入重点大学的女性基础很好，起点很高，但在职业成就方面依然出现了男性高于女性的状况。对重点大学40岁以下青年教师的问卷调查发现，青年男教师已有7%获得教授职称，而没有40岁之前获得教授职称的女性；男性获得副教授职称的占57%，女性则只占38%；有中级职称的男性为28%，女性为45%；有初级职称的男性为8%，女性为17%。这表明，入职后男性获得了更快的职称晋升；有62%的女性沉淀在初级和中级职称；男性则有64%进入到高级职称。我们无法判断其中的原因是否女性因生育影响了其成绩，但问卷显示，男性在业绩如论文发表数量上明显高于女性；主持科研项目上男性为63%，女性为55%。在"去性别"的指标考核体系的晋升阶梯上，依然存在某种性别化的因素使优秀的青年女教师在职业晋升的道路上落了下来。

在看似"去性别"的竞争中，女博士相比于男性不那么受青睐。一位青年女教师谈到自己找工作时的经历："招聘老师看了简历觉得我条件很符合他们的要求，他们正需要这个专业的老师，那时简历上没照片，我名字也中性。（对方）一打电话知道我是女的，连说不要不要，说就要男的。"入职中遭受性别歧视的青年女性，她们的心理感受非常负面，她们要努力证明自身能力不比男性差。为了实现做老师的梦想，一些女生无奈选择了专业不对口的高校，委曲求全造成这些青年女教师在起点上的错位，专业不对口有可能导致其教学和研究热情低下，产生不利于未来职业发展的情绪。

访谈的青年女教师普遍认为，教学任务巨大，竞争激烈，女性常常被视为缺乏竞争力、因为生育要耽误工作的人，她们很难被视为学术骨干。

（二）职业型院校的青年女教师多以兼业方式建构职业生涯

普通高校的青年女教师的职业发展呈现多种类型的兼业式职业发展路径。普通高校的青年女教师多以硕士毕业生为主，她们怀有当教师的理想，却对现实的教师生涯感到失望。这种失望包含两方面：一是对学生不够进取的失望；二是对有限职业前途的失望。一位普通高校的青年女教师被问到评了副教授之后有什么打算时说："对评教授的期望值不高，教授评审要求太高，科研课题和论文在短时间内很难有高质量的成果。在这类高校中，大多数青年女教师对职称的期望就是副教授，已成为副教授的女教师一般感觉就是到头了。"

我们称这一类型的职业生涯是一种"能动的兼业型职业生涯设计"，这种设计包括多种类型，至少有三种类型的女性职业规划。一是怀有较高职业抱负的女性，她们会重新计划自己的职业生涯，做出转岗或再次考学、读博的打算，多表现为边教书边复习准备考试。二是教好自己的课程，带好自己的孩子，将家庭作为事业，经营好这一年龄阶的工作和家庭。这类女性一般是有位职业发展前景较好的丈夫，她们将自己的发展定位为贤内助。如果有未来的打算，也多是在孩子七八岁之后再开始；做到工作和家庭两不误。三是在教好自己课程的同时，找一份兼职工作，如编辑、网络写手等具有个人兴趣的工作，将兼职工作做好，以实现自己对理想的追求。

五　青年女教师深感工作与家庭的双重压力

（一）青年女教师的生育和养育压力

每个人的工作和家庭职责的冲突都是双向的，可分为工作干扰家庭与家庭干扰工作两种情况。个人工作中遇到的问题干扰家庭职责时，未完成的家庭职责又会反过来干扰工作；同样地，个人遇到的无法应对的家庭职责，也会干扰到工作职责的履行，这些未完成的工作任务亦会反过来干扰其家庭生

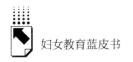

活。这种工作和家庭职责的冲突是每个承担工作者都会遇到的难题。青年女教师是事业发展的关键时期，同时也是其生育和养育后代的最佳时期，因此工作和家庭的双重负担最为沉重，她们要花精力处理工作和家庭的关系以及自己多重的负面情绪。

初入高校工作的女性，大在 25~28 岁，直接进入生育期。对武汉市 10 所高校的女教师的调查表明，已婚女教师的初婚年龄以 25~27 岁最多，占总数的 51.4%；28~29 岁的次多，占 42.9%；只有 1.9% 的人是在 24 岁及以下结婚。[①] 一般的高校女教师都是在 25~29 岁进入婚姻，这一初婚年龄与女性的平均结婚时间比已经相对较迟。

中国科协组织的"第二次全国科技工作者状况调查"表明，女科技人员中处于 35 岁以下生育旺盛期的占 43.1%。[②] 多项调查表明，生育及更多地承担家庭责任是影响女性人才职业顺利发展的重要因素之一。女性由于承担生育这一人类再生产的任务，前后要耽误三年左右的时间，不可避免地会导致科研工作中断，当她们重新返回岗位时，很难与同期参加科研工作的男性公平竞争科研资源；此外，受社会传统性别分工的影响，生育后子女的养育以及增加的家务负担往往会更多地落在女性身上，导致她们在职业发展的中后期逐步与同龄男性拉开距离，掉队现象比较明显，由此导致青年女教师在职业发展上的劣势累积效应，这不仅影响到她们的长期职业发展，也会导致国家着力培养的高学历人才的巨大浪费。

我们问卷调查的 89 位重点大学的 40 岁以下的青年教师中，男性未婚者有 8%，女性未婚者有 26%；已婚无孩子的男性占 23%，已婚无孩子的女性占 28%；已婚有孩子的男性占 68%，已婚有孩子的女性占 52%。深度访谈发现，结婚生育的确是让青年女教师感受到职业发展障碍的主要因素。

一位女教师因害怕生育影响工作而没有结婚。她说："工作太累了，因

---

① 李永华：《武汉地区高校青年女教师婚姻状况调查》，《青年研究》2000 年第 10 期，第 10~15 页。

② 中国科学技术协会：《第二次全国科技工作者状况调查报告》，2009 年 7 月。下载于科技部网站。

为要在职业发展上有突破，现在 35 岁了都没有结婚。就像今年要完成职称评审工作，写论文发论文，组织'我爱我师'的比赛，新教师培训。因为新教师培训都是集中在暑期，所以寒暑假就放不了。7 月 14 日放假，要整理职称评审材料。觉得工作之后就特别累，几乎周末都没有休息的时间，所以就盼望着放暑假、寒假，出去好好玩一下。"

一位孩子已经 7 岁、在某大学工作的青年女教师说："我觉得怀孕对工作还是有些影响的，比如科研方面单位有考核，在怀孕期间主要时间和生活会放在身体方面而不是科研。怀孕后，'一孕傻三年'被验证了，记忆力减退，由于新生命所带来的困惑以及大家庭的人来人往，投入工作的精力会少一些，身体状况也差一些。28 岁怀孕，我在孩子三岁后，去读了博士。"

生育文化加剧了女教师对生育的恐惧，但并非如人们想象的那么严重，多数青年女教师会将生育成本内化。

（二）社会转型和传统性别观念加重了青年女教师的工作和家庭负担

有研究认为，中国教师的压力是一种"社会转型压力"，与社会环境、家庭生活条件等因素息息相关[①]。对重点大学 40 岁青年教师的问卷调查表明，女性有自购住房的为 38%；男性为 15%。访谈发现，青年男教师的压力主要是经济性的，他们要承担结婚中的买房费用。青年女教师的压力主要来自生育，她们要在工作中安排好生育的时间。事实上，青年女教师和男教师一样承担着有关买房等经济压力；而生育的压力主要由女性承担。某重点大学工作的女教师说："我的工资收入属于城市的中等水平吧。一年大约 7 万元。作为高校教师，收入偏低；在学校固定的收入方面，男女差别不大，差别产生在男教师可以在其他机构上课。女教师的时间主要用来照顾孩子等，很少有人有时间再在工作之余代课；教师工资差异主要来自职称，不是

---

① 李竹渝，贺晓星：《中日两国高校教师精神压力比较研究的统计分析》，《数理统计与管理》 2000 年第 6 期，第 8~11 页。

来自年龄，高校教师在整个城市的收入上处于中等偏下，有点偏低。"

教师职业多没有严格的上下班时间（俗称"不坐班"），但是其花费在学习、备课以及科研的时间多超出 8 小时，即工作时间和休息时间的边界模糊。这种时间安排常会使人认为教师的时间是自由的，而女教师的自由时间更易于用来带孩子。

从青年女教师的生活环境看，夫妻共担家务的情况增加。有位夫妻皆是教师的青年男性表示："我妻子刚生育，我自己非常愿意分担家务的，但是我妈不让呀，我一干，我妈就说，你去看书去。"共同分担家务和共同事业发展的新型夫妻关系常成为当事人的愿望，但环境受到传统性别文化的作用。

（三）青年女教师面对生育和抚育压力时的策略

如何看待生育与抚育对女性职业发展的影响？

一位孩子已经上小学的女教师说："有孩子后，平时上班的时间，我的晚上基本就全陪孩子了；如果我在学校没课，我就从三点左右带到晚上。有时候有老人帮忙做家务，孩子都是我和爱人带着。爱人负责带孩子运动、游戏，我负责孩子的学习和起居。孩子在上小学之前，我在孩子身上花的时间很多，主要是身体和生活照顾。孩子上小学后，我觉得孩子对自己的职业发展就没什么负面影响了，还有了正面影响，就是要想给孩子做榜样，要在大到工作、小到生活观念上都严格要求自己，有孩子就有了更好反思自己和提高自己的条件！"

面对压力，青年女教师至少发展出三种平衡工作和家庭的策略，一为积极地平衡工作和家庭的策略；二为随遇而安地平衡工作和家庭的策略；三是以家庭为主的职业发展策略。

积极地平衡工作和家庭矛盾的策略是指青年女教师对工作和生育等冲突有充分的思想准备，并有计划地解决相关矛盾，其本质是不让家庭事务影响工作。

对重点大学 40 岁以下青年教师的问卷显示，两性青年教师均表示不会因为家庭而牺牲工作。青年女教师有76%不同意"男人以事业为主、女人以家庭为重"的说法，男性不同意这一观念的比例为48%。

一位尚未生育的青年女教师说："我要做好充分准备再要宝宝。我先要换个大点的房子，我爸妈来帮我带孩子的时候，和我们住得不能太紧。我要有空间干自己的事。不能因为这个小家伙就不做（学术）了，这牺牲太大了。"

一位已经生育的青年女教师这样安排自己的工作和生活："为了评职称，每天下班后，在单位学习会计知识两个小时，之后再回家带孩子。这样才可以不太影响职业发展。因为回家就没有时间看书了。如果晚上没有我陪，孩子就不睡。孩子也特别依赖妈妈，这是一种天性。父亲就不怎么管孩子。"

一位一边读博士、一边工作、一边做妈妈的青年女教师说："我要完成我的博士论文，在家真的没有办法写，我就把我妈妈请到家里来帮忙一个月，这个月我在家附近的宾馆租了一间房，我晚上去住宾馆写论文。"

随遇而安地平衡工作和家庭的策略是指一些青年女教师面对工作和家庭的矛盾会采取带机会主义特点的行为策略。对一些女性来说，遇到适合结婚的人是可遇不可求的事；而结婚和生育亦是无法预测的事。因此，有些青年女教师会因没有遇到合适的人一直独身，以工作为重；也有些青年女教师会因遇到合适的人结婚生育，重新安排生活。当丈夫有更好的发展前途时，她们会选择以家庭角色为主来安排工作。

以家庭为主的职业发展策略是指青年女教师在工作和家庭的冲突中，放弃了原本的职业发展计划，用更多的精力来处理家庭角色。

访谈中的一位在职业技术学校当老师的女性表示，她为了自己的家庭角色，一次次推迟事业发展的机会，最终放弃了继续发展的打算。她说："我一直希望有机会来提升自己，我想要继续读博士。因为现在不读会影响将来职业的发展；特别是有了孩子后，就没有时间来发展自己了。我一直希望能够读在职博士，并且希望能够读好一些的学校，像北大、清华，给自己一个好点的平台。但没办法，后来怀孕了；那就生吧，整个读书计划就推迟了。至少现在是放弃了。我2011年毕业当老师后就想读博士，

但是因为老公的原因没有读，老公不支持我读博士……一开始我们还没有结婚，我觉得有情感的压力；等结婚了以后就转化成经济压力了，因为买房子要还贷款，所以老公更不支持我去读博士了。现在有了孩子，每天要早早下班回来照顾孩子，但又会想着有课题没有做完，心里不舒服，太累的时候感觉什么都不想干了。"因为家务劳动的重压，一些青年女性会产生职业倦怠。

有一位青年女教师说："婆婆给带孩子可以缓解一定的压力。我怀孕的时候我老公根本就不做家务，是我自己做。家里经济压力大，没钱请月嫂，自己工作回来还要做家务。觉得孩子怎么样都可以把她养大。根本没有时间看书学习。"面对经济的压力，多数青年教师是由家人和自己来抚养孩子，不得不暂缓职业晋升。

有青年女教师明确表示："女性比男性有退路，压力太大可以选择放弃事业，而男人不行。我们看到一些女性在职业上不如男人成功，这是她们自己选择的结果，她们选择以家庭为主，这也挺好的，让丈夫发展。"

她们以家庭为主的职业安排并不意味着放弃工作，即使一些青年女教师选择以家庭角色为主度过生育期，但多数人依然会在孩子上幼儿园后将更多的精力投入到教师工作中。

六　青年女教师与组织的性别环境

从组织行为学的角度看，组织结构中普遍存在着女性在职业发展上的"玻璃天花板现象"。社会性别的分层机制使女性处于从属地位，在职业晋升上明显慢于男性。虽然可能有生育、学术产出等影响因素，但亦有可能存在组织的或制度的性别歧视。高校组织的性别环境包括高校中的组织结构、工作安排、晋升制度，如职称的评审制度等。

（一）高校市场型竞争下的组织文化

"创建一流大学"和提升教学质量是我国高等教育的使命。以评估为主要手段的各类考核机制导致了高校的组织管理以评审为监督机制，这些管理机制有：以师生和自评为主的教学考核、以核心刊物论文发表为主的研究能力考核、以国家自然科学基金和社会科学基金为主要指标的科研能力考核，以及对各类社会服务的考核。激励机制是职称评审。这一系列考核将教师推入严酷竞争中。理论上青年教师的竞争是公平的，大家在同一起跑线上竞争。但学历、毕业学校排名、论文发表数、导师的影响力、性别、年龄等因素都会起作用，性别因素常常会借助传统的刻板印象而在组织中发酵。

在高校用人制度的改革中，新的更加市场化和西化的用工制度和考核标准正在形成。传统的、稳定的高校就业制度正在向弹性、竞争的市场制度转型，青年教师的收入水平和工作的稳定性与各类考核机制挂钩。接受评估成为青年教师面临的常事，在两年、五年等关键点教师要进行考核，考核不通过可能面临转岗。青年教师面临极大的心理压力，这种压力可能把女性挤出高校教师的队伍。

青年教师皆承担沉重压力，这些压力是指一种不愉快的、消极的情绪，如焦虑、紧张和失落。市场经济的发展导致现在教师的压力多元化，包括课题申请、教学、培训进修、社会关系维护和家庭责任等。考评机制深刻地影响到青年教师的压力感受，重点及研究型大学中的青年教师感受到的科研工作压力明显高于普通高校。

某重点大学的青年女教师说："学校有一定的竞争氛围，同性同一职称之间的竞争更为明显一些，主要是同性同职称之间更容易产生比较。但也有些教师，个别的老师不想被评审条件束缚，就做自己想做的事情了。自己针对自身的条件、专业兴趣、身体以及家庭、孩子教育等状况来制定职业发展的规划，能把一件自己认为有价值的哪怕是一项教学或科研事情做好，就会获得职业的成就感！在科研学术方面，和同辈男教师相比，女性没有什么优势，劣势可能就是女性在身体及科研实践方面不如大多数男性。从客观能力上来说，女教师的科研能力和男性从总体上来说没有什么明显的差别，科研成果也不好直接拿结果来比较，因为科研成果不好比较。但是男女教师在职业发展的自身要求以及目标上是有一定差异的，大多数男教师对晋升职称以

及职位的要求更高，而大多数青年女教师对于职称的期望不如男性，觉得是副教授就好了。"这反映了青年女教师对竞争的矛盾心态。

对高职和大专院校青年教师的访谈发现，他们的科研压力不大，但教学和行政事务的压力较大，同时还有大量的培训和进修任务。大量的教学工作和自身学习进修使其时间弹性小、工作烦琐。

青年男教师具有向行政职务转变的可能，但事务性工作很多。一位男教师说："我是系学工办的主任，正科级。学校就是大会小会不断，不停地开会。通过开会让你精神紧张起来，最好的工作状态就是随叫随到，包括中午休息的时间也不能回家，还搞得这么紧张。中午根本没有休息的时间。"

一位在职业学校工作的青年女教师感到被强迫学习的压力："学校搞出来培训只是为了消磨时间，赚取培训费。市政府政策要求所有的高校都进行继续教育培训。本科学院就可以不进行，重点搞科研。把所有的培训任务下发给小学校（高职）。比如下企业实习、参加党支部或者辅导员工作培训。通过网络课堂的学习时间来左右你。这仅仅是完成政治任务，没有其他实质性的意义。"

一位在职业学校工作的青年女教师对领导的经常变动有异议："学校变得很快，小学校就是节奏快，经常有岗位调整。领导一变就人员调整，大量地换血。中层都调了岗位。在学院科级和副科级是最累的，主要是要承担责任，一些大事搞不好就要负责任。开会、杂事花费了你大量精力。要全部掌握，所有的事情细节都在你的掌控之中。现在我就相当于代理副书记，副书记不干活儿，所有的活都是我干。在学院教师兼别的岗位很正常。这样怎么能把教学和科研搞好？作为老师我不想做行政工作，一个原因是太累，第二个是我不适合做。我的性格很软，让我干什么我就干什么。"

总体上压力和竞争是去性别的，两性均有同感。但女性显示出处于更易"被支配"的状况，她们常常感受到组织环境的"性别不友好"。对重点大学40岁以青年教师的问卷调查显示，青年女教师更觉得得不到晋升，她们认为得不到应有晋升的比例达51%，男性为26%；在得不到晋升的归因中，女性有38%认为是性别阻碍了发展；几乎没有男性感受到性别歧视。在未来的发展机会上，有72%的男性和48%的女性认为组织为自己提供了更好的发展机会，两性差异显著。这种状况表明，青年女教师比男性更明显地感觉到高校组织中存在的性别不友好的工作环境。

（二）高校组织的社会网络的性别差异

任何组织中都有正式的组织结构和非正式的组织结构。高校组织结构的特点在于，其存在正式组织结构与非正式组织结构的重叠关系，这种重叠关系与学科的专业化程度有关，越是专业化程度强的专业，其学科自我封闭的程度可能越高。这种状况受到专业导师体系的影响，因为在专业领域中师承关系既在正式关系中存在，同时又能够建立起广泛的社会支持网络。两性相比，以男性为主的高等教育领域使男性更容易搭建起社会支持网络；女性会因其性别身份成为专业领域中的少数，其晋升相对缺少社会网络的支持。

一位普通高校的青年女教师说："学校到一定级别增加相应的工作。行政人员也包括辅导员晋升，要熟悉学校的大事小事，不同部门的人员发展情况。还要和同一年进来的人竞争，包括有关系背景的人。最害怕的竞争对手就是能力极强又有关系的，这时没有办法公平竞争。"

在能动性地建构组织中的社会支持网络方面，青年男教师拥有建立私人关系的更多方法和途径，老乡关系、师承关系、酒友关系等成为可资利用的资源；青年女教师在建立带有私人关系的社会支持上则存在困难，甚至会遭遇到污名化的可能。一位普遍高校的青年女教师说："和领导要处好关系，能够成为表面上的朋友实质上的上下级关系是最好了。要嘴甜，能够拍马屁，能够想到领导工作的思路，明白领导的心思，揣测揣摩。所以我觉得这既是一种心理学的技术，同时又是你个人能力的体现，建立社会关系网络。因为没有办法，作为没有背景关系的人就必须靠自己。"女性与领导建立私人关系存在污名化的可能，这成为青年女教师格外注意的事。

青年女性教师社会支持网络的相对缺少直接影响到她们的课题参与和申报，难以参与到广阔的学术共同体中。对重点大学40岁以下青年教师的问卷调查发现，男性论文发表数明显高于女性，在论文未发表的归因上，有关

学历、学校、职称等方面两性没有显著差异，但女性有 62%、男性有 48% 认为是没有相关的人际关系，青年女教师会更多地认为自己人际共享不足。在获得科研项目方面，青年女教师有 69%、男性有 52% 会认为有人际关系会有助于获得科研项目。

（三）组织中的性别分工和学术分层体系中的性别差异

高校存在与传统性别分工相联系的性别分工体系，它潜移默化地影响青年女教师的职业发展。

第一，各高校的领导层以男性为主。这种男性为权力主导的状况可能会导致女性与领导关系的紧张。对重点大学 40 岁以下青年教师的问卷调查表明，青年女教师更容易面对与领导的沟通障碍，认为存在这一障碍的女性为 33%、男性仅为 9%。

第二，女教师多集中于"教学"岗位，男教师更有可能向研究型学者和管理岗发展。2006 年，对上海市 8 所高校的人事统计数据表明，研究型大学男教师比例高于女教师，男性占 57.8%，女性占 42.2%。教学型大学的教师中，女教师比例高于男性，男性有 48%，女性则有 52%。[①] 这种状况是女性自愿的选择，还是市场的选择？这需更深入研究。访谈发现，这两种因素共存，有些青年女教师认为教学岗更轻松，自愿选择教学岗；但也有青年女教师认为，在研究型大学中，竞争激烈，存在性别排斥。

青年男教师更有可能被作为学术重点或管理人才得到培养，组织多不重视培养女教师的领导能力；高教系统依然以男性权威为主。研究发现，研究型大学（多为重点大学）和普遍高校及职业学校在组织的性别环境上有差异。研究型大学的组织环境高度重视科学研究成果，青年男女教师多处于竞争环境中，青年女性教师多以"去性别化"的姿态应对，这一组织不会因性别而对女性有所照顾。非重点高校在其组织环境中，鼓励青年人向多元的

---

① 高耀明、黄思平、夏君：《高校女教师的生存状态分析——以上海市为例》，《高等教育研究》2008 年第 8 期，第 75~80 页。

职业路径发展。女性与男性相比，女性更多地从事教学工作；男性有更多的机会转为管理岗位。

七　青年女教师职业发展的相关建议

推进高校教师队伍的性别平等建设是长期的事业，积极的、鼓励性的政策和措施将有利于促进校园性别平等的发展。帮助青年女教师克服障碍和推动其职业发展是有利于高等教育平等发展的大事。要采取有力和有效的措施来促进青年女教师的成长与发展。从贯彻落实男女平等基本国策看，这一工作亦将有助于实施国家人才强国战略，提高女性人才的贡献率。

第一，充分认识到青年女教师是我国高等教育中重要的人力资源，充分肯定其才能，为其职业发展提供更多途径。访谈发现，一些具有性别平等意识的高校，积极探索并努力实践促进青年女教师成长的方法，积极为她们提供发展机会，一些高校在人才引进、出国培训、福利待遇、职务晋升上坚持性别平等，使青年女性感受到责任与信任。这一目标的实现需要打破传统性别观念，高校领导需要强化性别平等意识。在入职竞争上，应杜绝性别歧视，实现人尽其才。

第二，充分认识女性生育权，为青年女性的抚育提供更多的制度支持。对生育期女教师是否要特殊照顾以及如何照顾有各种观点。湖北省 10 所大学中"高层女性"所占比例仅为 14.41%，其中学校一级三大委员会成员中女性仅占 8.89%，根据这一状况，女性学者们倡导高等院校理应成为践行男女平等的表率。提出的建议有以下几条。（1）在高校各类考核评价体系中对女性予以适当照顾，减少其 2~3 年生育期的工作量，在高校青年学者等项目的评定中将女性年龄放宽 5 年。（2）高校各类人才选拔计划的制订和实施应兼顾女性比例，在同等条件下向女性倾斜，在女性符合条件的前提下予以优先考虑。（3）高校干部选拔中应充分考虑男女两性各自优势，加强对女性人才的培养和使用；在校、院（系）两级班子成员配备中应保持一定比例的女性。（4）在高校人事管理的有关规定中，明确男女教师、男

女干部同龄退休，但在规定期限内，男女均有主动选择提前退休的权利。
（5）在公民教育特别是高等教育、党员干部教育中普遍开展先进性别文化
教育，增强性别平等意识。①

　　国际研究表明，工作场所的制度变革影响夫妻的劳动性别分工，如果组
织鼓励加班式的工作投入，缺少工时弹性，性别收入差异明显等，女性就难
以改变以做家务为主的工作与家庭的选择。支持性政策，如增加工作弹性、
平等的性别收入和夫妻共同产假制度，将有助于女性处理工作和家庭的矛
盾。② 如国际科学基金会、欧洲研究理事会设置的"启动资助金"（Starting
grants），对怀孕、休过产假或育儿假的女性申请人放宽申请条件和实行延期
制度，生育可延迟 9 个月 ~ 3 年。

　　第三，建立支持青年女教师职业发展的组织制度。这些制度包括以下内
容。（1）为激励青年女教师进入学术共同体的学术导师制度。（2）为使生
育女性在科研上赶上同龄男性，各类学校和各基金会可规定女性获得科研资
助的比例，保障女性以适当的比例进入学术场域。以美国为例，1989 年，
美国国家科学基金会成立"女性项目特别工作组"，建议成立一个开发与促
进女性向高层次发展的新计划。1990 年，美设立了"女科学家和工程师研
究计划资助和职业发展奖"计划。1991 年建立了"女科学家和工程师职务
奖"。1997 年，美国国家科学基金会为了加强各个计划之间的联系，将这些
整合为"为科研及教育领域女性提供专业机会"（POWRE）项目，为女性
提供工作机会，包括为女性在重要研究机构中担任主要研究者提供研究资
助，为学术领域中杰出的女性提供职业发展奖金。至 2000 年 POWRE 共颁
发 170 个奖项，累计 1350 万美元。2001 年，"为科研及教育领域女性提供
专业机会"项目并入"提高女性学术研究和职业发展"（ADVANCE）计划，
目标是支持美国学术机构来营造对女性科技人员有利的组织氛围，提高女性

---

① 《中国妇女》报编辑部和武汉大学妇女与性别研究中心：《推进性别平等　促进高校知识女
　　性发展——致全国大学校长的建议函》，《中国妇女报》2012 年 9 月 11 日，第 1 版。

② Pedulla D. S., S. Thébaud, "Can We Finish the Revolution? Gender, Work-Family Ideals, and
　　Institutional Constraint," *American Sociological Review*, 2015（1）：116.

在科学及工程职业中的参与度和学术地位。该计划包括：（1）帮助女性获得职业生涯早期的成功；（2）促进发展女性职业团体；（3）重组机构使其氛围适合女性发展，对 ADVANCE 计划的评估研究发现，这一计划有利于提升女性的科研产出，帮助女性继续留在科技领域工作，并且提高了女性获得全职职位的可能性；（4）为职业中断的科技女性提供教育培训机会，使职业中断的女性获得新的知识、技术和技能；（5）建立女性奖励制度，为女科学家提供国家研究机会和奖学金，奖励她们进行科学研究。这些行之有效的制度值得学习和借鉴。

欧盟委员会在第五框架计划中规定，研究项目女性参与比例至少要达到40%[①]；德国研究基金会性别平等工作组（2006 年）将工作目标定于提高女科学家在所有研究项目和研究委员会中的比例；瑞典研究基金会 2008 年性别平等宣言中规定，新项目必须提前仔细审查其可能对男女平等产生的影响，保证女性参与，并承诺增加所有研究资助项目中的女性受资助比例，尤其是年轻科学家中女性受资助（所有资助类型）的比例。

由于高校组织结构以男性为主，应当提高在各类学术委员会中女性评委的比例，由此确保女性申请者的项目得到关注和公正评价。以国家自然科学基金委员会为例，自 1998 年以来，国家自然科学基金评委中女性比例从未超过 8%。多项研究表明，由于科研领域存在男性主导的交往及决策模式，一定程度上降低了女性公平获取科研资源的可能性。而国内外很多实践经验和典型案例显示，主要决策者为女性的研究机构，即便是在所谓的男性优势领域，其决策层和科研骨干中的女性比例通常也会较高。确保评委中女性比例逐步增加，能够提高评委对女性课题申请者的关注，给女性申请者创造一个更加公平公正的竞争环境，增加女性申请者获得基金支持的机会。我们调查发现，在有些高校的某些院系，学术委员会成员全部为男性。

2013 年，全国具有正高级专业技术职务的女性已占到总数的 28.1%，高等学校（机构）正高级专任教师中女性比例已经达到 23.7%，女博士生

---

① European Commission, "Gender Equality Report-Sixth Framework Programme," October 2008.

导师占总数的 13.89%。这已经为更多符合条件的女性评委提供了条件。在具体操作上，应逐步提高，从无到有，从 10% 到 20% 再提升至 33%；制定提高女性评委比例的时间表。

　　具体建议有以下几条。（1）国家社会科学基金青年项目的年龄限制放宽至 40 岁。目前为 35 岁，对于生育可能中断研究的女性来说，易于失去竞争机会。当前，自然科学基金已经将青年基金的申报范围扩大到 40 岁。（2）在青年社会科学和自然科学基金中规定女性获得资助的比例，女性作为主持人的比例不得少于 33%。（3）建议设立专项的女性基金，保障女性能够在有限的资源中获得最基本的支持保障。（4）鼓励建立以青年女教师为主的学术交流网络，形成女性间相互支持的网络，公平地分享信息。鼓励青年女教师利用互联网建立各种自主参与的学术共同体。（5）有关青年教师利益的各类评审中应当确保评委的女性比例。

B.7
高校女生社会参与状况调查报告

石彤 李洁 王宏亮*

摘 要： 高校女生更多地建立起亲密性的情感关系纽带，高校男生开始发展更广阔的社会网络和资源。在参与学校组织和学生社团上，高校女生的表现并不落后于男生。在参与社会活动上表现出不同的性别特征，女生更愿意参与社会公益活动；男生加入专业、行业组织的比例更高。女生加入中国共产党的比例高于男性，但在实际参政、议政的意愿和能力上则低于男性。未来应进一步引导和增强高校女生社会参与的意愿、能力和机会。

关键词： 社会参与 政治参与 学校活动 社会关系

社会参与指人们以某种方式介入公共的政治、经济以及文化生活的过程。女性的社会参与状况是衡量女性是否拥有平等的社会权利和是否主动争取平等的社会权利的一个重要标准。本研究中的"高校女生"是指国家统一招收、全日制在读的高校女性本科生、硕士生和博士生。高校女生群体是女性最具活力的部分，应该是社会参与能力和意愿最强烈的一个群体。考察高校女生社会参与的现状既可以了解当前社会权利的性别平等状况，更是透视

---

* 石彤，硕士，中华女子学院社工学院副院长，教授，主要研究方向为性别社会学；李洁，博士，中华女子学院社工学院副教授，主要研究方向为家庭社会学；王宏亮，硕士，中华女子学院社工学院讲师，主要研究方向为社会政策。

未来性别平等状况的一个基本路径。本研究以第三期妇女社会地位调查之大学生典型群体调查数据为基础，辅以"高校女生社会参与状况"个案调查资料，对我国高校女生社会参与的基本状况、特点及其发展趋势进行深入分析。

一　文献综述

大学生社会参与是指大学生对社会经济、政治和文化生活的认知、情感和行为倾向及其实际行为的投入[①]。中共中央、国务院《关于进一步加强和改进大学生思想政治教育的意见》中强调，高等教育机构应当"认真组织大学生参加军政训练、社会调查、生产劳动、志愿服务、公益活动、科技发明和勤工助学等实践活动，使大学生在社会实践活动中受教育、长才干、做贡献，增强社会责任感"。已有研究对当代大学生社会参与状况的调查和分析主要集中在以下几个方面。

（1）社会关系和社会纽带的建立。大学时期是高校学生建立社会资本、积累人际关系的关键时期，社会资本的积累还将进一步影响其未来社会资本的确立和社会地位的获得。已有研究指出，女性比男性更多地依赖社会支持，女性从社会关系中获得的利益也更多；男性比女生更愿在学业需求、焦虑上寻求老师的帮助。[②]

（2）学校活动的参与。这里的学校活动是指"学校或学生组织、计划、发起的活动，学校并不授予学分，目的在于教育、娱乐或提供学生发展兴趣与能力的机会，此种计划活动接受某种程度的指引"[③]。李凤兰对武汉地区四所部

① 胡子祥：《当代大学生社会参与意识的实证研究》，《中国青年研究》2006 年第 5 期，第 35 ~ 39 页。

② Rosenthal Karen R., E. L. Gesten, S. Shiffman, "Gender and Sex Role Differences in the Perception of Social Support," *Sex Roles*, 1986 (9 - 10): 481 - 499. Astin H. S., Kent L., "Gender Roles in Transition: Research and Policy Implications for Higher Education," *Journal of Higher Education*, 3 (1983): 309 - 324.

③ 褚建茹：《大学生参与社团活动、人际关系、学业成就与就业力培养之关系研究》，《教育经营与管理研究集刊》2010 年第 6 期，第 1 ~ 26 页。

属高校在校本科生的调查研究发现：公益型社团对大学生的道德社会化起促进作用，专业学术型社团对大学生的个性社会化起促进作用，参加高校社团可以增加大学生人际交往的主动性和容纳性。①

（3）社会活动的参与。吴绍玫等人认为，参与社会活动的范围和形式包括开展社会调查、参加专业实习、提供社会服务、承担社会工作，以及进行文化艺术创作等方式。② 当代大学生对社会活动的参与日渐丰富，但还需要根据社会需要进一步拓展大学生参与社会活动的渠道和途径。③

（4）政治参与。参政是一切阶级、性别实现自己参与国家和社会公共事务管理的最直接有效的手段，女性参政是中国特色社会主义政治文明建设的必然选择。④ 罗志认为当代大学生入党积极性不断攀升，参与组织行为积极性不断提高等特点日益凸显。⑤

高校女生在社会参与的方式上也具有自身的一些特点，例如已有研究指出：近年来，妇女参与政治活动的比例正在逐年提高，在高校，女生党员比例甚至超过男生。⑥ 但也有一些研究发现：女性常常低估她们的社会参与水平，并且更倾向于对课程外活动不屑一顾，她们很少意识到这是一种可以利用或者投资于未来就业的资本。⑦

综上可见，已有研究往往从不同的侧面来考察大学生（主要是本科生）群体的社会参与水平和状况，缺少全国范围内综合、全面的深入调

---

① 李凤兰：《高校学生社团对大学生社会化影响的实证研究——对武汉地区四所部属高校的调查》，《华中农业大学学报》（社会科学版）2008 年第 4 期，第 87～91 页。

② 吴绍玫、仲建国：《关注大学生的社会参与》，《江苏高教》2006 年第 2 期，第 152 页。

③ 甫玉龙：《加强情感教育，提高学生参与意识》，《中国高等教育》2002 年第 20 期，第 42～43 页。

④ 胡肖华、谢忠华：《当代女大学生参政意识现状及重构——以湖南省三所高校的女大学生为例》，《辽宁行政学院学报》2010 年第 4 期，第 47～49 页。

⑤ 罗志：《探讨当代大学生政治参与意识和参与能力》，《高教探索》2003 年第 2 期，第 80～82 页。

⑥ 陆林、钱钟：《从女性就业难论当代妇女地位的提升》，《苏州大学学报》（哲学社会科学版）2007 年第 3 期，第 102～104 页。

⑦ Jacqueline Stevenson, Sue Clegg, "Who Cares? Gender Dynamics in the Valuing of Extra-Curricular Activities in Higher Education," *Gender and Education* 1 (2011): 41–45.

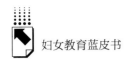

查和分析。对"社会参与"的界定还主要停留在传统组织化的社会事务参与模式上，缺少对近年来兴起的网络和信息平台下社会参与方式的调查和分析。性别因素仅仅是与其他与年龄、来源地、学习成绩等个人因素并列的分析变量共同出现，缺少社会性别视角进行的专门比较和研究。本研究将以全国性的调查数据为基础，结合近年来兴起的各种社会参与活动，从性别比较的视角对我国高校学生的社会参与状况进行全方位的综合研究。

二 研究方法

本研究基于"第三期中国妇女社会地位调查之大学生典型群体调查"。该调查在北京、南京、武汉、西安、兰州五个城市进行，共调查各类高校学生5031人。其中男性2485人（49.4%），女性2546人（50.6%）。本科生2822人（56.1%），硕士生1543人（30.7%），博士生666人（13.2%）。本次调查涵盖了除军事学之外教育部颁布的十一大学科门类。

除了第三期妇女社会地位调查收集的质性访谈资料之外，本研究还在北京、广州、辽宁等高校收集了20份"高校女生社会参与状况"个案调查资料。在对调查资料进行统计分析和对质性资料深度分析的基础上，形成对高校女生社会参与状况的一般性描述，并尝试给出针对性的政策建议。

三 高校女生社会参与基本状况

调查资料显示：越来越多的高校女生参与各种类型的社会活动，并开始担任一定的领导职位。高校女生的社会参与也表现出自身的一些群体特点，例如，在社团活动上，更多地参与到文艺类社团；在公益活动和志愿者组织中扮演了更为重要的角色，加入中国共产党的比例更高；等等。但在这些发展与进步的同时，我们也要注意到高校女生实际担当领导者和决策者的比例仍然相对较低；实际参政、议政的意愿与能力也略显不足；同时，加入各类专业、行业组织的比例也低于男性。

（一）社会关系的建立

社会交往对象是高校学生社会参与的资源基础，社会资本的积累还将进一步影响高校女生未来社会地位的获得，因此本调查关注了大学生社会资本的建立情况。研究表明：高校女生的社会关系以初级群体纽带为主，并且更多地和其他人建立起情感性的密切关系；而男大学生则更多地建立起次级群体关系（如学业群体），并能更多地获得物质利益上的帮助。

"初级群体"的概念最初是由美园社会学家库利提出来的。他把家庭、邻居、熟人、儿童游戏群体称为初级群体。"具有亲密的面对面交往和合作等特征。这些群体之所以是初级的，其意义是多方面的，但主要是指它们对于个人的社会性和个人理想的形成是基本的"。初级群体是基于面对面的互动形成的，具有亲密人际纽带关系的社会群体。次级群体则是指人们为了达到某种特定社会目的建立起来的群体，例如学校、职业群体、社团等。一般而言，次级群体的规模更大，成员较多，有些成员之间甚至不一定会有直接的个人接触，群体中的联系也往往需要借助一些中间环节来实现。[①] 次级群体是个体作为社会成员必须加入的群体，亦是个人活动领域拓展和活动能力增强的标志。

在问到日常生活中，交流最密切的人时，大部分大学生都选择了父母亲人、同学朋友和配偶恋人。不过在男女生之间存在一些微妙的差别，例如：有更多的高校女生选择了父母亲人（男：85.4%；女：88.9%）和配偶恋人（男：42.1%；女：45.7%），即高校女生更多地偏好与初级群体建立密切交往关系。而有更多的高校男生选择了同学（男：86.8%；女：85.2%）和老师（男：23.7%；女：15.7%），即男性更多地偏好与次级群体（如学业群体）建立密切交往关系。

---

① 〔美〕Charles Horton Cooley, *Social Organization*, 中国传媒大学出版社，2013。

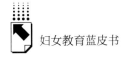

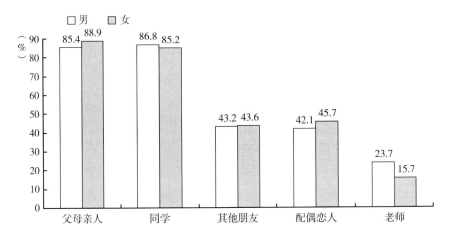

图1　分性别看高校男、女生交流最密切的人

在弗洛伊德、皮亚杰等经典学者看来，人在发展中需要逐渐摆脱家庭，步入社会，因此自主性、独立性和个体化等特征是人的发展的必要阶段。[①] 以吉利根为代表的女性主义学者则指出了性别发展的差异：女性的发展始终与家庭及他人的"联系"、责任与关怀相联系。[②] 和男性不同，女性认同的发展恰恰不是基于她们是否获得了"独立性"，而是取决于她们如何在家庭、朋友及职业中安放自己的位置。对女性发展而言，人际互动、合作及共识的建立更为重要。她们的自我认同与职业期望更多受到家庭、同龄群体及浪漫关系的影响和塑造。她们是在与他人的交往中逐渐实现了自我认同，而不是在和其他人的边界划分与竞争关系之上形成的。[③]

这一趋势到了研究生时期更为明显。从图2中可以看出，伴随着年龄的增长，男女研究生对父母亲人的依赖都有所降低，不过女性依然明显高于男

① 〔奥地利〕弗洛伊德：《文明与缺憾》，傅雅芳译，安徽文艺出版社，1996。
② 〔美〕吉利根：《不同的声音——心理学理论与妇女发展》，肖巍译，北京：中央编译出版社，1998。
③ Komarovsky Mirra, M. S. Kimmel, "Women in College：Shaping New Feminine Identities," *Signs Journal of Women in Culture & Society* 1（1989）：93.

性（男：83.5%；女性：85.8%）；对配偶恋人的亲密关系开始增长，其中女生对恋人的依恋程度更为明显（男：52.9%；女：60.5%）。此外，更多的男性研究生开始和教师建立起密切交流关系，男女生之间的差异进一步扩大（男：36.7%；女：23.2%）。

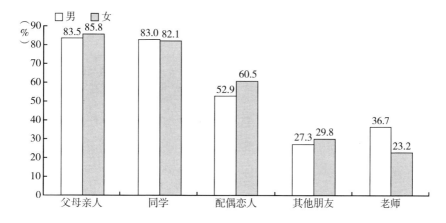

图2 分性别看男、女研究生交流最密切的人

在访谈中发现，在本科高年级和研究生阶段，男生会比较明确地扩展自己的社会交往范围和联系，以便为将来步入社会和就业奠定更好的基础。以下是对南京师范大学的一位男性研究生的访谈。

Q：在徐州那个班你是班长？

A：对。

Q：然后呢？

A：是学生会干部。

Q：认识了很多，就是学校里面应该认识的人都很多。

A：都很多，就是感觉本科四年时间，就是人脉啊，都打开了。

Q：人脉打开到底是？

A：就是学校一些关系啊。

Q：学校就是老师那个层面的关系。

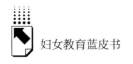
A：对，包括专业、行政的老师关系都比较好。包括校党委的老师，都认识一些。还有社会上一些，比如说法院的，一些社会上的，反正我认识的人比较多。

Q：我理解啊，比如说你要认识校党委的老师，辅导员肯定办很多事情会很方便。

A：对。

Q：那你怎么会认识律师？什么法院的？

A：我与法政学院一些学生干部，关系很铁，就是四五个人在一起，互相帮助，就认识一些人。

Q：那认识这些人，你觉得对你有什么帮助呢？就是法院、律师这样的人。

A：就是以后可能会有帮助，这就是为什么我想去徐州发展。

Q：就是朋友多，朋友根基？

A：对。

Q：就是以后反正不管遇到什么事情，哪行哪业有朋友，就是觉得无论办什么事情都方便一点，是这个意思吗？

A：对。这个朋友并不是那种天天吃喝的朋友。

Q：酒肉朋友，互相利用的？

A：对，肯定不是这种，就是很好的朋友。

Q：就是有一两个知己，但是作为男生来说，你要在一个地方发展，可能方方面面都要有一些熟人，至少面子上，就是办事的时候，面子上能过得去那样一层关系。

A：是。

高校中的男生往往有着更为明确的拓展社会联系、结交社会资源的需求和行为。相比较而言，高校女生的社会关系更多仍然是建立在亲密关系纽带的基础之上，以亲缘和感情作为其重要的关系基础。

（二）参与学校活动

1. 积极参与学校组织

本研究中的"学校组织"是指学校团委领导下的各级学生会组织，以及作为学校基层群体的班级组织。调查数据显示：在参与学校组织的比例上，女生不仅不低于男生，还显著高于后者，这一趋势在本科和硕士研究生阶段表现得更为明显。如表1所示：在本科阶段，女生参与学校组织的比例是63.0%，比男生高3.6个百分点；在硕士研究生阶段，女性参与学校组织的比例是52.4%，比男生高4.3个百分点。

表1　各学历层次中分性别看高校学生参与学校组织的比例

单位：%

学历层次	男生	女生	显著性
本科生	59.4	63.0	**
硕士生	48.1	52.4	**
博士生	36.6	37.6	—
合计	52.7	56.6	***

注：** p<0.05；*** p<0.01；—不显著。

在担任学生干部的比例上，高校学生并不存在显著的性别差异。有57.5%的高校女生担任过各级学生干部，略低于男性58.3%的比例，但统计分析表明：无论是高校学生全体，还是各学历层次内部，男女两性担任学生干部的性别差异并不显著。

表2　各学历层次中分性别看高校学生担任学生干部的比例

单位：%

学历层次	男生	女生	显著性
本科生	55.2	54.4	—
硕士生	60.0	61.4	—
博士生	66.9	62.0	—
合计	58.3	57.5	—

注：—不显著。

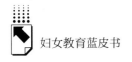

在担任学生干部的层次上，男女生之间也并不存在明显的性别差异。从图3可以看出：高校女生在班级、院系、学校及以上层次的学生干部中，都占据了与男生大体相当的比重

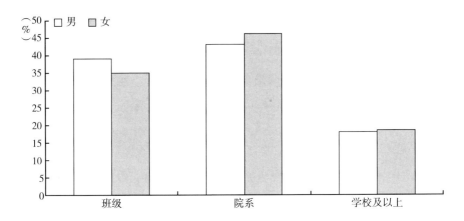

图3　分性别看高校学生担任各级学生干部的比例

高校女生不仅在担任学生干部的比例和层级上并不低于男生，并且有不少女性学生干部都具有相当的组织和管理能力。在访谈中，一位西北政法大学二年级的女班长向我们介绍了她的工作方式与经验：

做事情一定要把它做好。我们班有同学聚会，在大一的时候搞了一次，那次是我有什么事情，然后我就交给我们班那个男生去办了，他就办得一团糟。然后大家回去之后就觉得包括吃饭要选什么地方，在中间要怎么样把气氛搞起来，就特别重要。当时那个就特别不成功，而且选的地方也特别挤，菜也特别不好，就各种不好，然后大家回去之后就说这个聚餐聚得特别失败。就在上一周星期四我们又举行了一次，这次我们一直跑到西安的小镇那边去吃饭了，走得特别远。把地方定了之后，就像一系列大家出行安全方面——因为离学校特别远，晚上出去吃饭，出行要特别注意安全，然后过去之后还要把气氛弄起来，以及照相等，各方面的安排一定要做好。最后每个组负责人分下来之后，要保证大家都能安全回来。然后还有比如万一有喝酒喝多的，后勤保障组那些都分得特别好。

基本上我觉得我们班现在都是我拿事，所以这些都是我定下来之后先把策划做出来，然后让他们看一下，如果有异议的提出来，没异议直接就执行了。

这些女性学生干部的工作能力得到了同学们——包括男性同学的认可与肯定：

然后可能刚开始大家觉得我能力不太够，因为刚开始大家都不太熟悉，然后就觉得能力不太够，从表面上看就觉得我可能做不了班长。然后到现在我觉得我们班还都挺服我的，因为有好多男生给我竖过大拇指，就说我把一些事情处理得特别好。

我们这一届的学生会主席就是一个女生，而且她做得很好。她比很多男生都强得多，我认为。她在体谅下属上，在活动的细节还有给大家更多的自由发挥空间上，我觉得都很好，而且最重要的是基本上在学生会里面她跟大家的关系相处得很融洽。而且办的活动也非常好。

目前高等教育特别是本科教育阶段，大部分男生和女生并不会刻意强调性别之间的内在差异，而是认为应当以"个人能力"来作为判断的标准，越来越多的高校男生也认可并接受有领导能力的女性作为自己的上级或朋友。

2. 在参与学生社团的类型上存在性别差异

学生社团是指学生为了实现会员的共同意愿和满足个人兴趣爱好自愿组成的、按照其章程开展活动的群众性学生组织。与高校中的各级学生会与学生班级相比，学生社团具有更多的自发性和开放性。一名被访者谈道：

学生会作为一个学生的组织来说，本身它服务于学生，再一个它的

组织性和纪律性要比社团更加明确一些。相对来说学生会需要大家去遵守的规章制度多，需要大家为整个学院、为学生自己做的事情要更多一些。

然后社团更多的是大家的兴趣爱好让大家集合在一起的。所以说相对来说并没有太明确的或者说太严格的规章制度来约束大家。而且社团相对来说让志同道合的人走到一起，然后会让自己的某一个方面的兴趣或者爱好提高得更快一些。

在参加学生社团的比例上，男女生并不存在显著差异。本科阶段，女生加入学生社团的比例略高；研究生阶段，男生参与社团组织的比例略高。但总体而言，男女两性之间的性别差异在统计上并不显著。

表3　各学历层次中分性别看高校学生参与学生社团的比例

单位：%

学历层次	男生	女生	显著性
本科生	57.0	59.7	—
硕士生	39.4	36.4	—
博士生	33.8	28.9	—
合计	48.4	48.6	—

注：—不显著。

访谈资料表明：尽管在加入学生社团的比例上，男女生相差不大，但实际上不同性别的学生在参与社团的类型上表现出一定的性别特征。例如，男生可能更多加入技术、体育类社团组织；而女生则更多加入文艺、学习性的社团组织。

大部分是这样的，比如说像学生会各个部门招新的时候，女生往往会喜欢去学习部办公室这样轻松一点的部门。不能说很轻松，就是需要内心特别细致的这样的部门。男生往往比较喜欢媒体部、宣传部、体育部，这些部门常年阳盛阴衰，因为没有几个女生喜欢足球篮球什么的。

因为男生的话一般喜欢去体育部、计算机协会这些需要体力劳动的部门，女生应该比较喜欢去像文艺部门这种组织。

（三）参与社会活动

1. 女生在参与志愿和公益活动上表现更为突出

女性主义者的研究还发现：男性主要基于竞争性关系发展自我认同，而女性则更多通过和他人建立联系发展自我认同。通过对数据的分析我们也发现了类似的结论：与男生相比，高校女生经常主动向周围的人提供帮助（见表4）。

表4　各学历层次中分性别看高校学生向周围人提供帮助的比例

单位：%

学历层次	男生	女生	显著性
本科生	87.0	93.4	***
硕士生	88.7	92.9	***
博士生	90.4	91.9	**
合计	88.0	93.1	***

注：** $p < 0.05$；*** $p < 0.01$。

与之类似，在参与志愿者活动和公益组织的比例上，高校女生的参与水平也显著高于男生（见表5）。

表5　各学历层次中分性别看高校学生参与志愿者活动的比例

单位：%

学历层次	男生	女生	显著性
本科生	66.3	70.3	***
硕士生	52.8	58.7	**
博士生	49.0	53.1	—
合计	59.8	64.6	***

注：** $p < 0.05$；*** $p < 0.01$；—不显著。

在参加社会公益组织方面，高校女生显出明显的优势（男：37.4%；女：45.9%）。除了在博士阶段性别差异不大，在其他各个学历层次上，女生参加此类组织的比例都明显高于男性，其中，本科阶段比男性高10.3个百分点，硕士阶段比男性高7.4个百分点（见表6）。

表6　各学历层次中分性别看高校学生加入社会公益组织的比例

单位：%

学历层次	男生	女生	显著性
本科生	45.4	55.7	***
硕士生	28.2	35.6	***
博士生	25.8	26.4	—
合计	37.4	45.9	***

注：*** p < 0.01；—不显著。

在谈到为什么会参与公益组织这一问题上，一位被访的高校女生则提到，在学校参与志愿活动的过程中，和一些智障儿童之间建立起的亲密情感关系让自己也感受到生命的价值和意义：

我今年参加了一年博爱园，就是义务性的教育，一些修女给智障儿童教一些基础知识。然后让我们过去帮她们带那些孩子，就是有时候教教写字、画画、唱歌啥的。有时候还带他们去外边，去公园、超市，或者去其他地方，带他们去见一见外面的世界，跟人交流一下。我觉得挺有意义的，自己挺有爱心的。给大家服务一下，也体现一下自己的价值。在大学空闲时间挺多的，如果不出去也在学校浪费了，还不如出去见一见世面。跟那些小孩子在一起也挺开心的。他们有的是智障，虽然十几岁了，但智商只有五六岁孩子的水平。还有一些是身体方面的疾病，多动症啥的，有的娃有时候还挺暴力的。我去的时候有一个娃就砸我。我第一次去可害怕了！但是去的时间多了，他认识你，跟你熟了，就会叫你姐姐，看见你可高兴了，过来抱你拉你的手，感觉和你可亲切了，要不去的话他们还会想，"姐姐你上周怎么没来"怎么怎么的。感觉就是，他们如果被封闭起来，跟外界交流少的话可孤独了，如果跟他们一块儿玩玩，感觉挺好的，对那些娃也挺有帮助的。

美国心理学家米勒发现：那些在科学领域中取得优异成绩的女性，与男性的竞争性激励不同，那些优秀女性的学术动力恰恰来自帮助他人！这也部分解释了在所有科学领域中，医学——特别是社区医疗、儿科医生和精神病学等以病人为核心的医学专业中，女性的比例最高。[①] 与之类似，高校女生在参与社会公益活动中表现出来的热忱与关怀也是其社会参与的重要动力和情感源泉。

2. 女性参与专业、行业组织的比例略低于男性

在参加专业、行业组织（如企业家协会、历史学会）等社会组织上，高校男生的比例略高于女生（男：14.8%；女：12.4%）。加入专业、行业组织有一定的技术和职业要求，因为本科和硕士研究生阶段，高校学生加入这一类型的组织比例并不太高，都在12%左右。但是进入博士阶段之后，男生加入专业、行业组织的比例迅速提升到22.0%，显著高于女性17.4%的比例，说明男性博士生在进入此类组织上占据一定的性别优势。

表7 各学历层次中分性别看高校学生参加专业、行业组织的比例

单位：%

学历层次	男生	女生	显著性
本科生	13.6	11.4	**
硕士生	13.8	12.1	—
博士生	22.0	17.4	*
合计	14.8	12.4	***

注：* $p < 0.1$；** $p < 0.05$；*** $p < 0.01$；—不显著。

一位男性本科生谈到加入专业组织对自己了解本专业领域的就业状况和方向起到了很好的推动作用，让自己在专业实习方面更好地做准备和应对：

[①] Miller Patricia H., et al., "A Desire to Help Others: Goals of High-Achieving Female Science Undergraduates," *Womens Studies Quarterly*, 1/2 (2000): 128–142.

我参加过跟我们专业有关系的那个专业领域的组织，就是大家在那儿聊聊关于专业领域，学完这个之后主要可以做一些什么工作，什么样的工作比较好就业。在大二的时候就参加了，参加这样的组织使自己知道哪门课程尤其要好好学习，还认识了以后工作上经常可以用到的人。

另一位医学专业的男性研究生则进一步提到加入医学专业组织对自己在学术发展和临床经验上的有效促进作用：

我学的这个专业有中华中药学会肛肠分会举办的年会，还有全国肛肠联盟创新论坛，像这些都有参与。主要是学术型的活动，像这些论坛一般都会请行业的顶级专家来讲课。像这种每年可能也就举办一次，这种机会就很难得，一般就是学习这些专家的经验，或者是个人的理念。像这种论坛一般都是顶级专家对自己临床经验的一个汇总，然后你学习他们的经验，以后可以应用于临床，也可以使自己少走很多弯路。收获当然是学习了专家们的经验，还有对某个疾病或者手术方面的个人理解。

相比较而言，高校女生群体在加入专业、行业性组织的积极性上就略显不足。这一方面与我们前面提到的女性更容易被以亲密情感关系为基础的初级群体所吸引，而忽略了与更广阔的次级群体的加入有关；另一方面，专业、行业领域中高层次女性人才的缺失在某种程度上也影响了她们的自我定位与成就动机："其实我们也看到，在好多领域，你看到走在前面的还是男性，而且在一些高端的会议上很少能见到女性，这其实是很悲哀的。"

进一步推进高层次女性人才建设，让高校女生在各个专业领域都能够建立起性别榜样和激励，对她们走出社会交往的小圈子、迈向更广阔的社会舞台具有重要的标杆作用。

（四）参与政治活动

1. 女生实际担任领导者或负责人的比例较低

在担任集体活动的领导者和策划者方面，男性所占的比例略高。而且随着学历的增长，男女之间的差异也更加明显。从表8中可以看出：高校男生担任集体活动领导者的比例一直保持在53%左右，上下浮动并不明显。但是高校女生担任领导者的比例从本科阶段的52%，下降到硕士阶段的46.3%，继而下降到博士阶段的43.8%，表现出明显的下降趋势。

表8　各学历层次中分性别看高校学生担任集体活动的领导者的比例

单位：%

学历层次	男生	女生	显著性
本科生	53.1	52.0	—
硕士生	54.2	46.3	***
博士生	52.9	43.8	*
合计	53.3	49.3	**

注：＊p＜0.1；＊＊p＜0.05；＊＊＊p＜0.01；—不显著。

与之类似，在被问到自己在各种社团组织中承担的角色时，有更多的男性回答担任了负责人的角色（男：31.3%；女：25.9%），有更多的女性只是作为普通成员出现在集体活动中（男：31.0%；女：38.9%）。

表9　各学历层次中分性别看高校学生担任社团负责人的比例

单位：%

学历层次		男生	女生	显著性
本科生	负责人	31.3	25.8	
	活跃成员	38.4	34.5	***
	普通成员	30.2	39.7	
硕士生	负责人	33.0	27.4	
	活跃成员	36.1	34.5	***
	普通成员	30.9	38.1	

学历层次		男生	女生	显著性
博士生	负责人	27.3	21.7	—
	活跃成员	37.4	42.4	
	普通成员	35.3	36.0	
合计	负责人	31.3	25.9	***
	活跃成员	37.7	35.2	
	普通成员	31.0	38.9	

注：*** p < 0.01；—不显著。

在谈到为什么会出现这样的一种性别分工时，一位被访的男性提道："对，男女生肯定扮演不同的角色，男性可能比较追求竞技，或者理性的思维比较多。女性可能觉得活动当中玩得比较欢快就行了，不会对这种活动要求获得一个名次，或者达到一个自己要求的结果。"

在这位被访者看来，男性参与活动的工具理性倾向和对结果的重视更符合现实世界的要求；而女性对情感联系和过程的重视则被解读为"活动当中玩得比较欢快"，因而不适合承担领导者的角色。

另一些男性被访者则提到传统的性别刻板印象及社会交往模式也降低了女性成为实际领导者的可能："一开始的时候，大家对每个人的能力都有不同的了解，可能第一印象就是女生比较……没有男生表达能力强，没有男生展现得好，可能会造成这样的问题。然后男生会比较有安全感，哪怕他是一个不太好的领导者，也给人一种安全感。因此会倾向选他吧，选男生当正职之类的。"

Q：你觉得你认同这种观点吗？就是说男生就应该是活动的组织和领导与倡导者，女性则主要负责服从和执行就可以了。

A：这个在我们学校大部分是这样的，有些可以说是潜规则，可以说是长期以来的习惯。就是女生在参加有些活动的时候很难成为领导者，因为她们比如说拉赞助，拉赞助跟社会上的人接触的时候，因为这时候离开校园往往需要应酬需要喝酒，这个对女生来说很难做到……这种情况下一般女生往往是作为一个团队的润滑剂来发挥作用的，比如说可以调节团队气氛，而几个特别能干的男生会扛下团队大部分的工作。

传统社会文化因素也在影响和制约着女性的个性倾向，一些与传统的性别形象不相符合的个性特征在社会环境中往往会被抑制与消磨：

Q：那你会不会觉得一些爱发表不同见解、咄咄逼人、爱指挥人的女性不受欢迎？能不能举个例子什么的？

A：这样的女生，有些人是不待见的，比如我啊，我就是这样性格的人，喜欢指挥人，有时候也咄咄逼人，但是也吃过很多亏，身边的朋友也提醒我，我自己也渐渐收敛了。

可见，即便越来越多的女生开始加入各种类型的学校和社团组织，并在名义上担任了更多的领导职务，但是在实际的组织运行过程中，仍然有各种无形的性别刻板印象和社会文化因素制约着女性在组织实际运行过程中承担领导者和决策者的角色。

2. 女生实际参政、议政的比例低于男性

加入政治党派是女性参政、议政的重要测量指标，也是青年女性社会参与的重要标志。调查数据显示，从加入中国共产党的比例上来看，女性的比例略高于男性（男：43.6%；女：47.4%），在硕士研究生阶段的差异最为明显，女性比男性高出近 10 个百分点。

表 10 各学历层次中分性别看高校学生共产党员的比例

单位：%

学历层次	男生	女生	显著性
本科生	26.1	28.0	*
硕士生	60.9	70.8	***
博士生	75.2	77.7	—
合计	43.6	47.4	***

注：* $p < 0.1$；*** $p < 0.01$；—不显著。

从个案访谈中可以看出，高校女生加入中国共产党有激励自己积极、向上的正面作用："党象征着先进、积极、正能量、进步这些东西"；也有一部分是出于证明自己优秀，并给未来发展增加筹码的现实原因："首先我觉得是证明自己比较优秀的一种象征，其次可以说为以后做打算，以后可以更好地找到工作呀，进入企事业单位会有这种要求限定！"

尽管女生加入中国共产党的比例略高于男生，但是女性实际参政、议政的比例却仍然较低。例如有更多的高校男生"在网上就国家事务、社会事件发表评论、参与讨论"（男：44.7%；女：31.8%），比女生高 12.9 个百分点。

表 11　各学历层次中分性别看高校学生在网上讨论国家事务的比例

单位：%

学历层次	男生	女生	显著性
本科生	44.9	33.2	***
硕士生	44.8	29.5	***
博士生	43.9	30.9	***
合计	44.7	31.8	***

注：***，$p < 0.01$。

类似地，高校女生"主动给所在院系、学校或地区提意见"的比例也显著低于男性，并且表现出学历下降的趋势。从表 12 中可以看出：男生主动给学校或地区提意见的比例一直维持在 45% 左右，而女生提意见的比例则从本科阶段的 43.7% 下降到博士阶段的 39.5%，男女生的比例之差从本科阶段的 1.3 个百分点上升到博士阶段的 7.2 个百分点，性别差异逐渐显露。

从访谈可以看出，有更多的男生表现出对政治和社会公共事务的了解和关注。有相当部分的男生是出于就业或个人发展的原因关注政治事务："会的，肯定关注，国家大事肯定会看。像现在'两会'开会的议程中都会关注。现在我不是马上就毕业了嘛，所以北京关于就业的政策，就关注得比较多一点。关注出台了什么政策，然后以我自己的身份如果去的话选择哪一个行业，国企、私企、外企哪一个更有优势一点。一般都从互联网关注。"

表 12　各学历层次中分性别看高校学生给学校或地区提意见的比例

单位：%

学历层次	男生	女生	显著性
本科生	45.0	43.7	—
硕士生	44.9	39.7	—
博士生	46.7	39.5	—
合计	45.2	42.0	*

注：* p<0.1；—不显著。

还有相当比例的男生会出于经济原因关注政治形势。笔者印象比较深刻的是在广州座谈的两位男生都提到了这一层面的出发点："周围的关心足球更多。比如说'两会'什么的，关心的是'两会'对现在的经济有什么影响，其他的不管……比如说最近跟房地产有关的二套房政策，那我就会关心股市是涨还是跌，其他的不关心。"

还有一些男性则出于专业发展的原因关注政治形势和政策。一位医学专业的男性研究生在访谈中说：

> 比较多的就是卫生计划委员会出台的各种政策，像关于我们医生的最近的规培，或者医生的待遇、医改什么的都有关注。其实医患关系这个面本来就很广，国家在医改这方面已经进行了很多年，但是收效还不是特别明显，"医患关系"这个词本来就特别难掌握，现在因为患者对医生的信任度不是特别高，还有个别医生自身的问题，如腐败什么的。还有就是媒体在医患关系报道当中充当一个角色，有可能某些媒体的误导更容易恶化医患关系。所以，我个人认为医改方面对患者的教育应该进一步加强，医生的考核制度应该严格实施，媒体自身必须追求事实的准确性。

相比较而言，接受高等教育的女生尽管也会关注公共事务，但无论在关注的热衷程度还是了解的深度上，与男生相比都还有一定的差距：

可能因为跟专业有关吧，学社会学的，一般对这个方面比较关心。但是对于政治……我觉得我的大学同学，就是跟我比较熟的男生，他们比较关心政治。有时候出台一个什么政策，他们发表说说，他们会表达自己的观点。

面临政治和社会公共事务，女生更多仍然是扮演旁观者和审视者的角色，很少参与实际的讨论或发表自己的见解：

Q：那你提过一些建议吗，给班级、院系或者家乡？

A：我觉得更多的时候我是一个观察者的角色，我现在的阅历，包括我的能力和我的知识不足以让我提出很具有建设性或者是发展性或者是很有力量的意见或建议，但是我更多的时候会思考一些问题的原因。

而男生则更愿意在公共事务的层面上发表自己的见解，并参与行动。例如，有一个男性被访者提到自己参与给教师提建议的活动，并认为集体的每一个参与者都应当履行自己的职责：

大三跟教学信息中心干过一段时间。就是给他们反映一些自己感觉老师上课过程中的一些问题，他们会挑出来。因为他们有好多人，每个人写的有可能不一样，也有可能一样。然后他们挑出共同点，就是这些问题当中最多的。就跟投票一样，反映的问题最多的是哪个问题。主要的领导会看。如果是缺点，他肯定会说啊，如果是优点的话，会普及每一个老师。这样的话，至少会让学生更容易听课，我觉得这样挺好的……对，这个很自然，我觉得不光是我们这些做过班委的，就是每一个人，你属于这个班级，你上了大学，这就是你在大学里面怎么处事，如果你这都搞不好，老师会失望，然后别人会笑话你。一堆人就成一堆散沙了，谁不顾谁呢，对你自己也不好。

高校男生不仅在学校的层面上参与公共事务的讨论和建议，还在家乡和地区的发展层面积极献计献策：

> Q：你会给家乡或者什么提出一些建设、发展或者改进的建议吗？
>
> A：我们大学暑期社会实践去的是咸宁，是福建那边的一个县，参观了那边的帘子产业，给当地提出了一些建议，也和当地领导开过两次会议。
>
> Q：你觉得参与这些有趣吗？
>
> A：有趣。比如说社会实践，作为参与人，感觉参与者的身份也是挺好的。

男女两性在实际参政、议政层面上的差别实际上来自更早期的社会化教育和性别观念文化：男性追求权力和自我实现被视为是正当和值得鼓励的；而女性则更多被培养为被动和消极的顺从者与倾听者。即便她们所接受的高等教育已经从形式上鼓励女性走上领导岗位，担负公共职责，但在相当多的男性和女性的内心深处，政治和公共事务仍然不是适合女性从事的领域：

> 这个也不好说，有些班长也是女生，其实这也看个人能力吧。但是，不是所有的女生都愿意去搞这种政治，有些女生可能不太渴望这种行政主导的能力，但是男生可能对这种行政主导能力有一种与生俱来的欲望。

在未来的性别观念倡导中，还应当进一步鼓励女性参与公共事务的讨论和行动，在实际参与过程中转变观念、锻炼能力，并最终成为公共议题的言说者和执行者。

四　结论与讨论

（一）高校女生社会参与的主要特点

（1）在社会纽带的建立方面，高校女生和初级群体的联系更为密切，并且更多和其他人建立起情感性的密切关系；男大学生则更多建立起次级群体关系（如专业群体），并且更加主动地扩展自己的社会网络和资源。

（2）高校女生在参与学校组织和学生社团等方面并不落后于男生。越来越多的高校女生加入学生会和班级组织的队伍，锻炼了自己的领导能力，并获得男生的认可。男女两性加入社团组织的比例上不相上下，但是在加入的社团类型上存在性别差异。

（3）女生在参加社会公益组织（如爱心社、志愿者组织等）和从事志愿活动的比例上显著高于男性。她们在这些活动中寻找到生命的价值和意义，并激励她们更好地服务于社会和他人。在各个学历层次——特别是博士研究生阶段，有更多的男生参加了专业、行业组织（如企业家协会、历史学会等）；相比较而言，女性在加入更加广阔的专业、行业性组织上的动力略显不足。

（4）尽管从数字上看，女生加入中国共产党的比例高于男生，但女生实际参政议政的意愿和能力都较低。女生较少担任活动的实际领导者，对政治和公共事务的关注度不高。更多地以旁观者和思考者的角色出现在公共事务中，相对较少发表自己的观点。男生则更多表现出关注和参与公共事务的意愿，并作为活动的实际策划者和领导者。有更多的男生向所在班级、院系、学校或地区提意见或建议，并在此过程中锻炼了自身参政、议政的能力。

（二）政策建议

"社会参与"是女性走出家庭、参与公共生活、获得社会地位的重要标志和表现，因此，对高校女生群体社会参与状况的调查和分析具有重要的现实意义和理论价值。调查数据显示：社会参与已经成为大学生在校期间的一个非常重要的学习内容，它对推动大学生更好地了解社会、接触他人、锻炼专业技能、制定职业规划，都有非常重要的意义。从鼓励高校学生——特别是女生——社会参与的角度来看，在以下方面做出政策性的指引是必要的。

第一，进一步确立高校学生社会参与的重要价值和意义，从经费和政策层面上引导大学生以多种多样的形式参与到社会建设过程之中。特别要鼓励女性高校学生走出传统的书斋，参与到实际的社会组织、社会生产和建设环节当中。

第二，从高校女生目前已有的社会参与的现状和特征出发，在尊重女性自主选择的基础上，进一步拓宽女性参与社团和社会组织的渠道和机会，吸引女性加入各种形式的社会团体与活动。在各种类型的社会参与中，都要注意性别榜样的树立和引导。

第三，在大学鼓励女性的社会参与是为未来社会实现性别平等奠定基础。女性在大学的社会参与将促使女性更独立、自主，也更具竞争力。在社会观念上，要进一步破除"女性不适合从政""女性的领导力天生没有男性强"等传统性别观念的禁锢和束缚，鼓励女性关注公共事务、承担领导角色。

第四，应有意识拓宽政治参与的内容，将更多的社会主义民主政治思想转化为具体的社会活动，从而更有效地实现大学生的政治社会化。大学生入党只是为未来的职业做准备，与政治参与的根本目标并不完全契合，政治参与的根本目标是推进社会主义民主政治。因而不能把入党变成一种职业准备，而应让大学生意识到政治参与是在进行社会主义民主政治建设。

B.8
高校女性管理者工作满意度研究
——以全国三所女子院校为例

摘　要： 从组织和个人发展看，需要对高校女性管理者职业生存状态进行研究。本研究以我国三所女子本科高校为例，对女性管理者工作满意状况进行研究。主要采用主成分分析法（Principal Components Analysis）并配合最大变异法（Varimax）进行正交转轴（orthogonal rotation）处理，开展因素抽取，在问卷调查法和访谈法数据采集的基础上，探讨高校管理者工作满意的主要影响因素以及各个因素影响的差异程度。研究显示女子高校管理者工作满意度处于一般满意，而女性管理者工作满意度低于男性，其中工作压力是影响满意度的主要因素，需要从个人和组织两方面进行调整，以提高女性管理者的工作满意度。

关键词： 女子高等学校　女性管理者　工作满意度

一　研究背景及研究意义

（一）研究背景

1.女性高等教育不断发展

随着目前高等教育的扩张，高等教育大众化已经成为一种趋势，如何在

---

* 刘霞，本科，山东女子学院教授，主要研究方向为女性人力资源管理与开发；项目组成员：高超、崔晓红、董振华、任兴华、张守华、朱秀峰和李源。

高校的竞争与发展日趋激烈的背景下培养复合型应用型的人才也成为各高校努力奋斗的目标及发展的动力。高校的发展除了优秀的师资、充足的财源、充分的软硬件设备、优秀的学生外，还得有一支高素质的、具备现代大学理念的管理人员，他们可以从更全面、更深入的角度来思考学校如何发展，从更民主、更科学的角度来进行决策判断，其对高校整体实力的提升起着日益重要的作用。[①]

女性高等教育问题正受到人们越来越多的关注，不论是在发展中国家还是发达国家，由于受观念、受教育程度等因素的影响，女性参与社会管理的程度大大低于男性。1998 年联合国教科文组织召开的世界高等教育大会，强调通过教育包括高等教育创造一个性别包容的文化是促进人类可持续发展和世界和平的重要途径。从中国高等教育招生特点来看，招生总数中，女性所占的比例快速增长。普通本专科招生人数中，女学生的比例已经与男生平分秋色，在某些专业中，女生人数已经超过了男生。同时，研究生招生人数中，1987 ~ 2005 年，女学生的比例从 19.67% 增加到 45.10%，增长了 25.43%[②]，这反映出女性接受高等教育的学历层次在逐年增加。

随着女性受教育程度的提高，高校人才队伍也得到了迅速发展，进入高校队伍的女性正逐年增加。但从目前我国高校的现状来看，专业教师师资队伍建设日益重要，成为全社会包括学校关注的焦点，而管理人员队伍建设的受关注度不高，尤其是女性管理人员的队伍建设在许多高校处于性别盲视状态，她们的地位和工作满意度状况不太乐观，进而影响到高校的管理绩效，因此研究高校管理人员，尤其是在女子院校中开展女性管理者工作满意度具有必要性。

2. 我国的三所女子高等本科院校

2014 年，山东女子学院、中华女子学院与湖南女子学院共同发起成立

---

① 金凤华：《高校管理人员工作满意度的性别差异研究》，《中华女子学院学报》2011 年第 1 期，第 31 ~ 36 页。

② http://www.xueliedu.com/a/zikaoxinwen/2013/0428/21.

了中国女子高等院校联盟①。作为联盟的成员，目前三所女子院校都是普通高等本科院校。中华女子学院是直属中华全国妇女联合会、教育部批准备案的全国第一所公办全日制本科女子普通高等学校②。山东女子学院是由教育部和山东省人民政府批准、山东省教育厅和山东省妇联共同主管的全日制普通本科院校，是山东省唯一一所女子院校③。湖南女子学院是全国妇联与湖南省人民政府共建的一所女子学院④。

三所女子院校前身均为妇女管理干部培训学校，山东女子学院与中华女子学院、湖南女子学院三所院校均由妇女专科学校发展而来，致力于妇女培训与女性发展。三所女校均于2000年之后由专科院校升格为全日制普通高等本科院校，具体时间略有不同。中华女子学院前身为新中国妇女职业学校，2002年正式转制为普通高等学校；山东女子学院前身为山东省妇女干部学校，2010年改建为普通本科院校；湖南女子学院的前身是湖南女子职业大学，2010年升格为全日制普通本科院校。

致力于妇女研究与促进女性发展是全国三所女子院校的共同目标。中国女子学院以"崇德、至爱、博学、尚美"为校训，坚持"学科立校、人才强校、特色兴校、环境美校"的治校方略，努力成为全国妇女教育研究中心、妇女理论研究中心、妇女干部培训中心和国际妇女教育交流中心，具有1个社会工作专业硕士点，在国内高校率先招收女性学专业本科生和以妇女服务、妇女维权为研究方向的社会工作专业硕士研究生。山东女子学院努力建成"特色鲜明的高水平女子大学"，并形成了"坤德含弘、至善尚美"的校训、"团结进取，求实创新"的校风、"严谨治学，言传身教"的教风和"勤学慎思，求真敏行"的学风，以及"自强不息、百折不挠、求实创新、不断攀登"的女院精神。湖南女子学院秉承"懿德睿智、笃行臻美"的校

① 王光营：《三校成立首个女子高校联盟　促进校际资源共享》，《齐鲁晚报》2014年11月14日，http：//www. qlwb. com. cn/2014/1114/250827. shtml。

② http：//gkcx. eol. cn/schoolhtm/schoolInfo/568/10056. shtml.

③ 《山东女子学院排名》，广东高考网，2013年8月3日，http：//www. ieduw. com/z/dxpm/shandongnvzixueyuan/。

④ http：//www. hnwu. edu. cn/show/3. html.

训,致力于培养具有开拓创新意识、"四自"精神和传统美德的高素质女性人才。

(二)研究意义

一是在理论上,该研究将工作满意度研究的已有理论基础运用到实践中去检验与分析,能为工作满意度的深入研究提供现实资料;在女性研究方面,为从各个角度探询女性的心理提供新的研究视野,弥补了女性研究只注重理论探讨的不足。

二是在现实中,该研究能为大众更深入了解高等学校女性管理者的生活状况提供现实资料;在对高校女性管理者的工作满意度研究方面,涉及高等学校环境的各个方面,其研究结果会对高校以后的管理决策提供参考资料;让社会关注高校女性管理者这一群体,关注她们的生命质量。对高校女性管理者工作满意度进行测量、评价,有助于了解其工作满意程度,以及满意与不满意的方面,有利于在"以人为本"原则基础上,依据高校女性管理者的需求,建立起能吸引、稳定和留住女性管理者人才的人本管理机制。

二 工作满意度相关理论及研究现状

(一)工作满意度相关理论

1. 需求层次理论与工作满意度研究

1943 年马斯洛在《调动人的积极性的理论》一书中,提出其著名的需求层次理论。他把需求分成生理需求、安全需求、社交需求、尊重需求和自我实现需求五类,依次由较低层次到较高层次。

马斯洛的需求层次理论阐明人们究竟会重视哪些目标,也说明了哪些类型的行为将影响各种需求的满足,但是对为什么会产生需求该理论涉及很少。这些理论也指出,大多数人都存在较高层次的需求,而且只要环境不妨碍这些较高层次需求的出现,这些需求就能激励大多数人。需求层次理论告

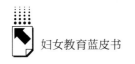

诉人们，只有当人们的需求得到满足，其才会满意。而人的需要是变化的，因此满意度也会随需要的变化而变化。

2. 双因素理论与工作满意度研究

双因素激励理论又叫激励因素—保健因素理论，是美国的行为科学家弗雷德里克·赫茨伯格（Fredrick Herzberg）在 20 世纪 50 年代提出来的。他认为引起人们工作动机的因素主要有两个：一是保健因素，二是激励因素。

保健因素是指造成员工不满的因素。保健因素不能得到满足，则易使员工产生不满情绪、消极怠工，甚至引起对抗行为；但在保健因素得到一定程度改善以后，无论再如何做进一步的努力往往也很难使员工感到满意，因此也就难以再由此激发员工的工作积极性，保健因素只能消除人们的不满，但不会带来满意感。激励因素是指那些存在时能够引起满意，缺乏时不是引起不满意而是没有满意的因素。激励因素运用得当，不仅能不断提高员工的能力，还会使员工产生持久的、充分的工作满意感，极大地激发员工的工作动力。

总之，人的需要是多方面的，在具体的管理过程中要从人的需要出发，着重研究根据人的需要和动机，据此设计有效的激励方法。要满足人们在不同阶段的需要，从而提高人们的工作满意度。调动组织成员的工作积极性，有利于组织目标的实现。

（二）工作满意度的研究现状

工作满意度（job satisfaction）的正式研究始于 Hoppoek 的《工作满意度》一书。Vroom 认为工作满意度是泛指工作者对自己在组织中所扮演角色的感受或情感反应。Speetor 认为工作满意度是组织行为学领域研究最为频繁的一个变量。Bussing 认为，工作满意度之所以引起人们的普遍关注，重要原因是它和一些主要的员工行为变量如绩效、流动、出勤率等表现出显著的相关性[①]。对于工作满意度的结构，国外主要有两种观点：一种是以

[①] 杨少辉：《城市小学教师工作满意度研究——来自湖南长沙城区小学的调查》，硕士学位论文，湖南师范大学，2013。

Parter 和 Lawler 等为代表的单一结构说；另一种是以 Smith 和 Kendall 为代表的多成分结构说。另外，Sehaffer、Porter、Lumsden 和 Lind、Geraid J. B.、Easley 和 Michael、Rosser① 等国外著名学者也对工作满意度的影响因素进行了深入研究。

在我国，许多学者根据国外学者的研究进行了工作满意度维度的中国化研究。李子彪是最早涉及教师满意度的。他把教师满意度调查作为一个重要部分，用于研究中小学教师的地位②。陈卫旗用主成分法提取的十因素，与洛克的结论高度一致③。其他还有谢钢、徐富明、申继亮、杜秀芳、张爱淑、孙杰、董秀成、束佳、陈伟芬、李志英、金凤华，等等。工作满意度的研究对象不断扩大，从原来的企业领域不断延伸到各个行业、各个阶层的群体，其研究的内容也不断得到拓展，从单纯的工作满意度的总体描述，到对工作满意度结构、影响因素等方面的研究。

虽然工作满意度的研究至今已有百年的历史，但该领域的研究尚不够全面，还有待于在理论上做进一步的研究，并在实践中加以应用，使工作满意度理论研究和实践应用不断得到丰富和完善。最近几年，对高校管理人员工作满意度的研究逐渐进入一些学者的视野，如臧莉娟、聂伟进研究高校管理人员的职业化问题等。目前，国内外对高校女性管理者的研究不多，主要集中于对其管理优势、地位状况及对策的分析，其传统角色与管理角色的矛盾分析，其心理素质等几个方面，因此本研究从高校女性管理者的角度入手，探讨高校女性管理者的工作满意度问题具有一定的理论和实践创新。

---

① 杨少辉：《城市小学教师工作满意度研究——来自湖南长沙城区小学的调查》，硕士学位论文，湖南师范大学，2013。

② 李子彪：《他们为何想调离工作——对部分中小学教师的调查》，《社会》1986 年第 6 期，第 20~21 页。

③ 陈卫旗：《中学教师工作满意感的结构及其与离职倾向、工作积极性的关系》，《心理发展与教育》1998 年第 1 期，第 38~44 页。

三 高校女性管理者满意度现状分析

管理者的工作满意度是衡量组织管理目标实现的重要指标之一,管理者的工作满意度状况与其在组织中的管理行为有相关性。随着社会的进步,高校女性管理者人数不断增加,她们在中国的高等教育发展中做出了贡献,她们的生存状况、对工作的满意程度既会影响学校管理状况又会影响个人发展。

(一)调查对象及调查问卷情况

1. 调查对象

如前所述,本次以全国三所女子高等学校为例对高校女性管理者满意现状进行研究。所谓管理者是指在组织中直接监督和指导他人工作的人,管理者通过其职位和知识,担负着为组织贡献的责任,能够实质性地影响该组织达成成果。本次研究对高校管理者以及高校女性管理者概念的界定是:目前在高校从事管理工作并对具体的管理实务负责的副科级以上管理者。因有些高校没有将教研室主任列入行政级别(职级),但教研室主任在基层教学管理中发挥着较大的作用,所以本次研究将教研室主任纳入研究范围,高校女性管理者则指该群体中的女性。

为了解高校女性管理人员工作满意度现状,课题组选取我国三所女子高校,采用问卷调查法和访谈法进行数据采集。问卷调查中,依据最大样本量调查原则,采用整群抽样的方式。课题组成员于2014年12月至2015年5月向中华女子学院、湖南女子学院及山东女子学院等3所高校通过邮寄、委托、当面发放的方式,尽可能多地向三校的机关部门和学院的管理者发放了问卷,共发放问卷540份,回收514份,有效问卷为484份,有效回收率为89.6%,符合统计学大样本原则。详细问卷发放与回收情况是:中华女子学院发放问卷220份,回收210份,有效问卷数189份;山东女子学院发放问卷190份,回收185份,有效问卷数179份;湖南女子学院发放问卷130

份，回收 119 份，有效问卷数 116 份。本次调研样本中三所女子高等学校管理者性别比例情况（见表1）是：中华女子学院女性管理者比例为 82.1%，山东女子学院女性管理者比例为 64.2%，湖南女子学院女性管理者比例为 70.7%。

表1　三所女子高等学校管理者性别比例

单位：%

学校名称	性别		合计
	男	女	
中华女子学院	17.9	82.1	100.0
山东女子学院	35.8	64.2	100.0
湖南女子学院	29.3	70.7	100.0
合计	27.1	72.9	100.0

同时，依据典型性和代表性原则，课题组选取部分管理者依据访谈提纲进行了访谈调查。

本课题将通过问卷量化统计分析和访谈材料分析，以我国三所女子高等学校为例，分总体和个体差异两个方面，从性别视角对高校管理人员，尤其是高校女性管理人员工作满意度的现状进行分析研究。

2. 调查问卷

美国心理学家赫伯克（R. Hoppock）1935 年首次提出了工作满意度的概念，将工作满意度定义为工作者对工作情境的主观反应，即工作者心理和生理对环境因素的满意感觉。许多研究者对工作满意度从不同层面进行了定义，可以归纳为以下三种类型[1]。

一是综合性定义，认为工作满意度是对工作本身及有关环境所持的一种总体的、综合的态度或看法，这种定义是工作者对其工作角色的整体情感反

---

[1]　张丽珺：《女性高科技人才的工作满意度研究》，《中国妇女报》2012 年 1 月 17 日，第 B02 版。

应，不够全面和准确。

二是期望差距性定义，认为工作满意的程度视个人实得报酬与其认为应得报酬之差距而定，差距与满意度成反比。这种观点注重工作满意度形成的原因，但由于没有综合考虑员工工作满意度的其他因素，因而略显偏颇。

三是参考架构性定义（或称构面型定义），认为工作满意是由多种维度构成的，是一个根据不同维度对于工作特征加以解释后得到的结果，它取决于员工对其工作构成的各方面的认知评价和情感反应。它涉及的具体维度主要包括工作本身、工作报酬、人际关系、成就感等要素。相对其他定义而言，构面型定义更能从多个维度层面对满意度进行相对细化的研究，因此本研究所采用的满意度定义参考了构面型定义，将高校女性管理者工作满意度定义为：在特定情境下，高校女性管理者个人对所从事管理工作各个维度的一种感受，是一种对工作各维度加以评价后，所产生的广泛性态度。

调查问卷分为四个部分，第一部分为基本信息，旨在了解被调研者基本情况，包括基本人口变量和担任管理工作相关基本情况。第二部分为工作满意度量表。基于性别视角分析，在调查问卷第三部分设计了"性别角色问卷"，调查性别观念对满意度的影响。第四部分为"您的生活情况"，以便于进一步了解管理者个体生活情况对工作满意度的影响。

需要说明的是调研问卷第二部分使用的工作满意度量表，是在查阅国内外相关研究文献基础上，参照前人研究成果，并征询了心理学、高等教育、人力资源管理等方面学者的意见后修订而成。本调查量表通过预试调查后进行修正，经过严谨科学程序可判定该量表的结构和题项具有较好的信效度。

本研究采用 KMO（Kaiser - Meyer - Olkin）和巴特利球形检验（Bartiett's Test）指标来判断是否适合做因素分析。根据 Kaiser 的观点，可从取样适当性数值（Kaiser - Meyer - Olkin Measure of Sampling Adequacy, KMO）大小来判别。具体见表2。

表 2 KMO 统计量判别标准

KMO 和巴特利球形检验		
KMO	0.928	
巴特利球形检验	Chi-Square	10597.592
	df	1275
	Sig.	0.000

本研究的检测结果表明，KMO 系数为 0.928，另 Bartlett 球形检验的 χ^2 值为 10597.592（自由度 1275），达到显著水平，综合可以看出本研究所采用的量表是非常适合进行因素分析的。

本研究主要采用主成分分析法（Principal Components Analysis）并配合最大变异法（Varimax）进行正交转轴（orthogonal rotation），开展因素抽取（见表 3）。通过主成分分析法抽取特征值大于 1 的因素共有 8 个，该结果表明，本研究生成的工作满意度量表具有良好的结构效度。该量表的 Cronbacha 系数为 0.935。以上分析表明本研究使用的研究工具信效度良好。

表 3 工作满意度量表因素题项对照

序号	因素名称	题项
1	工作本身	1、2、3、4、5、6、7、8、9、10、11
2	工作地位	17、40、41、42、43、44、45
3	工作关系	21、22、23、25、26、27、28
4	薪酬福利	12、13、18、46、47、48
5	工作条件	33、34、35、36、37、38、39
6	组织氛围	14、15、16、20、24
7	工作压力	19、29、30、31、32
8	下级满意度	49、50、51

（二）整体满意度情况分析

调查分析显示，目前女子高校管理人员工作满意度处于中等略偏上水平，即一般满意。而构成工作满意度的各个因素的满意程度有明显差异，使

管理人员较满意的依次是工作关系、下级关系、工作本身、组织氛围、工作条件，五个因素得分均值明显在中等强度值以上，显示出比较满意的状态；工作地位、薪酬福利、工作压力三项得分较低，尤其是工作压力因素明显低于均值，相对处于不满意状态，而且人口变量对工作满意度有不同程度的显著性影响。

1. 高校管理人员工作满意度状况

本课题研究主要通过问卷调查分析数据和个别访谈来分析研究女子高等院校管理人员工作满意度状况。本次调查量表为李克特 5 级评分法，3 分为中间状态即理论中值，小于 3 分为不满意状态，大于 3 分为正向满意状态。为总体上了解受试者在正式量表所建构的 8 个衡量因素上的工作满意度水平，计算量表各个因素的平均分，结果见表 4。

表 4   高校管理人员工作满意度分数

满意度因素	最小值	最大值	平均分
工作本身	1.64	5.00	3.6257
工作地位	1.14	5.00	3.3046
工作关系	1.71	5.00	3.9779
薪酬福利	1.00	5.00	3.0247
工作条件	1.43	5.00	3.4602
组织氛围	1.20	5.00	3.5367
工作压力	1.00	5.00	2.5540
下级关系	1.00	5.00	3.8104
总体满意度	1.88	5.00	3.4248

从 8 个因素的分析结果看，没有一项因素的平均得分超过 4 分，大多处于邻界值 3 分和 4 分，而且工作压力和薪酬福利这两项低于或接近 3 分（3.0247），指向不满意状态。从低到高的满意度构成因素如下。

（1）工作压力。工作压力一项平均得分 2.5540，处于不太满意状态。调查中了解到，高校管理人员面临的压力主要来自工作和生活，其中工作压力占主要原因，工作压力主要是工作强度、创新性工作要求和个人自我提升的压力。

（2）薪酬福利。薪酬福利一项平均得分3.0247，接近中值。调查中了解到，与以往相比近两年各学校的薪酬福利已有了较大提高，女子学院与其他本科院校相比，在工资不断提升的过程中，工资水平还处于追赶阶段，同时因物价水平、管理人员心理收入预期等因素影响，管理人员希望工资水平和福利待遇继续提高。

（3）工作地位。工作地位一项平均得分3.3046，处于基本满意的状态。这表明，管理人员个人的工作体验与人们日常印象不一致，访谈中许多教师认为学校管理人员在工作中因多为管理协调、指导者身份，占据主导，享有较高地位。

（4）工作条件。工作条件这一项平均得分3.4602，这与当前的许多研究结论比较一致，可见管理者对目前的工作条件比较满意。这与近些年来三所女子院校校区面积的扩展或新校区建设基本到位，办学条件不断改善，管理人员的办公环境改善较大有关。同时近几年三所女子院校对校区绿化建设、校园文化建设均比较重视，学校大环境得以改善。在访谈调研中许多被访者也表达出对学校环境的满意态度。

（5）组织氛围。组织氛围平均得分3.5367，指向基本满意状态。近些年来，随着学校管理体制的改革、管理机制的不断优化，学校整体管理更加民主化，传统的科层制行政组织架构中的等级观念得以改善、民主治校更加为各学校不同层次管理者所认同。

（6）工作本身。该项平均得分3.6257。从调查中了解到，许多管理人员感到高校管理工作外表看似光鲜，但随着管理者职业年限的增长，工作程序固化，职业吸引力有所下降，职业倦怠逐渐显现。

（7）下级关系、工作关系。下级关系平均得分3.8104，工作关系平均得分3.9779。是所有因素中得分最高的两项，说明上下级关系、同事关系比较和谐。访谈中了解到，大部分管理者比较重视与自己有工作关系的人友好相处，尽量不发生矛盾冲突，重视工作中处理好各种人际关系，且对目前人际关系状态表示满意。

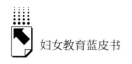

2. 高校管理人员工作满意度的特点

本课题研究主要梳理了各个因素对工作满意度的影响程度，其主要特点如下。

（1）工作关系和工作条件最令管理人员满意

Vroom 认为职场中良好的人际关系，可以带来个人社会需求的满足，因此直接影响其工作满意度。[1] 问卷调查分析数据表明，工作关系在影响工作满意度 8 个因素的平均得分最高（3.9779）。同时在访谈中，绝大多数受试对学校行政部门的工作条件和人际关系感觉较满意或很满意。这说明三所女子高校具有良好的校园氛围和文化气息，尤其是近几年，高校推进和谐校园建设，学校加强管理人员工作作风建设，以服务为本，提高了管理人员素质，使部门之间工作关系走向和谐，管理人员对工作关系有了积极体验。

随着高等教育的推进，加之女子学院相继跨入本科院校行列，获得财政拨款增加，办学规模扩大，招生人数基本达到或超过万人。各校迁建、改建和扩大新的校区，教学、科研等基础设施得到充实，管理人员办公条件大为改善。校园文化氛围浓郁，校园环境优美，生活设施也俱全，给高校管理人员带来较好的体验和很多生活学习方面的便利。因此，就工作条件而言，高校管理人员普遍觉得高校是非常适合工作、学习、生活的地方。受访者普遍认为，宽敞优美的校园、每年的寒暑假、便利的生活条件是优于其他很多单位的。

（2）工作压力居不满意之首

适度的工作压力能激发员工的积极性，但压力一旦超过员工的忍受限度，则会产生反向效果。在访谈中，管理者们普遍感觉到目前面临的压力越来越大，压力主要来源于组织和个人发展。从组织层面看，在我国，女子高校的发展水平、办学质量与其他高校，尤其是与发展历史较长的本科院校相比，有一定的差距，三所女子高校领导者深感发展中国

---

[1] V. H. Vroom, *Work and Motivation* (New York: Wiely, 1964), pp. 1-2.

女子高等教育的重任，在学校发展中，提出了具有挑战性的目标。同时，由于高校近几年的各种迎接评估工作，学校的各种建设要求，管理者工作强度大、挑战性强。从个人层面看，压力主要来源于提升学历和职称的压力，尤其是二级学院的管理者往往既有行政任务又有科研任务的压力。过大的工作压力造成个人的心理负担增加，从而影响高校管理者的工作满意度。

（3）薪酬福利是工作满意的负面因素

薪酬福利是每个职业人职业价值的体现，高校管理人员同样重视薪酬福利，尤其是青年管理人员对此的感受更加强烈。问卷调查显示，薪酬福利待遇在所有工作满意度因素中平均分值居于倒数第二位（3.0247）。尽管近两年工资提高幅度较大，但一些管理者认为与公务员、某些高校以及企事业单位相比有差距，同时年龄越小的管理者因买房等生活压力，其对目前薪酬状况的不满意度有所增加。与此同时，许多管理者对薪酬的期望值比较高，造成其对当前的薪酬福利状况不满足，影响了工作满意度。

（4）组织氛围不断改善，但还需进一步调整

在访谈中，大部分管理者肯定了学校的发展定位和管理方式，认为学校制度日趋完善。这几年学校发展很快，大家对学校发展前景充满希望。但因历史惯性作用，管理部门还存在政府机关管理模式的影子，普通员工真正参与学校民主管理的机会少，尤其是学校机关与学院各部门的有些关系还需理顺。

（5）工作本身是工作满意度的核心要素

美国马里兰大学管理学兼心理学教授洛克（E. A. Locke）指出工作本身比许多其他背景因素对工作满意度的影响作用要大得多。可以说，当管理人员感觉工作本身有前途时，其他的一些负面因素不影响总体工作满意度。在访谈调查中，课题组成员发现高校管理人员最为关注的是工作中"工作前途"和"工作成就"这两个方面，这些因素所起的激励作用非常大。管理者们，尤其正处于职业生涯上升期的管理者们更希望所在组织是一个给人希望的发展平台。

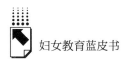

（三）群体差异：不同因素对个体满意度的影响

影响工作满意度的因素很复杂，工作满意度因人而异、因境而异。为了解高校女性管理者工作满意度的个体差异，课题组从性别视角对于性别、编制、学校类别、年龄、工龄、学历、职称、职务、部门、任现职时间、年薪等因素，进行具体检验对比分析。

1. 性别差异对女性管理者工作满意度的影响

表5所示的 T 检验结果显示：不同性别管理者对工作本身的满意度差异显著，P 值达到 0.001 的显著性水平，对薪酬福利和组织氛围的满意度的差异显著，P 值达到了 0.01 的显著性水平，对工作关系的满意度差异显著，P 值达到了 0.05 的显著性水平。此外，除了工作压力一项因素女性比男性的平均值稍高外，其余因素的平均值男性均高于女性，在 8 项因素的总体平均值上，男性的平均值也高于女性的平均值，这说明，男性比女性有更高的工作满意度水平。

表5　工作满意度的性别差异

因素构面	组别	样本数	平均数	标准差	T	P
总体满意度	男	105	3.5758	0.51144	5.44	0.020
	女	287	3.3878	0.39796	4	*
工作本身	男	118	3.8293	0.77377	2.41	0.121
	女	335	3.6131	0.66793	8	—
工作地位	男	128	3.5880	0.82668	3.19	0.075[†]
	女	348	3.2862	0.70917	3	—
工作关系	男	126	4.1459	0.65179	3.32	0.069
	女	345	3.9437	0.56632	6	—
薪酬福利	男	127	3.2053	0.75655	4.6	0.033
	女	346	2.9513	0.66220	6	*
工作条件	男	125	3.5530	0.64449	0.111	0.739
	女	345	3.3994	0.62332	—	—
组织氛围	男	127	3.7579	0.78599	2.78	0.096[†]
	女	347	3.5692	0.65320	4	—

因素构面	组别	样本数	平均数	标准差	T	P
工作压力	男	127	2.4716	0.77839	0.797	0.373
	女	348	2.5513	0.71031	—	—
下级关系	男	123	3.8947	0.78289	0.352	0.553
	女	327	3.8250	0.66686	—	—

注：$^{\dagger}P \leqslant 0.10$；$*P \leqslant 0.05$。

现有的研究结果对男女在工作满意度上的差异性并没有一致的结论，需要具体情况具体分析。虽然女性在很多方面取得了与男性一样的权利，而且在女子高等学校女性管理者的绝对数量超过了男性，在女子高校女性高层领导者占据了大多数，中层管理者岗位中的正职，女性也居于多数，但大部分的高等院校中，管理层面女性管理者的人数远比男性少，这需要调整观念和做法，真正让女性管理人员与男性管理人员享有同样的地位和权利，才能提升高校女性管理人员的工作满意度。另外，值得关注的是在性别变量下，男性管理人员对工作关系、组织氛围的满意度均显著高于女性管理人员，P值均高于 0.05 的显著性水平，说明工作关系、组织氛围不是影响男性管理人员工作满意度的主要个体变量。访谈中涉及性别因素问题时，许多女性管理者也认为男性思维模式较为粗犷，与男性管理者搭班子比较好工作。女性管理者对男性工作作风的认同，也使得男性管理者不因工作关系、组织氛围而影响其工作满意度。

2. 年龄差异对女性管理者工作满意度的影响

根据表 6 所示的检验结果，不同年龄、不同性别的人，对工作满意度的 8 个组成因素的感受是不一样的。在各年龄段，男性管理者的总体满意度均高于女性管理者，这是因为高校女性管理者作为职业人面临家庭、职场同样重的压力，负担大于男性。女性满意度最高的年龄段在 51~55 岁，男性则在 56 岁及以上；36~45 岁女性满意度较低，男性同样在该年龄段满意度较低。该年龄段的管理者无论在单位还是在家庭中综合负担较重，处在职业生涯的上升期，同时他们还要抚育小孩、赡养老人，经济压力比较大，因此影

响了对工作的满意程度，使得其满意度降低。该年龄段男、女压力均较大，说明女性和男性一样担当重任同时面临职场压力。

总体上，男女性管理人员满意度总体平均值均基本呈现两头高中间低的"U"形曲线。

表6 工作满意度各因素的年龄差异

因素构面	组别	女性管理者			男性管理者		
		样本数	平均数	标准差	样本数	平均数	标准差
总体满意度	30 岁及以下	51	3.3898	0.48266	7	3.7743	0.56836
	31~35 岁	78	3.3789	0.42163	24	3.6279	0.43931
	36~40 岁	67	3.3502	0.37074	18	3.4592	0.41854
	41~45 岁	35	3.3278	0.35466	21	3.3624	0.59950
	46~50 岁	24	3.4095	0.31529	16	3.4983	0.49871
	51~55 岁	24	3.4615	0.33524	12	3.5053	0.28870
	56 岁及以上	7	3.4389	0.57328	6	3.7046	0.42757
	F 值	0.372			1.121		
	P 值	0.897			0.356		
工作本身	30 岁及以下	57	3.5981	0.69276	8	3.8295	0.90836
	31~35 岁	89	3.5240	0.73677	29	3.7618	0.78820
	36~40 岁	84	3.5487	0.68938	18	3.9141	0.42005
	41~45 岁	43	3.5497	0.63232	27	3.5488	0.84286
	46~50 岁	26	3.6154	0.64810	17	3.7273	0.85824
	51~55 岁	26	3.7203	0.44605	12	3.7045	0.58932
	56 岁及以上	9	3.8384	0.93129	6	4.1364	0.66742
	F 值	0.555			0.752		
	P 值	0.766			0.609		
工作地位	30 岁及以下	60	3.2238	0.85689	9	3.5714	1.17586
	31~35 岁	92	3.2500	0.74114	32	3.6205	0.77537
	36~40 岁	84	3.2347	0.70811	20	3.3000	0.89623
	41~45 岁	46	3.1801	0.68508	29	3.2414	0.88237
	46~50 岁	29	3.1379	0.47761	18	3.5397	0.59722
	51~55 岁	27	3.4392	0.64733	13	3.4176	0.84809
	56 岁及以上	9	3.4603	0.70268	6	3.6667	0.70373
	F 值	0.639			0.766		
	P 值	0.699			0.598		

因素构面	组别	女性管理者			男性管理者		
		样本数	平均数	标准差	样本数	平均数	标准差
工作关系	30 岁及以下	60	4.0500	0.50513	9	4.2222	0.85150
	31~35 岁	91	3.9105	0.56410	31	4.2535	0.65850
	36~40 岁	84	3.8605	0.67771	20	3.9357	0.60516
	41~45 岁	46	3.9348	0.50995	28	3.8010	0.78664
	46~50 岁	28	3.9949	0.36573	18	4.0556	0.49763
	51~55 岁	26	4.1264	0.53958	13	4.0440	0.50300
	56 岁及以上	9	3.9365	0.67428	6	4.1190	0.84475
	F 值	1.191			1.317		
	P 值	0.310			0.255		
薪酬福利	30 岁及以下	59	2.9605	0.77208	9	3.2222	0.93169
	31~35 岁	92	2.9928	0.72287	32	3.2604	0.58802
	36~40 岁	85	2.9765	0.57514	20	3.0250	0.70974
	41~45 岁	46	2.9783	0.59484	28	2.9167	0.76913
	46~50 岁	28	2.9702	0.66829	18	3.2130	0.81008
	51~55 岁	27	2.9938	0.74030	13	3.0513	0.59855
	56 岁及以上	8	3.1042	1.00371	6	3.1944	0.76316
	F 值	0.060			0.743		
	P 值	0.999			0.616		
工作条件	30 岁及以下	60	3.5190	0.66746	9	3.8889	0.90288
	31~35 岁	91	3.4427	0.65120	32	3.5357	0.53575
	36~40 岁	85	3.4370	0.58957	20	3.3714	0.46210
	41~45 岁	45	3.3175	0.65881	26	3.2418	0.77698
	46~50 岁	28	3.4796	0.48751	18	3.5159	0.61228
	51~55 岁	26	3.4176	0.65268	13	3.6593	0.50689
	56 岁及以上	9	3.3333	0.67006	6	3.9762	0.51442
	F 值	0.508			2.218		
	P 值	0.802			0.046 *		
组织氛围	30 岁及以下	60	3.5000	0.80549	9	3.9333	1.06771
	31~35 岁	93	3.5075	0.65046	31	3.9677	0.60464
	36~40 岁	85	3.3812	0.77190	20	3.4400	0.77487
	41~45 岁	45	3.5600	0.64470	29	3.3517	0.90183
	46~50 岁	29	3.5724	0.59934	18	3.6222	0.73848
	51~55 岁	26	3.6923	0.51297	13	3.3385	0.80575
	56 岁及以上	8	3.6750	0.70862	6	3.5000	0.78740
	F 值	0.926			2.251		
	P 值	0.476			0.043 *		

因素构面	组别	女性管理者			男性管理者		
		样本数	平均数	标准差	样本数	平均数	标准差
工作压力	30 岁及以下	59	2.6407	0.73323	9	2.2667	0.60828
	31～35 岁	93	2.6258	0.71337	29	2.3724	0.64526
	36～40 岁	85	2.5059	0.68005	20	2.7500	0.78102
	41～45 岁	46	2.6217	0.73179	29	2.6690	0.88362
	46～50 岁	28	2.3714	0.45774	18	2.2222	0.68904
	51～55 岁	27	2.4222	0.87589	13	2.5846	0.64011
	56 岁及以上	9	2.1111	0.65659	7	3.0857	1.18241
	F 值	1.496			1.919		
	P 值	0.179			0.083†		
下级关系	30 岁及以下	55	3.6788	0.69081	8	4.0833	0.95535
	31～35 岁	90	3.7370	0.69508	31	3.8925	0.80456
	36～40 岁	79	3.8059	0.69102	20	3.6833	0.69648
	41～45 岁	40	3.6500	0.62680	26	3.7179	0.86765
	46～50 岁	26	4.0897	0.64331	17	3.9020	0.63207
	51～55 岁	27	3.9506	0.67116	13	3.8974	0.59914
	56 岁及以上	9	4.1111	0.64550	7	4.0952	0.71270
	F 值	2.064			0.566		
	P 值	0.057†			0.757		

注：†$P < 0.10$；＊$P \leqslant 0.05$。

3. 工龄差异对女性管理者工作满意度的影响

表7的检验结果表明，不同工龄段的男、女管理人员在工作满意度的相关因素上的得分也有差异。不同工龄的男性管理人员在满意度的各因素中均不存在显著差异，P值均未达到显著水平。而女性管理者对工作关系的满意度具有显著差异，P值达到了0.01的显著性水平，对工作条件、工作压力、下级关系的满意度具有显著差异，P值达到了0.05的显著性水平。说明工龄变量对男性工作满意度影响较小，而对女性影响较大。

具体来讲，工龄在3年以下和21年及以上的管理人员无论男女均在其工作满意度较高的时段。3 年工龄的管理人员初入职场，新鲜感强，工作热情高，工作中有较多的收获和成长，因而，他们更能体会到工作带来的成就感。另外，他们因工作资历较浅，对上司和同事均能以谦虚、平和的心态对待，而上司和同事对新人的工作要求一般不会过于苛刻，职业环境较为宽松，所以他们在人际关系中也感到比较轻松。21 年及以上工龄的管理人员无论看人还是处事心态都开始变得理性，能以平常之心待人接物，所以有较高满意度。而中间部分，工龄在 4～10 年和 11～20 年这两个阶段的人员，尤其是工龄为 11～20 年的管理人员的工作满意度平均数低于其他工龄段。该群体或是一部分人事业有成，或是事业没有太大起色而焦虑，工作满意度低。从访谈调查看，在女子院校，男性管理者少，在某种程度上，他们的职业生涯比女性更顺一些，在每一工龄阶段满意度均高于女性。

表 7　工作满意度的工龄差异

因素构面	组别	女性管理者			男性管理者		
		样本数	平均数	标准差	样本数	平均数	标准差
工作压力	3 年以下（含 3 年）	46	3.4622	0.52079	9	3.6278	0.82646
	4～10 年	107	3.3879	0.39236	30	3.5816	0.54293
	11～20 年	86	3.2897	0.36245	45	3.4526	0.40496
	21 年及以上	45	3.4421	0.34971	21	3.6050	0.37942
	F 值	2.467			0.770		
	P 值	0.062[†]			0.514		
工作本身	3 年以下（含 3 年）	55	3.6397	0.75797	10	3.8909	0.63824
	4～10 年	120	3.5508	0.70105	35	3.6935	0.93443
	11～20 年	106	3.5197	0.65480	50	3.6818	0.61746
	21 年及以上	51	3.6774	0.62093	23	3.9328	0.73253
	F 值	0.824			0.780		
	P 值	0.482			0.507		

续表

因素构面	组别	女性管理者			男性管理者		
		样本数	平均数	标准差	样本数	平均数	标准差
工作地位	3年以下（含3年）	56	3.2959	0.86011	11	3.5455	1.28701
	4~10年	124	3.2707	0.71899	38	3.5188	0.86191
	11~20年	112	3.1327	0.66058	55	3.3299	0.79486
	21年及以上	53	3.3450	0.65311	24	3.6131	0.59795
	F值	1.408			0.816		
	P值	0.240			0.488		
工作关系	3年以下（含3年）	56	4.1122	0.57384	11	4.0779	0.78341
	4~10年	125	3.9440	0.56240	37	4.1042	0.79586
	11~20年	109	3.8218	0.58066	54	3.9762	0.62778
	21年及以上	52	4.0495	0.47917	24	4.1012	0.54517
	F值	4.044			0.339		
	P值	0.008 **			0.797		
薪酬福利	3年以下（含3年）	55	3.0970	0.80743	11	3.2879	0.89781
	4~10年	126	3.0106	0.65413	39	3.2222	0.79042
	11~20年	110	2.9000	0.63463	54	3.0123	0.65625
	21年及以上	52	2.9712	0.71150	23	3.1449	0.68406
	F值	1.124			0.856		
	P值	0.339			0.466		
工作条件	3年以下（含3年）	55	3.6052	0.69114	11	3.5455	0.98316
	4~10年	125	3.4743	0.61808	40	3.5286	0.65681
	11~20年	109	3.3198	0.61165	52	3.3901	0.52859
	21年及以上	53	3.4070	0.56964	22	3.7597	0.64551
	F值	2.828			1.749		
	P值	0.039 *			0.161		
组织氛围	3年以下（含3年）	56	3.5250	0.85328	11	3.6182	1.24725
	4~10年	125	3.5280	0.66595	39	3.7487	0.84694
	11~20年	112	3.3893	0.69481	53	3.4868	0.78300
	21年及以上	51	3.6745	0.55994	24	3.6583	0.57326
	F值	2.106			0.803		
	P值	0.099 †			0.494		

因素构面	组别	女性管理者			男性管理者		
		样本数	平均数	标准差	样本数	平均数	标准差
工作压力	3 年以下（含 3 年）	56	2.6000	0.79544	11	2.3455	0.79544
	4～10 年	125	2.5504	0.70099	36	2.5056	0.75515
	11～20 年	111	2.6595	0.69992	54	2.6667	0.80564
	21 年及以上	53	2.3094	0.70663	25	2.4480	0.85299
	F 值	2.928			0.794		
	P 值	0.034 *			0.499		
下级关系	3 年以下（含 3 年）	49	3.7415	0.72414	10	3.7667	0.99443
	4～10 年	122	3.7951	0.68494	37	3.9550	0.92015
	11～20 年	103	3.6861	0.66310	51	3.7386	0.64053
	21 年及以上	50	4.0200	0.66124	25	3.9867	0.62716
	F 值	2.787			0.900		
	P 值	0.041 *			0.444		

注：†P＜0.10；＊P≤0.05；＊＊P≤0.01。

4. 学历差异对女性管理者工作满意度的影响

根据表 8 的分析检验结果，在工作满意度的 8 个因素中，女性管理者与男性管理者总体满意程度在各学历层次均低于男性，在 8 个单因素对比检验中，女性均达到 0.05 的显著性水平，说明学历不是影响女性管理人员工作满意度的主要个体变量。但男性管理者工作压力因素检验达到显著水平，P 值为 0.003，说明学历因素与工作压力呈负相关。这可能与学校性质和所处的环境有一定的关系。三所女子高校均为本科历史不长的院校，管理人员中以大学本科、硕士为主。由于管理工作更加重视工作人员的办事水平和组织协调能力，大学本科、硕士并不一定比博士升迁机会少很多，而且博士对工作的期望值相对较高，相比之下对工作的不满意程度反而较高。

<h3>表8 工作满意度的学历差异</h3>

因素构面	组别	女性管理者			男性管理者		
		样本数	平均数	标准差	样本数	平均数	标准差
总体满意度	博士	26	3.3516	0.29624	18	3.5083	0.61899
	硕士	172	3.3691	0.43093	59	3.5358	0.47210
	本科	86	3.3983	0.36918	22	3.5848	0.40950
	其他	2	3.7327	0.19771	6	3.4241	0.55777
	F 值	0.657			0.194		
	P 值	0.579			0.900		
工作本身	博士	28	3.7435	0.63180	18	4.0455	0.74396
	硕士	197	3.5551	0.69903	70	3.7182	0.72499
	本科	105	3.5732	0.64838	24	3.6629	0.80265
	其他	4	3.5909	1.11217	6	3.6212	0.73948
	F 值	0.623			1.156		
	P 值	0.600			0.330		
工作地位	博士	29	3.4187	0.61437	21	3.4966	0.79747
	硕士	206	3.2143	0.76115	76	3.4756	0.87112
	本科	108	3.2421	0.66591	25	3.4457	0.79145
	其他	4	3.5000	0.62270	6	3.1429	0.74505
	F 值	0.854			0.309		
	P 值	0.465			0.819		
工作关系	博士	29	3.8916	0.61759	21	4.0408	0.78655
	硕士	205	3.9610	0.55551	74	4.0483	0.68093
	本科	106	3.9555	0.54295	25	4.1429	0.57735
	其他	4	3.6429	1.32223	6	3.6429	0.58379
	F 值	0.520			0.880		
	P 值	0.669			0.453		
薪酬福利	博士	28	3.0655	0.56898	22	2.8864	0.88698
	硕士	207	2.9605	0.70800	74	3.1802	0.70049
	本科	106	2.9937	0.65503	25	3.1333	0.62546
	其他	4	3.2083	0.77430	6	3.2778	0.76497
	F 值	0.365			1.027		
	P 值	0.778			0.383		

续表

因素构面	组别	女性管理者			男性管理者		
		样本数	平均数	标准差	样本数	平均数	标准差
工作条件	博士	28	3.3163	0.53785	22	3.3961	0.76606
	硕士	206	3.4078	0.66286	71	3.5050	0.65145
	本科	107	3.5234	0.57510	26	3.5714	0.56856
	其他	3	3.4286	0.37796	6	3.7857	0.36978
	F 值	1.176			0.667		
	P 值	0.319			0.574		
组织氛围	博士	29	3.4828	0.69389	22	3.5455	0.88195
	硕士	205	3.4937	0.75213	74	3.6622	0.81890
	本科	108	3.5426	0.57359	25	3.6320	0.75648
	其他	4	3.2500	1.13578	6	3.1333	0.79666
	F 值	0.308			0.832		
	P 值	0.820			0.479		
工作压力	博士	29	2.2966	0.78307	22	2.2727	0.70521
	硕士	208	2.5865	0.72326	73	2.4904	0.77534
	本科	106	2.5453	0.65525	24	2.7083	0.80645
	其他	4	2.5000	0.77460	7	3.4857	0.62029
	F 值	1.428			4.973		
	P 值	0.234			0.003 **		
下级关系	博士	28	3.9286	0.56915	21	4.1270	0.78511
	硕士	198	3.7879	0.69962	71	3.7559	0.75163
	本科	97	3.7595	0.66622	24	4.0278	0.75448
	其他	3	3.5556	1.38778	7	3.4762	0.57275
	F 值	0.562			2.354		
	P 值	0.641			0.076†		

注:†$P \leqslant 0.10$;**$P \leqslant 0.01$。

5. 职称差异对女性管理者工作满意度的影响

根据表9的分析检验结果,不同职称男女性管理人员的工作满意程度不同,女性管理者工作关系满意度差异显著(0.035),P值达到0.05的显著性差异水平,工作条件满意度差异显著(0.007),P值达到了0.01的非常显著性水平,其余因素的满意度差异均不显著,P值均没有达到显著性差异的水平。男性管理者工作压力(0.049)因素差异显著,P值达到了显著性

差异水平，其余因素的差异不显著，P值均没有达到显著性差异的水平。

总的来说，职称变量的男性和女性工作满意度曲线均呈"U"形曲线状态。高级职称管理人员工作满意度最高，其他（主要是初级）职称人员次之，中级职称人员工作满意度最低。这是因为部分管理人员（专业技术岗或双肩挑）的工资待遇与职称挂钩，再加上目前在职务晋升过程中，对职称条件的要求越来越高，一般来说，具有高级职称的管理人员比较容易获得晋升机会，因此在工作本身、薪酬福利上的满意度均明显高于中级和初级职称人员。而中级职称的管理人员往往处于事业的发展期，而且这部分人在管理人员中占了多数，由于学校财力所限，获得的薪酬福利低于学校平均水平，物质需要得不到满足，故而显示了较低的工作满意度。

表9　工作满意度的职称差异

因素构面	组别	女性管理者			男性管理者		
		样本数	平均数	标准差	样本数	平均数	标准差
总体满意度	正高	19	3.3518	0.38623	17	3.6483	0.30307
	副高	71	3.3247	0.38869	36	3.4439	0.58082
	中级	101	3.3766	0.36339	27	3.5214	0.40039
	其他	84	3.4205	0.46101	25	3.6036	0.52339
	F 值	0.746			0.896		
	P 值	0.525			0.446		
工作本身	正高	19	3.6794	0.80424	17	4.1283	0.62660
	副高	85	3.6171	0.63452	40	3.7045	0.73098
	中级	118	3.5100	0.70137	30	3.6364	0.79611
	其他	99	3.6327	0.66778	31	3.7185	0.74647
	F 值	0.825			1.792		
	P 值	0.481			0.153		
工作地位	正高	20	3.4000	0.60182	18	3.7937	0.50023
	副高	90	3.2714	0.69692	45	3.2794	0.88166
	中级	122	3.2061	0.66932	32	3.5848	0.84270
	其他	102	3.2199	0.82438	33	3.3939	0.85717
	F 值	0.498			2.025		
	P 值	0.684			0.114		

因素构面	组别	女性管理者			男性管理者		
		样本数	平均数	标准差	样本数	平均数	标准差
工作关系	正高	19	3.9474	0.54546	18	4.2698	0.46970
	副高	87	3.8621	0.58272	44	3.9675	0.74254
	中级	123	3.9036	0.58173	32	4.0045	0.63938
	其他	102	4.0826	0.51505	32	4.0714	0.71290
	F 值	2.901			0.909		
	P 值	0.035 *			0.439		
薪酬福利	正高	20	3.1000	0.75200	19	3.0965	0.71646
	副高	87	3.0517	0.64865	44	2.9886	0.76705
	中级	124	2.9704	0.62975	31	3.1774	0.64109
	其他	101	2.9125	0.76507	33	3.2727	0.74514
	F 值	0.854			1.040		
	P 值	0.465			0.378		
工作条件	正高	20	3.1429	0.66523	19	3.7444	0.67776
	副高	87	3.3366	0.64257	41	3.3449	0.61194
	中级	123	3.4251	0.54581	32	3.4598	0.60144
	其他	101	3.5785	0.65664	33	3.6407	0.67017
	F 值	4.097			2.316		
	P 值	0.007 **			0.079 †		
组织氛围	正高	20	3.5500	0.66767	19	3.7684	0.57063
	副高	87	3.4115	0.68496	44	3.4364	0.89367
	中级	125	3.4880	0.70501	32	3.6062	0.82616
	其他	102	3.5980	0.72056	32	3.7625	0.80232
	F 值	1.162			1.285		
	P 值	0.324			0.283		
工作压力	正高	20	2.2200	0.88472	19	2.0737	0.62258
	副高	88	2.5409	0.64694	44	2.6182	0.87212
	中级	124	2.5145	0.68107	30	2.6000	0.75201
	其他	102	2.6255	0.74497	32	2.6438	0.73218
	F 值	1.922			2.692		
	P 值	0.126			0.049 *		

续表

因素构面	组别	女性管理者			男性管理者		
		样本数	平均数	标准差	样本数	平均数	标准差
下级关系	正高	20	3.8167	0.57710	19	4.1754	0.55963
	副高	85	3.7333	0.77289	43	3.7907	0.80351
	中级	116	3.8477	0.62999	30	3.7667	0.70112
	其他	93	3.7491	0.69445	30	3.8333	0.86103
	F 值	0.580			1.365		
	P 值	0.628			0.257		

注：[†]$P \leq 0.10$；＊$P \leq 0.05$；＊＊$P \leq 0.01$。

职称是高校管理人员比较重视的个体变量，在访谈调查中也印证了这一点。

6. 职务差异对女性管理者工作满意度的影响

根据表 10 的分析检验结果，职务是影响管理人员工作满意度的主要个体变量。不同职务的男女性管理人员工作满意度差异程度不同，女性管理者的工作本身、薪酬福利满意度存在显著差异，P 值达到了 0.05 的显著性水平，组织氛围的满意度存在显著差异，P 值（0.006）达到了 0.01 非常显著性水平。男性管理者不显著。

从数据分析看，职务变量与工作满意度基本呈正相关，职务越高，工作满意度越高，具体表现是厅级高于处级，处级高于科级。访谈调查也显示，许多管理人员非常重视职务的晋升，因为这与其人生价值及目标实现有极大关系。这也符合大多数研究者的研究结果，职务晋升是高校管理人员自我实现的主要标志之一，同时职务与工作地位、待遇也密切挂钩，所以职务越高往往满意程度越高，这也从另一个侧面说明，目前高校比较看重官位和级别。但需注意的是：职务变量与工作满意度尽管基本呈正相关，但副职满意度会高于正职，访谈发现，这与副职所承担的责任压力小于正职有关。

表 10　工作满意度的职务差异

因素构面	组别	女性管理者			男性管理者		
		样本数	平均数	标准差	样本数	平均数	标准差
总体满意度	正厅级	—	—	—	1	3.2472	
	副厅级	3	3.7193	0.55571	1	3.8790	—
	正处级	42	3.3709	0.31372	20	3.7166	0.27320
	副处级	26	3.4711	0.34665	30	3.3804	0.45359
	正科级	71	3.3905	0.41069	29	3.4897	0.55145
	副科级	40	3.3717	0.40170	10	3.5504	0.48999
	教研室主任	46	3.3642	0.37706	8	3.7002	0.55973
	科员	1	3.5378	—	—	—	—
	其他	2	3.2570	0.02870	1	4.2727	—
	F 值	0.607			1.402		
	P 值	0.750			0.222		
工作本身	正厅级	1	2.0000	—	1	4.7273	
	副厅级	5	4.2000	0.61456	20	4.1636	0.46317
	正处级	44	3.6880	0.50231	32	3.6932	0.60291
	副处级	28	3.7338	0.54598	33	3.6474	0.90418
	正科级	86	3.5159	0.76066	12	3.6970	0.71617
	副科级	42	3.5173	0.57548	8	3.8864	0.54708
	教研室主任	50	3.6655	0.56234	1	2.6364	—
	科员	2	3.6818	0.19285	1	3.0000	—
	其他	2	3.2273	0.83567	1	4.0000	—
	F 值	2.083			1.852		
	P 值	0.038 *			0.086[†]		
工作地位	正厅级	—	—	—	21	3.9320	0.41062
	副厅级	6	3.8095	0.73771	36	3.2103	0.77081
	正处级	45	3.1873	0.54638	35	3.4204	0.95010
	副处级	31	3.4240	0.70709	12	3.5119	0.82056
	正科级	89	3.1910	0.72170	10	3.6286	0.89645
	副科级	44	3.0942	0.80985	1	2.5714	—
	教研室主任	50	3.3629	0.64226	1	3.1429	—
	科员	2	3.6429	0.30305	1	5.0000	—
	其他	2	2.6429	0.70711	21	4.2245	0.42755
	F 值	1.795			1.922		
	P 值	0.088[†]			0.073[†]		

续表

因素构面	组别	女性管理者			男性管理者		
		样本数	平均数	标准差	样本数	平均数	标准差
工作关系	正厅级	1	3.1429	—	36	3.9683	0.69577
	副厅级	5	4.1429	0.53452	33	3.9697	0.77736
	正处级	45	4.0063	0.46785	12	4.0595	0.78118
	副处级	30	3.9952	0.56335	10	4.1286	0.67495
	正科级	85	3.9815	0.63880	1	3.5714	—
	副科级	45	3.8603	0.50369	1	3.3333	—
	教研室主任	52	3.8764	0.43738	1	2.3333	—
	科员	2	4.2143	0.30305	21	3.3333	0.67905
	其他	2	3.9286	0.30305	36	3.0231	0.72610
	F 值	0.817			0.931		
	P 值	0.588			0.486		
薪酬福利	正厅级	1	1.6667	—	34	3.0735	0.70376
	副厅级	5	3.5000	0.78174	12	3.1111	0.86262
	正处级	44	2.8864	0.67607	10	3.4000	0.74204
	副处级	30	3.2722	0.59930	1	2.5000	—
	正科级	89	2.9026	0.66039	1	3.4286	—
	副科级	44	2.8561	0.65354	1	4.5714	—
	教研室主任	52	3.0353	0.63772	21	3.6463	0.64146
	科员	2	3.5833	0.11785	35	3.3673	0.62873
	其他	2	3.0000	0.00000	33	3.4978	0.58915
	F 值	2.393			0.862		
	P 值	0.017 *			0.539		
工作条件	正厅级	1	3.8571	—	12	3.6548	0.59203
	副厅级	6	3.6667	0.54710	10	3.4286	0.84381
	正处级	44	3.2338	0.58138	1	2.8571	—
	副处级	30	3.4000	0.51767	1	2.8000	—
	正科级	87	3.4795	0.60569	1	4.4000	—
	副科级	44	3.5130	0.71150	21	3.8762	0.48364
	教研室主任	51	3.1737	0.58715	37	3.3243	0.83713
	科员	2	3.6429	0.30305	34	3.6294	0.89053
	其他	2	3.3571	0.30305	11	3.9091	0.60902
	F 值	1.917			1.045		
	P 值	0.058 †			0.405		

续表

因素构面	组别	女性管理者			男性管理者		
		样本数	平均数	标准差	样本数	平均数	标准差
组织氛围	正厅级	1	1.4000	—	10	3.9000	0.71336
	副厅级	6	4.0333	0.54283	1	2.8000	—
	正处级	44	3.6545	0.55130	1	3.0000	—
	副处级	31	3.6387	0.61843	1	1.0000	—
	正科级	87	3.5816	0.70982	21	2.2952	0.78643
	副科级	45	3.4400	0.63761	36	2.5278	0.72056
	教研室主任	51	3.3686	0.59514	35	2.7200	0.83483
	科员	2	3.6000	0.00000	12	2.4333	0.56461
	其他	2	3.6000	0.28284	9	2.7333	1.11355
	F 值	2.795			1.983		
	P 值	0.006 **			0.064[†]		
工作压力	正厅级	1	3.4000	—	1	3.0000	—
	副厅级	6	1.9667	0.67429	1	3.0000	—
	正处级	45	2.4133	0.65561	1	5.0000	—
	副处级	29	2.5310	0.69339	21	4.1429	0.56344
	正科级	89	2.5506	0.74118	37	3.7928	0.65429
	副科级	44	2.7773	0.58860	33	3.7273	0.89928
	教研室主任	51	2.5451	0.72452	12	3.8889	0.79561
	科员	2	2.8000	0.00000	10	3.9667	0.77698
	其他	2	2.8000	0.28284	0	—	—
	F 值	1.604			1.291		
	P 值	0.124			0.262		
下级关系	正厅级	1	3.0000	—	1	3.2472	—
	副厅级	5	4.2000	0.44721	1	3.8790	—
	正处级	45	3.9111	0.61299	20	3.7166	0.27320
	副处级	30	3.8778	0.62197	30	3.3804	0.45359
	正科级	82	3.8171	0.72037	29	3.4897	0.55145
	副科级	45	3.7556	0.61299	10	3.5504	0.48999
	教研室主任	52	3.8526	0.71831	8	3.7002	0.55973
	科员	1	4.0000	—	0	—	—
	其他	2	3.5000	0.70711	1	4.2727	—
	F 值	0.628			1.375		
	P 值	0.754			0.231		

注:[†]P≤0.10; *P≤0.05; **P≤0.01。

7. 任现职时间差异对女性管理者工作满意度的影响

根据表 11 的分析检验结果，不同性别管理者任现职时间变量与总体满意度未表现出规律性特点。女性管理者的工作地位满意度存在差异，P 值大于 0.10 的水平。男性管理者的薪酬福利满意度存在显著差异，P 值（0.034）达到了 0.05 的显著性水平，其他维度均无显著差异。任现职时间变量对工作满意度影响比较有限。

表 11 工作满意度各因素的任现职时间差异

因素构面	组别	女性管理者			男性管理者		
		样本数	平均数	标准差	样本数	平均数	标准差
总体满意度	1 年以下	24	3.4255	0.40699	6	3.3775	0.90432
	1～2 年	40	3.4686	0.46045	27	3.6180	0.32817
	2～3 年	74	3.4263	0.43327	22	3.4540	0.46334
	4～5 年	56	3.3560	0.38937	21	3.5657	0.61980
	6～10 年	66	3.2941	0.32275	23	3.5361	0.45181
	11 年及以上	22	3.3196	0.37526	6	3.5037	0.34130
	F 值	1.412			0.414		
	P 值	0.220			0.838		
工作本身	1 年以下	28	3.7403	0.66377	6	3.8333	0.62302
	1～2 年	42	3.6580	0.78275	27	3.9798	0.51877
	2～3 年	90	3.5717	0.70011	26	3.6329	0.81777
	4～5 年	64	3.4687	0.67083	24	3.6970	0.83003
	6～10 年	74	3.5872	0.55699	25	3.7091	0.86563
	11 年及以上	27	3.6061	0.72069	8	3.7159	0.68796
	F 值	0.787			0.677		
	P 值	0.559			0.642		
工作地位	1 年以下	29	3.4483	0.65211	8	3.2679	1.22994
	1～2 年	45	3.4762	0.83633	29	3.5961	0.80999
	2～3 年	93	3.2427	0.81299	28	3.2551	0.81960
	4～5 年	65	3.2769	0.64626	26	3.5495	0.85207
	6～10 年	76	3.1203	0.57430	27	3.5291	0.80794
	11 年及以上	30	3.1143	0.62484	8	3.3393	0.68698
	F 值	2.115			0.691		
	P 值	0.063†			0.631		

因素构面	组别	女性管理者			男性管理者		
		样本数	平均数	标准差	样本数	平均数	标准差
工作关系	1 年以下	29	4.0197	0.49151	8	3.9464	0.94433
	1~2 年	45	4.1048	0.57821	29	4.3103	0.45986
	2~3 年	93	4.0015	0.61679	27	4.1058	0.73015
	4~5 年	64	3.9040	0.56059	25	3.8971	0.68576
	6~10 年	75	3.8857	0.49264	27	3.9735	0.74235
	11 年及以上	29	3.7734	0.62564	8	3.7857	0.50652
	F 值	1.760			1.517		
	P 值	0.121			0.190		
薪酬福利	1 年以下	28	3.1071	0.74011	8	3.1250	0.91178
	1~2 年	44	3.0833	0.71483	30	3.3278	0.59610
	2~3 年	95	2.9298	0.70484	28	2.9702	0.63998
	4~5 年	64	2.9896	0.59159	25	3.3933	0.76358
	6~10 年	75	3.0244	0.63476	26	2.8077	0.82286
	11 年及以上	30	2.8389	0.78233	8	3.1042	0.51128
	F 值	0.813			2.512		
	P 值	0.541			0.034 *		
工作条件	1 年以下	29	3.4384	0.64335	9	3.3968	0.92245
	1~2 年	45	3.4222	0.71555	30	3.4905	0.52614
	2~3 年	93	3.5361	0.65420	27	3.4286	0.54036
	4~5 年	63	3.3469	0.61457	23	3.4783	0.67504
	6~10 年	75	3.3943	0.57664	27	3.6561	0.75412
	11 年及以上	30	3.3667	0.55479	7	3.6327	0.73242
	F 值	0.859			0.468		
	P 值	0.509			0.799		
组织氛围	1 年以下	29	3.5517	0.77026	8	3.5000	1.30931
	1~2 年	45	3.5733	0.77060	30	3.8200	0.65464
	2~3 年	94	3.6021	0.74401	27	3.5481	0.89888
	4~5 年	64	3.4625	0.70362	25	3.6480	0.79431
	6~10 年	75	3.4720	0.54091	27	3.5778	0.82896
	11 年及以上	31	3.3097	0.68865	8	3.3000	0.57570
	F 值	1.039			0.690		
	P 值	0.394			0.632		

续表

因素构面	组别	女性管理者			男性管理者		
		样本数	平均数	标准差	样本数	平均数	标准差
工作压力	1 年以下	29	2.6276	0.75918	8	2.1500	0.80534
	1～2 年	44	2.5045	0.71331	29	2.3172	0.57698
	2～3 年	94	2.5532	0.69556	27	2.5556	0.61101
	4～5 年	65	2.6492	0.72975	25	2.7520	0.90052
	6～10 年	76	2.4500	0.69599	27	2.6148	0.93303
	11 年及以上	30	2.6200	0.73597	8	2.7500	1.04060
	F 值	0.709			1.382		
	P 值	0.617			0.236		
下级关系	1 年以下	26	3.5641	0.57170	9	3.7407	0.92463
	1～2 年	43	3.8372	0.67209	30	3.9444	0.59425
	2～3 年	91	3.9084	0.70284	26	3.7821	0.89414
	4～5 年	64	3.7083	0.66534	25	3.8267	0.83400
	6～10 年	70	3.7333	0.68713	24	3.9861	0.77071
	11 年及以上	27	3.8519	0.74726	7	3.6667	0.50918
	F 值	1.484			0.390		
	P 值	0.195			0.855		

注：[†] P≤0.10；＊P≤0.05。

8. 年薪差异对女性管理者工作满意度的影响

根据表 12 的分析检验结果，不同性别管理者年薪变量之工作满意度曲线基本先降后升的形态特点，女性比男性要明显。女性管理者对工作本身的满意度存在显著差异，P 值（0.027）小于 0.05，达到了显著性差异水平，女性管理者满意度基本与其收入成正比。

表 12　工作满意度各因素的年薪差异

因素构面	组别	女性管理者			男性管理者		
		样本数	平均数	标准差	样本数	平均数	标准差
总体满意度	5 万元以下（含 5 万）	49	3.3847	0.44705	10	3.6384	0.52597
	5 万～10 万元（含 10 万）	202	3.3618	0.40415	72	3.5097	0.51926

因素构面	组别	女性管理者			男性管理者		
		样本数	平均数	标准差	样本数	平均数	标准差
总体满意度	10 万 ~ 15 万元（含 15 万）	32	3.4624	0.31421	21	3.6031	0.35795
	15 万元以上	1	3.7134	—	2	3.2112	0.05089
	F 值	0.811			0.640		
	P 值	0.489			0.591		
工作本身	5 万元以下（含 5 万）	65	3.4322	0.74448	13	3.7063	0.88230
	5 万 ~ 10 万元（含 10 万）	228	3.5722	0.68609	82	3.7084	0.76177
	10 万 ~ 15 万元（含 15 万）	37	3.8059	0.45564	21	3.9437	0.60948
	15 万元以上	1	4.5455	—	2	3.8182	0.64282
	F 值	3.086			0.570		
	P 值	0.027 *			0.636		
工作地位	5 万元以下（含 5 万）	68	3.3340	0.73534	14	3.5204	0.93528
	5 万 ~ 10 万元（含 10 万）	235	3.1769	0.73253	89	3.3917	0.86349
	10 万 ~ 15 万元（含 15 万）	38	3.4474	0.59708	23	3.7019	0.64165
	15 万元以上	1	3.7143	—	2	3.1429	0.20203
	F 值	2.187			0.966		
	P 值	0.089 †			0.411		
工作关系	5 万元以下（含 5 万）	68	4.0315	0.53215	14	4.3265	0.50873
	5 万 ~ 10 万元（含 10 万）	232	3.9027	0.58792	87	4.0016	0.74087

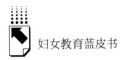
续表

因素构面	组别	女性管理者			男性管理者		
		样本数	平均数	标准差	样本数	平均数	标准差
工作关系	10 万 ~ 15 万元（含 15 万）	38	4.0714	0.49236	23	4.0870	0.44916
	15 万元以上	1	4.8571	—	2	3.5714	0.60609
	F 值	2.439			1.294		
	P 值	0.064[†]			0.280		
薪酬福利	5 万元以下（含 5 万）	67	2.9577	0.75285	13	3.2949	0.65671
	5 万 ~ 10 万元（含 10 万）	235	2.9447	0.67535	88	3.0833	0.73196
	10 万 ~ 15 万元（含 15 万）	37	3.2207	0.53727	24	3.2222	0.73502
	15 万元以上	1	3.3333	—	2	2.6667	0.94281
	F 值	1.880			0.740		
	P 值	0.133			0.530		
工作条件	5 万元以下（含 5 万）	66	3.4719	0.67098	14	3.8469	0.65935
	5 万 ~ 10 万元（含 10 万）	235	3.4267	0.62640	85	3.4437	0.62115
	10 万 ~ 15 万元（含 15 万）	38	3.4286	0.58761	24	3.5774	0.70551
	15 万元以上	1	3.8571	—	2	3.3571	0.10102
	F 值	0.238			1.725		
	P 值	0.870			0.166		
组织氛围	5 万元以下（含 5 万）	69	3.4319	0.81647	14	3.8000	0.88405
	5 万 ~ 10 万元（含 10 万）	235	3.4936	0.67741	87	3.5793	0.85183

续表

因素构面	组别	女性管理者			男性管理者		
		样本数	平均数	标准差	样本数	平均数	标准差
组织氛围	10 万 ~ 15 万元（含 15 万）	37	3.6541	0.56891	24	3.6417	0.65933
	15 万元以上	1	4.2000	—	2	3.3000	0.70711
	F 值	1.164			0.397		
	P 值	0.324			0.756		
工作压力	5 万元以下（含 5 万）	67	2.6627	0.74199	15	2.5600	0.98619
	5 万 ~ 10 万元（含 10 万）	236	2.5475	0.68139	85	2.5953	0.77581
	10 万 ~ 15 万元（含 15 万）	39	2.3949	0.78067	24	2.3833	0.78445
	15 万元以上	1	1.2000	—	2	2.5000	0.70711
	F 值	2.421			0.437		
	P 值	$0.066^{\dagger}$			0.727		
下级关系	5 万元以下（含 5 万）	59	3.6780	0.67514	12	3.9444	0.74986
	5 万 ~ 10 万元（含 10 万）	223	3.8042	0.67785	85	3.8000	0.81520
	10 万 ~ 15 万元（含 15 万）	39	3.9231	0.69863	24	4.0556	0.54433
	15 万元以上	1	4.0000	—	2	3.3333	0.47140
	F 值	1.088			1.070		
	P 值	0.354			0.365		

注：$^{\dagger}P \leqslant 0.10$；$*P \leqslant 0.05$。

9. 人员编制上的差异对女性管理者工作满意度的影响

根据表 13 的分析检验结果，不同人员编制的女性管理者在工作压力方面存在显著差异，P 值（0.022）小于 0.05，呈现显著性差异水平，其余因素的 P 值均大于 0.05 的显著性差异水平，说明编制不是影响女性管理者工作满意度的主要变量。不同人员编制男性管理者对工作工作本身、工作地位的满意度存在显著差异，P 值小于 0.05，达到显著性水平；对工作关系、组织氛围满意度存在显著差异，P 值小于 0.01，达到非常显著性水平。说明编制是影响男性管理者工作满意度的主要变量。访谈中也了解到，男性管理者比女性管理者更加重视职业身份，尽管一些人事代理身份的人员目前已在中层、基层管理岗位上，但他们认为在职业发展中，非事业在编的身份会影响其进一步发展。而一些女性对个人职业发展期望值不高（见后面分析），所以对该问题的认识与男性有所不同。

表 13　工作满意度在人员编制上的差异

因素构面	组别	女性管理者			男性管理者		
		样本数	平均数	标准差	样本数	平均数	标准差
总体满意度	事业在编	192	3.3709	0.40867	87	3.4794	0.48671
	人事代理人员	79	3.4164	0.43537	18	3.8037	0.39986
	其他	2	3.4013	0.14605	—	—	—
	F 值	0.337			6.996		
	P 值	0.714			0.009 **		
工作本身	事业在编	230	3.6043	0.68005	97	3.7038	0.73108
	人事代理人员	87	3.5381	0.72412	20	4.0727	0.66843
	其他	3	3.3333	0.68232	—	—	—
	F 值	0.487			4.339		
	P 值	0.615			0.039 *		
工作地位	事业在编	239	3.2499	0.71853	106	3.3908	0.83632
	人事代理人员	90	3.2571	0.77220	21	3.8435	0.70697
	其他	3	2.7143	0.86897	—	—	—
	F 值	0.800			5.381		
	P 值	0.450			0.022 *		
工作关系	事业在编	237	3.9325	0.58733	105	3.9619	0.66218
	人事代理人员	90	4.0127	0.53566	20	4.4429	0.59518
	其他	2	3.9286	0.10102	—	—	—
	F 值	0.642			9.134		
	P 值	0.527			0.003 **		

因素构面	组别	女性管理者			男性管理者		
		样本数	平均数	标准差	样本数	平均数	标准差
薪酬福利	事业在编	237	3.0162	0.68588	105	3.0952	0.72126
	人事代理人员	90	2.9444	0.71544	21	3.2937	0.75075
	其他	3	2.4444	1.10972	—	—	—
	F 值	1.276			1.307		
	P 值	0.280			0.255		
工作条件	事业在编	330	2.9914	0.69798	104	3.4890	0.65562
	人事代理人员	239	3.4166	0.63066	20	3.6286	0.60680
	其他	87	3.4926	0.64764	—	—	—
	F 值	0.850			0.777		
	P 值	0.428			0.380		
组织氛围	事业在编	3	3.7619	0.21822	106	3.5075	0.81891
	人事代理人员	239	3.4929	0.72453	20	4.1000	0.56754
	其他	90	3.5644	0.67679	—	—	—
	F 值	0.509			9.568		
	P 值	0.602			0.002 **		
工作压力	事业在编	3	3.2667	0.50332	105	2.5505	0.82499
	人事代理人员	240	2.4842	0.73439	20	2.5300	0.68141
	其他	89	2.7236	0.69250	—	—	—
	F 值	3.841			0.011		
	P 值	0.022 *			0.917		
下级关系	事业在编	3	2.8667	0.75719	102	3.8170	0.75435
	人事代理人员	221	3.8054	0.69982	21	4.0476	0.79082
	其他	87	3.7778	0.68703	—	—	—
	F 值	0.075			1.602		
	P 值	0.928			0.208		

注：* $P \leq 0.05$；** $P \leq 0.01$。

10. 部门差异对女性管理者工作满意度的影响

根据表 14 的分析检验结果，不同部门女性管理者对组织氛围的满意度存在显著差异，P 值达到 0.001 的极显著性差异水平，其余因素的 P 值均大于 0.05 的显著性差异水平，不同部门男女性管理者对 8 个维度的满意度均无显著差异，P 值均大于 0.05 的显著性差异水平，说明部门不是影响工作

满意度的主要变量。总体来说，部门差异变量下的总体工作满意度平均值，女性管理者表现为行政管理部门管理者满意度最高，教学机构次之，教辅部门最低；男性管理者表现为教学机构管理者满意度最高，教辅部门次之，行政管理部门最低。

表14 工作满意度各因素的部门差异

因素构面	组别	女性管理者			男性管理者		
		样本数	平均数	标准差	样本数	平均数	标准差
总体满意度	行政管理部门	142	3.4109	0.42762	56	3.4853	0.52547
	教学机构	102	3.3610	0.40949	19	3.6311	0.48094
	教辅部门	39	3.3233	0.32904	29	3.5341	0.37967
	F 值	0.890			0.657		
	P 值	0.412			0.521		
工作本身	行政管理部门	170	3.5364	0.70610	62	3.6290	0.79121
	教学机构	118	3.6048	0.71269	26	3.7273	0.65202
	教辅部门	42	3.6905	0.51935	29	3.9937	0.65822
	F 值	0.960			2.464		
	P 值	0.384			0.090[†]		
工作地位	行政管理部门	175	3.2196	0.76084	65	3.3604	0.93885
	教学机构	124	3.2823	0.72488	29	3.5616	0.79166
	教辅部门	44	3.2175	0.54463	33	3.5152	0.59003
	F 值	0.301			0.744		
	P 值	0.740			0.477		
工作关系	行政管理部门	173	4.0107	0.52872	64	4.0179	0.70791
	教学机构	123	3.9048	0.61748	28	4.0255	0.68131
	教辅部门	44	3.8279	0.56186	33	4.0909	0.61218
	F 值	2.407			0.133		
	P 值	0.092[†]			0.875		
薪酬福利	行政管理部门	174	2.9492	0.69020	64	3.1354	0.71324
	教学机构	122	3.0492	0.72211	28	3.1548	0.69969
	教辅部门	45	2.9704	0.54852	34	3.0245	0.72024
	F 值	0.779			0.341		
	P 值	0.460			0.712		

因素构面	组别	女性管理者			男性管理者		
		样本数	平均数	标准差	样本数	平均数	标准差
工作条件	行政管理部门	174	3.4795	0.62713	64	3.4978	0.64794
	教学机构	121	3.4132	0.63696	26	3.5659	0.74448
	教辅部门	45	3.3048	0.62463	34	3.4916	0.58023
	F 值	1.464			0.121		
	P 值	0.233			0.887		
组织氛围	行政管理部门	176	3.6386	0.69569	63	3.5651	0.89841
	教学机构	123	3.3463	0.72160	29	3.7586	0.74139
	教辅部门	43	3.4279	0.57335	34	3.5294	0.68558
	F 值	6.793			0.741		
	P 值	0.001 ***			0.479		
工作压力	行政管理部门	176	2.6136	0.74084	64	2.7031	0.84176
	教学机构	123	2.4553	0.70794	27	2.5037	0.79493
	教辅部门	44	2.5909	0.64837	34	2.3000	0.67195
	F 值	1.828			2.958		
	P 值	0.162			0.056†		
下级关系	行政管理部门	161	3.8075	0.65579	62	3.7796	0.77985
	教学机构	117	3.7892	0.74612	27	3.8148	0.82345
	教辅部门	45	3.7259	0.63679	33	4.0000	0.65617
	F 值	0.247			0.940		
	P 值	0.781			0.393		

注:†P≤0.10; *** P≤0.001。

11. 各个学校间的差异对女性管理者工作满意度的影响

根据表15的检验结果,不同学校类别女性管理者对工作条件、组织氛围的满意度存在显著差异,P值达到0.01的显著性差异水平;对薪酬福利、下级关系的满意度存在显著差异,P值达到0.05的显著性差异水平。不同学校类别男性管理者对组织氛围的满意度存在显著差异,P值达到0.001极显著性差异水平;对工作职位、工作关系、薪酬福利的满意度存在显著差异,P值达到0.01的显著性差异水平。学校本身也是影响工作满意度的主体变量。总的来说,女性管理者总体满意度均值最高的是中华女子学院,男性管理者总体满意度均值最高的是山东女子学院。说明不同

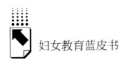

女子高校的情况不同，所处地域不同，性别不同，对管理者满意度的影响是不同的。

表 15　工作满意度的院校差异

因素构面	组别	女性管理者			男性管理者		
		样本数	平均数	标准差	样本数	平均数	标准差
总体满意度	中华女子学院	133	3.4032	0.36948	28	3.4828	0.52106
	山东女子学院	95	3.3662	0.43582	56	3.6223	0.50483
	湖南女子学院	59	3.3718	0.46514	21	3.3717	0.33531
	F 值	0.259			2.297		
	P 值	0.772			0.106		
工作本身	中华女子学院	154	3.6647	0.59513	105	3.5350	0.48693
	山东女子学院	104	3.5367	0.75970	32	3.7472	0.84329
	湖南女子学院	77	3.4746	0.73525	58	3.8746	0.73635
	F 值	2.311			2.395		
	P 值	0.101			$0.096^{\dagger}$		
工作地位	中华女子学院	157	3.2320	0.69204	28	3.5032	0.59612
	山东女子学院	110	3.3636	0.72911	34	3.4076	0.78098
	湖南女子学院	81	3.1235	0.76590	61	3.6885	0.84052
	F 值	2.658			6.232		
	P 值	$0.072^{\dagger}$			0.003^{**}		
工作关系	中华女子学院	157	3.9900	0.53724	33	3.0823	0.74147
	山东女子学院	107	3.8758	0.60261	33	3.9957	0.72270
	湖南女子学院	81	3.9824	0.58090	61	4.2272	0.60067
	F 值	1.426			5.647		
	P 值	0.242			0.005^{**}		
薪酬福利	中华女子学院	158	2.8871	0.66594	32	3.7545	0.67127
	山东女子学院	109	3.0443	0.64854	35	2.9381	0.83244
	湖南女子学院	79	3.1118	0.76130	60	3.3611	0.66749
	F 值	3.387			6.632		
	P 值	0.035^{*}			0.002^{**}		
工作条件	中华女子学院	155	3.4866	0.59164	32	2.8854	0.56865
	山东女子学院	109	3.2752	0.64848	34	3.4832	0.54937
	湖南女子学院	81	3.5767	0.64144	59	3.5932	0.69471
	F 值	6.220			1.006		
	P 值	0.002^{**}			0.369		

续表

因素构面	组别	女性管理者			男性管理者		
		样本数	平均数	标准差	样本数	平均数	标准差
组织氛围	中华女子学院	155	3.6103	0.58766	32	3.3973	0.64374
	山东女子学院	111	3.5117	0.73395	34	3.5941	0.81573
	湖南女子学院	81	3.3136	0.81789	61	3.8492	0.76040
	F 值	4.856			7.971		
	P 值	0.008 **			0.001 ***		
工作压力	中华女子学院	160	2.5075	0.71035	32	3.1750	0.75477
	山东女子学院	107	2.6168	0.70850	34	2.6000	0.65134
	湖南女子学院	81	2.5704	0.76034	61	2.4000	0.83746
	F 值	0.757			2.573		
	P 值	0.470			0.080 †		
下级关系	中华女子学院	152	3.9013	0.63134	31	2.7871	0.82452
	山东女子学院	107	3.7165	0.70310	33	3.7980	0.93519
	湖南女子学院	68	3.6716	0.75198	62	3.9462	0.69133
	F 值	3.673			0.935		
	P 值	0.026 *			0.396		

注: $^{†}P \leqslant 0.10$; $* P \leqslant 0.05$; $** P \leqslant 0.01$; $*** P \leqslant 0.001$。

本研究由于受地域和文化背景的影响，研究结论具有一定的局限性，但也从一个侧面说明了当前高校管理人员人口变量因素对各个维度工作满意度的影响程度。

四　存在问题及对策

（一）针对满意度现状分析发现的问题

1. 总体满意度处于一般，未达到更加理想状态

从本次调研结果看，女子高等院校管理者总体满意度处于中等略偏上水平，即一般满意，未达到更高满意度。究其原因除了与其他高校共有的社会因素外，就本次调查研究情况看，影响女子高校管理者满意度的原因主要包

括以下几点。

（1）工作多，工作压力大，是造成工作满意度不高的主要原因

近些年以来，三所女子高校一直处在跨越式发展阶段，各学校领导高度重视女子高等教育发展，对发展中国女子高等教育具有强烈的使命感，各学校制定的战略发展目标均具有一定的挑战性，例如，中华女子学院的发展目标是："学校将继续坚持'学科立校、人才强校、特色兴校、环境美校'的治校方略……把学校建设成为以人文社会科学为主，在引领先进性别文化、推动性别研究方面有重要影响，有特色、高水平的教学型女子普通本科学校，努力成为全国妇女教育研究中心、妇女理论研究中心、妇女干部培训中心和国际妇女教育交流中心，为建设一流女子大学而不懈努力。"① 山东女子学院发展目标是："建设特色鲜明的高水平女子大学。"三所女子高校设定的目标如山东女子学院院长范素华对其学校目标描述的一样，必须"跳一跳才能够得着"。同时，全国高校间竞争日趋激烈，内涵建设压力大，紧迫性强。女子高等学校承载着巨大的发展的压力。挑战性的目标和学校发展的需要，对女子高等学校的发展提出了全方位的更高要求，学校从上至下，发展的责任重大，创新性工作越来越多，对学校各项管理工作及管理者也提出了更高要求。调查显示，29.9%的管理者觉得自身的知识、能力结构与岗位要求不相适应而感到有压力。服务力、执行力、开拓创新力等的要求，使管理者的责任压力较普通教工更大。

与此同时，三所女子学院近些年来一直处于教育部升本评估、本科教学合格评估，以及各种层次的、与各项工作相对应的各种评估的迎评过程中。评估工作往往是关乎学校生存与发展的大事，除做好日常管理工作外，还有大量迎评工作，工作要求比平时更高，各管理层工作量加大，工作需加班加点才能完成，影响了管理人员的工作满意程度。

从管理人员的个人感受看，只有36.1%的管理者表示"有充裕的休息

---

① http：//www.cwu.edu.cn/cwugk/xqjj/index.htm.

时间来安排自己工作以外的生活"；36.8%的管理者不能确定或不能使自己的工作作息时间稳定、有规律。管理人员不能很好地做到劳逸结合，降低了对工作的满意程度。

（2）薪酬福利成为影响工作满意度的负面因素

如前所述，薪酬福利待遇在所有工作满意度因素中平均分值居于倒数第二位，调查也显示，31.3%的管理者对单位的岗位津贴、奖金发放不满意；30.7%的管理者认为获得的工作报酬（货币收入总和）和付出相比不公平合理；与本地其他同类型高校的管理人员相比，36.9%的管理者对自己的收入待遇不满意；与本地公务员相比，42.1%的管理者对自己的收入待遇不满意。薪酬福利影响了工作满意度。

据课题组调查，近几年尤其是近两年，管理者工资已有了较大提高。随着工资制度的改革，尽管相同职级管理者工资低于本地有些同类高校，但相同职级管理者工资也高于本地有些单位的公务员。但因工资水平与物价水平的对比和受以往低工资的心理定式惯性作用影响，管理者对自己的薪酬福利不满意。

从学历结构看，本次调查中三所女子高校管理者拥有硕博士学位的占69.8%（其中博士10.6%，硕士59.2%）；从职称结构看，高级职称占37.1%（其中正高8.3%，副高28.8%）。随着高职称、高学历层次的管理者不断增加和管理人员素质的提高，这些管理者自我定位较高，从自我实现的角度出发，他们（她们）希望得到更多的肯定和回报，薪酬福利要求与实际收入相差较大，期望与所得存在一定差距，这种情况在一定时间内得不到改变，该群体的工作态度和情感会受到影响。

访谈中了解到，尤其是一些年轻的管理者，因面临购房或还房贷、养育孩子等生活压力，收入与生活所需的差距感也造成其对薪酬福利的不满。

（3）组织氛围、管理水平（状况）在一定程度上影响了满意度

调查显示，三所女子高校的管理者对学校发展目标和规划的认可度较

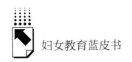
高，只有2.3%的管理者明确表示"不了解并认可学校的发展规划与发展目标"，10.7%的管理者明确表示不能总是"及时了解学校的发展动态和最新政策"；学校的人际关系现状也被大部分管理者所认可，89.7%的管理者明确表示与同事们相处融洽且能互相促进，79.6%的管理者确认其上司与下属沟通良好，并尊重、关心下属。但一些管理者也认为学校管理中存在不足，例如，只有45.2%的管理者明确表示"学校的各项规章制度完备，并能得到很好执行"，46.8%的管理者明确表示"学校的考核、奖惩制度公平、公正、合理"。因处在快速发展时期，一些女子院校还处在举办本科教育的初级阶段，在高校教育改革环境下，管理上与本科办学的需要存在差距，管理系统性不够，有时会增大管理成本，影响了管理者的满意度。

（4）职业倦怠和个人职业发展的困惑降低了满意度

从事管理工作的动因看，调查显示，71.2%的管理者认为自己从事管理岗位的首要原因是"工作需要"，仅有24.1%的管理者是"实现个人价值"，他们（她们）从事管理工作的原因不是基于个人理想或发展。基于兴趣与爱好的职业才会有更大的吸引力，有57.7%的管理者明确表示当前的管理工作能给自己带来事业上的成就感，但是27.7%的管理者无法确定工作能否带给自己成就感，甚至14.6%的管理者明确表示当前的管理工作不能给自己带来事业上的成就感。

在这种状况下，当工作上遇到困难，压力大时，管理者容易产生职业倦怠，有26%的管理者明确表示自己的"工作是单调、枯燥的重复劳动"，还有20.5%的管理者对自己的工作是否是"单调、枯燥的重复劳动"不确定。28.8%的管理者经常感到"对前途感到彷徨和忧虑"，只有46.2%的管理者没有"对前途感到彷徨和忧虑"。同时，有29.9%的管理者觉得自身的知识、能力结构与岗位要求不相适应，只有约一半（47.5%）的管理者明确表示在工作中能得到经常性、针对性的学习培训机会，管理者对个人未来职业发展产生困惑。

总之，还有一些和其他高校共同的影响管理者工作满意度的因素，在此不再逐一分析。

2. 女性管理者满意度低于男性管理者

根据个别访谈和问卷调查分析，当前女子高等院校女性管理人员工作满意度低于男性管理者，分析原因如下。

（1）传统性别观念影响着女性管理者在管理岗位上的成就感

在本次调研的三所女子高校，管理者数量女性多于男性，较其他高等院校，女性成为管理者的机会要多，尤其在各层级上，女性正职比例明显高于其他高校。这与女子高校特点及女性基数大有关，同时这也是女子高等院校文化中先进性别文化的体现。但是，这并不是说传统性别观念的负面影响在女子高校不存在了，部分管理者的性别意识（包括女性管理者）仍然存在一定问题，影响了女性管理者的工作满意度。

第一，传统的性别角色定位，影响着女性管理者满意度。调研显示，女子高校仍然存在将女性定位于家庭的传统性别观念（见表16），值得注意的是，部分女性管理者同样认可传统性别观念下的女性角色定位（见表17），这无疑会削弱工作本身对女性管理者的激励，使其职场幸福感降低，影响满意度。

表16 女子高校管理者性别观念

单位：%

观点	同意程度					合计
	非常不赞同	比较不赞同	不确定	比较赞同	非常赞同	
在婚姻关系中,妻子应顺从丈夫的愿望	29.1	35.1	25.8	7.5	2.5	100.0
当家庭和事业发生冲突时,首先应由女性以家庭为重而舍弃事业	14.8	28.7	38.5	15.4	2.7	100.0
女性应将大部分精力放在家庭上	11.3	34.4	32.3	20.2	1.9	100.0
女主内,男主外,是天经地义的	28.3	34.7	24.9	10.6	1.5	100.0
自古以来,男人是养家糊口的顶梁柱	17.7	26.4	24.3	27.7	4.0	100.0

表17　分性别女子高校管理者性别观念

单位：%

观点	性别	同意程度					合计
		非常 不赞同	比较 不赞同	不确定	比较 赞同	非常 赞同	
在婚姻关系中，妻子应顺从丈夫的愿望	男	13.8	30.0	38.5	14.6	3.1	100.0
	女	34.8	37.0	21.1	4.8	2.3	100.0
当家庭和事业发生冲突时，首先应由女性以家庭为重而舍弃事业	男	9.2	20.0	44.6	20.8	5.4	100.0
	女	16.8	31.9	36.2	13.4	1.7	100.0
女性应将大部分精力放在家庭上	男	6.2	24.0	38.0	28.7	3.1	100.0
	女	13.1	38.2	30.2	17.1	1.4	100.0
女主内，男主外，是天经地义的	男	13.8	30.0	37.7	16.2	2.3	100.0
	女	33.6	36.5	20.2	8.5	1.1	100.0
自古以来，男人是养家糊口的顶梁柱	男	6.9	21.5	23.1	40.8	7.7	100.0
	女	21.7	28.2	24.8	22.8	2.6	100.0

第二，对女性职业能力的质疑，降低了女性管理者工作自信。调查显示，尽管86.4%的女性管理者能够明确表示不同意"女性事业有成，主要是运气好，机遇好，并非自身努力的结果"，但男性明确表示不同意该观点的降低了24个百分点（62.6%）；有88.6%的女性管理者能够明确表示不同意"女性的工作效率比男性低"，但男性明确表示不同意该观点的降低了27.1个百分点（61.5%）。对女性管理者工作能力的认可度存在一定误区。

第三，对女性职业成就的认可度低，影响其职业成就感。调查显示，有56.1%的女性管理者、42.6%的男性管理者能够明确表示"女性要做事业的强者"，但管理者群体近一半的人（47.5%）不能完全确定或接受该观点；只有27%的管理者肯定地认为事业成功的女性是快乐的（其中女性30.2%、男性18.5%），近一半（49.7%）的管理者对"女强人是开心的"有疑惑。人们对女性在职场中的成功能否带来快乐有疑问，而在调查访谈中当每每问及"如果一个男性事业有成，他是否会快乐"时，被访者基本会认为"是"，因为事业是男人"生命的重要组成部分"。

第四，女性职业发展机会不被看好。调查显示，已经亲历职业发展之路的管理者有 49.1% 明确表示赞同"在管理岗位上，女性提拔的机会比男性少"，而女性本身比男性更有体会，她们中 57.3% 的赞同该说法。说明人们，尤其是女性管理者对自己的职业生涯之路因性别原因而不乐观。

尽管相比其他高校男性，女子高校的男性管理者更多地受到先进性别观念的影响，但是传统的社会性别角色定位在一部分人思想中已成定式，他们的观念在与女性管理者的合作中在工作行为中会有负面体现，影响女性管理者工作满意度。同时，部分女性管理者也因受传统性别观念影响，在职场的表现及成就可能被自我弱化，工作所带来的快乐程度降低，影响其满意度。

（2）家庭、工作的双重压力，影响了女性管理者工作满意度

调查显示，被调研对象中家务劳动主要由本人承担的女性占 31.0%，男性占 16.2%。本次调查有孩子的 379 个样本中，子女在家中的教育成长主要由本人承担的女性占 34.5%，男性占 13.0%；家务劳动主要由本人承担的女性占 31.0%，男性占 11.0%。比较而言，承担家务、教育孩子的女性管理者数量是男性的一倍以上，女性管理者面临家庭、事业双重压力数量多于男性。而在处理家庭和事业关系中，有 87.3% 的女性管理者表示家庭与事业同时要兼顾，这无疑加大了女性管理者的压力。

（二）提高女子高校女性管理者工作满意度的建议

影响女子高校女性管理者工作满意度的因素众多，社会环境是重要的外在影响因素，包括与管理者切身利益有关的国家层面的政策、法律法规以及配套的措施等。关于因社会环境因素而导致的影响高校管理者满意度的共性问题及解决对策，在此不做讨论。本课题组针对本次调研发现的问题，认为应从个人和学校两个层面进行各种调整，以提高女性管理者工作满意度。

1. 女性管理者个人的自我调整

作为女性管理者个人，应注重个人素质提高，学会通过自我心理调节和对工作认知程度的提高，提高工作满意度。

（1）加强自身修养，提高个人综合素质，培养客观理性认识事物、处理工作的能力

女性管理者应注重学习，提高个人思想、心理素质，注重以正确的价值观指导工作，培养自己以宽阔的胸怀对待组织中的人和事，提高协调能力，学会理解，理解上下级，处理好各种关系，提高自我调节和释放压力的能力。学会更深层次地认识学校政策和发展规划，将组织目标与个人工作目标融为一体。不断培养使命感，增强工作责任心和事业成就感，作为女性，应当为自己职业生涯中的每一次进步而感到骄傲。在工作中考虑问题不偏颇，学会主动积极应对工作中的困难；处理问题不感情用事，不被不良情绪所困扰。学会调节自己的生活和心情，以乐观精神面对一切，处理好奉献与索取的关系。

（2）提高个人管理能力，提高工作效率，缓解工作压力

注重现代管理理念和知识的学习，注重管理实践中个人管理水平的提高。因性别原因，女性管理者工作特点较之于男性是有差别的，女性管理者应当注重保持最佳的工作激情，注意选择正确的工作目标，善于整体规划，施行科学的工作计划，采用合适的工作方法。同时养成良好的工作习惯，学会时间管理，注重团队管理，懂得如何分配任务和如何与团队成员共同努力搞好工作，从而缓解工作压力。

2.学校在组织层面的调整

学校应注重进一步提高女性管理者综合素质，建立有效激励管理体系，科学管理，校园组织文化建设中加大先进性别文化的培育。

（1）建立系统的管理人员学习培养体系，提高管理者综合素质

如前所述，高等女子教育的发展，对管理者提出了更高要求，管理者自身也感到自身知识、能力结构与岗位要求不相适应，加之社会对女性职业能力的质疑，都影响了女性管理者的工作自信心，她们和其他管理者一样需要学习与提高。学校应对处于不同管理岗位、不同职级的管理者，针对岗位和职业发展阶段的特点进行培训；培训知识要系统化，提高其政治思想素质、心理素质、管理能力，培养管理者认识高等教育办学规律，了解学校，熟悉

学校的校史、校训、办学理念和发展战略。另外许多高校管理者既是管理者，同时也是专业人才，各学校对管理人员，一般比较重视行政管理素质和能力的培养，而疏于提供专业水平提高的机会。

（2）建立全方位激励机制，提高管理者工作积极性

学校应建立以目标、薪酬、成就为重点的激励机制体系。目标激励可以通过目标的设置来激发人的动机、引导人的行为。学校通过制定正确的发展目标，引导管理人员把个人目标与组织目标紧密地联系在一起，使其为实现学校目标而不懈努力，在组织目标实现中体现其个人价值，从而提高管理人员工作满意度。

薪酬是职业人工作成果的回报，以劳定酬的激励机制更能激发管理人员工作积极性。制定科学、合理、公平的收入分配制度，通过薪酬适度满足广大管理人员的物质需要，激励管理人员积极性，以待遇留人，稳定管理人员队伍。在注重提高教师工作福利待遇的同时，注重适度提高管理人员的经济地位和物质待遇。

美国哈佛大学教授戴维·麦克利兰（David C. McClelland）认为，具有强烈成就需求的人渴望将事情做得完美，从而提高工作效率，获得更大的成功。个体的成就需求与他们所处的经济、文化、社会等的发展程度有关，社会风气也制约着人们的成就需求。从组织层面看，学校应注重培养女性管理者的成就需求，使优秀的工作绩效也成为女性管理者积极工作的动因之一，在克服困难、解决难题、努力奋斗中享受工作的乐趣。

（3）帮助女性管理者进行职业规划，调动其潜力和主动性

个人的职业发展与组织发展关系密切、相辅相成。职业生涯规划可以发掘自我潜能，增强个人实力；可以增强个人发展的目的性与计划性，提升成功的机会；可以提升个人应对竞争的能力。女性的生命历程有别于男性，职业发展的年龄阶段特点也不同于男性，例如女性因面临生育与养育孩子，职业进程会延缓，工作投入相对受阻，发展机会相对减少，职业发展机会直接受到影响。高校应重视和帮助管理人员规划职业生涯，引导管理者制定明晰的职业生涯目标，明确短期工作目标和未来的努力方向，提高其工作效率、

改善其工作效果。

（4）做好工作分析，科学设定人员编制

如前所述，因高等教育的发展、发展女子高等教育的迫切性和三所女子高校发展中所处的阶段特点，在女子高校工作压力成为影响管理者工作满意度的重要因素，加之更多的女性管理者面临事业、家庭的双重压力，过重的压力，容易使她们产生倦怠。为此学校应做好岗位分析工作，遵循能级匹配原则，工作量的增加要适度，在可能的情况下，适当增加工作人员，缓解工作压力。

（5）继续倡导先进性别文化，提高女性管理者主体意识

传统的性别观念仍然影响着女子高校的管理者，传统家庭性别角色定位下对男女职场中的定位影响了女性管理者的事业心。先进性别文化的核心是男女平等，它既包括男女之间尊严价值的平等、权利地位的平等，也包括机会的平等、责任的平等。作为女子高等学校，本身就肩负着引领先进性别文化的使命，今后应继续积极宣传倡导先进性别文化，使性别平等的先进理念内化为对女性的一种社会评价标准，进一步提高女性管理者的主体意识，从而努力实现自我价值，有效地发挥主观能动性，使女性管理者在机会和结果上获得平等。

参考文献

陈伟芬：《高校管理人员工作满意度研究——以宁波地区为例》，硕士学位论文，华东师范大学，2010。

陈卫旗：《中学教师工作满意感的结构及其与离职倾向、工作积极性的关系》，《心理发展与教育》1998年第1期。

董秀成：《浅析浙江传媒学院政治辅导员心理健康状况及对策》，《浙江传媒学院学报》2008年第4期。

杜秀芳：《教师工作满意度及其提高对策》，《当代教育科学》2003年第19期。

何振、林秋好：《工作满意度的构成因素及测量方法》，《华东经济管理》2006年第12期。

金凤华：《高校管理人员工作满意度的性别差异研究》，《中华女子学院学报》2011年第 1 期。

金凤华：《高校女性管理人员工作满意度质性研究》，《中华女子学院学报》2012 年第 1 期。

李志英：《高校教师工作满意度研究》，硕士学位论文，华东师范大学，2011。

李子彪：《他们为何想调离工作——对部分中小学教师的调查》，《社会》1986 年第 6 期。

聂伟进：《高校管理人员专业化的现状调查与分析——以江苏省 11 所高校为例》，《黑龙江高教研究》2012 年第 10 期。

聂文娟：《群体情感与集体身份认同的建构》，《外交评论》2011 年第 4 期。

刘菊香：《先进性别文化建设与女性高层次人才发展》，《山东女子学院学报》2012 年第 5 期。

束佳：《高校女性管理者性别与角色矛盾分析》，《科技风》2009 年第 14 期。

孙杰：《五四时期的妇女个性解放研究》，《中华女子学院学报》2007 年第 1 期。

谢钢：《高校教师工作满意度的心理浅析》，《技术经济》2000 年第 5 期。

杨少辉：《城市小学教师工作满意度研究——来自湖南长沙城区小学的调查》，硕士学位论文，湖南师范大学，2013。

臧莉娟：《关于我国高校管理人员职业化的几点思考》，《继续教育研究》2009 年第 12 期。

张爱淑等：《高校女性管理者的自我认知与社会认同》，《中国矿业大学学报》（社会科学版）2006 年第 4 期。

B.9
我国高校人事制度对专任女教师队伍建设的影响及对策

朱耀平　朱本林　朱晓璇*

摘　要： 本研究从社会性别分析的角度审视了近十年来普通高校专任
教师队伍的发展状况，从性别、学历、年龄、职称、职务及
岗位分布、人才交流等方面分析了高校专任女教师队伍建设
的巨大成绩，以及男女教师之间存在的差距。从录用、退休
年龄、职称评审、人才培养、科研等不同角度分析了现行制
度的影响因素，并提出了相应对策。

关键词： 社会性别　高校女教师　人事制度对策

"教师是立教之本、兴教之源"①，强国必先强教，强教必先强师。优秀
教师的数量直接关系人才培养的质量。十多年来，随着高校扩招，普通高校
教师队伍逐渐壮大，高校女教师数量增长也十分迅速，高校教师队伍性别结
构逐步趋于合理。但是与我国高等教育事业发展的新要求相比，高校女教师
队伍建设仍然存在许多问题。本研究主要依据《中国教育统计年鉴》的数
据分析以及课题组对部分普通高校进行调查所了解的情况，重点分析了我国

---

* 朱耀平，研究生学历，湖北省妇女干部学校校长、研究员，研究方向为社会科学研究；朱本
林，学士学位，湖北省妇女干部学校高级讲师，研究方向为法学研究；朱晓璇，博士研
究生学历，中共湖北省委党校教师，研究方向为马克思主义中国化。
① 习近平：《致全国广大教师慰问信》，《中国教育报》2013年9月10日，第1版。

普通高校专任女教师队伍建设中存在的与人事制度密切相关的主要问题及其原因，提出了相应的解决方案，希望能对普通高校女教师队伍建设提供帮助。

一 从社会性别分析的角度审视近十年来普通高校专任女教师队伍的发展状况

普通高等学校是指"按照国家要求的相关标准和审批程序批准举办的，以招收高中毕业生为主要对象，通过全国普通高等学校统一招生考试来录取学生，对学生实施高等教育的机构"[①]。普通高校通常包括全日制大学、独立设置的学院和高等专科学校、高等职业学校等教育机构。大学、学院主要实施本科层次教育，高等职业技术学院/职业学院、高等专科学校主要实施专科（高职高专）层次教育。

10 多年来，我国普通高校数量和在校学生规模以及教师数量增长十分迅猛。根据《中国教育统计年鉴 2003》，我国普通高校共计 1552 所，其中中央部委 111 所，地方部门 1268 所，民办 173 所。本科院校共计 644 所，其中中央部委 104 所，地方部门 531 所，民办 9 所，高职（专科）院校共计 908 所，其中中央部委 7 所，地方部门 737 所，民办 164 所（见图 1）。根据《中国教育统计年鉴 2013》，我国普通高校共计 2491 所，其中中央部门 113 所，地方 1661 所，民办 717 所。本科院校共计 1170 所，其中中央部门 110 所，地方 668 所，民办 392 所。高职（专科）院校共计 1321 所，其中中央部门 3 所，地方 993 所，民办 325 所（见图 2）。

上述数据表明，2003～2013 年，我国普通高校总数增加了 60.5%，其中本科院校增加了 81.68%，高职（专科）院校增加了 45.48%。本专科在校学生人数从 11085642 人上升到 24680726 人，增长 122.64%，研究生在校

---

① 王琪：《论我国普通高校教师人力资源配置优化的对策选择》，硕士学位论文，沈阳师范大学，2010。

学生数从 617544 人上升到 1749864 人，增长 183.35%。专任教师数量从 724658 人上升到 1496865 人，增长 106.56%。

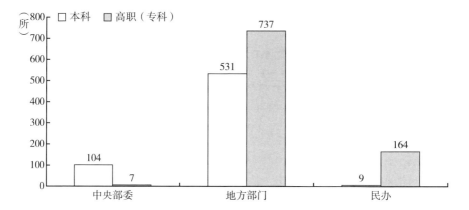

图1　2003 年全国普通高校本科与高职（专科）分布情况

资料来源：《中国教育统计年鉴2003》。

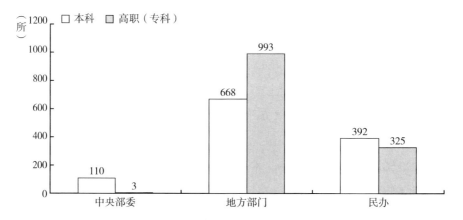

图2　2013 年全国普通高校本科与高职（专科）分布情况

资料来源：《中国教育统计年鉴2013》。

（一）师生性别结构变化分析

根据《中国教育统计年鉴2003》，我国普通高校学生共计 11702728

人，其中女生 5216785 人，占 44.58%。博士生共计 122381 人，其中女博士生 35711 人，占 29.18%；硕士生共计 494705 人，其中女硕士生 210570 人，占 42.56%；本科生共计 6292089 人，其中女本科生 2686315 人，占 42.69%；专科生共计 4793553 人，其中女专科生 2284189 人，占 47.65%。

根据《中国教育统计年鉴 2013》，我国普通高校学生共计 26430590 人，其中女生 13630760 人，占 51.57%。博士生共计 281959 人，其中女博士生 104522 人，占 37.07%；硕士生共计 1467905 人，其中女硕士生 757039 人，占 51.57%；本科生共计 14944353 人，其中女本科生 7738044 人，占 51.78%；专科生共计 9736373 人，其中女专科生 5031155 人，占 51.67%。

对上述数据进行社会性别分析，可以发现以下几点。（1）2003 ~ 2013 年，我国普通高校女学生人数增长速度高于男学生人数增长速度。2013 年与 2003 年相比，我国普通高校在校生中女生人数增长了 161.28%，而男生人数仅增长 97.34%。（2）现有高校在校学生中女生多于男生。2013 年，普通高校在校学生中，女生人数超过男生 830930 人，女生人数占学生总数的百分比达到 51.57%，与 2003 年相比，提高了 6.99 个百分点。而男生人数占学生总数的百分比则从 2003 年的 55.42% 下降到 48.43%。2013 年，按学历层次分，除博士学历层次外，其他学历层次的女生均超过男生。其中，硕士生中女生超过男生 46173 人，本科生中女生超过男生 531735 人，专科生中女生超过男生 325937 人。（3）女博士生人数增长迅速，但与男博士生相比仍有较大差距。2013 年，女博士生人数达到 104522 人，与 2003 年 35711 人相比增加 68811 人，增长了 192.68%，女博士生占博士生总数的百分比达到了 37.07%，提高了 7.89 个百分点。而 2013 年男博士生人数达到 177437 人，比女博士生多 72915 人。男博士生占博士生总数的百分比仍高达 62.93%（见表 1）。

表1　2003年与2013年学生情况对照

单位：人

	年份	学生总数	男	女
合计	2003	11702728	6485943	5216785
	2013	26430590	12799830	13630760
博士生	2003	122381	86670	35711
	2013	281959	177437	104522
硕士生	2003	494705	284135	210570
	2013	1467905	710866	757039
本科生	2003	6292089	3605774	2686315
	2013	14944353	7206309	7738044
专科生	2003	4793553	2509364	2284189
	2013	9736373	4705218	5031155

根据《中国教育统计年鉴2003》，我国普通高校专任教师共计724658人，其中女教师302257人，占总人数的41.71%。根据《中国教育统计年鉴2013》，我国普通高校专任教师共计1496865人，其中女教师714450人，占总人数的47.73%。从这些数据中不难看出，（1）2003～2013年，我国普通高校专任女教师人数增长速度高于男教师人数增长速度。2013年与2003年相比，女教师人数增加412193人，达到714450人，增长136.37%，而男教师人数仅增加360014人，增长85.23%。（2）女教师数量仍少于男教师。2013年女教师人数占教师总数的百分比达到47.73%，与2003年相比增加了6.02个百分点，但女教师仍比男教师少67965人。（3）女教师人数增长速度低于女学生人数的增长速度。与女学生人数增长161.28%相比，女教师人数增长速度要少24.91个百分点（见表2）。

表2　2003年与2013年教师情况对照

单位：人

	年份	专任教师	男教师	女教师
合计	2003	724658	422401	302257
	2013	1496865	782415	714450

（二）教师学历结构变化性别分析

根据《中国教育统计年鉴 2003》，我国普通高校专任教师共计 724658 人，其中女教师 302257 人，占总人数的 41.71%。按学历分，具有博士研究生学历的教师共计 53612 人，其中女教师 10484 人，占 19.56%；具有硕士研究生学历的教师共计 182517 人，其中女教师 74059 人，占 40.58%；具有本科学历的教师共计 458522 人，其中女教师 205518 人，占 44.82%；专科及以下的教师共计 30007 人，其中女教师 12196 人，占 40.64%。

根据《中国教育统计年鉴 2013》，我国普通高校专任教师共计 1496865 人，其中女教师 714450 人，占总人数的 47.73%。按学历分，具有博士研究生学历的教师共计 285353 人，其中女教师 96432 人，占 33.79%；具有硕士研究生学历的教师共计 535784 人，其中女教师 292464 人，占 54.59%；具有本科学历的教师共计 654660 人，其中女教师 318083 人，占 48.59%；专科及以下的教师共计 21068 人，其中女教师 7471 人，占 35.46%。

对上述数据进行社会性别分析，可以发现：（1）具有博士研究生学历的女教师人数增幅高于男教师，但增加总量不及男教师。2013 年具有博士研究生学历的女教师人数达到 96432 人，与 2003 年的 10484 人相比增加了 85948 人，增长了 819.80%。而具有博士研究生学历的男教师人数 2013 年达到 188921 人，与 2003 年的 43128 人相比增加了 145793 人，增长了 338.04%。截至 2013 年，具有博士研究生学历的男教师人数与女教师相比具有绝对优势，具有博士研究生学历教师中，男教师占 66.21%，女教师占 33.79%。（2）具有硕士研究生学历的女教师人数增长速度、增加总量和人员总量均高于男教师。2013 年具有硕士研究生学历的女教师人数达到 292464 人，与 2003 年的 74059 人相比增加了 218405 人，增长了 294.90%，而具有硕士研究生学历的男教师人数 2013 年为 243320 人，与 2003 年的 108458 人相比，仅增加 134862 人，增长了 124.34%。截至 2013 年，在具有硕士研究生学历的教师中，女教师占比为 54.59%，男教师占比仅为 45.41%，女教师比男教师多 49144 人。（3）具有本科学历的女教师人数增长速度和增加总量均高于男教师，但在人员总量上仍略少于男教师。2013年具有本科学历的女教师达到318083人，与2003年的205518人相比，增加了112565人，增长了54.77%，而具有本科学历的男教师2013年达到336577人，与2003年的253004人相比，增加了83573人，增长了33.03%。截至2013年，在具有本科学历的教师中，男教师占比为51.41%，女教师占比为48.59%，男教师比女教师多18494人。（4）具有专科及以下学历的女教师明显少于男教师。截至2013年，具有专科及以下学历的教师为21068人，其中女教师仅为7471人，占35.46%，而男教师为13597人，占64.54%（见表3）。

表3　2003年与2013年普通高校教师学历情况对照

单位：人

	年份	专任教师	男教师	女教师
合计	2003	724658	422401	302257
	2013	1496865	782415	714450
博士研究生	2003	53612	43128	10484
	2013	285353	188921	96432
硕士研究生	2003	182517	108458	74059
	2013	535784	243320	292464
本科	2003	458522	253004	205518
	2013	654660	336577	318083
专科及以下	2003	30007	17811	12196
	2013	21068	13597	7471

（三）教师年龄结构变化性别分析

根据《中国教育统计年鉴2003》，我国普通高校专任教师共计724658人，其中女教师302257人，占总人数的41.71%。按年龄分，30岁及以下的教师共计206107人，其中女教师109162人，占52.96%。31～35岁的教师134745人，其中女教师62290人，占46.23%。36～40岁的教师共计151790人，其中女教师60406人，占39.8%。41～45岁的教师共计82615

人，其中女教师 28778 人，占 34.83%。46～50 岁的教师共计 64593 人，其中女教师 21949 人，占 33.98%。51～55 岁的教师共计 36170 人，其中女教师 10666 人，占 29.49%。56～60 岁的教师共计 34081 人，其中女教师 6951 人，占 20.4%。61～65 岁的教师共计 10879 人，其中女教师 1658 人，占 15.24%。66 岁及以上的教师共计 3678 人，其中女教师 397 人，占 10.79%。

根据《中国教育统计年鉴 2012》（2013 年此项统计口径发生变化，为保持统计口径的一致性，此项数据我们采用 2012 年的数据），我国普通高校专任教师共计 1440292 人，其中女教师 680918 人，占总人数的 47.28%。按年龄分，30 岁及以下的教师共计 293610 人，其中女教师 172096 人，占 58.61%。31～35 岁的教师共计 340893 人，其中女教师 181937 人，占 53.37%。36～40 岁的教师共计 242377 人，其中女教师 115314 人，占 47.58%。41～45 岁的教师共计 199234 人，其中女教师 87323 人，占 43.83%。46～50 岁的教师共计 200304 人，其中女教师 77961 人，占 38.92%。51～55 岁的教师共计 85343 人，其中女教师 28910 人，占 33.88%。56～60 岁的教师共计 56443 人，其中女教师 13281 人，占 23.53%。61～65 岁的教师共计 13587 人，其中女教师 2760 人，占 20.31%。66 岁及以上的教师共计 8501 人，其中女教师 1336 人，占 15.72%。

对上述数据进行社会性别分析可以发现以下几点。（1）教师年龄与女教师占同年龄段教师总数的百分比成反比，即教师年龄段越低，女教师占教师总数的比例越高，教师年龄段越高，女教师占教师总数的比例则越低。男教师则相反。2003 年 30 岁及以下女教师（每 5 年为一个年龄段）至 66 岁及以上女教师占同年龄段教师总数的比例依次为 52.96%、46.23%、39.80%、34.83%、33.98%、29.49%、20.40%、15.24%、10.79%。2012 年 30 岁及以下女教师至 66 岁及以上女教师占同年龄段教师总数的比例依次为 58.61%、53.37%、47.58%、43.83%、38.92%、33.88%、23.53%、20.31%、15.72%。（2）35 岁及以下教师中女教师多于男教师。2003 年，只有 30 岁及以下女教师人数超过同年龄段男教师，而到 2012 年，则有 30 岁及以下和 31～35 岁两个年龄段的人数超过男教师。截至 2012 年，35 岁及以下年龄段的女教师达到 354033 人，比同年龄段的男教师多 73563

人，女教师占同年龄段教师总数的比例为 55.79%，尤其是 30 岁及以下年龄段的女教师达到 172096 人，比同年龄段的男教师多 50582 人，女教师占同年龄段教师总数的比例为 58.61%。这说明，十年多来，新进的年轻女教师人数多于男教师，大大改善了教师队伍的性别结构。（3）36 岁及以上各年龄段的女教师人数虽然仍少于男教师，但上述各年龄段教师性别结构正在逐步优化。2012 年与 2003 年相比，36~40 岁的女教师增加了 54908 人，增长了 90.90%，女教师占同年龄段教师总数的比例上升了 7.78 个百分点，达到 47.58%，而同年龄段的男教师只增加了 35679 人，比女教师少增加 19229 人。男教师占同年龄段教师总数的比例从 2003 年的 60.2% 下降为 2012 年的 52.42%。其他年龄段的女教师人数都有大幅增加，女教师占同年龄段教师总数的百分比与 2003 年相比上升了 4 个多百分点。（4）我国女教师队伍的年龄结构明显优于男教师的年龄结构。截至 2012 年，我国 40 岁及以下年龄段的女教师为 469347 人，占女教师总数的百分比为 68.92%，而同年龄段的男教师为 407533 人，占男教师总数的百分比为 53.66%，比同年龄段的女教师少 61814 人（见表 4）。可见，女教师队伍的年龄结构比男教师更优化。

表4 2003 年与 2012 年教师年龄情况对照

单位：人

	年份	专任教师	男教师	女教师
合计	2003	724658	422401	302257
	2012	1440292	759374	680918
30 岁及以下	2003	206107	96945	109162
	2012	293610	121514	172096
31~35 岁	2003	134745	72455	62290
	2012	340893	158956	181937
36~40 岁	2003	151790	91384	60406
	2012	242377	127063	115314
41~45 岁	2003	82615	53837	28778
	2012	199234	111911	87323
46~50 岁	2003	64593	42644	21949
	2012	200304	122343	77961

	年份	专任教师	男教师	女教师
51～55 岁	2003	36170	25504	10666
	2012	85343	56433	28910
56～60 岁	2003	34081	27130	6951
	2012	56443	43162	13281
61～65 岁	2003	10879	9221	1658
	2012	13587	10827	2760
66 岁及以上	2003	3678	3281	397
	2012	8501	7165	1336

（四）教师职称结构变化性别分析

根据《中国教育统计年鉴 2003》，我国普通高校专任教师共计 724658 人。按职称分，正高级职称教师共计 70063 人，其中女教师 12332 人，占 17.6%。副高级职称教师共计 216161 人，其中女教师 78922 人，占 36.51%。中级职称教师共计 240555 人，其中女教师 108809 人，占 45.23%。初级职称教师共计 146092 人，其中女教师 74568 人，占 51.04%。无职称教师共计 51787 人，其中女教师 27626 人，占 53.35%。

根据《中国教育统计年鉴 2013》，我国普通高校专任教师共计 1496865 人。按职称分，正高级职称教师共计 181501 人，其中女教师 52494 人，占 28.91%。副高级职称教师共计 432356 人，其中女教师 190283 人，占 44.01%。中级职称教师共计 596954 人，其中女教师 313104 人，占 52.45%。初级职称教师共计 203713 人，其中女教师 114819 人，占 56.36%。无职称教师共计 82341 人，其中女教师 43750 人，占 53.13%。

对上述数据进行社会性别分析，可以发现以下几点。（1）具有正高级职称的女教师数量虽然大幅提升，但在总量上仍远远低于男教师。2013 年具有正高级职称的女教师达到 52494 人，比 2003 年的 12332 人增加了 40162 人，增长 325.67%，而具有正高级职称的男教师达到 129007 人，比 2003 年的 57731 人，增加了 71276 人，增长 123.46%。可见具有正高级职称的男教

师增长速度虽然低于女教师，但总量仍远远高于女教师。2013 年具有正高级职称的教师总数为 181501 人，其中男教师 129007 人，占 71.09%，女教师 52494 人，仅占 28.91%。正高级职称仍为女教师职业发展"瓶颈"。（2）具有副高级职称的女教师增长数量和增长速度均超过男教师。2013 年具有副高级职称的女教师达到 190283 人，比 2003 年的 78922 人增加了 111361 人，增长了 141.10%，而具有副高级职称的男教师达到 242073 人，比 2003 年的 137239 人增加 104834 人，增长了 76.38%。从增加的人数看，具有副高级职称的女教师增加人数与男教师相比也多出 6527 人。这表明，近十年来，在副高级职称的评定上，男教师的优势地位正在逐步削弱。（3）女教师职称水平仍明显低于男教师。截至 2013 年，获得副高级及以上职称的女教师达到 242777 人，占女教师总数的百分比为 33.98%，而获得副高级及以上职称的男教师达到 371080 人，占男教师总数的百分比为 47.42%，男教师比女教师高出 13.44 个百分点（见表5）。

表5　2003 年与 2013 年教师职称情况对照

单位：人

	年份	专任教师	男教师	女教师
合计	2003	724658	422401	302257
	2013	1496865	782415	714450
正高级职称	2003	70063	57731	12332
	2013	181501	129007	52494
副高级职称	2003	216161	137239	78922
	2013	432356	242073	190283
中级职称	2003	240555	131746	108809
	2013	596954	283850	313104
初级职称	2003	146092	71524	74568
	2013	203713	88894	114819
无职称	2003	51787	24161	27626
	2013	82341	38591	43750

（五）教师职务及岗位分布变化性别分析

根据《中国教育统计年鉴 2003》，我国普通高校专任教师共计 724658

人。按岗位分，博士生导师共计 8229 人，其中女教师 888 人，占 10.79%；硕士生导师共计 91197 人，其中女教师 21503 人，占 23.58%；博士、硕士生导师共计 15975 人，其中女教师 1612 人，占 10.09%；普通教师共计 609257 人，其中女教师 278254 人，占 45.67%。

根据《中国教育统计年鉴 2013》，我国普通高校专任教师共计 1496865 人。按岗位分，博士生导师共计 15123 人，其中女教师 2305 人，占 15.24%；硕士生导师共计 228784 人，其中女教师 75958 人，占 33.2%；博士、硕士生导师共计 51951 人，其中女教师 9063 人，占 17.45%；普通教师共计 1201007 人，其中女教师 627124 人，占 52.22%。

对上述数据进行社会性别分析可以发现以下几点。（1）女教师担任普通教师的比例高于男教师，而且女教师担任普通教师的数量也大于男教师。2013 年，女教师担任普通教师的比例为 87.77%，而男教师担任普通教师的比例为 73.34%。从数量上看，女教师的总量比男教师少 67965 人，而女教师担任普通教师的数量却比男教师多出 53241 人。这说明在重要岗位的竞争中，女教师仍处于劣势。（2）担任博士生导师、硕士生导师的女教师人数大幅上升，占博士生导师、硕士生导师总数的百分比也有所上升，但总量远少于男教师。2003 年担任博士生导师、硕士生导师的女教师只有 24003 人，而到 2013 年女导师已有 87326 人，增长了 363.81%，而男导师 2003 年为 91398 人，到 2013 年男导师则达到 208532 人，增长了 228.15%。2003 年，博士生导师、硕士生导师中女导师占 20.79%，男导师占 79.21%；2013 年博士生导师、硕士生导师中女导师占 29.51%，男导师占 70.49%。2013 年与 2003 年相比，女导师数量增速高于男导师，女导师占导师总数的百分比上升了近 9 个百分点，而男导师在总体数量上仍然远远高于女导师。（3）担任博士生导师的女教师占博士生导师总数的百分比要低于担任硕士生导师的女教师占硕士生导师总数的百分比。2013 年，担任博士生导师的女教师占博士生导师总数的百分比为 16.94%，而担任硕士生导师的女教师占硕士生导师总数的百分比为 33.20%（见表6）。这说明，随着教师岗位的层级越高，女教师参与竞争的劣势就越突出。

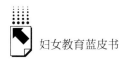

表 6 2003 年与 2013 年教师岗位情况对照

单位：人

	年份	专任教师	男教师	女教师
合计	2003	724658	422401	302257
	2013	1496865	782415	714450
博士生导师	2003	8229	7341	888
	2013	15123	12818	2305
硕士生导师	2003	91197	69694	21503
	2013	228784	152826	75958
博士、硕士生导师	2003	15975	14363	1612
	2013	51951	42888	9063
普通教师	2003	609257	331003	278254
	2013	1201007	573883	627124

（六）教师人才交流变化性别分析

根据《中国教育统计年鉴 2003》，我国普通高校上学年初报表专任教师数为 626911 人，其中女教师 255020 人，占 40.68%，本学年初报表专任教师数为 724658 人，其中女教师为 302257 人，占 41.71%。增加的专任教师数共计 134855 人，其中女教师 61048 人，占 45.27%。录用毕业生 58422 人，其中女教师 29892 人，占 51.17%，外单位教师调入 54904 人，其中女教师 23051 人，占 41.98%，校内、外非教师调入人数共计 21529 人，其中女教师 8105 人，占 37.65%。减少的专任教师数为 37108 人，其中女教师 13811 人，占 37.22%。自然减员 10925 人，其中女教师 3599 人，占 32.94%，调离教师岗位 8301 人，其中女教师 3265 人，占 39.33%，因其他原因减少的教师数为 17882 人，其中女教师 6947 人，占 38.85%。

根据《中国教育统计年鉴 2013》，我国普通高校上学年初报表专任教师数为 1440734 人，其中女教师 681247 人，占 47.28%，本学年初报表专任教师数为 1496865 人，其中女教师为 714450 人，占 47.73%。增加的专任教师数共计 115851 人，其中女教师 57841 人，占 49.93%。录用毕业生 54653 人，其中女教师 29949 人，占 54.8%，外单位教师调入 16689 人，其中女教师 7825 人，占 46.89%，校内、外非教师调入人数共计 29412 人，其中女教师 12652 人，占 43.02%。减少的专任教师数为 59720 人，其中女教师 24638 人，占 41.26%。自然减员 21569 人，其中女教师 9156 人，占 42.45%，调离教师岗位 12873 人，其中女教师 5031 人，占 39.08%，因其他原因减少的教师数为 25278 人，其中女教师 10451 人，占 41.34%（见表 7）。

表 7　2003 年与 2013 年教师变动情况对照

单位：人

	年份	专任教师	男教师	女教师
增加合计	2003	134855	73807	61048
	2013	115851	58010	57841
录用毕业生	2003	58422	28530	29892
	2013	54653	24704	29949
外单位教师调入	2003	54904	31853	23051
	2013	16689	8864	7825
校内、外非教师调入	2003	21529	13424	8105
	2013	29412	16760	12652
减少合计	2003	37108	23297	13811
	2013	59720	35082	24638
自然减员	2003	10925	7326	3599
	2013	21569	12413	9156
调离教师岗位	2003	8301	5036	3265
	2013	12873	7842	5031
其他原因	2003	17882	10935	6947
	2013	25278	14827	10451

对上述数据进行社会性别分析可以发现以下几点。（1）高校新进教师中，男教师仍多于女教师。2003 年新进男教师 73807 人，新进女教师 61048 人；2013 年新进男教师 58010 人，新进女教师 57841 人。2013 年相比 2003 年，新进男教师与女教师数量上的差距在缩小。（2）高校新进教师中，录用的女毕业生要多于男毕业生。十多年来，绝大多数高校都推行了公开招考录用毕业生为教师的政策。在公开招考中，女生比男生更具优势。2003 年录用的男毕业生为 28530 人，录用的女毕业生为 29892 人；2013 年录用的男毕业生为 24704 人，录用的女毕业生为 29949 人。（3）主动调离教师岗位的女教师明显少于男教师。2003 年主动调离教师岗位的男教师为 5036 人，

女教师为 3265 人；2013 年主动调离教师岗位的男教师为 7842 人，女教师为 5031 人。这说明女教师相比男教师而言，更具有职业稳定性。

二 高校人事制度对专任女教师队伍建设的影响

2003～2013 年，随着高校招生规模逐步扩大，我国高校教师队伍也迅速增加。十年间，专任教师人数从 724658 人上升到 1496865 人，增长 106.56%。其中女教师人数从 302257 人上升到 714450 人，增长 136.37%。女教师占教师总数的百分比例由 41.71% 上升为 47.73%，教师队伍的性别结构得到进一步优化。但是通过对我国普通高校人事制度进行社会性别分析，我们不难发现其中还存在许多社会性别盲视政策和社会性别中立政策，这不同程度地影响着普通高校女教师队伍建设。

（一）高校教师录用制度对高校专任女教师队伍建设的影响

为了严把高校教师进口关，我国高水平大学新进教师一般由高校自主面向社会公开招聘，地方性高校新进教师一般由省、市、自治区人民政府人社厅统一组织公开招考。高校引进高层次人才一般走"绿色通道"。公开招聘或公开招考的共同特点是招聘（招考）条件公开，程序公正，结果公开，严禁性别歧视，在一定程度上为女性进入高校任教创造了一个相对公平竞争的机会和平台，有效地扼制了"宁要二分男，不要五分女"的现象，使得新进女教师人数逐年攀升。2012 年，新进女教师人数首次超过新进男教师，占到当年新进教师总数的 50.43%。然而随着高校的不断发展，各高校对高校教师队伍的素质提升也逐渐提出了新的更高要求。绝大多数普通高职院校提出新进教师需要硕士研究生文凭，普通本科院校提出新进教师需要博士文凭，"211"工程大学和"985"大学提出新进教师需要全国同类大学博士文凭，有的"985"大学提出新进教师首选海归博士或博士后，最低也需要有留洋经历的博士。学历方面的高要求也许会对加强高校师资队伍建设起到一定的促进作用，但从性别差异角度分析，这些要求对女性是不利的。因为，我国小学、中学、大学本科、研究生学制都比较长，女本科生毕业时已经22 岁左右，女硕士生毕业时已有 25 岁左右，女博士毕业一般都在 28 岁以上，女博士后出站时就 30 多岁了。而 22～30 岁的女性正是结婚生子的黄金时期，与男性相比，女性在这个阶段面临的学业和家庭的矛盾冲突更为突出。许多女性为了家庭而推迟或放弃学业。这就是我国女博士生所占比例明显低于女硕士生所占比例的重要原因，这最终也影响了"211"工程大学和"985"大学新进女教师的绝对数量和相对比例。根据《中国教育统计年鉴2013》，2013 年我国普通高校在校硕士生 1467905 人，其中女生 757039 人，占51.57%，而在校博士生 281959 人，其中女生 104522 人，仅占 37.06%，男博士则占 62.94%（见图 4）。数据表明，女博士生所占比例远远低于男博士生所占比例。在与女硕士生、女博士生座谈分析原因时，许多女生都谈到读完硕士不能直接读博士的一个重要原因是来自家庭的压力，家人要求她们先工作，先结婚生子，然后有机会再读博士。女博士数量少、比例低，最终也会影响到高校中具有博士学位的女教师的总量及所占比例。2013 年，高校中具有博士学位的教师共计 285353 人，其中女教师 96432 人，仅占 33.79%，与 2003年的 19.56% 相比，虽有大幅提升，但绝对数量仍只有男教师的 1/2。

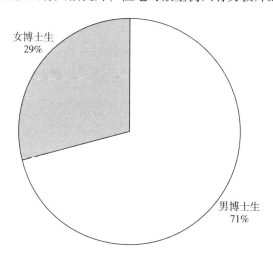

图 3　2003 年高校博士研究生性别比例

资料来源：《中国教育统计年鉴 2003》。

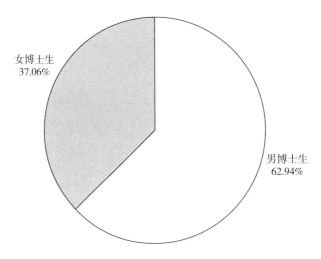

图4　2013年高校博士研究生性别比例

资料来源:《中国教育统计年鉴2013》。

（二）退休制度对高校专任女教师队伍建设的影响

根据国发〔1978〕104号文件规定，高校教师男年满60周岁、女年满55周岁，且工龄满10年的，可以退休。这项制度的初衷是减少妇女劳动时间，保护妇女身体健康。但随着社会的发展和工作条件的不断改善，越来越多的女性，尤其是高校女教师要求延迟退休的呼声越来越高。女教师提前5年退休的政策，已成为一条社会性别盲视政策，对高校女教师队伍建设产生了许多不利影响。一是减少了女教师在高校教师队伍中的数量。2007～2012年，因到龄退休的女教师达到22000多人，占女教师总数的3.23%，如果这部分人延迟至60岁退休，那女教师总数将达到70.2万人，占教师总数比例将上升至48%。二是造成女性高知早退，浪费女性人才。三是影响高校女教师就业。因为女教师比男教师提前5年退休，工作年限也要少5年，因而许多高校都不愿意录用女教师。四是影响女教师申报和承担科研课题。由于我国科研课题完成时间一般为3～5年，许多50岁以上的女教师不能或不愿申报或承担重要科研课题，从而影响了女教师的科研成果。五是影响女教师职称晋升。由于教学和科研的有效工作时间缩短 5 年，教学成果和科研成果相比男教师要少一些，这就造成女教师在职称晋升方面处于相对不利地位。

为了充分发挥女性高级专家的作用，国家先后出台了允许其延长退（离）休年龄的规定。1983 年国务院下发了国发〔1983〕141 号文件《国务院关于高级专家离休退休若干问题的暂行规定》。《暂行规定》第二条规定，高级专家离休退休，一般应按国家统一规定执行，对其中少数专家，确因工作需要，身体能够坚持正常工作，征得本人同意，经下述机关批准，其离休退休年龄可以适当延长：副教授、副研究员以及相当这一级职称的高级专家，经所在单位报请上一级主管机关批准，可以适当延长离休退休年龄，但最长不超过 65 周岁；教授、研究员以及相当这一级职称的高级专家，经所在单位报请省、市、自治区人民政府或中央、国家机关的部委批准，可以延长离休退休年龄，但最长不超过 70 周岁；学术造诣高深、在国内有重大影响的杰出高级专家，经国务院批准，可以暂缓离休退休，继续从事研究或著述工作。1990 年人事部下发人退发〔1990〕5 号文件《人事部关于高级专家退（离）休有关问题的通知》。《通知》规定，女性高级专家，凡身体能坚持正常工作，本人自愿，可到 60 周岁退（离）休。对年满 60 周岁的少数女性高级专家，确因工作需要延长退（离）休年龄的，按国发〔1983〕141 号和劳人科〔1983〕153 号文件规定执行。然而一些高校却在"确因工作需要"之后增加了一些附加条件，如要求延迟退休的女教师必须是国家级优秀专家，硕士、博士研究生导师，重要学科带头人，承担国家、省、部级科研项目的主持人。绝大多数女教师难以满足这些附加条件，最终还是 55 岁退休。这样，女教师在业务最成熟的时期，却失去了男教师那样的职业发展机会。2015 年中组部、人社部联合下文《关于机关事业单位县处级女干部和具有高级职称的女性专业技术人员退休年龄问题的通知》。《通知》规定，从 2015 年 3 月 1 日起，具有高级职称的女性专业技术人员年满 60 周岁退休。这个文件解决了高校具有高级职称的女教师与男教师同步退休问题，但是对于未取得高级职称的女教师，仍然存在比男教师早退 5 年的问题。

（三）职称评审制度对高校专任女教师队伍建设的影响

目前，根据我国高校教师专业技术任职资格申报条件相关规定，教师申报高级职称时，学历条件、从事本专业工作年限以及从事下一级专业技术职务的工作年限、承担的年均教学工作量、科研成果等方面的要求下限，对男教师和女教师是相同的。这种规定表面上看属于中立政策，但实际上由于女教师在角色、地位、机会和资源获取等方面与男教师存在很大差异，女教师无法从该政策的实施中获得与男教师平等受益的结果，从而产生了新的性别不平等。高校女教师由于结婚、生子、照顾家庭、相比男教师早5年退休等方面的原因，在教学和科研时间投入上要明显少于同年龄段的男教师，因而教学工作量和科研成果量也会相对较少，最后造成女教师在职称评审上明显逊色于男教师。

据2013年《中国教育统计年鉴》，我国普通高校专任女教师获得正高级职称的有52494人，占专任女教师总量的比重为7.34%，获得副高级职称的有190283人，占专任女教师总量的比重为26.63%，获得中级职称的有313104人，占专任女教师总量的比重为43.82%。而专任男教师获得正高级职称的有129007人，占专任男教师总量的比重为16.49%，获得副高级职称的有242073人，占专任男教师总量的比重为30.93%（见图5）。这组数据表明，高级职称女教师占女教师总量的比重远低于高级职称男教师占男教师总量的比重，尤其是正高级职称女教师占女教师总量的比重，还不到正高级职称男教师占男教师总量比重的一半。高校专任教师正高职称181501人，其中女性52494人，仅占28.92%，与专任女教师占高校专任教师比重47.72%这一理论值相比，低了19个百分点。这种结果，在一定程度上也反映出高校职称评审制度确实存在男女不平等的问题。

（四）人才培养制度对高校专任女教师队伍建设的影响

高等教育人才是高等教育事业科学发展的第一资源，是国家人才队伍的重要组成部分。党和国家历来高度重视高等教育师资队伍建设，经过新中国

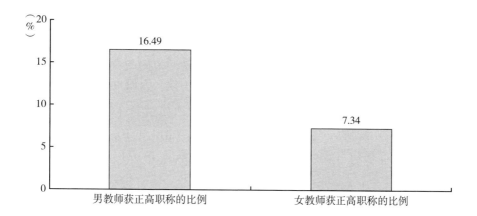

图5　2013年男、女教师获正高职称比例对比情况

资料来源:《中国教育统计年鉴2013》。

成立以来特别是改革开放以来的建设,我国已形成了基本满足我国高等教育事业发展需要、规模居世界前列的高校师资队伍。2010年以来,国家又制定出台了《国家中长期人才发展规划纲要(2010~2020年)》,教育部制定实施了《全国教育人才发展中长期规划(2010~2020年)》,为建设一支支撑和引领高等教育事业科学发展的高素质的高校师资队伍提供了坚强有力的政策保障。大家所熟知的旨在培养造就中青年学术带头人的"百千万人才工程"、旨在引进海外高层人才的"千人计划"以及旨在培养一批自然科学、工程技术和哲学社会科学领域的杰出人才、领军人才和青年杰出人才的《国家高层次人才特殊计划》(又称"万人计划"),还有教育部实施的"长江学者奖励计划"等,有计划、有重点地遴选支持了一批高校教师成长为杰出的科学家、各领域学术技术领军人物。教育部实施的"高校哲学社会科学繁荣计划""新世纪优秀人才支持计划""高等学校青年骨干教师培养计划"等加速培养造就了一大批青年拔尖创新人才。以这些国家层面人才培养计划为龙头,全国各省、市、自治区及高校也组织实施了一系列高层次人才培养工程,初步形成了分层次、分渠道、自下而上的中青年学术技术领军人才培养工作体系,逐步健全了创新型高层次人才培养计划,对推动高层

次人才队伍建设起到了重要作用。同时对培养选拔优秀高校女教师进入高层次人才队伍也起到了极大的推动作用。但是由于国家层面和省、市、自治区及高校层面的人才计划中，在名额分配、入选条件、项目资金安排等方面，没有考虑男女性别不同、需求不同、现有条件不同，因而也没有专门对女性适当倾斜，以致入选国家层面人才计划和高校人才培养计划名单的女性极少，使得高校女教师又一次输在起跑线上。如：2014年10月公示的湖北省"全国青年英才开发计划"首批培养人选名单55人中有24名是高校教师，其中女教师仅有3人。2015年全国第十一批青年千人计划公示名单667人，全部具有博士学位，其中女性72人，仅占11%（见图6）。

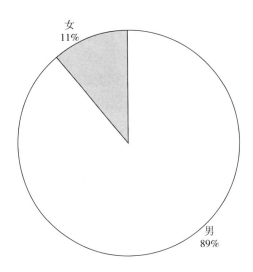

图6 2015年全国青年千人计划名单性别比例

资料来源：http：//www. edu. cn/jiao_ shi_ pin_ dao/jiao_ yu_ ren_ cai_ zi_ xun/201502/t20150216_ 1230682. shtml。

（五）科研课题申报、立项、评审制度对高校专任女教师队伍建设的影响

高校教师科研课题一般分为纵向课题和横向课题两大类，纵向课题是指各级政府指定的科研行政单位代表政府立项的课题，如科技部、省科技厅、

市科技局、国家社科院、省社科院、市社科院以及教育部、省教育厅等批准的项目。而横向课题一般是具体部门、具体企业为了解决工作中难题和技术难关而制定的项目，通过提供项目经费与研发酬劳而实现的项目委托方与受托方的直接合作。由于纵向课题数量十分有限，且获得的路径比较规范，评审比较公正，结题要求比较严格，纵向课题的层次和数量往往被看作一所高校科研水平和能力的尺度和标准，同时也被看作一位教师科研能力和学术水平的标准。① 因而，本研究着重分析纵向课题申报评审制度对高校女教师队伍建设的影响。纵向课题分为国家级课题、省部级课题、市级课题、校级课题。国家级课题主要有"973""863"、自然科学基金、社会科学基金、军工项目、科技计划项目、各部委项目等。省部级课题主要有社科基金、自然科学基金以及省政府各职能部门发布的招标课题。市级课题一般是市政府或委托机关部门如科技局、社科联发布的课题。

应该说，我国各级政府及部门主导的科研项目，在引导高校教师积极适应经济社会发展重大需求，开展国家急需的战略性研究、探索科学技术尖端领域的前瞻性研究、涉及国计民生重大问题的公益性研究以及人文社会科学研究等方面，取得了令人瞩目的成就，一批高校教师逐步成长起来。2011年10月11日全国妇联在北京召开女性高层次人才成长状况研究与政策推动项目工作会议。国家自然科学基金委有关负责人在会上宣布，基金委已出台相关政策，放宽女性申请青年科学基金的年龄到40岁，女性可以因生育而延长在研项目结题时间，逐步增加专家评审组中的女性成员人数等。中国科协的中国青年科技奖和中国青年女科学家奖还把女性获奖者的年龄由40岁放宽到45岁。这些政策的实施，有利于调动高校女教师科研积极性。但是通过对我国科研项目的申报、立项、评审制度进行社会性别分析，我们发现有些科研制度表面上的"男女平等"掩盖了事实上的男女不平等。由于大多数科研项目（青年科学基金项目除外）在课题申报人的条件、课题申报

---

① 高仲飞：《纵向课题与横向课题比较研究》，《经济研究导刊》2013 年第 15 期，第 264 ~ 265 版。

数量、课题资助经费等方面未考虑女教师与男教师的差异，未对女教师采取适当的保护性措施，以致女教师很少能入围国家级和省部级课题，有些高校明显存在女教师被科研"边缘化"的倾向。如某著名的"985"大学，获得国家杰出青年科学基金资助的有43人，其中女教师只有1人；获得"长江学者奖励计划"支持的46人，其中女教师只有2人。另一所"985"大学国家重点基础研究发展计划（"973计划"）项目首席科学家21人，其中女性仅为2人。当然女性被科研"边缘化"，不仅仅是高校的独特现象，在全国科研领域带有一定的共性。如：国家杰出青年科学基金，2011年199人申请，其中女性29人；2012年201人申请，其中女性31人；2013年200人申请，其中女性28人。2013年新当选科学院院士53人，其中女性只有2人；2013年新当选中国工程院院士51人，其中女性只有3人。截至2014年，中国科学院院士共726人，其中女性只有41人，仅占5.6%；中国工程院院士共776人，其中女性只有37人，仅占4.8%。2000～2014年获得国家最高科学技术奖共计25人，无一名女性。这种结果的出现，并不能证明在科研上女不如男。我们认为，主要原因还是由于科研资源分配上的男女不平等才导致了科研成果上的男女不平衡。

表8　2011～2013年国家杰出青年科学基金申请情况

单位：人

年份	男	女	合计
2011	170	29	199
2012	170	31	201
2013	172	28	200

三　建立健全促进普通高校专任女教师队伍建设的政策体系

如前所述，我国现有的人事制度对高校专任女教师队伍建设产生了深刻的影响，要全面解决当前高校专任女教师队伍建设中存在的主要问题，关键还是要在对现有的人事制度进行性别分析的基础上，采取措施努力消除其中隐含的性别不平等的相关内容，建立健全一套完整科学的有利于高校专任教师发展的人事制度体系。

关于妇女发展路径问题，目前存在多种理论流派，如基变社会工作理论、性别与发展理论、赋权理论、参与式发展理论。[①] 不同的理论流派分别指向不同的实务措施。各理论流派不同程度地主张将性别不平等进行社会归因，其中前三大流派特别强调了改变环境的重要性，体现了当代妇女发展观的基本倾向。从现有资料看，高校女教师面临的很多问题与社会各阶层女性面临的问题都有相似性，如家务分工问题、工作与家庭平衡问题，在不同领域的职业女性身上同样存在，这在一定程度上印证了社会归因学说的正确性，因而在采取对策措施时，重点要放在改善社会环境上，从社会文化、国家政策及高校内部制度查找根源，建构社会支持网络，重视集体行动。提高高校女教师自身素质是赋权的重要一环，但不是影响高校女教师地位的唯一决定性因素。

（一）建立先进性别文化的教育培训制度，普及社会性别意识教育

许多关于高校女教师的学术研究成果都揭示了高校女教师存在自身进取意识不强而替代成就感强、认同贤妻良母的价值观等问题，并且进行个人归因，认为是个人原因导致了高校女教师发展水平不够。这类观点能得到普遍认同，显然不是一种个别现象，而是出自不良的性别文化。

在个人与环境的关系中，环境的影响总是大于个人的影响，性别文化对个人的影响当然要大于个人对文化的影响。个人成长的过程是一个社会化的过程，是逐步接受包括社会文化在内的社会规范的过程，要形成良好的社会性别意识，首先要从宣传先进的性别文化开始。

文化植根于传统，影响广泛。改变一种旧文化绝非一日之功，也不是个人或者单个组织力所能及的事情。弘扬先进的性别文化，必须与我国的妇女

---

① 张李玺：《妇女社会工作》，高等教育出版社，2008，第109～132页。

解放与发展运动的特点相结合。我国妇女解放与发展运动不同于西方妇女运动的最主要的特点之一是，我国的妇女解放与发展运动是在党和政府的领导下，自上而下开展的运动。宣传先进的性别文化，首先要以男女平等基本国策为依托，把先进性别文化的宣传工作纳入党和政府工作规划。大力宣传男女平等的基本国策，宣传男女两性都有参与社会生活权利，以均衡的、灵活的家庭分工模式取代传统的刻板分工模式，使全社会充分认识到传统的性别分工模式是阻碍社会发展的桎梏。

虽然社会环境诸要素都会影响到性别文化的形成，但从高校教师的成长经历来看，家庭、学校、朋辈群体和单位这几大社会环境构成要素是影响个人社会化的直接因素，而其中学校、单位是有组织的正规的社会化场所，也是政府可以直接施加影响的地方。由于高校教师来源于高校、工作于高校，政府主导的先进性别文化教育首先应当以高校宣传教育为重点，宣传教育和培训的对象包括学生、教师和管理者。

按照学科属性来分，高校对学生的性别文化教育属于德育的范畴。学校德育工作的实施途径有两种，一种是直接的德育教学，以课堂教学的方式进行德育。一直以来，德育课是国家统筹程度最高的课程，高校使用统一的课程大纲、课程设置与教学安排、规划教材。要在德育课中进行先进的性别文化教育，必须进行顶层制度设计。德育课教育，可以采用所有高校学生都参加的普通选修课的形式，也可以采用只针对女生的女生课堂的形式，或者同时采用两种形式。另一种途径是间接的道德教育，通过在日常生活和学科教学活动中进行渗透来实现德育的目的。在目前传统文化根植于社会生活方方面面的情况下，这种德育教育很难产生明显的效果。有计划的学校社会工作可能是学校开展性别文化间接教育的一个可行途径。

从目前的研究成果来看，我国高校教师家庭中仍然存在明显的传统性别分工模式，高校师生中也很少有人接受过社会性别观的培训，比如不少成功女性也抱有成功与否主要取决于自己，与环境无关的观点。无论男女教师，都有参加社会性别观培训的必要，这样才能使社会性别理念深深地植根于校园文化的土壤。按照社会性别主流化的观点，对高校教师的培训应当是性别均衡的培训。从参训对象来说，培训对象不能仅仅局限于高校女教师，理想的状况应当是男女均衡的。培训的主题适合男女教师参加，具体内容与形式也不应当设计成专门针对女教师的。在培训的过程中，要确保男女两性代表的观点都能充分表达，避免在培训过程中形成新的性别之间的对抗。当然，高校女学生和高校女教师有自己不同于男性师生的困扰和问题，在必要时也应当专门针对女教师和女学生开展性别教育。[1]

社会性别主流化课程已进入部分党校干部培训课堂。为加速普及社会性别理念，高校应当在管理层培训规划中，把性别文化教育作为校内外各种干部培训班教学计划的必修内容，这是高校先进性别文化建设的重要一环。高校是一个以教学、科研和社会服务为主的专门性的学术团体，高校从事管理的人不仅仅有行政干部，还包括学术管理者。高校管理行政化是普遍现象，领导者无论是男性还是女性，是否认识到女教师的发展对学校教科研工作的重要意义、是否具有性别敏感意识、是否将女教师队伍的发展建设作为学校管理的重要一环、是否在决策时致力于推进性别平等，最终将社会性别意识纳入高校和相关行政部门的决策主流，对高校专任女教师队伍建设具有非常重要的意义。对干部的社会性别理念培训的目的就在于让高校管理者在制定政策时有性别敏感性，主动采取措施促进性别平衡发展。

从长远来看，普及社会性别理念的工作不能仅仅局限于高校。以教育为例，高校以外的其他层次和类型的教育中，也存在很多同样的问题，如教材的正面模范人物中男女两性比例失衡，教师对男女学生给予的学习期望值和学习机会不同，学生和教师中都存在着学科性别隔离现象，管理层中男性比例较高而一线工作人员中女性比例偏高等。高校的性别结构问题是社会问题的一个缩影，面向全社会普及社会性别理念，大力宣传我国第一位获得诺贝尔自然科学奖的女科学家屠呦呦等正面典范，也有助于在高校中形成良好的性别文化氛围。

---

[1] 刘伯红：《社会性别主流化读本》，中国妇女出版社，2009，第56页。

（二）国家进行顶层设计，建立和完善有利于高校女教师队伍建设的法律与政策体系

公平与效率是一对矛盾的统一体。从短期、静态的角度来看，资源向一个方面的倾斜会导致另一方面的减损，但如果从长期、动态的角度来看，两者最终能起到相互促进的作用。相对公平能促进高效率，高效率能为公平创造必要的条件。高等教育中也同样存在公平与效率的取舍问题。表面上，要提高高等学校的整体竞争力和创新能力，与致力于提高女教师在高校的社会地位之间似乎存在冲突，因为按照目前的评价标准，高校中男教师的创造力更强。但是，高校管理者要正确理解创新环境的改善与实施社会性别主流化措施之间的因果关系，高校中女教师所占比例近半，如果能够形成一个对男女两性教职工都相对公平的环境，为广大高校女教师提供相同的机会、待遇、责任、义务与权利，激发广大女教师的工作积极性，公平的环境最终会提高女教师的创新工作水平，从而提升学校教科研工作的整体水平。

性别平等不仅是一个价值观的问题，在我国更是在宪法、法律和政府规范性文件中有明确规定的具有强制力的法律规范。我国《宪法》规定了男女平等的原则。作为具有最高法律效力的根本大法，《宪法》的规定应当贯彻到社会生活的方方面面，政府作为行政机关和执行机关，应当在政治承诺、制度安排、机构配置和工作规划中体现《宪法》的要求。政治上，20世纪90年代我国已明确宣布把男女平等确定为国家的基本国策。《宪法》的规定和国家做出的庄严政治承诺，使得政府相关部门具有法定的义务，在对高校的管理中要体现男女平等的原则。也只有相关部门进行顶层制度设计，我们才能有力地推动社会资源在性别平等领域的投入，让所有高校和教师站在同一起跑线上公平竞争。

在许多法律和政策中都有关于男女平等的规定，但男女平等的含义是什么，不同的理解导致了不同的结果。在进行制度设计时要按照社会性别主流化的要求，正确理解性别平等的概念。按照社会性别理论，性别平等有形式平等、保护性平等和实质平三种形式。形式平等不考虑男性和女性的生理和社会文化差异，不为女性提供任何额外或特别的措施，给女性造成巨大的压力。保护性平等通过排斥女性或限制女性的权利过度保护女性。女性被假定为弱者，不适合做某些事情。[①] 比如针对高校女教师中普遍存在的教学强科研弱、文科强理工弱的现状，如果学校将女教师的工作职责局限于其"擅长"的文科教学领域，这就是一种保护性平等观，最终会使得高校女教师在激烈的竞争中处于不利地位。这种平等观没有认识到创新活动是一项需要高度集中精力、需要积累相应的社会资源的活动，而女教师深受工作与家庭平衡问题的困扰，时间和其他资源碎片化，教学强科研弱的表面现象其实是社会性别结构问题的一个缩影，不能归责于女教师自身。实质性平等指结果的平等或事实上的平等。实质性平等考虑到男性和女性之间的差异，强调有必要创造一种支持性的环境，让女性行使并享受权利。在进行法律和政策设计时，我们应当采用实质性平等的价值取向，把教师的性别和年龄结构与两性在学术和行政管理层中的比例是否基本一致，作为判断是否实现实质性平等的基本指标。

高等教育领域也是一个竞争激烈的领域，高校分级与排名、专业与学科排名、各类学科带头人遴选等方面竞争激烈，很少有高校愿意为了追求人事政策上的公平而牺牲自己的竞争力。政府作为社会性别主流化的第一责任人，应当从法律与政策层面采取措施，由全社会均衡承担相关的成本，减轻积极实施社会性别计划和教师工作与家庭平衡计划的高校的压力，促进高校之间的公平竞争。国家进行顶层设计主要涉及以下几个方面。

1. 立法方面的顶层设计

程序法方面，《事业单位人事管理条例》已经明确规定，事业单位工作人员与单位之间产生人事争议时，依照《中华人民共和国劳动争议调解仲裁法》等有关规定处理，从而将人事争议纳入可诉范围。在解决争议过程中，国家法律法规与单位规章制度都是解决争议的法定依据。

实体法方面，目前存在的主要问题是有关社会性别方面的实体法律规定

① 刘伯红：《社会性别主流化读本》，中国妇女出版社，2009，第9~11页。

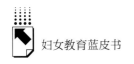

原则性较强甚至完全没有相应规定，《宪法》和《妇女权益保障法》的规定不能落到实处。由于公办高校已普遍推行更具市场化色彩的聘任制，民办高校规模已占我国高校总量的半壁江山，过度依靠具体行政指导的方式对高校的人财物进行管理已不可行。法是一个社会共同的行为准则，具有普遍性和强制性的特点，无论哪类办学主体举办的高校均应当遵照执行，只有在法律法规或者政府规章等不同层级的立法中明确制定出各类高校都应当共同遵守的行为准则，才能使《宪法》和较高层级法律的有关规定落实到高校的管理实务中。与教师人事制度有关的立法顶层设计涉及以下几个方面。

（1）关于教师培养规格方面的立法。只有在未来的教师队伍中普及社会性别观念，才能为高校教师均衡发展打下坚实的基础；只有抓好在职教师的社会性别观念的培训，才能形成有利于男女教师平等发展的生态环境。《教师法》和《教师资格条例》是目前关于教师资格方面的主要立法。不同级别的教师资格考试的内容不完全相同，全国统一的教师资格考试制度中《教师综合素质》是必考内容，教育部也颁发了《教师教育课程标准》。

《中国妇女发展纲要（2011~2020年)》（以下简称《纲要》）要求，性别平等原则和理念在各级各类教育课程标准及教学过程中得到充分体现。在课程和教材相关指导机构中增加社会性别专家。在教育内容和教育方式中充分体现社会性别理念，引导学生树立男女平等的性别观念。提高教育工作者的社会性别意识。加大对教育管理者社会性别理论的培训力度，在师资培训计划和师范类院校课程中增加性别平等内容，强化教育管理者的社会性别意识。

教师培养、教材、考试大纲等方面的现状与《纲要》的要求存在不少差距。《教师资格条例》的主要内容是关于申请教师资格的程序性规定，关于教师权利与义务的实体规定是《教师法》的主要内容。应当将《纲要》的核心要求写入《教师法》关于教师义务的条款中，并明确相应的法律责任。此外，在教师资格考试的考评组织中，应当保证女性考评人员占有相应的比例。

（2）教师公开招考制度立法。实行"逢进必考"的公开招聘制度以后，从统计资料来看，事业单位招收的女性专业人员的比例较高。"公开、公平、公正"的聘用原则对女性竞争者更有利，长期坚持下去更有利于优秀女性进高校和其他事业单位。

"逢进必考"的公开招聘制度在公办高校中已普遍推行，但我国还存在大量的民办高校，与公办高校相比，这些高校在进人方面拥有更大的自主权，在招聘教师时只要不违反现行法规所规定的最低资格要求即可，是否按照公开招聘程序引进教师由各民办高校自主确定。教师聘用是人力资源市场中的一个环节，如同企业经营需要用反不正当竞争法来营造公平竞争的环境一样，在教师招聘这样一个专业人力资源市场中，要营造公平竞争的环境也需要以法律作为强有力的后盾，以消除教师招聘过程中可能存在的各种间接歧视现象。为了能够在民办高校中推行教师公开招聘制度，在《教师法》修改时应当增加关于高校教师公开招聘制度的内容。为保证制度的有效实施，高校在设立招聘组织时，各环节的决策及评审人员要实现性别平衡，并在上岗之前参加必要的社会性别观培训。

（3）修订有关法规，形成有利于高校教师平衡发展的人事管理制度。主要涉及教师职务聘任、教学科研考核、工作条件、民主管理、培训进修、奖惩措施、工资福利待遇、退休等。

高校教师专业技术职务制度的主要法规依据是国务院 1986 年公布的《关于实行专业技术职务聘任制度的规定》（以下简称《规定》），此后国家又公布了一系列关于专业技术人员管理和事业单位改革的政策措施。《规定》建立了专业技术职务结构比例制度、专业技术职务名称（职称）制度、专业技术职务与职务工资标准相对应制度、专业技术职务评审委员会制度。《规定》使职称成为专业人员人事管理的核心，高校教师也不例外。《规定》发布后不久，国家教委和中央职称改革工作领导小组发布《高等学校教师职务试行条例》（以下简称《条例》），规定了高校教师职务名称及其任职条件，评审的基本程序。《条例》所规定的高级职称的任职条件并没有明显偏向于教学或者科研中的某一方面，而是对教学、科研、社会服务各方面的任职条件都提出了要求，体现了综合性的评价标准。但在具体实施的过程中，

科研业绩逐渐成为职称评审最为关键的"硬"指标，对职称晋升起决定性作用。高校女教师普遍教学强、科研弱，这种评价标准显然不利于女教师职务晋升。

《条例》及其实施意见制定于20世纪80年代，基本上属于"性别盲视"的产物，对高校女教师的特殊生理期的工作量没有任何照顾，在评审标准方面"一视同仁"，没有按性别比例确定各级职称名额，在各类评审组织中也没有采取性别平衡的措施，因此亟须按照国家法律和《中国妇女发展纲要（2011～2020年）》的要求修订完善相关内容。职称决定了高校教师的地位、待遇、机遇、话语权等多方面的利益，也是女教师能否进入高校管理层的重要前提。科学设定职称评审标准，按照实质性平等的原则考核评审结果，将有助于迅速提高高校女教师的学术地位。

目前高校教师评审制度的细则主要由各省（市、区）根据《高等学校教师职务试行条例》的规定制定，有些地方已经改变了过去职称评审条件中科研业绩"一枝独大"的现象，制定了职称分类评价标准，比如湖北省2014年底实行高校教师职称分类评审改革，把教师分为教学为主、科研为主、教学科研并重、社会服务与推广四种类型。将高校教师职称分为研究型、教学型等不同的种类，避免了千人一面的评价标准，有利于高校教师在自己所擅长的领域脱颖而出，这类改革措施有利于高校女教师专业职务晋升。除此以外，按照男女平等基本国策的要求和社会性别的理念，评审标准和程序还有许多需要改进的地方。比如关于工作量的规定，女教师由于孕育后代付出大量时间精力，但在评审时却要站在同一起跑线上，使得女教师不但在起点职称上晚于男同事，还进一步影响到后面更高一级职称的晋升。又由于女教师退休年龄比男教师提前，部分女教师就会丧失升至最高职称的机会。为保证女教师能与男教师在评审时享有实质性平等，应当在女教师孕育期适当减少其工作量和科研任务。这种减少不应当简单地按特殊生理期的时间相应减少，因为女教师因特殊生理原因休息一段时间后恢复原有的教学和科研能力还需要一个过程。在坚持同等评审标准的前提下，也可以实行配额制度，按教师性别结构分别分配职称评审额度，为女教师的晋升预留空间。

关于评审组织的性别结构，过去从未有过相关规定，可以参照国际上通常的标准，规定评审委员会或评审小组等职称评审组织中的女性成员的比例。除评审组织外，对高校行政部门、学术委员会等管理机构也应当提出同样要求。

（4）明确同工同酬的认定标准。在现行法律中没有关于如何认定同工同酬的依据，仅在《中国妇女发展纲要（2011～2020年)》中有相关的表述：全面落实男女同工同酬。建立健全科学合理的工资收入分配制度，对从事相同工作、付出等量劳动、取得相同劳绩的劳动者，用人单位要支付同等劳动报酬。在法律规定不明确时，产生争议的当事人对诉讼后果无法进行预估，要承担相当的诉讼风险，在此情况下，很多争议最后以当事人放弃维权而告终。

（5）完善高校女教师参与民主监督立法。这方面的立法主要涉及部门规章。教代会和女工委员会是高校女教师参与高校民主管理的重要机构。目前教育部关于教代会的部门规章中，仅仅强调了教师在代表中的比例，却忽视了代表的性别结构问题。在推选教师代表时，要充分考虑女教师在高校及院系教师中所占的比例，政府规章中应当建立代表名额按性别比例分配的原则。高校中虽然普遍设立了女工委员会，但女工委员会的基层组织建设情况在不同高校中有所不同，一些高校的女工委员会仅仅在校一级层次设立，没有在院、系、专业教研室中分级设立相应的分支机构，结果使得女工委员会的监督不能日常化、具体化，监督的内容也不够接地气。要明确高校内女工委员会按校、院、系分层设立分支机构的制度，并制定相应的日常管理制度，增强女工委员会的工作活力。

（6）修订专业技术人员和行政管理人员不同年龄退休的有关规定。如前所述，高校女教师退休年龄低于男教师是对女教师职业生涯影响最大的因素之一，目前虽然女处级干部和具有高级职称的女性专业技术人员实现了与男性教师同年龄退休，但对不具备上述条件的女性来说，现有退休政策仍然是一种不公平的政策。如果晚几年退休，许多女性本来还有晋升机会，但提前退休剥夺了她们的这种机会。要修订相关行政法规和规范性文件，普遍实

行高校女教师弹性退休制度。高校女教师无论学术和行政职务高低，在55岁时均有权自主选择是否退休。

上述立法方面的顶层设计遵循了一个共同的原则：在立法时保持性别敏感，平等确定教师的待遇、权利、义务、责任。为避免立法条文过于繁杂，可以在修订《教师法》时在总则中增加一个条文，要求高校在教师聘用和使用的各个环节中，按照教师的性别年龄结构，给予相应的机会与待遇。在立法中不再简单地使用"男女平等"这种实际上歧义很大的词。此外，在法律责任部分，要明确未达标准的学校及管理者的法律责任，并明确被侵权时的法律救济途径。

2. 国家人才发展规划方面的顶层设计

国务院颁发的《中国妇女发展纲要（2011～2020年）》（以下简称《纲要》）是第一份真正体现社会性别观点的发展规划。《纲要》提出，教育工作全面贯彻性别平等原则，性别平等原则和理念在各级各类教育课程标准及教学过程中得到充分体现。实施教育内容和教育过程性别评估。在课程和教材相关指导机构中增加社会性别专家。在教育内容和教育方式中充分体现社会性别理念，引导学生树立男女平等的性别观念。提高教育工作者的社会性别意识。加大对教育管理者社会性别理论的培训力度，在师资培训计划和师范类院校课程中增加性别平等内容，强化教育管理者的社会性别意识。提高各级各类学校和教育行政部门决策和管理层的女性比例。均衡中、高等教育学科领域学生的性别结构。鼓励学生全面发展，弱化性别因素对学生专业选择的影响。采取多种方式，鼓励更多女性参与高科技领域的学习和研究。但在《纲要》中没有提出教育工作的重要主体——教师的性别平衡发展问题，没有提出关于科研人才的均衡发展的要求，更没有提出相应的指标与措施。《纲要》是一份国家层面的人才发展规划，其他部门在制定各自领域的各类人才发展纲要时，应当落实这一国家层面的发展规划关于性别均衡发展的要求，从而把促进性别平衡发展明确为各级政府和各类单位的法定职责。

为贯彻落实《国家中长期科学和技术发展规划纲要（2006～2020年）》《国家中长期人才发展规划纲要（2010～2020年）》和《中国妇女发展纲要

（2011~2020年）》，科学技术部与全国妇联发布了《关于印发关于加强女性科技人才队伍建设的意见的通知》。文件要求在国家重大科研项目和重大工程实施、重点创新基地建设中，提高女性科技人员的参与程度。各类人才培养计划和科技计划要加大对女性科技人才的支持力度，同等条件下优先支持女性科技人才。文件提出了机构性别平衡措施，要求在各类科技管理和决策机构中，要保证一定比例的女性科技人才参与。政府各类科技项目的咨询和评审专家组中，要逐步提高女性专家的数量和比例。各类学术组织、科学技术社会团体要增加女性理事、会员或代表的比例。为照顾特殊生理期的女性，文件要求，对孕哺期女性科研人员，科研机构和高等学校等要实行科学合理的岗位管理、聘期评价和绩效考核办法。可通过实行弹性工作制、配备科研辅助人员等措施，对孕哺期女性科技人才提供有效支持。科技部与全国妇联发布的这一规范性文件，提出了加强女性人才培养的政策方向，但仍然缺少具体的指标措施。全国妇联颁发了《全国妇联关于贯彻落实〈国家中长期人才发展规划纲要（2010~2020年）〉促进女性人才成长的意见》（以下简称《意见》），这是有关女性人才专项发展规划的一个规范性文件。《意见》要求各级妇联积极参与协调女性人才发展工作，体现了妇联组织的桥梁与纽带作用。但妇联组织不是行政机构，受其职能限制，不能做出具有行政强制力的决定，只能在人才培养中起到参与协调的作用。

如前所述，在初、中级教师队伍里，女教师所占的比例较大。随着职称级别升高，女教师所占的比例越来越小。目前国家出台了多方面的人才发展规划，包括国家中长期人才发展规划纲要、国家中长期教育改革和发展规划纲要、全国教育人才发展中长期规划、高等教育专题规划等，这些规划中有许多关于教师队伍建设的规划，但在所有这些规划中均没有提及《纲要》及配套文件中所确定的关于性别平衡的政策，也没有提出女性人才专项发展规划。

女性精英人物数量虽少，却决定着该领域妇女的社会地位。着力培养一支女性顶尖人才队伍，改变目前这种严重失衡的状况，是改善高校女教师的社会地位必不可少的措施。而规划要有较强的约束力，一定的指标体系是必

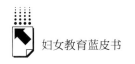

不可少的。联合国第四次世界妇女大会通过的《行动纲领》要求各国在立法机构和决策职位中实现女性占30%的目标。在国家关于女性人才培养的各类规划中，应当提出女性人才占人才总量的30%以上的指标要求，特别是在性别比例失衡而又影响妇女整体地位的高层次女性人才培养选拔中，应当采取必要的配额措施，将上述不少于30%的指标确定为各类高层女性人才培养的规划目标。按照这一思路，不少国家级的高层人才培养计划都要进行相应修改。下面仅以其中有代表性的几份人才培养方案为例进行简要分析。

《国家百千万人才工程实施方案》提出，"工程"国家级人选每年选拔一次，每次选拔400人左右，其中纳入"国家高层次人才特殊支持计划"基础学科、基础研究领域领军人才100名左右。方案中未提出性别比例要求。对于特殊高层次人才，在选拔结果中采用配额措施是不适当的，这样做会导致部分宝贵的额度被空置，所以必须从推荐候选人的阶段就采用配额措施。

《国家高层次人才特殊支持计划》（以下简称《计划》）规定，遴选人才要经过初选、复评、领导小组审定等程序。为保证实现性别平衡的目标，首先在机构组织中要实现性别平衡。按照《计划》规定，领导小组制定各类人才遴选办法，并审定最终人选，是遴选人才的决策机构，但文件中没有规定决策组织中女性成员的比例。文件中也没有规定候选人的性别结构，不能从源头上解决性别结构问题。

新的《"长江学者奖励计划"实施办法》（以下简称《办法》）从2011年起开始实施，实施经费由中央财政专项支持。该计划所规定的特聘教授入选基本条件明显不利于各高校推荐产生女性候选人。特聘教授基本条件第1条规定：申报当年1月1日，自然科学类、工程技术类人选年龄不超过45周岁，人文社会科学类人选年龄不超过55周岁。第2条规定候选人一般具有博士学位，在教学科研一线工作；海外应聘者一般应担任高水平大学副教授及以上职位或其他相应职位，国内应聘者应担任教授或其他相应职位。如前所述，女教师的高级职称起始年龄高于男教师，年龄上限太低，导致大批有高职称但超龄的女教师被排除在外。《办法》要求国内应聘者一般应具有博士学位，而女教师中拥有博士学位者的比例低于男教师。《办法》要求国内应聘者应担任教授或其他相应职位，而正高职称中，女性只占约四分之一的比例。选拔人才最重要的依据是业绩和能力，但这一实施办法设置了太多的资历条件。为保证结果的实质性平等，对《办法》应当进行如下修改：候选人年龄上限统一调至55周岁，学位条件要求具有硕士学位，应聘者职称一般要求副教授以上。高校推选的候选人中女性候选人应当占有一定比例。

《新世纪优秀人才支持计划》（以下简称《计划》）所规定的年龄条件同样不利于女性候选人。其申报条件规定：在国内高等学校教学和科研第一线工作，并受聘副教授以上的专业技术职务；一般应具有博士学位；在申报当年1月1日，自然科学领域申请者年龄一般不超过40周岁，哲学社会科学领域申请者年龄一般不超过45周岁。31～40岁的教师中女教师占51%，而正高级职称教师中女教师仅占28.91%，副高级职称女教师仅占44.01%，女教师在《计划》限定的这一年龄段的基数大，而符合条件的人选数量少，所以仍然有必要采取保护措施。一方面减少不必要的资历条件要求，取消年龄限制；另一方面要保证候选人的性别比例与高校相应年龄段教师的性别比例大体平衡。

3. 高校章程核准与教学评估制度的顶层设计

政治承诺、机构配置和能力建设是社会性别主流化的几项重要措施，高校与此有关的最重要的制度是学校章程。2012年，教育部颁发了《高等学校章程制定暂行办法》（以下简称《办法》），适用于国家举办的高等学校。《办法》第三条规定，章程是高等学校依法自主办学、实施管理和履行公共职能的基本准则。高等学校应当以章程为依据，制定内部管理制度及规范性文件、实施办学和管理活动、开展社会合作。从教育部对章程在学校制度体系中的定位来看，章程是学校的各项制度的基石，是学校的"宪法"。《办法》第三十一条规定，高等学校的主管教育行政部门对章程中自主确定的不违反法律和国家政策强制性规定的办学形式、管理办法等，应当予以认可。根据本条规定，高校对章程的制定具有较大程度的自主性，但不能违反

国家法律和国家强制性规定。同时根据《办法》规定，教育部门可以对章程的制定进行指导，对章程有核准权。在新设高校或者现有高校制定章程时，教育部门应当加强指导，敦促高校在制定章程时按照《中国妇女发展纲要（2011～2020年)》的要求，将社会性别理念及其措施纳入章程的内容。

机构配置作为一项社会性别主流化的措施，要求高校配置专门负责制定、实施性别平衡政策的机构，并在行政和学术管理层中完善性别结构。具有较长办学历史的高等学校，在完善管理层性别结构时需要一定的过渡时间。新设普通高等学校和职业院校，应当按照《中国妇女发展纲要（2011～2020年)》的规定，落实管理层队伍性别结构的要求，从而更快地实现高校教师的性别平衡发展。

办学水平评估是教育部门对高校日常管理的一种重要手段，目前的水平评估涵盖了中职、高职、本科、研究生等各层次的办学实体和学科建设。教育部门应当在办学水平评估中增加关于社会性别评估的指标，评估内容之一是要求高校在日常教学管理过程中进行分性别统计。分性别统计是一项基础性的工作，是高校内外对性别平衡工作进行监督检查的基础；之二是要求高校建立在决策过程中保持性别敏感的机制，确保无论是在重大决策中还是设计、实施具体项目时，都能始终关注到师生的性别平衡发展问题；之三是设置学校在减少师生学科及专业性别隔离方面的成效指标；之四是考核学校持续改善高校女教师的工作环境的措施等。此外，在社会性别评估指标中，还应当将高校为实现性别平衡配置相应的机构和人员的情况纳入评估体系，因为是否配置相应的资源是实现高校教师性别平衡发展的关键因素。

4. 将社会性别评估纳入国家对科研项目的招投标评估体系

在国有资金或社会资金对高校的资助项目中，通常没有对承接项目的组织进行社会性别评估。由于现有高校教师中男教师更擅长于科研工作，男教师的平均职称级别也更高，而申报科研项目时又往往把课题主持者和参与者的职称作为重要条件，从而导致女性科研人员在承接项目时处于劣势地位，并形成强者恒强、弱者恒弱的恶性循环。

以国有资金资助为主的各类科研课题、项目或奖励计划是高校各类重大科研课题的重要来源。有关部门或组织在进行课题申报评审时，除了重视申报团队的职称及过往业绩，还应当对整个项目进行社会性别评估，比如项目是否有利于同时提高男女两性研究者的科研水平，组织框架中是否实现了性别平衡，项目的产出是否能使男女两性同等受益，是否制订了相应的社会性别行动计划。课题负责人相当于项目组织的决策者，各类国家出资设立的科研基金会，如国家社会科学基金、国家自然科学基金，应当采取配额措施，保证女性课题负责人申报的项目占有一定的比例。

5. 在高校实行社会性别预算、评估，在教育领域进一步推广分性别的统计指标

我国高校大多数属于由国家举办的公益事业单位，政府在向各高校提供财政资金时应当进行性别敏感性分析，根据性别平衡原则确定资金的用途，并对各高校的资金使用情况进行评估。为满足教学、科研预算及评估的需要，在教育部门、统计部门制定的统计指标中，应当在现有基础上全面细化分性别的统计指标。现有的统计资料中，往往只有个别统计指标有分性别的数据，比如在教育部每年公布的教育统计数据中，绝大多数数据都没有分性别统计。没有分性别的数据资料，就无法为制订实施社会性别计划提供必要的依据。除政府部门要进行分性别统计外，高校自身也应当有分性别的统计系统。分性别的统计系统是实现社会性别主流化的前提条件，没有这一前提条件就不可能开展社会性别分析，也无法实行社会性别预算。

《中国教育统计年鉴》是目前教育方面最权威的统计数据来源，但其中有许多项目都没有分性别的指标。在其《高等教育》部分的统计表中，"分学科研究生数""普通本科分学科学生数"及相关统计中应当分栏统计女生数，便于掌握女生学科隔离特别是文理科隔离的情况。"普通本、专科分性质类别学生数"中应当按院校性质分类统计女生数量。在"高等教育学校教职工情况"中应当按院校层次分别统计女教职工情况。"研究生指导教师情况（普通高校）"中，女指导教师的职称情况没有单列。"分学科专任教师数（总计）"及相关统计表中未按学科分别统计女专任教师数，而这一数据是了解高校教师学科性别隔离的重要依据。职称是决定高校教师地位的关键指

标，在"专任教师学历情况（总计）"及相关表格中应当统计不同职称中的女教师数。"专任教师年龄情况（总计）"及相关统计表中应当按性别统计不同年龄段、不同职称的女教师数量，有了这一统计数据，就能根据不同生命周期的女教师职业生涯发展状况制定相应的对策。在第三部分《科学研究活动及其他》里面的很多统计表，如"普通高等学校科技经费情况""普通高等学校研究与发展课题、成果情况""普通高等学校科技人力情况""普通高等学校人文、社会科学人力情况"等，都应当按照课题负责人的性别分别进行统计，这样才能跟踪科研经费、人力资源、科研成果的分性别分布情况。

（三）普通高校制定出台专任女教师队伍培养规划和措施，为女教师提供公平发展的机会

我国高校在校生中，无论本专科生还是硕士研究生，女生所占比例都超过男生，博士生中女生比例大大低于男生。高校教师中的女教师占比接近5成。在此情况下，高校举办者和管理者如果不能转变办学理念，将社会性别观念纳入高校管理的主流，在未来的教学科研竞争中这些高校无疑将会处于不利地位。所以高校管理层应当正确认识公平与效率的辩证关系，在国家顶层设计的立法和政策未出台之前，着眼于本校的长远发展，搞好女教师队伍的长期培养规划，为学校女教师队伍成长创造良好的环境。当然，为鼓励公平竞争，防止过度保护，特殊生理期以外的其他保护性措施都应当是临时性的，在女教师整体竞争力提高时要逐步退出。

在高校履行教学、科研和社会服务这三大社会职能过程中，女教师在科研方面普遍感受到较大压力。在各类教师评价标准普遍重科研不重教学的大环境下，要重点提高女教师科研水平的竞争力。高校女教师面临的一些问题，如职称起始年龄高、理工弱势、学术和行政权力边缘化，多少都与科研短板有一定关系，所以高校女教师的培养，重在解决科研瓶颈问题。对此，高校可以采取以下措施。

1. 完善有利于优秀女干部、女教师脱颖而出的管理机制

在学校的办学章程等基本制度中要体现社会性别观念，配置专门机构和

人员，安排预算资金，这是将社会性别主流化纳入学校管理的关键。如果仅仅设立一个层级不高的协调机构，由于缺少相应的职权、资金和人力资源，对推动社会性别计划不一定会产生多大实效。除设立专门机构外，要在学校各个管理层，如校、院、系行政管理层和学术委员会、职称评审委员会等学术管理层中，逐步实现机构人员的性别比例平衡

2. 加强对所有教职员工的社会性别理论培训

实现社会性别主流化，需要全体教职员工的共同参与。社会性别理念培训不能仅仅以男性或女性为培训对象，即便是行政和学术领域的女性管理者、学校的女教师群体，也不一定具有社会性别理念，所以社会性别理念的培训应当以全体教职工为对象，要确保男女两性在培训中的平等参与。

3. 为女教师提供更多的参与机会

建立健全有利于女教师科研能力成长的长效机制，为女教师参加校内外各类培训和交流活动搭建好必要的平台。学术职业需要有较高的学历背景，要鼓励在职女教师参加学历层次提升学习。学术职业又是创新性很强的职业，高校在选送教师参加进修、学术交流时，要根据女教师所占比例分配相应的名额。学术活动早已不是单打独斗的个人行为，更多时候表现为一种有组织的活动，要鼓励女教师积极承担研究生培养，参与学校职称评审委员会、学位评定委员会、课题小组等学术机构的工作，同时学校也要选派好带动女教师参与科研活动的领军人物。组建科研团队时，选配的主持者和参与者中应有适当比例的女教师。高端教学岗位更应当发挥女教师擅长教学的优势，优先配备女教师。一定级别的职称是从事学术职业的前提条件，在职称晋升方面，当高级职称中性别比例失衡时，在不降低晋升标准的前提下，可采取临时性的保护措施，将职称晋升名额分性别比例设置。

4. 打破专业领域的性别隔离

从我国高校的发展历史来看，20 世纪 60 年代国家大力发展理工科时，承担理工科教科研工作的女教师都能较好地胜任工作任务，所以专业方面的性别隔离实际上是性别偏见的产物。选拔更多女教师承担理工科领域的教科研任务，提高"男性偏好专业"中女教师的比例，增加"女性偏好专业"

中男教师的比例，有助于增强女教师在全校教科研事务中的话语权，改善女教师不擅长理工和科研的刻板形象。

5. 建立科学全面的教师评价制度

《国务院关于加强教师队伍建设的意见》要求，要健全教师考核评价制度，根据不同类型教师的岗位职责和工作特点，完善高等学校教师分类管理和评价办法。普通高校人事管理中重科研不重教学的现象实际上是一种与国家现行政策相左的做法，部分省市出台了教师职称分类评审办法，将教师的评价标准细分为教学类、教学科研类、科研类、社会服务类，为各高校完善教师评价体系指明了方向。在采用教学、科研分类评价体系的情况下，更有利于提高高校女教师的社会地位。

（四）政府、高校建立促进女教师工作家庭平衡发展的社会支持机制

家庭分工模式是影响包括高校女教师在内的女性职业群体的重要因素。受传统家庭分工模式的影响，高校女教师时间碎片化，影响到所从事科研工作的质与量。改善高校社会支持服务体系，有利于职业女性实现工作与家庭的平衡。但高校的社会支持服务体系建设是一个综合性的问题。高校后勤服务工作已经实现了社会化，创建社会支持体系已不仅仅是政府、高校或社区中某个单一主体的职责。只有政府、高校、社区多个主体共同努力、采取综合措施，才能形成完善的社会支持网络。比如国家要加强相关立法，为女性实现工作—家庭平衡发展提供法律保障；高校作为用人主体，可以出台家庭照顾方面的福利政策，缓解女教师工作—家庭冲突压力，比如在女教师的参与下制订实施相应的职业与家庭平衡计划，以社会化的方式建立对女教师的社会支持网络，通过积极引进各类家庭服务企业以及为家庭服务的托幼、养老非营利组织，打造一个有利于减轻教师家务负担、提高教师竞争力的社区环境。

1. 对养育幼儿的教师采取弹性工作制

国务院颁布的《女职工劳动保护特别规定》给予女职工的产假时间仅

有 98 天，使得绝大多数尚在哺乳期的女性为上班只能对孩子采取断奶措施。目前还有多个省（市、区）出台了男性休亲子假制度。对于 0~3 岁幼儿，我国目前普遍采用的是家庭照料的形式，社会上少有提供幼儿托管服务的机构。这就导致教师产假期满后女教师会出现严重的育儿与工作之间的冲突。具备条件的高校应当为上班女教师提供专门的哺乳托管场所；另外，学校对教学和工作计划进行必要的调整，对处于这一阶段的女教师要尽可能安排到教学等具有弹性工作时间的岗位，减少绩效考核中工作量的要求。

2. 针对特殊时期的教师建立灵活工作时间与灵活假期制度

我国现行劳动法规对经期、孕期、产期、哺乳期的女性给予了一定的照顾，湖北省还进一步规定更年期女性有权要求在工作量方面得到照顾。但对于家有病人、失能老人或小孩的职工能否请事假，国家规定尚不完善，员工能否请假主要由所属单位决定。高校可以有针对性地完善单位的事假制度，为工作与家庭冲突较严重的教师提供一定的事假。为弱化传统的家庭分工模式，这类事假的照顾对象不应当仅仅或主要局限于女教师，男教师每年也可以申请一定期限的这类事假。

3. 鼓励、扶持社区内建立养老服务社会支持网络，普及儿童照料服务

居家养老是我国的主要养老方式，完善的养老服务社会支持网络可以提供信息服务、专业咨询和培训、喘息照料等服务。这类社会支持网络不可能取代家庭的主要功能，但能很好地弥补家庭资源之不足。在幼儿园和义务教育阶段，要形成专门的放学照看制度。根据高校教师的上下班和工作特点，高校所在社区的幼儿园的服务时间应适当调整。义务教育阶段的非寄宿制学校要有专门的放学后照看措施。在幼儿父母上班或出差的公休日或夜间、学生假期，应由社区或高校组织互助性照看活动。当然，为保证幼儿身心安全，要参照托幼场所的要求设立一定的准入门槛，如场所消防安全要求，照看人的身体健康标准、职业资格标准等。

4. 建立规范的家务服务体系

除了育儿养老，其他家务负担也是影响女性工作—家庭平衡的重要因素。2010 年国务院办公厅发布《关于发展家庭服务业的指导意见》，从家庭

服务业发展的基本原则和发展目标、统筹规划家庭服务业发展、实行发展家庭服务业的扶持政策、逐步规范家庭服务业市场秩序、提高从业人员职业技能、维护从业人员合法权益、加强发展家庭服务业工作的组织领导七个方面提出了具体要求。高校后勤服务系统虽然不是社区组织，但在加强家务服务方面完全可以起到支撑作用。家庭服务深度介入居民私人家庭生活，服务的特殊性要求供应商及其工作人员有高度诚信的商业道德。而如何准确评估对方商业道德，往往是居民家庭所难以做到的事情。高校后勤服务系统可以充分发挥在高校社区内的网络优势，通过评先奖励、费用补贴、优先推荐、集合竞价、建立红黑榜等方式，帮助高校教师合理选择服务商。

（五）鼓励高校专任女教师提高自我发展能力，实现与制度环境的良性互动

任何环境制度的改善，都只是改变了高校女教师发展的外部因素，只有通过高校女教师自身的努力，才有可能最终实现教科研竞争力的提升。对高校女教师的现状进行个人归因固然不妥，但环境的改善并不能自动提高每个高校教师的竞争力。要在竞争中脱颖而出，还需要高校教师努力提高自身的素质。

高校女教师由于面临着工作与家庭的双重压力，造成个体身心健康压力大，普遍存在无力感和职业倦怠感。认知理论认为，在认知、情绪与行为这三者的关系中，认知起着中介和协调作用。只有当认知摆脱了"自动化"思考和非理性因素的干扰时，个体才有可能采取正确的行动，才有可能产生正常的情绪，"个体觉醒的水平是赋权的关键"[1]。改变高校女教师的认识方式，是实现素质提升的前提条件。

在鼓励高校女教师不断自我提升的过程中，首先要帮助其认识到自身具有无限的潜能，要挖掘潜能，寻找社会支持，并最终实现自我改变，在个人层次、人际层次和环境层次三个层次上赋权增能。以自尊、自信、自立、自

---

① 张李玺：《妇女社会工作》，高等教育出版社，2008，第124页。

强精神作为个人奋斗的指南，树立更强的自我意识。

其次要组织她们学习社会性别理论知识，掌握社会性别分析方法，学会从男女两性社会关系的角度来分析问题，而不只是只从自己身上找原因，不要轻易进行个人归因。行为心理学研究成果证明，对自身的正向评价是获得更多社会支持的前提条件。

再次要帮助她们挖掘自身潜能，充分认识并发挥自己的特长与优势，做好职业生涯规划。长期的职业生涯发展研究证明，职业生涯成功者都有一个共同特点，就是制定了长远的职业生涯规划并坚持实施。职业生涯的成功并不完全取决于智力、情感、价值观或意志中的某一个因素。要有意识地引导中青年女教师充分调动个人与环境中的一切有利因素，准确评估可能影响职业生涯发展的短板，寻找自己的专业特长、性格、兴趣与能力特点，把自身发展与家庭、学校、地域发展等环境因素相结合，尽早制定自己的职业生涯发展规划。规划中要有阶段性的发展目标，还要与长远发展目标相结合，这样才能形成一个充分挖掘自身潜力的目标激励体系。

最后要帮助她们营造好有利于个人发展的小环境。影响个人发展的小环境主要包括家庭、学校与社区。如何成功地实现家庭与工作平衡，需要所在单位的积极关注。要让高校女教师学会营造有利于家庭全面发展的小环境。首先要在自己的小家庭中形成比较合理的分工模式，减轻个人的家务压力。要充分利用现代化的家用设备所带来的便利。提高家庭成员的独立生活与互相支持的能力，积极动员亲友、邻里中的资源。积极参与人际活动。高校所在区域家庭服务业一般比较发达，要充分利用好家庭服务业等相关社会资源。在单位内部，要积极参与人际互动与沟通，建立必要的支持网络，注重运用集体的力量解决问题。

参考文献

戴智华：《高校女教师科研创新绩效及其影响因素实证研究》，《上海管理科学》

2011 年第 3 期。

教育部发展规划司：《各级各类学校女教师、女教职工数》，中华人民共和国教育部网，http：//www. moe. gov. cn。

教育部发展规划司：《中国教育统计年鉴 2011》，人民教育出版社，2011。

教育部发展规划司：《中国教育统计年鉴 2012》，人民教育出版社，2012。

教育部发展规划司：《中国教育统计年鉴 2013》，人民教育出版社，2013。

荆建华：《从学术职业的学术性看高校女教师发展的现实困境》，《河南教育学院学报》2009 年第 4 期。

李洁、武勤、任锡源：《社会性别意识对博士生职业生涯发展影响研究——北京市高校博士生调查实证研究》，《中国高教研究》2013 年第 9 期。

秦晓红：《高校女教师劳动权的法律保障研究》，《中国劳动关系学院学报》2006 年第 3 期。

王俊：《学术共同体的性别隔离——对一所研究型大学女教师叙说的分析》，《妇女研究论丛》2011 年第 2 期。

王娟华：《高校专任女教师压力解析》，《河南教育学院学报》2012 年第 2 期。

谢慧盈：《高校女教师低职业成就的文化原因》，《海南师范大学学报》2008 年第 3 期。

禹旭才：《高校女教师的发展困境：社会性别视角的审视》，《大学教育科学》2012 年第 5 期。

周应江：《以社会性别视角审视法律　以法律推进保障性别平等——〈中华女子学院学报〉"女性与法律"栏目 15 周年回眸》，《妇女研究论丛》2011 年第 3 期。

祝平燕：《社会转型期妇女参政的社会支持系统研究》，博士学位论文，华中师范大学，2006。

〔美〕埃尔查南·科恩特雷、G. 盖斯克：《教育经济学》，范元伟译，格致出版社，2009。

国务院法制办公室：《新编中华人民共和国常用法律法规全书》，中国法制出版社，2012。

刘梦：《社会工作与性别研究》，中国社会科学出版社，2013。

湖北省教育厅：《湖北省教育统计年鉴·2012 年度》（内部资料）。

湖北省妇联：《湖北妇女社会地位研究》，中国妇女出版社，2013。

全国妇联国际部：《联合国妇女儿童重要文件汇编》，中国妇女出版社，2008。

杨颖秀：《教育法学》，中国人民大学出版社，2008。

B. 10
高校女教师健康状况调查研究

焦开山 艾 斌 任国英 胡 雯*

摘　要： 本研究首先通过中国知网，查询到 135 篇有关高校女教师健康状况体检分析的论文，然后借助 Meta 分析方法，对这些已经发表的高校教师健康体检报告进行汇总和分析。结果显示，高校女教师患病率最高的是高脂血症（20.15%），其次是脂肪肝（15.41%）、心电图异常（15.17%）、高血压（14.06%）和高血糖（8.78%），而且这些常见慢性病的患病率随着年龄增长不断提高。高校女教师在常见的妇科疾病上，慢性宫颈炎的患病率最高，达到 24.45%，其次是乳腺增生（23.18%）、阴道炎（12.47%）和子宫肌瘤（9.1%）。此外，本研究也显示在所有五种常见的慢性疾病上，高校女教师的患病风险都显著低于高校男教师，高血压的患病风险只有男教师的 61.7%，高血脂的患病风险只有男教师的 59.4%，高血糖的患病风险只有男教师的 73%，心电图异常的风险只有男教师的 87.7%，脂肪肝的患病风险只有男教师的 54.9%。最后，本研究分析了影响高校女教师健康状况的因素以及提出了进一步提升高校女教师健康状况的对策建议。

关键词： 高校女教师　健康状况　疾病

---

* 焦开山，博士，中央民族大学民族学与社会学学院社会学系副教授，主要研究方向为健康社会学；艾斌，博士，中央民族大学民族学术社会学系副教授；任国英，博士，中央民族大学民族学术社会学系教授；胡雯，博士，南开大学社会学系讲师。

一 导言

高校教师作为这个社会的知识精英，在现代社会中扮演着重要的角色，他们是社会中知识层次较高、创新能力较强的群体，而且还担负着培养国家高层次人才的重任。伴随着中国高等教育的发展，高校教师这一群体的规模在不断壮大，与此同时，高校教师所担负的教学、科研、管理、社会责任也越来越重，关注他们的身体健康是当前教师队伍建设中不容忽视的重要课题。大量研究表明，高校教师正在成为亚健康的高发人群，时时处于突发疾病的"火山口"。亚健康虽然不是病，但长期处于亚健康状态会降低工作效率和生活质量，并且对机体造成负担，是转变成疾病的成因。作为高等教育中的女性群体，高校女教师既有教学科研的压力，又有照顾老人和孩子的压力，而当发生角色冲突时，则可能会承担相当大的精神压力。此外，女性教师由于体质较弱、具有特殊的生理特点，其在某些疾病的发生率上也可能显著高于男性。因此，高校女教师这一特殊的群体的健康状况越来越引起各界的重视。

以往有关高校女教师健康状况的调查和研究大多集中在某一个高校范围内，而针对全国范围内高校女教师健康状况的调查研究相对较少。与以往研究不同的是，本研究借助 Meta 分析方法，对已经发表的高校教师健康体检报告进行汇总和分析，从而能够使我们获得一个全国范围的结论，为相关政策的制定提供一个重要依据。

二 数据和方法

（一）数据来源

本研究的数据来自已经发表的高校教师体检报告。通过中国知网，查询到了 135 篇有关高校女教师健康状况体检分析的论文。所入选的论文必须满足以下标准：（1）由正规医院进行的常规医学体检，而不是问卷调查收集的数据；（2）对一些慢性疾病有诊断标准说明，比如高血压、高血糖、高脂血等疾病的诊断标准；（3）体检对象包括了在职和退休教师，如果只包括退休教师则排除；（4）来自普通高校，包括专科院校，军事院校则排除；（5）坚持时间接近原则，排除发表在 2000 年以前的文献；（6）分性别的体检人数必须高于 100 人。由于每篇文献所分析的疾病类型不同，本研究对每一种疾病进行分析所依据的文献数量也是不同的。

（二）分析方法

根据常规的医学体检，本研究所分析的疾病类型包括高血压、高血糖、高脂血、脂肪肝、心电图异常等常见的慢性疾病以及乳腺增生、慢性宫颈炎、阴道炎、子宫肌瘤等常见的妇科疾病。

由于本研究的目标是对已经发表的医学体检报告进行汇总分析，我们采用的分析方法是 Meta 分析。Meta 分析又被称为"荟萃分析"，它是对具备特定条件的、同课题的诸多研究结果进行综合的一类统计方法。与传统的描述性的综述相比，Meta 分析能够对一些指标进行更准确的、客观的评估，并解释不同研究结果之间的异质性。也就是说，Meta 分析利用统计分析方法对已经发表的众多研究进行汇总，以获得一个相对客观的、准确的估计，同时还能分析不同研究结果之间的异质性及其背后的影响因素。有关 Meta 分析的基本原理和方法可参考相关资料。

对高校女教师健康状况的 Meta 分析共三个方面：（1）分析高校女教师在常见慢性病上的患病率情况及年龄组差异；（2）分析高校女教师与高校男教师在常见慢性病患病风险上的差异情况；（3）分析高校女教师在常见妇科疾病上的患病情况及年龄组差异。

三　高校女教师常见慢性病患病情况

（一）高血压患病情况

"高血压"（Hypertension〈HTN〉、high blood pressure）或"动脉高血

压"（arterial hypertension），是一种动脉血压升高的慢性病症。血压的升高使心脏推动血液在血管内循环时的负担增大。血压有两种，收缩压和舒张压，分别为心脏跳动时肌肉收缩（systole）或舒张（diastole）时的测量值。正常静息血压范围为收缩压 100～140 毫米汞柱（最高读数）和舒张压 60～90 毫米汞柱（最低读数）。血压持续等于或高于 140/90 毫米汞柱时则为高血压。高血压是中风、心肌梗死（心梗）、心衰、动脉的动脉瘤（如主动脉瘤）及外周动脉疾病的一个主要致病因素，也是慢性肾病的起因之一。即使轻度的动脉血压升高也能缩短期待寿命。

表 1 列出了 40 所大学的高校女教师高血压体检结果，我们看到高血压患病率最低的是东北农业大学（2008），女教师高血压患病率只有 0.49%，最高的是上海交通大学（2011），女教师高血压患病率达到 29.01%。不同学校女教师在高血压患病率上的巨大差异，可能会受到不同学校体检女教师年龄结构的影响。我们使用 Meta 分析方法，得到的汇总结果为 14.06%，也就是说平均而言高校女教师的高血压患病率为 14.06%，95% 的置信区间为 11.47% 到 16.65% 之间，也就是说大约有 95% 的高校女教师高血压患病率在这个区间内。

表 1　高校女教师高血压患病情况

所在大学及发表时间（年）	患病率（%）	95% 置信区间（%）	
中国医科大学（2000）	10.85	8.67	13.35
江南大学（2003）	8.94	6.66	11.68
重庆师范大学（2003）	15.37	12.47	18.65
苏州科技学院（2004）	9.1	7.14	11.4
西南交通大学（2004）	12.93	11.08	14.96
内蒙古大学（2005）	12.27	9.83	15.05
四川大学（2005）	3.88	2.61	5.52
株洲工学院（2005）	2.46	1.35	4.1
沈阳大学（2007）	20.13	17.61	22.84
江汉大学（2007）	8.4	6.51	10.62
扬州大学（2007）	14.24	12.58	16.03
东北农业大学（2008）	0.49	0.18	1.07
中国矿业大学（2008）	16.98	13.9	20.43

所在大学及发表时间（年）	患病率（%）	95%置信区间（%）	
河南工业大学（2009）	21.31	18.13	24.78
重庆医科大学（2009）	25.15	22.26	28.2
西南政法大学（2009）	7.54	5.55	9.96
重庆大学（2009）	15.06	13.54	16.67
新疆医科大学（2010）	16.55	14.11	19.23
西南石油大学（2010）	15.98	13.75	18.41
甘肃兰州商学院（2010）	20.29	17.21	23.64
湖北警官学院（2011）	12.97	10.17	16.2
江汉大学（2011）	17.5	14.86	20.39
上海交通大学（2011）	29.01	27.51	30.54
华北电力大学（2012）	11.91	9.68	14.46
北京交通大学（2012）	27.76	25.7	29.88
华南师范大学（2012）	18.98	16.41	21.76
湖南工业大学（2012）	4.57	3.47	5.89
云南师范大学（2012）	24.94	21.95	28.11
武汉科技大学（2012）	11.28	9.66	13.06
山西师范大学（2012）	15.89	13.14	18.95
东北电力大学（2013）	8.8	6.64	11.38
辽东学院（2013）	12.56	10.33	15.08
盐城师范学院（2013）	12.99	11.14	15.02
安徽农业大学（2013）	16.14	13.37	19.23
枣庄学院（2013）	9.78	7.32	12.72
浙江大学（2013）	17.73	16.54	18.97
北京工业大学（2014）	17.74	16.14	19.43
合肥工业大学（2014）	7.33	6.15	8.67
湖南农业大学（2014）	14.43	12.07	17.05
重庆医科大学（2014）	11.62	9.37	14.18
Meta 分析汇总结果	14.06	11.47	16.65

另外，从表2我们也看到，随着年龄的增加，高校女教师高血压患病率不断提高。在40岁以下的高校女教师中，高血压患病率还不到3%；40～49岁的女教师中，高血压患病率已经接近10%左右；50～59岁的女教师

中，患病率已经接近20%左右；到了60岁及以上，女教师的高血压患病率已经达到了35.71%，已经是一个相当高的比例了。

表2 分年龄组的高校女教师高血压患病情况

年龄组（岁）	研究数（个）	患病率（%）	95%置信区间（%）	
<40	14	2.52	1.53	3.51
40~49	15	9.43	7.00	11.86
50~59	15	19.59	14.25	24.93
≥60	15	35.71	27.83	43.59

（二）高血糖患病情况

当血糖值高于正常范围即为高血糖。高血糖也是通常大家所说"三高"中的一高。空腹血糖正常值在6.1mmol/L以下，餐后两小时血糖的正常值在7.8mmol/L以下，如果高于这一范围，称为高血糖。本研究所指的高血糖是糖尿病前期，是指血糖已经升高，但还没有达到糖尿病诊断标准，血糖介于正常与糖尿病之间的一种情况。正常情况下，人体能够通过激素调节和神经调节这两大调节系统确保血糖的来源与去路保持平衡，使血糖维持在一定水平。但是在遗传因素（如糖尿病家族史）与环境因素（如不合理的膳食、肥胖等）的共同作用下，两大调节功能发生紊乱，就会出现血糖水平的升高。短时间、一次性的高血糖对人体无严重损害。然而长期的高血糖会使全身各个组织器官发生病变，导致急慢性并发症的发生，如失水、电解质紊乱、营养缺乏、抵抗力下降、肾功能受损、神经病变、眼底病变、心脑血管疾病、糖尿病足等。

表3列出了19个大学的高校女教师高血糖体检结果，我们看到高血糖患病率最低的是湖南工业大学（2012），女教师高血糖患病率只有2.12%，最高的是重庆大学（2009），女教师高血糖患病率为16.56%。根据Meta分析结果，平均而言高校女教师的高血糖患病率为8.78%，这一数值低于高血压的患病率。

表3　高校女教师高血糖患病情况

所在大学及发表时间(年)	患病率(%)	95%置信区间(%)	
江南大学(2003)	8.19	6.02	10.84
苏州科技学院(2004)	6.56	4.89	8.58
西南交通大学(2004)	15.83	13.81	18.02
四川大学(2005)	5.08	3.62	6.91
江汉大学(2007)	11.73	9.52	14.25
扬州大学(2007)	3.56	2.71	4.58
长江大学(2007)	2.16	1.33	3.32
河南工业大学(2009)	11.48	9.06	14.28
重庆大学(2009)	16.56	14.98	18.24
甘肃兰州商学院(2010)	5.07	3.49	7.08
上海交通大学(2011)	12.43	11.36	13.57
湖南工业大学(2012)	2.12	1.39	3.09
云南师范大学(2012)	10	8	12.31
安徽农业大学(2013)	11.44	9.08	14.17
枣庄学院(2013)	8.58	6.28	11.39
浙江大学(2013)	11.04	10.14	11.99
玉林师范学院(2014)	13.81	11.02	17
合肥工业大学(2014)	3.38	2.57	4.34
川北医学院(2014)	8.97	6.64	11.78
Meta分析汇总结果	8.78	6.62	10.95

从表4我们也看到,随着年龄的增长,高校女教师高血糖患病率也在不断提高。在40岁以下的高校女教师中,高血糖患病率为3.68%左右;40~49岁的女教师中,高血糖患病率已经上升到6.38%左右;50~59岁的女教师中,高血糖患病率已经达到10.88%左右;到了60岁及以上,女教师的高血糖患病率已经接近20%了。

表4　分年龄组的高校女教师高血糖患病情况

年龄组（岁）	研究数（个）	患病率（%）	95%置信区间（%）	
<40	9	3.68	1.43	5.93
40~49	9	6.38	3.47	9.30
50~59	8	10.88	8.64	13.13
≥60	10	19.09	12.29	25.89

（三）高脂血患病情况

人的血液中，血浆内所含的脂类称为血脂，包括胆固醇、胆固醇脂、甘油三酯、磷脂和未脂化的脂酸等数种。胆固醇和甘油三酯都是人体必需的营养物质，但健康人有一定的标准水平，胆固醇 < 5.172mmol/L，甘油三酯 < 2.032mmol/L。当胆固醇、甘油三酯等均经常超过正常值时，则统称为高脂血症。高脂血症是动脉粥样硬化的主要发病因素。常因侵犯重要器官而引起严重的后果，如冠心病、糖尿病、脑血管意外、顽固性高血压及肾病综合征、胰腺炎、结石症、脂肪肝等。动脉硬化的发生和发展，与血脂过高有着密切的关系。

表5列出34所大学的高校女教师高脂血体检结果，我们看到高脂血患病率最低的是株洲工学院（2005），为5.46%左右，最高的是云南师范大学（2012），为48.35%左右。根据 Meta 分析结果，平均而言高校女教师的高脂血患病率为20.15%左右，这一数值远高于高血糖的患病率，也高于高血压的患病率。

表5　高校女教师高脂血患病情况

所在大学及发表时间（年）	患病率（%）	95%置信区间（%）	
中国医科大学（2000）	9.74	7.67	12.14
扬州大学师范学院（2001）	6.72	5.12	8.64
江南大学（2003）	17.13	14.04	20.59
重庆师范大学（2003）	6.51	4.6	8.9

所在大学及发表时间（年）	患病率（%）	95%置信区间（%）	
四川大学（2005）	15.91	13.36	18.73
苏州科技学院（2005）	32.53	29.18	36.02
株洲工学院（2005）	5.46	3.74	7.66
扬州大学（2007）	20.75	18.8	22.8
长江大学（2007）	10.28	8.4	12.42
中国人民公安大学（2007）	46.24	42.58	49.93
东北农业大学（2008）	5.9	4.64	7.37
中国矿业大学（2008）	24.81	21.21	28.7
重庆医科大学（2009）	24.21	21.36	27.23
湖北师范学院（2009）	17.57	14.63	20.83
西南政法大学（2009）	20.94	17.74	24.43
重庆大学（2009）	26.08	24.19	28.03
甘肃兰州商学院（2010）	23.14	19.9	26.63
湖北警官学院（2011）	22.99	19.4	26.89
江汉大学（2011）	14.21	11.81	16.9
江汉大学（2011）	24.17	20.51	28.13
上海交通大学（2011）	33.64	32.08	35.22
华北电力大学（2012）	36.14	32.69	39.71
湖南工业大学（2012）	27.73	25.24	30.33
云南师范大学（2012）	48.35	44.82	51.9
武汉科技大学（2012）	20.91	18.8	23.14
山西师范大学（2012）	19.16	16.18	22.42
盐城师范学院（2013）	12.74	10.91	14.76
安徽农业大学（2013）	17.08	14.24	20.23
枣庄学院（2013）	12.5	9.8	15.8
浙江大学（2013）	18.38	17.26	19.54
北京工业大学（2014）	22.07	20.32	23.9
合肥工业大学（2014）	9.43	8.09	10.91
湖南农业大学（2014）	13.43	11.15	15.99
川北医学院（2014）	20.27	16.88	24.02
Meta 分析汇总结果	20.15	16.9	23.39

从表6我们也看到，随着年龄的增长，高校女教师高脂血患病率也在不断提高。在40岁以下的高校女教师中，高脂血患病率为14.61%左右；

40～49 岁的女教师中，患病率已经上升到 21.92% 左右；50～59 岁的女教师中，患病率已经是 36.88% 左右了；到了 60 岁及以上，女教师的高脂血患病率甚至已经超过 50%，达到 52.31% 左右。

表6　分年龄组的高校女教师高脂血患病情况

年龄组（岁）	研究数（个）	患病率（%）	95% 置信区间（%）	
<40	16	14.61	8.92	20.31
40～49	15	21.92	16.52	27.31
50～59	15	36.88	26.81	46.95
≥60	16	52.31	38.10	66.52

综上所述，高校女教师的高脂血平均患病率已经达到了 20%，也就是说平均 5 个人中有 1 人患有高脂血症，而随着年龄的增加，高脂血症急剧增加。可以说，高脂血已经成为高校女教师中相对比较严重的一种疾病，必须引起高度重视。

（四）脂肪肝的患病情况

脂肪肝（fatty liver disease，FLD），又叫肝积脂病或肝性肥胖症，是可逆转的病情。脂肪肝是指由于各种原因引起的肝细胞内脂肪堆积过多的病变。正常人的肝内总脂肪量，约占肝重的 5%，内含磷脂、甘油三酯、脂酸、胆固醇及胆固醇脂。脂肪量超过 5% 为轻度脂肪肝，超过 10% 为中度脂肪肝，超过 25% 为重度脂肪肝。当肝内总脂肪量超过 30% 时，用 B 超才能检查出来，被 B 超检查确诊为"脂肪肝"。脂肪性肝病正严重威胁国人的健康，成为仅次于病毒性肝炎的第二大肝病，已被公认为隐蔽性肝硬化的常见原因。

表7 列出了 30 所大学的高校女教师脂肪肝患病结果，我们看到脂肪肝患病率最低的是东北农业大学（2008），为 1.23% 左右，最高的是河南工业大学（2009），为 41.64% 左右。根据 Meta 分析结果，平均而言高校女教师的脂肪肝患病率为 15.41% 左右，略高于高血压的患病率。

表7 高校女教师脂肪肝患病情况

所在大学及发表时间(年)	患病率(%)	95%置信区间(%)	
中国医科大学(2000)	3.2	2.04	4.76
重庆师范大学(2003)	6.69	4.75	9.1
同济大学(2004)	11.9	10	14.02
西华大学(2004)	8.33	6.25	10.84
苏州科技学院(2004)	6.29	4.66	8.28
西南交通大学(2004)	13.8	11.9	15.88
四川大学(2005)	9.49	7.49	11.82
株洲工学院(2005)	5.46	3.74	7.66
石河子大学(2007)	21.11	18.32	24.12
沈阳大学(2007)	10.33	8.46	12.46
扬州大学(2007)	7.86	6.6	9.27
中国人民公安大学(2007)	36.94	33.43	40.55
东北农业大学(2008)	1.23	0.69	2.02
中国矿业大学(2008)	13.06	10.32	16.21
苏州大学(2008)	11.21	9.22	13.47
河南工业大学(2009)	39.63	36.01	43.34
河南工业大学(2009)	41.64	37.69	45.67
西南政法大学(2009)	10.89	8.5	13.67
新疆医科大学(2010)	17.97	15.44	20.72
西南石油大学(2010)	8.9	7.2	10.85
甘肃兰州商学院(2010)	15.21	12.5	18.26
海事大学(2010)	32.48	29.29	35.8
湖北警官学院(2011)	15.52	12.48	18.96
江汉大学(2011)	22.63	19.7	25.78
上海交通大学(2011)	23.96	22.56	25.4
华北电力大学(2012)	16.47	13.88	19.32
内蒙古师范大学(2012)	23.54	20.41	26.9
华南师范大学(2012)	7.8	6.1	9.8
云南师范大学(2012)	26.33	23.29	29.55
武汉科技大学(2012)	16.88	14.95	18.96
内蒙古大学(2012)	18.74	16.19	21.49
山西师范大学(2012)	16.36	13.58	19.45
东北电力大学(2013)	6.26	4.45	8.53

所在大学及发表时间(年)	患病率(%)	95%置信区间(%)	
盐城师范学院(2013)	8.99	7.43	10.75
安徽农业大学(2013)	15.52	12.79	18.56
枣庄学院(2013)	11.18	8.55	14.27
浙江大学(2013)	7.06	6.4	7.78
玉林师范学院(2014)	10.31	7.88	13.18
北京工业大学(2014)	14.21	12.75	15.77
合肥工业大学(2014)	22.47	20.51	24.52
湖南农业大学(2014)	13.56	11.27	16.12
南京工程学院(2014)	13.87	11.72	16.25
川北医学院(2014)	19.1	15.79	22.78
重庆医科大学(2014)	17.98	15.25	20.98
Meta分析汇总结果	15.41	13.03	17.78

从表8我们也看到，随着年龄的增长，高校女教师脂肪肝患病率也在不断提高。在40岁以下的高校女教师中，脂肪肝患病率为6.53%左右；在40~49岁的女教师中，患病率已经上升到14.41%左右；在50~59岁的女教师中，患病率为25.01%左右；到了60岁及以上，女教师的高脂血患病率已经达到29.15%左右了。

表8　分年龄组的高校女教师脂肪肝患病情况

年龄组(岁)	研究数(个)	患病率(%)	95%置信区间(%)	
<40	18	6.53	3.08	9.97
40~49	17	14.41	10.99	17.84
50~59	16	25.01	18.13	31.90
≥60	18	29.15	20.63	37.67

（五）心电图异常情况

心电图指的是心脏在每个心动周期中，由起搏点、心房、心室相继兴奋，伴随着心电图生物电的变化，通过心电描记器从体表引出多种形式的电位变化的图形（简称ECG）。心电图是心脏兴奋的发生、传播及恢复过程的客观指标。当出现心律失常、心室心房肥大、心肌梗死、心肌缺血等症状时，就会有异常心电图出现。

表9列出了46所大学的高校女教师心电图异常结果，我们看到心电图异常率最低的是山东科技大学（2005），大约为1.06%，最高的是黄山学院（2010），大约为47.20%。根据Meta分析结果，平均而言高校女教师心电图异常率为15.17%左右，与脂肪肝患病情况接近。

表9 高校女教师心电图异常情况

所在大学及发表时间（年）	患病率（%）	95%置信区间（%）	
扬州大学师范学院（2001）	12.73	10.54	15.18
同济大学（2004）	7.49	5.96	9.25
苏州科技学院（2004）	10.04	7.98	12.42
山东科技大学（2005）	1.06	0.29	2.7
四川大学（2005）	8.56	6.65	10.79
玉林师范学院（2005）	6.83	4.16	10.47
河南财经学院（2006）	41	34.97	47.23
温州医学院（2007）	14.4	11.46	17.76
河南大学（2007）	18.35	16.26	20.6
石家庄学院（2007）	7.23	3.79	12.29
岳阳职业技术学院（2007）	4.17	2.4	6.68
江汉大学（2007）	10.4	8.31	12.81
长江大学（2007）	9.31	7.51	11.37
中国人民公安大学（2007）	6.98	5.24	9.07
东北农业大学（2008）	7.13	5.75	8.72
中国矿业大学（2008）	9.33	7	12.11
东北农业大学（2008）	18.76	15.38	22.53
宁德师范高等专科学校（2008）	29.88	22.99	37.51
西安文理学院（2008）	6.98	4.76	9.81
黄山学院（2009）	30.82	23.45	38.99
江西省教育学院（2009）	15.23	9.91	21.97
华北煤炭医学院（2009）	8.19	5	12.49
衢州学院（2009）	5.54	3.2	8.84

所在大学及发表时间(年)	患病率(%)	95%置信区间(%)	
辽宁医学院(2010)	15.92	12.37	20.01
黄山学院(2010)	47.2	39.3	55.22
潍坊医学院(2010)	9.76	6.77	13.49
上海海事大学(2010)	1.9	0.82	3.7
南京中医药大学(2010)	32.52	26.71	38.76
四川民族学院(2010)	6	3.14	10.25
江汉大学(2011)	10.61	8.07	13.62
玉林师范学院(2011)	6.14	4.08	8.8
南京中医药大学(2011)	40.68	36.05	45.44
西安医学院(2012)	10.88	7.73	14.74
常熟理工学院(2012)	32.96	28.61	37.54
东北林业大学(2012)	10.36	8.85	12.03
武汉科技大学(2012)	23.11	20.55	25.82
常州大学(2012)	14.94	10.69	20.08
湖南工业大学(2012)	11.34	9.62	13.25
东北电力大学(2013)	12.86	10.27	15.83
盐城师范学院(2013)	12.82	10.98	14.85
江西九江学院体育学院(2013)	10.04	6.72	14.27
安徽农业大学(2013)	22.41	19.23	25.85
西安交通大学(2013)	14.29	11.41	17.58
枣庄学院(2013)	18.76	15.44	22.46
浙江大学(2013)	28.28	27.06	29.52
合肥工业大学(2014)	28.46	26.34	30.66
Meta分析汇总结果	15.17	12.58	17.77

从表10我们也看到,随着年龄的增长,高校女教师心电图异常率也在不断提高。在40岁以下的高校女教师中,心电图异常率为5.46%左右;在40~49岁的女教师中,异常率已经上升到8.25%左右;在50~59岁的女教师中,异常率为16.46%左右;到了60岁及以上,女教师的心电图异常率已经接近30%了。

表 10　分年龄组的高校女教师心电图异常情况

年龄组(岁)	研究数(个)	患病率(%)	95%置信区间(%)	
<40	8	5.46	3.11	7.80
40~49	8	8.25	5.53	10.96
50~59	7	16.46	10.34	22.57
≥60	8	27.87	18.19	37.55

（六）小结

本节我们利用 Meta 分析方法对高校女教师常见慢性病患病情况进行了分析。图 1 显示，高校女教师患病率最高的是高脂血症（20.15%），其次是脂肪肝（15.41%）、心电图异常（15.17%）、高血压（14.06%）和高血糖（8.78%）。

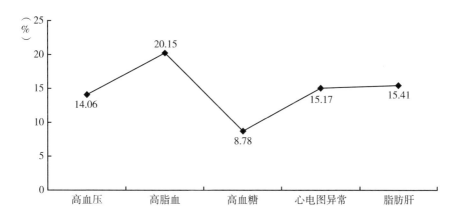

图 1　高校女教师常见慢性病患病率

根据图 2 我们看到，高校女教师常见慢性病的患病率随着年龄不断提高。在 40 岁以下的女教师中，除了高脂血的患病率超过 10% 以外，其他四种疾病的患病率都较低，都没有超过 10%。到了 40~49 岁，高脂血的患病率已经超过 20%，脂肪肝的患病率也超过了 10%，其他三种疾病的患病仍然在 10% 以下。到了 50 ~ 59 岁，高脂血的患病率超过了 30%，脂肪肝的患病率达到了 25%，高血压的患病率接近 20%，高血糖和心电图异常的患病率也超过了 10%。到了 60 岁及以上，高脂血的患病率已经超过 50% 了，高血压的患病率急剧上升，超过了 35%，脂肪肝和心电图异常的患病率接近 30%，高血糖的患病率接近 20%。这种随年龄增长患病率增高的趋势与器官老化，功能减退的自然规律有关。随着年龄的增长，心脏和血管功能发生衰退、脂肪与糖代谢开始减缓，这些都与高血压、高血脂和高血糖的发生有着密切的联系。

综上分析，目前威胁高校女教师健康的常见慢性病是高血压、高脂血症、脂肪肝以及高血糖，上述疾病发病隐匿，潜伏期长，互为因果，互相影响，导致严重心血管疾病的发生并造成死亡。

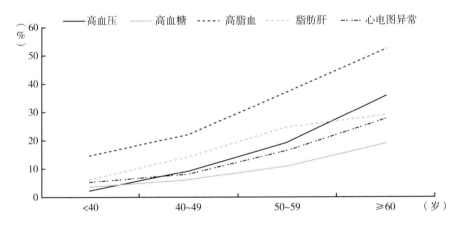

图 2 分年龄组的高校女教师常见慢性病患病情况

四 常见慢性病患病风险的性别差异

以往的大量研究发现，女性群体的慢性病患病率大都显著低于男性群体。表 11 列出了在五种常见的慢性病上高校女教师的患病风险与高校男教师之比，即风险比。总体上看，在所有五种常见的慢性疾病上，高校女教师的患病风险都显著低于高校男教师。具体而言，高校女教师高血压的患病风险只有男教师的 61.7%，女教师高脂血的患病风险只有男教师的 59.4%，女教师高血糖的患病风险只有男教师的 73%，女教师心电图异常的风险只有男教师的 87.7%，女教师脂肪肝的患病风险只有男教师的 54.9%。

表 11　高校女教师与高校男教师的患病风险比

疾病名称	风险比	95% 置信区间	
高血压	0.617	0.576	0.661
高脂血	0.594	0.538	0.656
高血糖	0.73	0.668	0.798
心电图异常	0.877	0.816	0.944
脂肪肝	0.549	0.504	0.598

注：所谓风险比就是女教师的患病率除以男教师的患病率。

　　表 12 给出了不同年龄组中高校女教师与男教师的患病风险之比。我们看到，在 40 岁以下年龄中，女教师与男教师的患病风险差距是最大的，尤其是脂肪肝和高血压，女教师脂肪肝的患病风险只有男教师的五分之一，女教师高血压的患病风险只有男教师的三分之一。随着年龄增加，女教师和男教师在患病风险上的差距逐渐缩小，尤其到了 60 岁及以上，两者在所有疾病上的患病风险已经不具有显著性差异了。在 50 岁及以上，女教师和男教师在高脂血的患病风险上不具有显著性差异了。在 40 岁及以上，女教师和男教师在心电图异常风险上已经不具有显著性差异了。以上结果表明，在低年龄段，女教师的健康状况要优于男教师，但是随着年龄增加，女教师的健康优势逐渐缩小乃至消失，这说明年龄对女性健康的影响要大于男性。

　　高校女教师在慢性病患病风险上普遍低于男性教师，可能与以下因素有关。（1）男性吸烟、饮酒等不良生活习惯以及工作、生活压力等远高于女性，且雌激素有降低血管紧张性以及降低动脉粥样硬化的作用，而且能降低低密度脂蛋白，增加高密度脂蛋白，最终改善内皮细胞的功能，调节血管的弛张性，使女性在绝经前期高血压、高血脂发生的概率相对较低。（2）超重、膳食高盐、中度以上饮酒是国际公认的高血压病发病的三大危险因素。

吸烟可使血管收缩痉挛，血压升高，发生高血压、冠心病等。众所周知，女性中吸烟和饮酒的比例要远远低于男性。

表 12　分年龄组的高校女教师与男教师患病风险比

年龄组（岁）	< 40	40 ~ 49	50 ~ 59	≥60
高血压	0.30	0.47	0.73	1.01
	(0.39,0.56)	(0.60,0.89)	(0.83,1.23)	
高血糖	0.56	0.56	0.63	1.01
	(0.36,0.87)	(0.35.0.90)	(0.49,0.81)	(0.74.1.38)
高脂血	0.42	0.51	0.86	1.23
	(0.28,0.63)	(0.41,0.65)	(0.67,1.10)	(0.82.1.85)
脂肪肝	0.21	0.38	0.81	1.05
	(0.12,0.38)	(0.32,0.45)	(0.66,0.99)	(0.86,1.28)
心电图异常	0.57	1.01	1.08	0.99
	(0.37,0.89)	(0.77,1.33)	(0.75,1.55)	(0.85,1.16)

注：括号内为95%置信区间。

五　高校女教师常见妇科疾病患病情况

（一）慢性宫颈炎患病情况

根据以往的研究，常见的妇科疾病包括慢性宫颈炎、阴道炎、乳腺增生和子宫肌瘤。表 13 列出了 26 个大学的高校女教师慢性宫颈炎患病情况，我们看到慢性宫颈炎患病率最低的是中央财经大学（2010），为 8.61% 左右，最高的是海南师范大学（2010）。根据 Meta 分析，平均而言高校女教师慢性宫颈炎患病率为 24.45% 左右，已经接近 1/4 了。

表 13　高校女教师慢性宫颈炎患病情况

所在大学及发表时间（年）	患病率（%）	95% 置信区间（%）	
重庆工商大学（2005）	32.22	28.39	36.23
重庆医科大学（2005）	32.22	28.39	36.23
沈阳大学（2007）	38.04	34.73	41.43

所在大学及发表时间(年)	患病率(%)	95%置信区间(%)	
盐城工学院(2007)	23.97	20.32	27.92
兰州理工大学(2008)	31.16	28.18	34.26
聊城大学(2008)	14.88	12.23	17.87
新疆医科大学(2008)	37.65	33.43	42.01
海南师范大学(2010)	40.03	37.5	42.59
河南理工大学(2010)	15.55	13.14	18.21
太原理工大学(2010)	30.16	27.34	33.1
中央财经大学(2010)	8.61	6.74	10.81
东北师范大学(2011)	13.76	11.27	16.58
江汉大学(2011)	28.29	24.42	32.42
绵阳师范学院(2011)	9.83	7.43	12.69
南京农业大学(2011)	20.83	18.45	23.38
上海交通大学(2011)	24.69	23.28	26.15
西安理工大学(2011)	29.59	24.77	34.76
中国人民大学(2011)	20.7	18.63	22.9
中国石油大学(2011)	31.91	29.1	34.82
云南大学(2012)	27.95	24.44	31.66
北京语言大学(2013)	8.66	6.64	11.05
西南财经大学(2013)	22.81	19.29	26.64
枣庄学院(2013)	23.75	20.09	27.73
安徽医科大学(2014)	33.4	29.39	37.59
川北医学院(2014)	24.37	20.71	28.32
浙江大学(2014)	12.65	11.47	13.9
Meta分析汇总结果	24.45	20.76	28.14

从表14我们也看到,随着年龄的增长,高校女教师慢性宫颈炎患病率在不断下降。在40岁以下的高校女教师中,慢性宫颈炎患病率最高,为29.86%左右;在40~49岁的女教师中,患病率略微有些下降,为28.18%左右;在50~59岁的女教师中,患病率下降到14.25%左右;而到了60岁及以上,女教师的慢性宫颈炎患病率已经下降到5%左右了。

表14 分年龄组高校女教师慢性宫颈炎患病情况

年龄组（岁）	研究数（个）	患病率（%）	95%置信区间（%）	
<40	12	29.86	23.91	35.81
40~49	12	28.18	20.48	35.88
50~59	6	14.25	8.13	20.38
≥60	5	4.39	0.96	7.81

（二）阴道炎患病情况

表14列出了33所大学的高校女教师阴道炎患病情况，我们看到阴道炎患病率最低的是北京语言大学（2013），为1.34%左右，最高的是新疆医科大学（2008），为37.25%。根据Meta分析结果，平均而言高校女教师阴道炎患病率为12.47%左右。

表15 高校女教师阴道炎患病情况

所在大学及发表时间（年）	患病率（%）	95%置信区间（%）	
广西大学（1998）	6.79	5.24	8.64
北京医科大学（2000）	6.09	4.64	7.84
重庆工商大学（2005）	30.81	27.03	34.79
长安大学（2006）	23.7	20.75	26.87
湖北民族学院（2006）	7.42	5.68	9.48
盐城工学院（2007）	5.89	4.01	8.31
新疆医科大学（2008）	37.25	33.05	41.61
兰州理工大学（2008）	9.88	8.03	11.99
中国民航大学（2008）	1.99	1.09	3.32
聊城大学（2008）	4.5	3.03	6.39
北京联合大学（2008）	5.47	4	7.28
重庆医科大学（2009）	14.57	12.27	17.12
东北林业大学（2009）	10.4	8.24	12.9
重庆交通大学（2009）	21.44	18.38	24.75
河南理工大学（2010）	9.23	7.34	11.42
海南师范大学（2010）	27	24.74	29.36
中央财经大学（2010）	4.44	3.11	6.12
太原理工大学（2010）	15.77	13.58	18.17

所在大学及发表时间(年)	患病率(%)	95%置信区间(%)	
绵阳师范学院(2011)	7.75	5.62	10.37
南京农业大学(2011)	4.35	3.21	5.75
东北师范大学(2011)	17.57	14.79	20.64
江汉大学(2011)	8.64	6.35	11.43
西安理工大学(2011)	12.21	9.71	15.09
云南大学(2012)	20.36	17.25	23.75
安徽省合肥工业大学(2013)	17.72	15.67	19.92
北京语言大学(2013)	1.34	0.62	2.53
西南财经大学(2013)	15.59	12.59	18.98
重庆师范大学(2013)	20.71	17.66	24.02
枣庄学院(2013)	22.55	18.97	26.47
浙江大学(2014)	7.23	6.33	8.22
川北医学院(2014)	6.04	4.14	8.47
湛江师范学院(2014)	9.17	7.07	11.65
南京工程学院(2014)	3.55	2.21	5.38
Meta 分析汇总结果	12.47	10.18	14.77

从表 16 我们看到，不同年龄段高校女教师阴道炎患病率没有显著差异，尤其是在 60 岁以下的女教师中。在 60 岁以下的女教师中，阴道炎患病率基本上在 13% 左右。

表 16　分年龄组的高校女教师阴道炎患病情况

年龄组(岁)	研究数(个)	患病率(%)	95%置信区间(%)	
<40	15	12.86	7.89	17.83
40~49	14	14.82	7.84	21.81
50~59	8	13.91	5.42	22.39
≥60	5	11.48	-0.48	23.44

（三）乳腺增生患病情况

表 17 列出了 28 所大学的高校女教师乳腺增生患病情况，我们看到乳腺

增生患病率最低的是江汉大学（2011），大约为2.95%，最高的是北京联合大学（2008），大约为52.36%。根据Meta分析结果，平均而言高校女教师乳腺增生患病率为23.18%左右，在18.27%到28.08%。

表17　高校女教师乳腺增生患病情况

所在大学及发表时间(年)	患病率(%)	95%置信区间(%)	
重庆医科大学（2005）	4.75	3.16	6.84
重庆工商大学（2005）	4.75	3.16	6.84
长安大学（2006）	25.13	22.1	28.35
沈阳大学（2007）	24.17	21.47	27.04
辽东学院（2007）	40.52	38.06	43.01
中国民航大学（2008）	15.65	13.04	18.55
江苏大学（2008）	11.65	9.43	14.19
聊城大学（2008）	16.12	13.37	19.19
北京联合大学（2008）	52.36	48.85	55.86
江汉大学（2008）	7.74	6.3	9.39
重庆交通大学（2009）	19.79	16.83	23.02
河南理工大学（2010）	11.18	9.11	13.53
中央财经大学（2010）	50.26	46.68	53.83
广东海洋大学（2010）	34.12	31	37.35
江汉大学（2011）	5.92	4.35	7.84
江汉大学（2011）	2.95	1.66	4.81
江汉大学（2011）	5.3	3.52	7.62
西安理工大学（2011）	47.61	42.96	52.28
山西师范大学（2012）	17.91	15.02	21.1
合肥工业大学（2013）	6.48	5.19	7.97
北京语言大学（2013）	34.78	31.17	38.52
枣庄学院（2013）	34.13	29.98	38.47
浙江大学（2013）	7.23	6.47	8.05
川北医学院（2014）	20.08	16.69	23.81
湛江师范学院（2014）	23.55	20.34	26.99
安徽医科大学（2014）	49.81	45.47	54.15
首都医科大学（2014）	34.34	30.42	38.41
广东工业大学（2015）	43.42	40.64	46.24
Meta分析汇总结果	23.18	18.27	28.08

从表18我们看到，在40~49岁年龄段，女教师乳腺增生的患病率最高，达到了近40%，其次是40岁以下年龄段，达到30.67%左右，到了50岁及以上，女教师患乳腺增生的可能性下降，患病率在24%左右。

表18　分年龄组的高校女教师乳腺增生患病情况

年龄组（岁）	研究数（个）	患病率（%）	95%置信区间（%）	
<40	15	30.67	21.10	40.24
40~49	14	39.23	27.35	51.12
50~59	10	24.25	13.69	34.81
≥60	6	24.49	0.82	48.16

（四）子宫肌瘤患病情况

表19列出了45所大学的高校女教师子宫肌瘤患病情况，我们看到子宫肌瘤患病率最低的是渤海大学（2014），为1.55%左右，最高的是云南大学（2012），大约为25.20%。根据Meta分析结果，平均而言高校女教师子宫肌瘤患病率为9.1%左右，在7.6%到10.6%。

表19　高校女教师子宫肌瘤患病情况

所在大学及发表时间(年)	患病率(%)	95%置信区间(%)	
云南大学(2003)	6.41	4.71	8.48
西华大学(2004)	4.67	3.12	6.67
重庆工商大学(2005)	5.81	4.03	8.06
长安大学(2006)	11.4	9.24	13.85
湖北民族学院(2006)	3.45	2.29	4.98
盐城工学院(2007)	4.91	3.2	7.17
沈阳大学(2007)	16.14	13.78	18.73
湖南科技大学(2007)	8.55	6.54	10.93
兰州理工大学(2008)	9.01	7.24	11.05
中国民航大学(2008)	5.41	3.85	7.34
哈尔滨医科大学(2008)	7.56	5.46	10.15
江苏大学(2008)	19.78	16.97	22.84

续表

所在大学及发表时间(年)	患病率(%)	95%置信区间(%)	
聊城大学(2008)	1.86	0.96	3.23
北京联合大学(2008)	9.83	7.86	12.1
重庆大学(2008)	7.51	6.04	9.2
江南大学(2009)	9.33	7.64	11.26
重庆医科大学(2009)	8.93	7.1	11.05
重庆交通大学(2009)	3.6	2.32	5.31
河南理工大学(2010)	8.75	6.91	10.89
长春工业大学(2010)	6.2	4.77	7.89
吉林大学(2010)	5.94	4.56	7.58
海南师范大学(2010)	20.22	18.19	22.37
中央财经大学(2010)	2.79	1.76	4.2
太原理工大学(2010)	5.95	4.57	7.6
中国人民大学(2011)	14.46	12.67	16.39
中国石油大学(2011)	11.78	9.89	13.88
绵阳师范学院(2011)	2.27	1.18	3.93
南京农业大学(2011)	1.76	1.06	2.73
湖北警官学院(2011)	5.5	3.69	7.85
东北师范大学(2011)	9.22	7.16	11.65
江汉大学(2011)	5.7	3.85	8.08
西安理工大学(2011)	13.04	10.46	15.98
云南大学(2012)	25.2	21.83	28.82
安徽省合肥工业大学(2013)	3.28	2.37	4.41
辽东学院(2013)	18.15	15.52	21.02
北京语言大学(2013)	4.93	3.41	6.85
重庆师范大学(2013)	14.57	11.95	17.52
浙江大学(2014)	17.79	16.43	19.22
上海电力学院(2014)	16.45	13.39	19.89
渤海大学(2014)	1.55	0.75	2.84
湖南农业大学(2014)	4.6	3.26	6.29
川北医学院(2014)	8.97	6.64	11.78
湛江师范学院(2014)	12.39	9.96	15.16
安徽医科大学(2014)17.26	10.38	7.91	13.29
南京工程学院(2014)	18.61	15.55	21.99
Meta分析汇总结果	9.1	7.6	10.6

从表20我们看到，不同年龄段高校女教师患子宫肌瘤情况具有显著差异。在40~49岁年龄段，子宫肌瘤的患病率最高，达到了17.26%左右，到了50~59岁年龄段，子宫肌瘤患病率下降到7.83%左右，而到了60岁及以上时，患子宫肌瘤的比率已经下降到2%左右。在低年龄段，高校女教师子宫肌瘤患病率也较低，不到5%。

表20　分年龄组高校女教师患子宫肌瘤情况

年龄组（岁）	研究数（个）	患病率（%）	95%置信区间（%）	
<40	20	4.04	3.89	4.20
40~49	20	17.26	13.45	21.06
50~59	12	7.83	4.54	11.13
≥60	8	2.10	0.70	3.49

（五）小结

综上所述，高校女教师在常见的妇科疾病上，慢性宫颈炎的患病率最高，达到24.45%，其次是乳腺增生（23.18%）、阴道炎（12.47%）和子宫肌瘤（9.1%）。

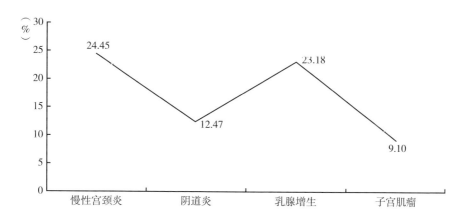

图3　高校女教师妇科疾病患病情况

从图4也看出，50岁以下是妇科疾病的高发期，尤其是40～49岁年龄段是妇科疾病发病率最高的，在40岁以下的年轻女教师中，妇科疾病的发病率也比较高，尤其是乳腺增生和慢性宫颈炎。到了50岁及以上，各种妇科疾病的发病率都显著下降。可以说，妇科疾病的高峰期是40～49岁的中年时期。从生理上来看，40岁以后女性生命就开始由成熟期向衰老期过渡。在此阶段，人体内会发生一系列的生理变化，而对于女性来说这种变化就表现得尤为突出。这一变化主要表现为：内分泌系统的变化，其中性腺功能的改变最为显著。40岁左右性腺功能开始逐渐衰退，雌激素水平下降，女性开始进入更年期。由此而造成的一系列组织器官的萎缩及相应症状的出现。从心理上看，由于生理变化所带来的各种症状涉及心理变化，再加上社会工作、家务劳动、子女教育和经济负担也相应地加大和增多，社会、家庭环境对中年女性的综合影响凸显。

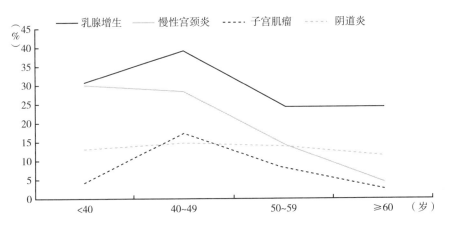

图4　分年龄组高校女教师妇科疾病患病情况

六　高校女教师健康状况影响因素综合分析

根据本课题的研究结果发现，高校女教师的身体健康状况并不乐观，在常见的慢性病患病率上，虽然高校女教师的患病率低于男教师，但是女教师的患病率仍然较高。此外，高校女教师还受到常见的妇科疾病的困扰，容易患乳腺类疾病、生殖系统疾病和阴道炎等疾病，这些疾病虽然不会威胁到女教师的生命，但是长此以往，会导致高校女教师的身体状况下降、抵抗力及免疫能力的下降，从而给工作和生活带来困扰。

本研究结果也发现，随着年龄的增加，大部分慢性疾病的患病率也会上升，特别是中年时期，女教师患乳腺类疾病、慢性宫颈炎的可能性增加，这可能因为该年龄段妇女处于生殖旺盛期，体内雌激素水平较高，导致乳腺组织过度增生。此外，妇科疾病的高发年龄主要在中青年时期，可能与这个时期女性教师神经内分泌系统功能的失调有关，从而导致了妇科疾病的高发率。还有，乳腺增生、阴道炎、宫颈炎的患病高峰出现在女性育龄时期到中年时期，可能与该年龄段卵巢功能旺盛、性生活频繁、生育、产伤及流产等因素有关。除此之外，高校女教师还承担着高校的教学和科研任务，与学校其他岗位女性群体相比，工作负荷较重，心理和生理上承受着更高的压力。长期的超负荷、高压力必然会对女性的生理尤其是内分泌系统造成干扰，导致功能变化和紊乱，长期积累形成疾病。综上所述，高校女教工的身体健康状况受到女教工生理原因的影响，慢性病多发生在中年以后，中年后身体各脏器的生理功能逐渐开始衰退，并且在不同时期疾病的患病率会有明显的差异。

高校女性教师的身体健康状况还会受到心理因素的影响。心理条件的好坏影响着高校女教师的身体健康状况，这种影响可能是直接的，也可能是间接的。女教师不但承担着与高校男性同样的教学、科研和管理任务，同时她们还肩负着沉重的家庭重担，承担着比男性教师更多更繁杂的家务劳动，心理上还要承受多方面的压力，心理压力大，工作任务重，生活不规律。在事业成就、人际关系、家庭关系等诸多方面有各种心理冲突，加之高校教师这个群体缺乏适当的体育锻炼，从而会引起神经内分泌系统功能的失调，这一系列的心理因素会使高校女教师妇科疾病的发生率大大增加。此外，有研究表明，女性教师在进行体检的过程中，对疾病检查的选择是有心理倾向的，多选择对日常生活影响较大的疾病种类去体检，所以每年体检的疾病检出率

可能会相对偏低，但是这不表明高校女教师的身体健康状况比较好，相反存在着隐患。

高校女教师的健康状况不但受生理和心理因素的影响，而且还会受到本身教师这个群体职业特点的影响。高校教师面临着教学、科研、职称晋升和管理的多重压力，长期从事脑力劳动，工作压力大，生活不规律，缺乏适当的体育锻炼。另外，高校女教师的生殖道感染较为严重，这是因为高校教师大多伏案工作，坐的时间较长，缺乏体育锻炼，盆腔血液循环不畅，有利于病原微生物生长繁殖，严重影响着女教师的生活质量和身体健康水平。此外，高校教师为了评职称、竞争上岗、教学评估等，很多人不注重营养，睡眠时间难以保证，导致很多教师处于亚健康状态及疾病状态。近年来高校教师过劳死的发生，就为高校教师的健康问题敲响了警钟。

综上所述，影响高校女教师健康的因素是错综复杂的，每个因素对女教师的健康影响程度也不一样，在很多时候这些因素并不是单独发挥作用的，而是相互交织在一起共同影响了高校女教师的健康状况。

七　进一步提升高校女教师健康状况的对策建议

最后，本研究从三个方面提出进一步提升高校女教师健康状况的对策建议：一是从高校女教师自身出发，不断改善其自身生理、心理、生活和行为方式，改善其健康状况；二是从学校角度出发，应该更多地重视教师的健康和生命质量，校医院应该为高校教师健康做出一定的努力；三是政府发挥积极作用，发动社会因素和高校教师的家庭参与到女教师的健康促进中来。

（一）女教师自身

为降低女教师慢性疾病的患病率，女教师首先应该加强对健康知识的学习，知道疾病的成因、发病机理，真正提高健康意识。其次，加强健康促进，女教师应该养成合理膳食、科学锻炼、劳逸结合、心理平衡、戒烟限酒的健康生活方式。应养成良好的生活习惯，合理安排每天的工作、学习、进餐、休息时间，合理安排膳食，注意三低（低脂肪、低盐、低糖）饮食的摄入，加强锻炼，这样才能从根本上预防疾病，将致病危险因素消灭在萌芽状态。此外，女教师自身必须增强保健意识，消除不必要的精神负担，提高自我调节能力，保持精神愉快，加强身体锻炼，使自己能在一个轻松的氛围中工作、学习和生活。同时要注意学习引起妇女疾患的有关常识。

（二）学校应该为女教师的健康做出一定的努力

学校应高度重视教职工的健康状况，成立健康管理小组，专门针对慢性病进行健康管理。

首先，高校要加强教师健康教育，积极倡导健康生活方式。完善健康教育网页、在校报及校园宣传栏中开辟健康专栏，利用短信群发平台，多角度宣传健康知识。加大对教师健康教育的力度，通过发放疾病防治宣传材料、门诊咨询、校内闭路电视保健知识讲座、宣传栏宣传等各种形式让教工们了解并积极治疗现患疾病，倡导"合理饮食、戒烟限酒、适当运动、心理平衡"的科学健康的生活方式，增强教职工自我保健意识。提醒不同年龄层次的人员加强对一些多发病的预防，贯彻落实预防为主的方针。要把防疾病、保健康作为学校的一项常态化的工作，成为教职工的主导性意识。

其次，加强对高校女教师的常规体检工作，争取每年体检一次，早期筛选高血压、高脂血症、肥胖症、糖尿病，以预防冠心病、心肌梗死、脑卒中。定期开展对身心危害较大且有筛检意义的重大疾病的筛检活动，建立慢性病电子健康档案。将体检结果和对体检结果的改善建议交给本人，以起到对教职工本人的警示和引导作用，以促进教职工参加体育锻炼和注意自我保护。通过健康体检平台，对教职工的健康状况加强监测、分析和评估，及时反馈健康信息和健康临界预警。针对健康评估的结果，制定个性化的健康干预措施，重点加强慢性病人群治疗检查的督促、指导，提高规范诊治率。

最后，减轻女教师的工作压力并提供心理健康咨询。生师比超常规地提高，不仅正常的教学质量难以保证，正常的教学秩序难以维持，更重要的是教师队伍建设会受严重影响，会产生长期的负面效应。因此，要科学合理地

分配教师的教学工作量，不使教师的负担过重、压力过大。减轻教师的身心压力，让教师从沉重的身心压力中解放出来，以一种轻松愉快的心情投入工作。定期为教职工举办心理辅导讲座，开设心理咨询信箱，建立专业的校内心理咨询门诊，针对教职工常见心理问题进行疏导，使其正确认识和释放心理压力，保持良好的心态，以增强机体免疫力，提高抗病能力，减少疾病的发生。

（三）政府的责任

在促进高校女教师健康状况上，政府应该承担相应责任。政府要从管理工作着手，从法律、法规、政策、管理等各方面尽可能地为女教师创建宽松、愉快的工作环境，在社会上形成尊师重教的风气，切实提高教师的经济待遇和社会地位。而且，政府要积极与其他部门配合，积极鼓励医疗卫生部门对妇科疾病普查普治工作的重视和支持，确保 1~2 年对已婚育龄妇女进行 1 次妇科疾病普查。有领导、技术、经费的支持，妇科疾病的普查普治可落到实处。

政府还要与高校积极配合，鼓励高校制定适合女教师的奖励机制和不同时期的休养、疗养制度，开设针对女教师的个性化心理诊疗服务，为高校的女教师家庭提供全面、系统、终身的生殖健康保障服务，使她们的身心健康、家庭幸福。

为提高女性教师健康，开展家庭教育、同伴教育，还需要提高男性（丈夫）对生殖健康的认知水平和参与意识，从而保障广大女教师的身心健康和家庭幸福，使她们为教育和科研事业做出更大的贡献。

参考文献

陈丽：《云南大学女教职工妇科病普查分析》，《中国校医》2003 年第 3 期。

戴树人、高昆、王鹏：《四川大学教职工 1691 名健康体检结果分析》，《中国组织工程研究》2005 年第 43 期。

方敏霞、翁美雯、陈芳：《高校体检 2351 例调查分析》，《同济大学学报》（医学版）2004 年第 2 期。

方向葵：《我校教职工 2003 年体检结果分析》，《中国校医》2004 年第 5 期。

冯玉英：《广西大学女教工妇科病调查分析》，《广西大学学报》（自然科学版）1998 年第 1 期。

侯杰、杨中东：《某高校 851 名教职工健康体检结果分析》，《社区医学杂志》2005 年第 9 期。

金启明：《高校 1072 例教职工体检健康状况分析》，《中国社区医师：医学专业半月刊》2008 年第 5 期。

李川苹、夏远俊：《1281 名高校女教职工妇科健康体检结果分析》，《中国医药指南》2013 年第 5 期。

李正秀、刘佩健：《扬州大学教职工体检结果分析》，《职业与健康》2007 年第 5 期。

林春梅、刘晓丹、吴世菊：《2421 名高校教职工健康体检结果分析及对策》，《中国实验诊断学》2010 年第 12 期。

刘博、常玲、卢云涛：《高校教职工体检人群高血压危险因素的病例对照研究》，《中国全科医学》2012 年第 26 期。

刘芳萍、曾荣芳：《某高校女职工体检结果分析与保健对策探讨》，《保健医学研究与实践》2005 年第 2 期。

刘广进：《河南工业大学教职工 B 超体检结果分析》，《中国学校卫生》2009 年第 9 期。

刘平、冷丽佳、景存仁等：《高校女教职工妇科疾病调查结果分析及干预措施探讨》，《中国妇幼保健》2008 年第 1 期。

鲁建民、庄贵华：《西安某高校在职教职工体检结果分析》，《中国校医》2013 年第 5 期。

孟宏林：《2004~2010 年某高校女性生殖健康体检数据分析》，《中国妇幼保健》2011 年第 20 期。

曲辉：《高校教职工 3 年体检结果分析》，《现代预防医学》2012 年第 19 期。

撒义蜀、袁启远、高俊蓉：《西南交大教职工体检结果调查分析》，《中药与临床》2004 年第 4 期。

史元平、蒋旅萍、杨薇薇：《从 2002 年教职工体检情况谈"三高"的防控》，《江南大学学报》（自然科学版）2003 年第 4 期。

王永红、刘正淑、唐兰等：《568 名大学女职工乳腺及妇科健康状况分析》，《重庆医科大学学报》2005 年第 6 期。

吴淳、苗志明：《江苏某大学女职工妇科疾病普查结果分析》，《中国校医》2008 年

第 1 期。

吴国英、陈步红、张海云：《某大学女教工妇科病普查结果分析》，《中国校医》2010 年第 4 期。

谢碧霞、常磊芳、谢红亚：《湖南某高校中青年教职工体检结果分析》，《保健医学研究与实践》2014 年第 5 期。

颜春霞：《某高校已婚女性教职工妇科疾病普查结果分析》，《保健医学研究与实践》2009 年第 2 期。

晏永莲：《女教职工妇科普查结果分析》，《检验医学与临床》2008 年第 8 期。

易英、石立红：《北医大女教工妇科病调查结果分析》，《中国学校卫生》2000 年第 2 期。

袁琳：《某民族学院已婚教职工妇科普查分析报告》，《现代预防医学》2006 年第 8 期。

岳兰：《921 例女教职工妇科常见病分析》，《中国妇幼保健》2008 年第 17 期。

张虹、刘健、梁秋菊：《1763 名高校教职工 B 超体检情况分析》，《中国校医》2007 年第 5 期。

张淑芳：《教职工健康体检 1433 例 B 超结果分析》，《内江师范学院学报》2004 年第 4 期。

郅淑棉：《3027 例教工体检心电图分析》，《中国民康医学》2007 年第 9 期。

朱云霞：《重庆师范大学 1274 例健康体检调查分析》，《重庆师范大学学报》（自然科学版）2003 年第 3 期。

B. 11
京津沪渝四直辖市高校女校长
发展状况研究[*]

刘伯红[**]

摘　要： 本研究运用定量统计、文本分析、访谈和焦点组讨论的方法，对北京、上海、天津、重庆四个直辖市的272所高校的1524位男领导和349位女领导进行了分类统计和比较分析，从而确切了解当前我国高校女领导的数量、结构、作用、贡献、发展环境，与高校男领导的差异以及她们面临的挑战，探索了现阶段我国高校女领导的发展规律、成长条件与成才特点，以期完善相关政策，促进中国女性在高校管理领域中发挥更大作用，做出更多贡献。

关键词： 高校女领导　社会性别分析　发展状况

---

* 本课题在调查和研究中得到很多单位、同行和友人的热情和无私帮助，在此表示衷心感谢！她/他们是：中华女子学院张李玺、刘利群、刘梦、赵浩、周应江、黄河、刘永廷、蒋慧敏、张潇潇、吴华，全国妇联妇女研究所李亚妮、王庆红，山东女子学院妇女研究所刘霞、张守华、工文静、林存秀、田玉丽，天津市妇女儿童工作委员会办公室李主任、薛莹，天津市教委陈老师（办公室）、李力、李处长（学前教育处）、赵处长（学前教育处）、李晶，天津市教工委干部处张宇、赵爽，天津市津南区妇联陈翠红、郭俭君，重庆市妇女儿童工作委员会办公室颜正武，重庆市委党校王正宁、陈晓辉，重庆市教委邓睿、蒋后强、莫龙飞、李林齐、田静，重庆市委组织部施处长、陈处长，上海市妇联黎荣、李苏华、李汉林、朱亮佳，上海市教工委袁雯，上海市教卫党委组织干部处王庆宇，中国人民公安大学席艳丽，中国政法大学靳世勇，以及章杰、刘子一、刘叶、翟莹莹，等等。

** 刘伯红，硕士，中华女子学院教授，原全国妇联妇女研究所副所长、研究员，主要研究方向为社会性别与公共政策、社会性别与发展。。

随着我国改革开放、高等教育和性别平等事业的发展，我国高校女校长的发展进入了一个新的历史阶段，在《中华人民共和国宪法》《妇女权益保障法》和《中国妇女发展纲要》以及各项相关法律政策的支持和保障下，在中国女性知识精英的集体奋斗和不懈努力下，我国高校以空前规模配备了女性领导，她们在中国高等教育的发展中发挥了令人瞩目的作用。对这一群体的研究随之而起，成为中国女性高等教育发展和研究中不可或缺的内容。

一 高校女校长研究状况简要述评

与中国高等教育发展和中国妇女发展同步，高校女校长的发展状况及研究引起越来越多的关注。本研究查阅了 20 世纪 90 年代以来的相关研究文献，其内容涉及高校女校长的个案、数量及结构、管理特色、领导力、作用及贡献、发展规律、发展障碍及原因、对策及建议、国际经验借鉴等，择要简述如下。

关于高校女校长的数量以及在高校领导中所占的比例和结构，牛维麟、詹宏毅 2007 年的"中国大学校长素质研究"、2009 年胡滨的高校女性领导人才选拔培养研究（湖南省统计）、2010 年郑畅对教育部直属高校女领导的研究、2013 年河南省妇联的"河南省女性高层次人才成长状况和发展对策研究"、2012 年缪莹的"女性参与高校行政管理的思考（福建省统计）"等均有不同层面的涉及，但样本量偏小，或缺乏两性比较，整体动态研究还显不足。

关于高校女校长在高校管理和领导中的作用和特色，陆士桢的《大学女校长管理特色研究》（2007）一文认为，大学女校长在管理上最鲜明的特色就是"授权"和"关爱"，大学女校长往往具备魅力型领导的特色，这是对传统管理伦理和价值中权利秩序的挑战；徐盈盈（2010）、刘莉（2012）、宋静波（2011）、张莹（2012）等认为，女性领导者在决策、领导和沟通方面有不同的风格：首先，女领导者的温柔细腻使她们的领导更加人性化，更具亲和力；其次，女性领导者承担的双重角色使其具有全面综合的平衡协调能力；再次，女性发展机会的短缺也使女领导更具韧性、适应性和执行力。第五届世界大学女校长论坛认为，大学女校长秉持坚韧、敏锐的领导特质（林文漪，2011）；刘莉（2012）的研究认为，女性管理者群体实际存在着不同类型的性别角色，定位"双性化"的策略以及采用变革型领导风格有助于女性管理者发挥优势，取得成功，一些中外女校长对此也有认同，认为"我首先是校长，其次是女校长"。一些研究同时也指出女性领导人的不足，认为，女性领导人自身也存在宏观决策不够果断、变革创新能力不足、不够自信、成就动机不足和偏于感性等弱点（李艳征，2007；张莹，2012；张雪彦，2013）。

关于高校女校长成长和发展的基本规律，胡滨（2009）的研究总结了高校女性领导人选拔培养的规律，即德才兼备规律、适才适用规律、培用结合规律、机制整合规律和竞争发展规律，但其没有分析在人才选拔培养方面男女两性是否有所不同。赵立莹（2008）通过对美国大学女校长的个案研究，探索了美国大学女校长超越"玻璃天花板"的规律，即家庭和社会环境是点燃女性梦想的火种，女性自身的觉醒和努力是成功的关键，超然和执着的追求是克服障碍的良策，男性的理解和帮助是女性事业发展的最大支持。

关于高校女校长发展中存在的问题，认为女校长群体存在比例偏小、选配不平衡、更替缓慢等现象（郑畅，2010），女性高校管理者在人数比例、职位分配、评价准则、意愿表达等方面处于话语权缺失的劣势（孙杰，2013），女性领导存在比例偏低、整体素质不高、参政意识不强、后备力量不足等问题（徐盈盈，2010）。有研究者介绍了美国女大学校长发展的趋势（周有恒，2007；徐启生，2007；何达倩，2008），对比了中国大学女校长和美国大学女校长在比例、结构和影响力上存在的差距（徐玉斌、詹美娜，2011；曹燕、陈敬良、罗尧成，2011；凌健、陈飞、谢玲霞，2013）。

关于高校女校长发展不足的原因，江莉莉认为，目前社会中，女性社交不被认可，女性导师稀缺，女性对于家庭的责任使其难以承担长时间的工作，而这些恰恰是高级管理工作所需要的（王琴，2011）。《女性高层次人

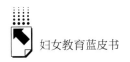

才成长状况研究与政策推动》（2013）认为，单位一把手的性别和单位领导班子的女性比例、职位安排、退休年龄、重要职位分配中的性别歧视现象均显著相关；认为制度性环境、传统性别观念、工作家庭冲突等是高层次女性人才成长中面临的主要问题。蒋莱（2012）用"水泥墙－玻璃天花板－迷宫"的比喻，解释了女性领导力发展的阻力。

关于推进高校女校长发展的政策建议，瑞典卡尔斯塔德大学前校长 Christina Ullenics 指出，打破阻碍女性发展的"玻璃天花板"，需要调整学术结构，改造文化传统，增进相关的学习和研究（王琴，2011）。也有研究者认为，女领导处于弱势地位的原因与女性自身因素、社会传统文化和组织制度有关，提出从提高女性素质、转变社会传统文化、完善组织制度的方式，来提高和改善女性管理者的地位状况。一些研究者强调女领导者自身素质的提高：女性管理者应提高自身的管理能力，树立"终身学习"意识，把柔性与独断合理结合起来（刘丽华，2007；张莹，2012；赵梦岩，2013）；有研究从人力资源管理的角度，提出要充分利用激励机制来发挥高校女性的潜能，建立科学有效的考评制度，促进女性的发展（吕惠兰，2011）；清华大学党委原副书记陈旭认为，不强调性别差异而平等对待以及全力地发展和支持每一个人，也许是一种更有效、更可持续的方式（王琴，2011）；有研究者则认为，应该关注政府、社会以及大学学术组织本身应该承担的责任及作为，不应把克服弱点的责任放在个体身上、采取近似"责备受害者"的路径（王珺，2013）；也有研究者认为，主客观因素两者都不可或缺，提出完善高校女干部培养选拔制度、改善社会文化环境、改变传统家庭角色分工、树立高校女性主体意识的对策（刘春元，2009；潘利梅、赵保全，2009）。

由于统计资料不足，研究成果有限，尤其是国际研究资料短缺，高校女校长研究可供借鉴的资料特别是数据缺乏，研究深度不够。对高等教育领导中存在的社会性别差异和社会性别问题，尚缺乏更有说服力、更有针对性的论证，缺乏相对系统的配套的政策建议。因此，有必要在已有研究的基础上，从社会性别研究视角出发，在更大范围内深入探讨中国女校长发展的基本状况和推动女校长发展的相关对策。

二 研究的对象、内容和方法

（一）研究的对象和主要内容

本课题最初的设计意在对"中国高校女校长发展状况"进行研究，鉴于取材的艰辛，我们首先对京津沪渝四个直辖市高校女校长的发展状况进行统计和研究，以期通过重点地区的个案，推论"中国高校"总体。

本研究所指的"中国高等学校"（简称"高校"），包括本科院校、专科院校、独立学院、民办大学四类高校，但不包括军事学院。

本研究所指的"女校长"，包括女正副校长、党委女正副书记、校级女工会主席、校级女总会计师等，更为确切的说法，应该是高校"女校级领导"（简称"女领导"）。

本研究所指的"发展状况"，包括四地高校女领导的数量、结构、特点、作用，相关政策和制度，女校长发展的基本规律，目前尚存的问题及其原因，推动我国女校长发展的对策与建议。

（二）研究方法

本研究侧重从社会性别视角分析上述问题，同时采集四地高校男领导的相关信息，通过对比两性领导之间的社会性别差异，以分析相关政策制度、社会环境、学校氛围、同事、家庭等对高校男女领导的不同影响，从而提出促进性别平等和高校女领导发展的政策建议。

本研究的具体方法如下。

（1）定量的方法。根据高教部"高校信息公开"的规定①，通过各高校官方网站统计该校男女领导的基本信息，对于领导基本信息不全的高校，采

---

① 近年来，教育行政部门先后出台《高等学校信息公开办法》《高等学校信息公开事项清单》《关于进一步落实高校信息公开清单，做好高校信息公开年度报告工作的通知》等系列文件，对高校信息公开多次提出明确要求。

取网络搜索、电话了解、到高校相关部门访问、到高校上级主管部门访问、通过关系了解等方法，补充相关信息。

（2）文本分析方法。参考国内已有高校女校长研究资料，参照"世界大学女校长·女子大学"丛书，特别是其中的"中外大学女校长个案研究系列"和"世界大学女校长论坛"系列，进行梳理分析。

（3）访谈的方法。对高校女领导、高校部门工作人员、高校主管部门领导进行了个别访谈；就信息统计的初步结果，与部分高校女领导进行了焦点组讨论，在主要发现上得到确认和补充。

（三）统计数据的获取时间

自 2014 年 9 月起，我们开始对京津沪渝四地高校、部属 75 所院校、"985"高校、"211"高校领导人的数据进行统计，鉴于一些高校官网信息严重缺失，鉴于高校领导是一个基于调动、提拔、退休甚至撤职而不断变动的群体，我们对四地高校领导人的相关数据进行了反复统计。为利于比较，我们最终使用的统计数据是 2015 年 10 月 3 日至 2016 年 5 月 25 日这一时段当任领导人的信息。相关分析不局限于这个时段，但限于四个地区。

三　主要发现

（一）京津沪渝四地高校女领导的基本信息

基于社会性别研究的要求，基于已有研究发现的我国高校男女领导的社会性别差异，基于高教部《高等学校信息公开事项清单》范围的要求，基于本课题的理论假设，我们统计了京津沪渝四地高校男女领导人的基本信息，结果如下。

1. 四地高校女领导的分布

根据教育部官方网站 2014 年发布的四类高校（即本科院校、专科院校、独立学院、民办大学）的清单，京津沪渝四个直辖市共有高校 272 所。统计数据显示，京津沪渝四地272所高校共有领导1892人（次），① 其中男性1541人（次），占总数的81.45%，女领导351人（次），占总数的18.55%。

从高校类别看，122所本科院校女领导有177人次，81所专科院校（又称高职高专）有女领导106人次，21所独立学院有女领导29人次，48所民办大学有女领导39人次，分别占同类高校领导人总数的16.99%、20.99%、24.79%、17.11%，以独立学院比例最高，本科院校比例最低（见表1）。

表1 四地分地区、分类别、分性别高校领导人次统计

四直辖市	本科院校(122所)			专科院校(81所)			独立学院(21所)			民办大学(48所)		
	女领导人次	领导总人次	百分比(%)	女领导人次	领导总人次	百分比(%)	女领导人次	领导总人次	百分比(%)	女领导人次	领导总人次	百分比(%)
北京（男550人次/女140人次）	89	500	17.80	36	123	29.27	5	21	23.81	10	46	21.74
天津（男279人次/女80人次）	22	148	14.86	39	146	26.71	19	61	31.15	0	4	0.00
上海（男347人次/女86人次）	49	244	20.08	19	101	18.81	0	0	0.00	18	88	20.45
重庆（男365人次/女45人次）	17	150	11.33	12	135	8.89	5	35	14.29	11	90	12.22
合计（男1541人次/女351人次）	177	1042	16.99	106	505	20.99	29	117	24.79	39	228	17.11

注：有的高校领导人同时兼任党委书记和校长，在本统计中计算为两人次，或标注为"兼两正职"。四地高校有19位领导人兼任两正职，故四地高校领导人的总人次为1892人次，但四地高校领导总数实际为1873人。

---

① 此处的人次是按照岗位计算的，四地272所高校中有19位领导兼任了党委书记和校长，我们就在两个岗位上各计算为1人次。19位"兼任两正职"的领导中有17位男性、2位女性，故四地272所高校实际有男领导1524人、女领导349人，总计1873人。

2. 四地高校女领导的年龄

四地高校女领导的平均年龄是 51.82 岁，略低于男领导的平均年龄 53.88 岁，但没有显著差异。其中，四地高校领导的平均年龄均是男高女低，北京的性别差异最小，差 1.1 个百分点，天津的性别差异最大，为 3.04 个百分点（见表 2）。统计还显示，独立学院和民办大学领导人的平均年龄一般高于本科院校和专科院校。

分年龄段的统计显示，四地总体统计，40 岁及以下进入高校领导岗位的女性，占比 3.95%，略高于相同年龄段的男性（1.81%），说明女性进入高校领导层略早于男性，分地区的数据，除北京外，也都显示了这个特点；在 41 ~ 50 岁年龄段，女领导占比 33.43%，比男领导占比 22.64% 高出 10.89 个百分点；在 51 ~ 60 岁年龄段，情况有了相反的变化，男领导占比 64.57%，比女领导占比 56.23% 高出 8.34 个百分点，在这个经验相对丰富的年龄段，男女领导人的占比都在一半以上；在 61 ~ 70 岁和 71 岁及以上年龄段，男领导的占比分别为 10.38% 和 0.60%，明显高于同年龄段的女领导（分别占比 5.78% 和 0.61%）（见表 3）。相对而言，女性较早进入高校领导岗位，且退出高校领导岗位也早于男性。

表 2　四地高校领导人平均年龄的分性别统计

四直辖市	性别	平均年龄（岁）
北京（男 541 人/女 139 人）	男	53.70
	女	52.60
天津（男 250 人/女 63 人）	男	53.58
	女	50.54
上海（男 343 人/女 83 人）	男	54.56
	女	51.63
重庆（男 359 人/女 44 人）	男	53.73
	女	51.55
合计（男 1493 人/女 329 人）	男	53.88
	女	51.82

注：年龄"不清楚"的未计算在内。

表 3　京津沪渝四地高校领导人年龄的分性别统计

四直辖市	年龄段	男		女	
		人数	百分比（%）	人数	百分比（%）
北京（男 541 人/女 139 人）	40 岁及以下	8	1.48	2	1.44
	41～50 岁	113	20.89	44	31.65
	51～60 岁	383	70.79	86	61.87
	61～70 岁	36	6.65	6	4.32
	71 岁及以上	1	0.18	1	0.72
天津（男 250 人/女 63 人）	40 岁及以下	3	1.20	3	4.76
	41～50 岁	65	26.00	24	38.10
	51～60 岁	160	64.00	36	57.14
	61～70 岁	21	8.40	0	0.00
	71 岁及以上	1	0.40	0	0.00
上海（男 343 人/女 83 人）	40 岁及以下	5	1.46	5	6.02
	41～50 岁	67	19.53	28	33.73
	51～60 岁	223	65.01	41	49.40
	61～70 岁	47	13.70	8	9.64
	71 岁及以上	1	0.29	1	1.20
重庆（男 359 人/女 44 人）	40 岁及以下	11	3.06	3	6.82
	41～50 岁	93	25.91	14	31.82
	51～60 岁	198	55.15	22	50.00
	61～70 岁	51	14.21	5	11.36
	71 岁及以上	6	1.67	0	0.00
合计（男 1493 人/女 329 人）	40 岁及以下	27	1.81	13	3.95
	41～50 岁	338	22.64	110	33.43
	51～60 岁	964	64.57	185	56.23
	61～70 岁	155	10.38	19	5.78
	71 岁及以上	9	0.60	2	0.61

注：年龄"不清楚"的未计算在内。

3. 四地高校女领导的民族

四地高校女领导中，汉族女领导有 322 人，占女领导总数的 92.26%；少数民族女领导有 12 人，占女领导总数的 3.44%；另有 15 位女领导的民族不清楚，占女领导总数的 4.30%。总体而言，四地高校少数民族女干部的比例均不高，可能与四地都非少数民族地区有关。与男性相比，少数民族女领导的占比3.44%，略高于男性1.97%，但性别差异不显著。可能说明，历史上配备干部时，曾习惯将无党派人士、知识分子、少数民族、女性干部集于一身的做法，已有变化。分地区而言，北京少数民族女领导的占比最高（5.76%），上海最低（1.18%），在一定程度上说明，北京作为首都，少数民族干部相对较多（见表4）。

表4　四地高校领导人民族的分性别统计

四直辖市	汉族				少数民族				不清楚			
	男		女		男		女		男		女	
	人数	百分比（％）	人数	百分比（％）	人数	百分比（％）	人数	百分比（％）	人数	百分比（％）	人数	百分比（％）
北京（男542人/女139人）	522	96.31	131	94.24	20	3.69	8	5.76	0	0.00	0	0.00
天津（男278人/女80人）	249	89.57	64	80.00	4	1.44	1	1.25	25	8.99	15	18.75
上海（男343人/女85人）	339	98.83	84	98.82	2	0.58	1	1.18	2	0.58	0	0.00
重庆（男361人/女45人）	357	98.89	43	95.56	4	1.11	2	4.44	0	0.00	0	0.00
合计（男1524人/女349人）	1467	96.26	322	92.26	30	1.97	12	3.44	27	1.77	15	4.30

4. 四地高校女领导的任职年限

四地高校女领导的平均任职年限为4.90年，低于四地男领导平均任职年限5.22年，但差异不显著。如果任职年限在一定程度上反映了领导人流动性（包括水平流动和垂直流动）的话，四地女领导的流动性均高于男领导。分地区而言，流动性最快的是上海高校的男女领导，平均为4.22年和4.12年，流动性最慢的是重庆的男女领导，平均为5.80年和5.51年（见表5）。

表 5　四地高校领导人任职年限的分性别统计

四直辖市	男		女	
	人数	平均值（年）	人数	平均值（年）
北京	541	5.46	139	5.29
天津	254	5.24	68	4.68
上海	342	4.22	84	4.12
重庆	358	5.80	45	5.51
合计	1495	5.22	336	4.90

注：任职年限"不清楚"的未计算在内。

5. 四地高校女领导的学历

整体而言，四地高校女领导的学历，存在着"两头低中间高"的情况，即博士学历的女领导（28.65%）明显低于男领导（39.96%），差异显著；硕士和大学本科学历的女领导（分别为38.40%和27.22%）高于男领导（分别为31.10%和24.80%），有一定差异；大学专科和高中与中专的女领导（0.57%和0.00%）低于男领导（1.71%和0.20%）。高校领导人的学历状况，与我国男女两性整体受教育水平有相似之处，即博士学历的男性高于女性，硕士学历的两性几乎持平，本科学历的女性略高于男性；另外说明，对高校男领导而言，成为学科带头人的专业能力要求较高，而对女领导不然；此外，中等学历的男领导仍有机会担任高校领导，但女性则无（见表6）。

表 6　四地高校领导人学历的分性别统计

四直辖市	学历	男		女	
		人数	百分比（%）	人数	百分比（%）
北京（男542人/女139人）	博士	275	50.74	47	33.81
	硕士	145	26.75	54	38.85
	大学本科	120	22.14	37	26.62
	大学专科	2	0.37	0	0.00
	不清楚	0	0.00	1	0.72

续表

四直辖市	学历	男		女	
		人数	百分比(%)	人数	百分比(%)
天津(男278人/女80人)	博士	84	30.22	12	15.00
	硕士	78	28.06	29	36.25
	大学本科	83	29.86	24	30.00
	大学专科	5	1.80	1	1.25
	不清楚	28	10.07	14	17.50
上海(男343人/女85人)	博士	152	44.31	31	36.47
	硕士	106	30.90	31	36.47
	大学本科	76	22.16	19	22.35
	大学专科	8	2.33	1	1.18
	不清楚	1	0.29	3	3.53
重庆(男361人/女45人)	博士	98	27.15	10	22.22
	硕士	145	40.17	20	44.44
	大学本科	99	27.42	15	33.33
	大学专科	11	3.05	0	0.00
	高中与中专	3	0.83	0	0.00
	不清楚	5	1.39	0	0.00
合计(男1524人/女349人)	博士	609	39.96	100	28.65
	硕士	474	31.10	134	38.40
	大学本科	378	24.80	95	27.22
	大学专科	26	1.71	2	0.57
	高中与中专	3	0.20	0	0.00
	不清楚	34	2.23	18	5.16

6. 四地高校女领导的学科专业背景

所谓"学科专业",此处指的是"文科"还是"理工科"。在中国,"学科专业"一般存在着"男理工女人文"的性别角色定型(gender stereotypes,也称"性别隔离""gender segregation")。统计显示了这种趋势,性别差异明显。四地高校女领导人中,"理工科"专业背景的仅占30.95%,不到三分之一,而"文科"专业背景的占64.47%,将近三分之二(另有4.58%的"不清楚");而四地高校男领导,"文科"专业背景的占53.54%,略高于一半,"理工科"背景的占44.03%,略低于一半,文理科比较平衡。需要说明的是，一些理工科出身的男领导，后来攻读了"管理类"的博士学位，因为我们统计的是"最终学历"，因此将其归入"文科"。就"理工科"专业背景的高校女领导而言，上海的占比最高，达47.06%，北京的高校女领导最低，达23.02%（见表7）。

表7　四地高校领导人专业背景的分性别统计

四直辖市	文科				理工科				不清楚			
	男		女		男		女		男		女	
	人数	百分比（％）	人数	百分比（％）	人数	百分比（％）	人数	百分比（％）	人数	百分比（％）	人数	百分比（％）
北京（男542人／女139人）	337	62.18	104	74.82	201	37.08	32	23.02	4	0.74	3	2.16
天津（男278人／女80人）	127	45.68	45	56.25	127	45.68	25	31.25	24	8.63	10	12.50
上海（男343人／女85人）	143	41.69	42	49.41	199	58.02	40	47.06	1	0.29	3	3.53
重庆（男361人／女45人）	209	57.89	34	75.56	144	39.89	11	24.44	8	2.22	0	0.00
合计（男1524人／女349人）	816	53.54	225	64.47	671	44.03	108	30.95	37	2.43	16	4.58

7. 四地高校女领导海外进修情况

进入领导岗位后能否继续获得学习、进修和培训的机会，是获得职业发展的重要资源，因此，本研究把是否获得"海外进修"的机会，作为衡量职业发展资源的一项指标。统计显示，整体而言，"海外攻读学位"的男性高校领导人占比6.82%，高于女性高校领导人占比的4.30%；获得"海外访学、进修与培训"机会的，男女高校领导人分别为26.18%和26.07%；"无海外学习经历"的，男女高校领导人分别为63.91%和62.75%，后两种情况无明显差异。

分地区而言，在"海外攻读学位"的高校男领导，上海最高（10.50%），以下依次为北京（7.93%）、天津（5.04%）和重庆（3.05%）；在"海外攻读学位"的高校女领导，也是上海最高（7.06%），

以下依次为天津（5.00%）、北京（3.60%），而重庆没有女领导在"海外攻读学位"。这在一定程度上说明，在获得发展资源方面，不但存在性别差距，还存在地域差距。西部直辖市的高校男女领导，在获得"海外培训"方面的机会，明显低于东部直辖市，女领导的发展也受到地区性整体发展的限制（见表8）。

表8　四地高校领导人海外学习经历的分性别统计

四直辖市	海外学习经历	男		女	
		人数	百分比（%）	人数	百分比（%）
北京(男542人/女139人)	海外攻读学位	43	7.93	5	3.60
	海外访学、进修与培训	156	28.78	32	23.02
	无海外学习经历	335	61.81	99	71.22
	不清楚	8	1.48	3	2.16
天津(男278人/女80人)	海外攻读学位	14	5.04	4	5.00
	海外访学、进修与培训	88	31.65	28	35.00
	无海外学习经历	144	51.80	31	38.75
	不清楚	32	11.51	17	21.25
上海(男343人/女85人)	海外攻读学位	36	10.50	6	7.06
	海外访学、进修与培训	100	29.15	27	31.76
	无海外学习经历	207	57.65	49	57.65
	不清楚	0	0.00	3	3.53
重庆(男361人/女45人)	海外攻读学位	11	3.05	0	0.00
	海外访学、进修与培训	55	15.24	4	8.89
	无海外学习经历	288	79.78	40	88.89
	不清楚	7	1.94	1	2.22
合计(男1524人/女349人)	海外攻读学位	104	6.82	15	4.30
	海外访学、进修与培训	399	26.18	91	26.07
	无海外学习经历	974	63.91	219	62.75
	不清楚	47	3.08	24	6.88

8. 四地高校女领导的职称

专业技术职称，在一定意义上表示的是专业人员的专业技术能力和地位。统计显示，男女高校领导人在专业技术职称上存在显著差异。在"中科院院士"中，有 26 位男领导，占男领导总体的 1.71%，女领导则无；在"工程院院士"中，有 13 位男领导，占比 0.85%，1 位女领导，占女领导总体的 0.29%；在"正高级职称"中，男领导有 983 人，占比 64.50%，女领导有 181 人，占比 51.86%；在"副高级职称"中，男领导有 292 人，占19.16%，女领导有 118 人，占比 33.81%；在"中级职称""初级职称"和"无职称"的领导人中，男女没有明显差距。这说明，在四地高校领导人中，女领导的专业技术职称明显低于男领导，在高级专家中，特别是学科专业的带头人中，男性占绝对统治地位（见表 9）。

表 9　四地高校领导人职称的分性别统计

职称		男		女	
		人数	百分比（%）	人数	百分比（%）
四直辖市（男 1524 人／女 349 人）	中科院院士	26	1.71	0	0.00
	工程院院士	13	0.85	1	0.29
	正高级职称	983	64.50	181	51.86
	副高级职称	292	19.16	118	33.81
	中级职称	72	4.72	16	4.58
	初级职称	25	1.64	7	2.01
	无职称	82	5.38	14	4.01
	不清楚	31	2.03	12	3.44

9. 四地高校女领导的工作经历

设计"工作经历"的目的，是了解高校女领导发展的路径和渠道。统计显示，高校男女领导人成长和发展的路径有一定的差异：总体而言，四地高校女领导在"本校成长"的占 49%，几乎有一半，比男领导高近 8 个百分点；"其他高校成长"的女领导比例比男领导低，女领导为 29.51%，男领导为 31.69%；"其他非高校单位调入"的女领导比例也比男领导低，女领导为 17.48%，男领导为 24.87%，相差近 7 个百分点（见表 10）。这一方面说明，高校的环境和条件更适合女领导的发展；另一方面也说明，女领导流动和发展的机会与渠道少于男领导。

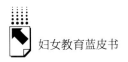

表10 四地高校领导人工作经历的分性别统计

四直辖市	工作经历	男		女	
		人数	百分比（%）	人数	百分比（%）
北京（男542人/女139人）	本校成长	297	54.80	75	53.96
	其他高校成长	126	23.25	38	27.34
	其他非高校单位调入	119	21.96	25	17.99
	不清楚	0	0.00	1	0.72
天津（男278人/女80人）	本校成长	114	41.01	37	46.25
	其他高校成长	65	23.38	15	18.75
	其他非高校单位调入	71	25.54	17	21.25
	不清楚	28	10.07	11	13.75
上海（男343人/女85人）	本校成长	123	35.86	43	50.59
	其他高校成长	126	36.73	31	36.47
	其他非高校单位调入	92	26.82	10	11.76
	不清楚	2	0.58	1	1.18
重庆（男361人/女45人）	本校成长	94	26.04	16	35.56
	其他高校成长	166	45.98	19	42.22
	其他非高校单位调入	97	26.87	9	20.00
	不清楚	4	1.11	1	2.22
合计（男1524人/女349人）	本校成长	628	41.21	171	49.00
	其他高校成长	483	31.69	103	29.51
	其他非高校单位调入	379	24.87	61	17.48
	不清楚	34	2.23	14	4.01

10. 四地高校女领导的主要分工

设计这项指标的目的，是了解高校领导人在分工或分管工作方面是否存在社会性别差异，鉴于每位高校领导人都担任多个部门的分管工作，此处统计的是每位领导人的"第一分管"。

在党务分工方面，高校男领导分工比例明显高于女领导的是"主持全面党委和行政工作"和"主持全面党委工作"，前者是指兼任"党政一把手"的分工，男领导占3.19%，女领导仅占0.64%，后者指的是"党委书记"的分工，男领导占38.27%，女领导占25%。既反映了高校女领导在"正职"和"主管"岗位上任职的情况，也反映了高校党务主管领导中的性别差距。此外，高校女领导分工比例明显高于男领导的岗位是"纪检监察办公室"或"纪委书记"，有31.41%女领导人担任纪委书记或分管"纪检监察办公室"，而男性领导人仅占23.26%；高校女领导分工比例高于男领导的岗位还有"党委办公室""党委组织部""党委统战部""学生工作""思想政治工作""工会工作"（见表11）。一方面说明女副书记们广泛参与了各项党务的领导与管理工作；另一方面也说明，女领导更多负责与师生打交道的思想政治工作类事务。

在行政分工方面，"主持全面行政工作"的正校长比例，男性为22.81%，女性为9.33%，男校长比女校长的比例高很多。女领导占比高于男领导的分工部门有"校长办公室""教务处""学生工作处""研究生院""国际交流与合作处（包括港澳台办）""继续教育工作""培训中心""财务处""资产管理处"等；男领导比例高于女领导的分工部门有"发展规划与学科建设处""科研处""人事处""后勤管理处""基建处""审计处""产业管理处"等。有意思的是，女副校长中有五分之一（20.73%）的人分管教务处，既表现了女领导在高校主要教学工作上的领导能力，也在一定程度上显示了性别的角色分工，教务处在高校往往被称为"第一大处"，负责全校教学活动的正常运转，这里的工作量大、多变、繁杂、琐碎，不可出错，需要责任心强、仔细、认真、负责的管理者和领导者，这似乎与人们认为的女领导的"特质"有一定的关系。

表11　四地高校领导人主要分工的分性别统计

党务分工	男		女	
	人数	占男领导人数 百分比（%）	人数	占女领导人数 百分比（%）
主持全面党委和行政工作	17	3.19	1	0.64
主持全面党委工作	204	38.27	39	25.00
党委办公室	19	3.56	10	6.41
党委组织部	41	7.69	18	11.54
党委宣传部（新闻中心）	39	7.32	9	5.77
纪检监察办公室	124	23.26	49	31.41
党委统战部	3	0.56	1	0.64
学生工作	34	6.38	11	7.05
保卫部（处）	9	1.69	1	0.64
思想政治工作	20	3.75	8	5.13
工会工作	13	2.44	4	2.56
不清楚	10	1.88	5	3.21
主持全面行政工作	226	22.81	18	9.33
校长办公室	20	2.02	6	3.11
发展规划与学科建设处	46	4.64	4	2.07
教务处	143	14.43	40	20.73
人事处	59	5.95	11	5.70
学生工作处	62	6.26	14	7.25
研究生院	28	2.83	10	5.18
科研处	86	8.68	10	5.18
行政	20	2.02	4	2.07
国际交流与合作处（包括港澳台办）	30	3.03	14	7.25
国内合作办公室	5	0.50	1	0.52
继续教育工作	9	0.91	4	2.07
培训中心	10	1.01	3	1.55
财务处	55	5.55	19	9.84
后勤管理处	88	8.88	15	7.77
资产管理处	7	0.71	4	2.07
基建处	38	3.83	1	0.52
审计处	2	0.20	0	0.00
产业管理处	10	1.01	1	0.52

党务分工	男		女	
	人数	占男领导人数百分比（%）	人数	占女领导人数百分比（%）
出版社	1	0.10	0	0.00
直属附校工作	1	0.10	0	0.00
校友工作	1	0.10	0	0.00
图书馆	3	0.30	0	0.00
其他	19	1.92	7	3.63
不适用	2	0.20	0	0.00
不清楚	20	2.02	7	3.63

11. 四地高校女领导兼负教学科研工作的情况

设计这项指标的目的是看高校领导在担负管理工作的同时，是否还兼负教学和科研任务，也想看高校领导的工作负担状况。统计发现，就整体而言，兼负教学科研工作的高校男领导有 863 人，占 56.63%，女领导 155 人，占 44.41%，男领导比女领导高 12 个百分点，差异显著。分地区统计，四地都显示了这个特点，其中，重庆高校兼负教学科研工作的男领导比女领导比例最高，男领导高于女领导 19.86 个百分点；其次是上海高校，男领导高出 17.99 个百分点；接下来是天津高校，男性高出 9.68 个百分点；最后是北京高校，男性高出 8.63 个百分点。统计数据说明，男性在担任行政领导的同时，兼任学科带头人、博士生和硕士生导师的人，明显多于女领导，男领导继续发展专业、投入教学科研方面的精力，明显多于女领导（见表 12、表 13、表 14、表 15、表 16）。

表 12　四地高校领导兼负教学科研情况的分性别统计

兼负教学科研工作的情况	男		女		合计	
	人数	百分比N=1524（%）	人数	百分比N=349（%）	人数	百分比N=1873（%）
兼负教学科研工作	863	56.63	155	44.41	1018	54.35
不兼负教学科研工作	610	40.03	179	51.29	789	42.12
不清楚	51	3.35	15	4.30	66	3.52
合计	1524	100	349	100	1873	100

妇女教育蓝皮书

表13　北京市高校领导兼职情况的分性别统计

兼任教学科研工作的情况	男		女		合计	
	人数	百分比 N=542(%)	人数	百分比 N=139(%)	人数	百分比 N=681(%)
兼任教学科研工作	308	56.83	67	48.20	375	55.07
不兼任教学科研工作	223	41.14	71	51.08	294	43.17
不清楚	11	2.03	1	0.72	12	1.76
合计	542	100	139	100	681	100

表14　天津市高校领导兼职情况的分性别统计

兼任教学科研工作的情况	男		女		合计	
	人数	百分比 N=278(%)	人数	百分比 N=80(%)	人数	百分比 N=358(%)
兼任教学科研工作	152	54.68	36	45.00	188	52.51
不兼任教学科研工作	95	34.17	31	38.75	126	35.20
不清楚	31	11.15	13	16.25	44	12.29
合计	278	100.00	80	100.00	358	100.00

表15　上海市高校领导兼职情况的分性别统计

兼任教学科研工作的情况	男		女		合计	
	人数	百分比 N=343(%)	人数	百分比 N=85(%)	人数	百分比 N=428(%)
兼任教学科研工作	211	61.52	37	43.53	248	57.94
不兼任教学科研工作	128	37.32	47	55.29	175	40.89
不清楚	4	1.17	1	1.18	5	1.17
合计	343	100.00	85	100.00	428	100.00

表16　重庆市高校领导兼职情况的分性别统计

兼任教学科研工作的情况	男		女		合计	
	人数	百分比 N=361(%)	人数	百分比 N=45(%)	人数	百分比 N=406(%)
兼任教学科研工作	192	53.19	15	33.33	207	50.99
不兼任教学科研工作	164	45.43	30	66.67	194	47.78
不清楚	5	1.39	0	0.00	5	1.23
合计	361	100.00	45	100.00	406	100.00

（二）京津沪渝四地高校女领导数量和规模上的发展

本研究发现，随着中国女性广泛地参与社会生活，特别是参与各级决策和管理，处在我国教育领域高端的高校女领导有了空前规模的发展，具体表现如下。

1. 四地高校女领导数量增长

对北京、天津、上海、重庆四个直辖市 272 所高校的调查统计，四地高校实际共有女领导 349 名，占高校领导总数的 18.63%。其中，北京 89 所高校有女领导 139 名，占该市高校领导总数的 20.41%；天津 54 所高校有女领导 80 名，占该市高校领导总数的 22.35%；上海 66 所高校有女领导 85 名，占该市高校领导总数的 19.86%；重庆 63 所高校有女领导 45 名，占该市高校领导总数的 11.08%。四地比较，天津、北京、上海高校女领导的比例均高于平均比例（18.63%）；其中，天津高校女领导所占比例最高（22.35%），是重庆高校女领导（11.08%）的两倍（见表 17）。

表 17　四地高校领导分性别统计

不同地区高校数	男领导（人）	百分比（%）	女领导（人）	百分比（%）
北京 89 所高校	542	79.59	139	20.41
天津 54 所高校	278	77.65	80	22.35
上海 66 所高校	343	80.14	85	19.86
重庆 63 所高校	361	88.92	45	11.08
合计 272 所高校	1524	81.37	349	18.63

注：本表为四地高校领导的实际人数，总数为 1873 人。四地高校有 19 位领导人兼任书记和校长两正职，故四地高校领导人的总人次为 1892，比实际人数高 19 人次。

本研究还统计了教育部直属 75 所高校、"985"高校、"211 工程"高校，系我国重点高校中女领导的数量。统计显示，在教育部 75 所直属高校中，有女领导 97 名，占部属高校领导总数的 12.39%；在 38 所"985"高校中，有女领导 53 名，占"985"高校领导总数的 11.86%；在 114 所

"211"高校中，有女领导125人，占"211"高校领导总数的10.59%（见表18）。尽管中国妇女在参与高校决策和管理中还存在"金字塔"现象，但在中国重点高校领导中，女领导已达两位数的百分比。

表18　教育部直属、"985""211"高校领导分性别统计

不同类别高校	男领导（人）	百分比（%）	女领导（人）	百分比（%）
部属75所高校	686	87.61	97	12.39
"985"38所高校	394	88.14	53	11.86
"211"114所高校	1055	89.41	125	10.59

注："211"有117所高校，本研究不包括3所军事院校。

相对而言，四个直辖市高校女领导的比例，一般高于中国各类重点高校女领导的比例。

2. 四地高校担任正职的女领导比例增长，结构在优化

在四地351人次的高校女领导中，有40人次女性担任正书记。鉴于我国现阶段高校实行的是党委领导下的校长负责制[①]，正书记实际上是领导班子的"班长"；有18人次女性担任正校（院）长，占四地高校校长总数的7.00%。较中国人民大学"中国大学校长素质研究"课题组2006年高校女校长占4.5%的统计有所增长（牛维麟、詹宏毅，2007）。女领导的任职结构正在不断优化。

对京津沪渝四地高校女领导的统计显示，女领导出现在高校领导班子的各个岗位上，在京津沪渝四市351人次的女领导中，女副书记有115位，女副校长有178位，分别占该领导职务总数的26.81%和18.78%，均超过女领导人次18.55%的平均比例。从女性在各领导岗位的情况看，女副书记的比例最高，在一定程度上反映了我国高校女领导进入领导层的主要路径（见表19）。

---

① 1961年9月15日，中共中央批准试行庐山工作会议上通过的《教育部直属高等学校暂行工作条例（草案）》（简称"高教六十条"），条例要求"高等学校实行党委领导下的以校长为首的校务委员会负责制"。1978年修改后的"高教六十条"又规定为"高等学校实行党委领导下的校长分工负责制"。

表19　四地高校领导分岗位分性别人次统计

	书记（人次）		副书记（人次）		校长（人次）		副校长（人次）	
	男	女	男	女	男	女	男	女
北京89所高校	71	16	132	46	78	5	269	73
天津54所高校	40	12	59	22	47	6	133	40
上海66所高校	54	7	61	32	59	3	173	44
重庆63所高校	53	5	62	15	55	4	195	21
合计（272所高校）	218	40	314	115	239	18	770	178
百分比（%）	84.50	15.50	73.19	26.81	93.00	7.00	81.22	18.78

注：有的高校领导人同时兼任党委书记和校长，在本统计中计算为两人次，或标注为"兼两正职"。四地高校有19位领导人兼任两正职，故四地高校领导人的总人次为1892人次，但四地高校领导总数实际为1873人。

3.四地高校领导班子中女领导的配备率在提高

统计显示，大部分高校的领导班子中配备了女干部，我们将之称为女干部配备率。在四地272所高校中，配备女干部的高校有198所，占四地高校总数的72.79%。其中，以天津高校领导班子的女干部配备率最高，达81.48%，重庆高校领导班子的女领导配备率最低，达53.97%，上海、北京居中，分别为78.79%和76.40%，见表20。

表20　四地高校领导班子中女领导配备率

不同地区高校	配备女领导的高校数（所）	百分比（%）	没有女领导的高校数（所）	百分比（%）
北京89所高校	68	76.40	21	23.60
天津54所高校	44	81.48	10	18.52
上海66所高校	52	78.79	14	21.21
重庆63所高校	34	53.97	29	46.03
合计（272所高校）	198	72.79	74	27.21

对教育部直属高校、"985"高校、"211"高校的统计也显示，重点高校领导班子中女干部的配备率较高，普遍在70%以上。其中，"985"高校

的配备率最高，达 84.21%，超过四地所有高校的配备率；其次为部属 75 所高校，配备率为 78.67%，高于四地平均水平（72.79%），此外是"211"高校，配备率为 71.05%，略低于四地平均水平（见表 21）。

表 21　部分重点高校领导班子中女领导配备率

不同类别高校	配备女领导的高校数（所）	百分比（%）	没有女领导的高校数（所）	百分比（%）
部属 75 所高校	59	78.67	16	21.33
"985"38 所高校	32	84.21	6	15.79
"211"114 所高校	81	71.05	33	28.95

4. 四地高校领导班子中女性数量不断增加

1995 年国务院颁布的《中国妇女发展纲要（1995～2000 年）》目标（一）"提高妇女参与国家和社会事务决策及管理的程度"规定，"女职工比较集中的行业、部门以及企事业单位的领导班子成员中，应多选配一些女性。"高校属于女教职工较多的单位，因此，一些高校领导班子中的女性配备了 2 个、3 个甚至更多。在京津沪渝四地 272 所高校中，领导班子中有 3 个以上女领导的有 38 所高校，其中以北京的高校最多，有 23 所，重庆的最少，仅有 2 所。具体分布见表 22。

表 22　四地高校领导班子中有 3 个以上女领导的高校清单

单位：人

序号	学校	书记	副书记	校长	副校长	小计	
		女	女	女	女	男	女
北京（23 所）							
1	中华女子学院	—	—	1	4	1	5
2	北京财贸职业学院	1	2	—	2	4	5
3	北京舞蹈学院	—	1	—	3	4	4
4	北京城市学院	—	2	—	2	4	4
5	北京电子科技职业学院	1	2	—	1	6	4

续表

序号	学校	书记	副书记	校长	副校长	小计	
		女	女	女	女	男	女
6	北京卫生职业学院	—	1	—	3	3	4
7	北京戏曲艺术职业学院	—	1	—	3	3	4
8	北京大学	—	1	—	2	10	3
9	北京师范大学	1	—	—	2	9	3
10	中央财经大学	—	—	—	3	7	3
11	对外经济贸易大学	1	2	—	—	5	3
12	北方工业大学	—	2	—	1	5	3
13	首都医科大学	1	2	—	—	6	3
14	国际关系学院	1	—	—	2	4	3
15	中央音乐学院	1	1	—	1	6	3
16	中央戏剧学院	—	1	—	2	4	3
17	外交学院	—	1	—	2	4	3
18	北京印刷学院	1	2	—	—	6	3
19	北京物资学院	—	2	—	1	6	3
20	中国音乐学院	—	2	—	1	4	3
21	北京体育职业学院(兼两正职)	1	—	1	1	2	3
22	北京北大方正软件职业技术学院	—	1	1	1	4	3
23	北京经济管理职业学院	—	1	—	2	5	3
天津(8 所)							
24	天津交通职业学院	1	1	—	3	2	5
25	天津城市职业学院	—	—	1	3	2	4
26	天津职业技术师范大学	—	1	1	1	6	3
27	天津商务职业学院	—	—	1	2	4	3
28	天津轻工职业技术学院	1	1	—	1	5	3
29	天津外国语大学滨海外事学院	1	1	—	1	3	3
30	天津体育学院运动与文化艺术学院	—	—	—	3	4	3

续表

序号	学校	书记	副书记	校长	副校长	小计	
		女	女	女	女	男	女
31	天津医科大学临床医学院	—	—	1	2	2	3
上海（5所）							
32	上海财经大学	—	—	1	3	6	4
33	上海健康医学院（上海医疗器械高等专科学校和上海医药高等专科学校合并）	1	—		3	3	4
34	东华大学	—	2		1	7	3
35	上海中医药大学	—	1		2	5	3
36	上海交通职业技术学院	—	1		2	2	3
重庆（2所）							
37	重庆工商大学	1	—		2	7	3
38	重庆第二师范学院	—	1		2	4	3

注：兼两正职指的是身兼党委书记和校长，该校的女领导数是"人次"。

从38所高校的情况看，中华女子学院女领导的人数最多，6位校领导中5位是女性，占83%。但该校是四地高校中唯一的女子学院，不具有代表性。除此之外，北京戏曲艺术职业学院、北京财贸职业学院领导班子中女性分别占到57%和56%，是北京高校领导班子中女领导人数占比最高的；天津交通职业学院、天津城市职业学院是天津高校领导班子中女领导人数占比最高的，分别为71%和67%，前者班子里的女领导还被调入其他高校担任主官；上海交通职业技术学院、上海健康医学院是上海高校领导班子中女领导人数占比最高的，分别为60%和57%，此外，上海财经大学班子中的女领导占比40%，是教育部直属75所高校和"211"高校领导班子中女性比例最高的。从学校的类别看，艺术学院、财经学院、医学院有可能是女领导数量较多的高校，这与两性在学科专业领域的角色分工有一定关系。

与当代中国各历史阶段相比，当下高校女领导的数量和规模，成为

"中国史上之最"。据史料记载，新中国成立前，我国历史上第一位高校女校长出现在 1924 年，是国立北京女子师范大学的杨荫榆[①]校长，她因受到爱国女学生的反对和鲁迅先生的批评而名声扫地，抗日战争时期因不屈服于日本侵略者的暴行而惨死于日军枪下；第二位高校女校长，也是最著名的女大学校长是吴贻芳[②]博士，她于 1928～1951 年担任金陵女子大学校长，其

[①] 杨荫榆（1884～1938），1884 年出生于江苏无锡，是著名学者杨绛的姑姑。1907 年获公费东渡日本留学，进入东京高等师范学校学习。毕业回国后，受聘于江苏省立第二女子师范学校，担任教务主任并兼任生物解剖教师。1914 年出任北京女子师范学监。1918 年赴美留学入哥伦比亚大学学习，获教育学硕士学位。1922 年回国后在上海教书，不久被北洋政府教育部召至北京，1924 年 2 月被任命为国立北京女子师范大学校长。

杨荫榆遵循西方教育理论，强调秩序、学风，要求学生只管读书，不要参加过问政治运动，把学生的爱国行为视为"学风不正"，横加阻挠，开除了刘和珍、许广平等 6 名学生，导致女师大风潮。鲁迅、钱玄同等 7 人联名发表《对于北京女子师范大学风潮宣言》，坚决支持学生。1925 年底，段祺瑞政府在无可奈何的情况下，撤销了杨荫榆的校长职务。

1927 年，杨荫榆回到苏州女子师范学校任教，并在东吴大学、苏州中学兼授外语。1937 年，日军侵占苏州，杨荫榆目睹日军种种暴行，数度到日军司令部抗议，表现了不畏强暴的民族气节，1938 年 1 月 1 日被日军杀害于盘门外吴门桥，时年 54 岁。

[②] 吴贻芳（1893～1985），江苏泰兴人，祖籍浙江杭州。早年就读于杭州女子学校及上海启明女子学校，1916 年，考入金陵女子大学，1919 年毕业，任教于北京女子高师。1922 年，被教育部派往美国留学，6 年后毕业于美国密执安大学研究生院，获生物学博士学位。1928 年 8 月，回国出任金陵女子大学校长，履新时刚满 35 岁。就职致辞时，确定了金陵女大的办学宗旨"造就女界领袖，为社会之用；培养人才，从事于中国的各种工作"。

吴贻芳执掌金陵女子大学校政长达 23 年，以独特的育人方式和高质量的育人成果享誉中外，将一个教会女子大学办成了民国时期最负盛名的一流女子大学。"厚生"树人，德才兼备，是吴贻芳教育思想的精华，她将造福社会和培养学了、博雅和专才、制度化管理和人性化教育恰到好处地融合起来，重视学生的人格教育和人文精神培养，形成了"全人格"教育模式，在中国的高等教育中引领风尚，独树一帜。

1941 年 3 月，在国民参政会第一次大会上，吴贻芳当选为五人主席团中唯一的女主席，其组织才干、活动能力引起社会各界广泛的赞誉。1945 年，吴贻芳作为中国代表团十位成员中唯一的女代表，赴美参加联合国成立大会并发表演讲，签署《联合国宪章》。1946 年，因对国民党官场的腐败实质的厌恶，她断然拒绝担任参政会执行主席和国民政府教育部长。1949 年 3 月，南京城已陷入混乱，吴贻芳再次拒绝担任国民政府教育部长，并且拒收飞往台湾的机票。

新中国成立后，吴贻芳曾担任江苏省教育厅厅长、江苏省副省长等职务，从事教育领导工作。她长达半个多世纪的教育实践，她在教育界的卓越建树，她众多学生的杰出贡献，使她无愧于杰出教育家的英名。

吴贻芳学贯中西，誉满中外，桃李满天下。1979 年，美国密执安大学的女校友会授予她"智慧女神"奖，褒奖了这位女教育家数十年来培养女性人才的非凡业绩。

23 年独具匠心的办校经历，使其成为中国现代史上著名的女教育家；第三位高校女校长，是华南女大的第一位华人校长王世静①荣誉博士，她于 1930 年正式就职，直至 1951 年华南女大撤并。值得注意的是，旧中国的高校女校长均任职于女子大学，她们同旧中国的女子大学一样，屈指可数。

从 1949 年新中国成立到 1995 年联合国第四次世界妇女大会，我国高校女校长突破在女子大学任职的"限制"，出现在重点高校或综合性高校校长（或校领导）的位置上。

改革开放后，首先是德高望重的女物理学家、中科院院士谢希德，1983 年 2 月出任复旦大学校长，1988 年 11 月卸任，成为新中国诞生后第一位女校长；同年 4 月，我国著名艺术设计家和艺术设计教育家常沙娜，被任命为中央工艺美术学院院长；1985 年 1 月，留苏归来的机械工程师庞瑶琳出任北京化工学院院长；接下来是女物理学家、中科院院士韦钰，1986 年出任东南大学校长，1987 年出任南京工学院院长；再就是女教育家刘继南，1993 年被任命为北京广播学院（中国传媒大学前身）院长；还有自动化专家吴启迪，1995 年出任同济大学校长，是中国改革开放后第一位经民主推举产生的大学校长；1995 年，安树芬和回春茹分别被任命为中华女子学院的党委书记和院长；1997 年，该校党委书记陈乃芳，被教育部任命为北京

---

① 王世静（1897~1983），1897 年 1 月 29 日出生于福建省福州市的名门望族。少年时代就有女性求学、求解放的强烈意识。16 岁（1914 年）进入福建华南女子大学前身华英女学堂就读，并信奉基督教。1916 年华南女子文理学院肄业，进入美国晨边学院留学。毕业后，又到密执安大学学习，1923 年获化学硕士学位。
王世静 1923 年回国，在厦门大学执教，任厦大化学系副教授。1924 年应母校之召，回到华南女子大学任教，担任该校化学系教授、系主任，教务长。1928 年，华南女大董事会任命王世静担任校长，之后，她再次赴美国留学。1929 年 7 月回国，接管校务工作。1930 年 1 月 18 日，正式接任华南女子大学校长。抗日战争爆发后，她领导师生克服种种困难，坚持办学。她曾多次赴东南亚和美国筹集教育经费。1947 年被美国波士顿大学授予教育学荣誉博士。
1951 年 2 月 16 日，福州协和大学和华南女子大学合并，成立福州大学，王世静任副主任委员。1952 年 6 月 15 日，福州大学与福建师专合并成立福建师范学院，王世静任该校教授、图书馆馆长。此外，她曾兼任福建省人民政府参事室参事，省政协第一、二、三、四届常委会委员等职。1983 年 9 月，这位爱国爱教的基督徒、女教育家病逝于福州家中。

外国语大学校长；此外，致力于创办我国民办大学的胡大白教授，1994 年出任了黄河科技学院的院长。此时，女校长进入了中国高校知识精英和管理精英的队列，与男校长比肩，成为为数不多的中国高校的当家人，但她们还是寥若晨星，屈指可数。

进入 21 世纪后，随着我国高等教育事业的发展，随着女性接受和参与高等教育机会的增长，随着联合国第四次世界妇女大会在我国产生的广泛影响，山红红、王迎军、郑晓静、樊丽明等一批出生于 50 年代的女性杰出专业人才出现在教育部直属重点高校校长的岗位上，张雪、郭淑兰、王璐江、杜金香、王德宠等一批德高望重的优秀党务工作者，出现在教育部直属高校党委书记的岗位上，为我国高等教育事业的发展，做出了不同凡响的贡献。

21 世纪以来，随着中国高校数量、类型、规模的迅速扩展，随着中国优秀女性人才的迅速成长，京津沪渝四地高校的统计显示，越来越多的女性出现在中国各类高校的领导岗位上，其数量和规模，已大大超过中国历史上各个阶段，成为历史上高校女领导发展最快的时期。

（三）京津沪渝四地高校女校长发展的基本规律和经验

1. 国内外社会发展环境的支持和保障

教育是女性参与社会发展最先涉及的领域之一，全世界各国政府中第一位女部长就是 1924 年丹麦政府的教育部长。当今，杰出女性出任大学校长甚至名校校长，已是世界性现象。根据 2015～2016 年泰晤士高等教育世界大学排名的数据，世界前 200 名大学中，有 17% 的高校校长是女性。教育家刘继南主编的"世界大学女校长·女子大学丛书"，详细介绍了非洲、澳大利亚、俄罗斯、芬兰、塞尔维亚、法国、意大利、英国、韩国、印度等国家，以及美国常春藤大学、美国五姐妹女子学院女校长的情况，并讲述了 34 个国家 80 余位女校长个人的故事，烘托了各国知识女性进军高等教育管理领域、开拓进取、艰苦创新、施展才华智慧的不可逆转的世界潮流（见表 23）。

表23 2015～2016年泰晤士高等教育世界大学排名前10位女校长清单

排名	校名	女校长姓名	任职年份
2	University of Oxford 英国牛津大学	Louise Richardson	2016
6	Harvard University 美国哈佛大学	Drew Faust	2007
8	Imperial College London 英国帝国理工学院	Alice Gast	2014
17	University of Pennsylvania 美国宾夕法尼亚大学	Amy Gutmann	2004
28	Karolinska Institute 瑞典卡罗林斯卡学院	Karin Dahlman – Wright（acting）	2016
32	University of Washington 美国华盛顿大学	Ana Mari Cauce	2015
36	University of Illinois at Urbana – Champaign 美国伊利诺伊大学厄巴纳 – 香槟分校	Barbara Wilson（acting）	2015
38	McGill University 加拿大麦吉尔大学	Suzanne Fortier	2013
44	University of California，Davis 美国加州大学戴维斯分校	Linda Katehi	2009
47	Wageningen University and Research Center 荷兰瓦赫宁根大学	Louise Fresco	2014

资料来源：《2016年，这十所世界顶尖大学都是女校长》，http：//www. zznews. gov. cn/news/2016/0922/227403. shtml，2016. 10. 4。

20世纪70年代以来的国际环境，有利于高校女校长的成长与发展。联合国第一次世界妇女大会明确了男女平等的定义，即"男女作为人的尊严和价值的平等以及男女权利、机会和责任的平等"（1975年），为妇女进入各个领域的发展指明了方向；联合国1979年制定了《消除对妇女一切形式歧视公约》，明示"女性参与公众和政治事务、参与决策和担任公职"（第七条）、"女性平等地接受各级各类教育"（第十条）等，是女性的基本权利，应得到各国政府的支持和保障；联合国1995年第四次世界妇女大会通过的《行动纲领》，将"妇女参与权力和决策"确定为第七个战略目标，并核定了各级妇女参政 30% 的指标，为女性群体性地参与决策和管理提出了底线要求；联合国大会 2015 年通过的《2030：可持续发展议程》，其 17 个目标中的第 5 个是"实现性别平等，赋权所有妇女与女童"，其具体指标要求"妇女在各级全面有效参与政治、经济和公共生活的决策工作，并享有进入领导层的平等机会"，其中的"各级""全面""有效"，为女性参政在 30% 的基础上进一步发展，提出了更高要求……所有这些世界议程，为高等教育中女性领导人的长足发展提供了依据和保障。

新中国成立后，"男女平等"被确立为中国主流意识形态和法律原则，中国妇女在长期封建社会"三座大山""四大绳索"① 的束缚和压迫下解放出来，在毛主席"时代不同了，男女都一样，男同志能够做到的事，女同志也能做得到"号召的鼓舞下，广泛参与到中国社会主义建设的各个方面，"妇女能顶半边天"的社会氛围和标志，既为世界瞩目，又被国际妇女运动尊重和羡慕。

改革开放后，中国政府于 1980 年签署了联合国《消除对妇女一切形式歧视公约》，1997 年签署了联合国《经济、社会和文化权利国际公约》，1998 年签署了《公民权利和政治权利国际公约》②，之后的 2004 年，国家修订了《中华人民共和国宪法》，将"国家尊重和保障人权"纳入《宪法》，为公民权利和妇女权利的实现提供了法律上和政治上的保障。

作为 1995 年联合国第四次世界妇女大会的东道国，中国政府积极促进了《北京宣言》和《行动纲领》的制定，首先承诺了"社会性别主流化战略"，将男女平等作为中国社会发展的基本国策，将提高妇女地位、促进妇女发展作为党和政府的义务和责任。2015 年联合国第四次世界妇女大会 20

---

① "三座大山"是指我国新民主主义革命时期的三大敌人，即帝国主义、封建主义和官僚资本主义，这三大敌人，好比三座大山，压在旧中国劳动人民和劳动妇女的头上。"四大绳索"是指"政权、族权、神权、夫权"。毛泽东主席曾指出，这四种权力"代表了全部封建宗法的思想和制度，是束缚中国人民特别是农民的四条极大的绳索"。旧中国半殖民地半封建的社会制度对女性压迫更深。

② 《公民权利和政治权利国际公约》至今还未被全国人民代表大会批准。

年之际，中国国家主席习近平在联合国世界妇女峰会上发表重要讲话，"让我们发扬北京世界妇女大会精神，重申承诺，为促进男女平等和妇女全面发展加速行动"。

国内外社会发展环境的有力支持，是当今我国高校女领导发展的重要条件。

2. 国家相关法律政策制度的保障

改革开放之后，针对我国干部制度的改革，国家、党和政府制定了一系列法律、政策和制度，促进妇女参政，培养选拔女干部。

在法律层面，《中华人民共和国宪法》（2004）第四十八条规定，"中华人民共和国妇女在政治的、经济的、文化的、社会的和家庭的生活等各方面享有同男子平等的权利。国家保护妇女的权利和利益，实行男女同工同酬，培养和选拔妇女干部。"在此基础上，《妇女权益保障法》（2005）又进一步规定："国家保障妇女享有与男子平等的政治权利。"（第九条）"国家积极培养和选拔女干部。国家机关、社会团体、企业事业单位培养、选拔和任用干部，必须坚持男女平等的原则，并有适当数量的妇女担任领导成员。"（第十二条）用法律规定了女性平等参与政治和管理的权利，以及各级干部管理部门培养选拔女干部的责任。

在政策层面，1995 年、2001 年、2011 年国务院颁布的《中国妇女发展纲要（1995～2000 年）》《中国妇女发展纲要（2001～2010 年）》《中国妇女发展纲要（2011～2020 年）》都把妇女参政和女干部的发展作为重要目标，要求"提高妇女参与国家和社会事务决策及管理的程度与水平""提高妇女参与行政管理的比例"，对县以上各级各部门领导班子的配备率、女性担任正职的比例、女性集中的部门多配备女干部等，均做出明确规定。

在"国家人权行动计划"层面，2009 年、2012 年、2016 年国务院新闻办公室公布的《国家人权行动计划（2009～2010 年）》《国家人权行动计划（2012～2015 年）》《国家人权行动计划（2016～2020 年）》中，均把"促进妇女平等参与管理国家和社会事务"作为"妇女权利"保障的第一个行动目标，以履行国家保障特定群体权利的职责。

在党的干部工作制度层面，改革开放以来，中国共产党多次召开培养选拔女干部工作会议，并下达加强女干部工作的相关文件。2001 年，中组部下发"关于进一步做好培养选拔女干部、发展女党员工作的意见"的文件，明确要求各省、市、县党委、人大、政府、政协四大领导班子中要配备一名以上女干部，中央国家机关部委、省市党委政府工作部门要有一半以上的领导班子配备女干部，省、市、县三级党政领导班子后备队伍中女干部的比例不少于 10%、15% 和 20%。多年来，在各级、各类领导班子中，选拔、培养和任用女性、少数民族和非党干部，成为中国共产党的一项基本干部制度。

在上述法律、政策和制度的保障下，本研究发现了高校女领导成长的一些路径和规律。

第一，高校本身成为女干部发展的重要基地。高校中活跃着一大批中层管理干部，他/她们或是各院系的领导，或是高校机关各部门的领导，进而进入高校校级副职领导岗位。同男性相比，女领导有 49.00% 是本校成长，而男性的发展路径则低于这个比例，一方面说明高校本身是女干部发展的重要基地，另一方面说明女干部成长的路径比较单一。

第二，高校女领导呈现"女副书记现象"。就高校领导的"出身"而言，女性领导更多来自党办校办（党政办）、组织（人事）处、教务处、学生处、团委、工会等党务或行政部门，而男性领导更多来自该校最主要的院系等教学科研单位。以男女领导进入的领导岗位而言，女性领导较多进入女副书记岗位，在四地高校 351 位女领导中，有 115 位女副书记，占女领导总数的 26.8%。女领导较多出现在女副书记的岗位上，本课题称之为"女副书记现象"。女性首先进入党委领导班子，不失为高校女性参与高层管理的有效途径和规律。

第三，高校女领导呈现"女书记现象"。20 世纪 60 年代，特别是 1978年后，我国高校实行了"党委领导下的校长负责制"，党委书记实际是高校领导班子的"班长"，是最主要的领导人。在四地高校担任正职领导的 58位女性中，有 40 位是党委书记，占四地高校正职女领导的 68.97%，占四地高校女领导总数的 15.5%。在北京"北、清、人、师"（北京大学、清华

大学、中国人民大学、北京师范大学）四个副部级高校中，陈旭、靳诺、刘川生分别担任了后三所高校的党委书记。从1949年至2002年的53年间，这四所高校一共出现过彭珮云（清华大学，1949.3~1950.3）、贺美英（清华大学，1995.9~2002.2）、汪家镠（北京大学，1991.1~1994.7）3位女书记。而当下，四所大学同时出现3位女书记，这在新中国的历史上是罕见的。

第四，高校女领导呈现"女纪委书记现象"。统计还发现，在四地高校115女副书记中，有31.41%的女领导人担任纪委书记或分管"纪检监察办公室"，占三成以上。在当下反腐败的形势下，女性以其"党性强""组织纪律性强""原则性强""自律"等特点，获得党组织和广大党员的信任，站在了反腐败和纪检监察的第一线。

3. 各级党委、组织部门和单位的重视、培养与支持

众所周知，我国不同类别的高校是由不同部门、不同层级的干部部门管理的，各高校领导干部是由不同干部部门任命的。一般说来。京津沪渝四地本科高校领导的级别都在司局级以上，其领导班子和领导干部是由教育部党委或直辖市一级党委任命的。从女干部在领导班子中的配备率看，统计表明，"985"高校的配备率最高（84.1%），以下依次是天津市高校（81.48%）、上海市高校（78.79%）、教育部直属75所高校（78.67%）以及北京市高校（76.40%），说明这些部委或直辖市党委的干部部门，对培养选拔女干部的工作是按照制度认真执行的。

1998年，在中组部和全国妇联联合召开的"培养选拔女干部工作会议"上，中组部领导强调，"下级呈报的换届人事方案中没有女干部人选的，原则上不予审批；因女干部落选和工作调整出现的空位不能被挤占，要在一定时期内务色女性人选予以补充。"四地高校主管部门认真执行这一政策，例如，2014年中国传媒大学党委副书记因工作需要调任中华女子学院院长，她的领导位置并未被男领导取代，教育部在2016年重新选拔了一位女性，担任了中国传媒大学的党委副书记。

各级党委也非常重视女干部的选拔培养工作，以清华大学党委书记陈旭

为例。1981 年 9 月，陈旭由北京实验中学考入清华大学无线电电子学系学习，1986 年 7 月毕业后留校任教。她在清华大学电子系相继取得学士、硕士和博士学位，曾一度出国留学，其余大部分时间都是在清华园度过，被称为清华"土著"。她从讲师成长为教授，主要从事超高真空技术、质谱分析和检漏技术等领域的教学科研工作，曾多次获科技奖。在清华大学党委 20 多年的培养下，她从电子系系党委研究生工作组副组长、组长，一路成长为系党委副书记、书记，校党委副书记、副校长、常务副书记，2013 年 50 岁时被教育部任命为清华大学党委书记。像陈旭这样的女领导，四地高校中还有不少。

4. 高校女领导群体性组织的支持

高校女领导群体性组织的发展，既是女性主体意识提升的体现，又是女性知识精英群体意识增长的结果。1995 年联合国第四次世界妇女大会在中国北京的召开，促进了中国各行各业妇女组织的建立和发展，也拉开了高校女校长组织起来、聚力发展的大幕。时任中国传媒大学校长的刘继南，萌生了组织世界各国大学女校长进行交流的想法，并在各界同人支持下，于 2001 年举办了大学女校长"新世纪高等教育发展战略国际论坛"，创立了大学女校长交流合作、分享智慧的国际平台。

"世界大学女校长论坛"创办后每隔三年举办一届，至今已举办了六届，分别以"沟通·合作·发展"（第二届，2004 年）、"和谐社会与文化多样"（第三届，2006 年）、"大学生态环境、可持续发展和女性领导力"（第四届，2009 年）、"文化和教育的包容性发展：大学女校长的使命和作为"（第五届，2011 年）、"女性·教育·领导力"（第六届，2014 年）为主题，围绕"高等教育和女性领导力发展"的主旋律，进行了具有全球战略意义又有本地特色的热烈讨论，并多次形成《北京共识》。来自五大洲 91 个国家的 1000 多名代表先后出席论坛（马延军，2015），其中绝大多数是世界各国和中国著名高校的女校长（和女书记），15 年来各届全国人大常委会、教育部、相关部委的女领导也参加了论坛，通过交流互鉴，凝聚智慧，取得共识；体认困境，直面现实，自立自强；付诸行动，同心协

力，坚持不懈。

15 年六届的世界大学女校长论坛，形成了丰富的积极的成果：一套是历届论坛的论文集，包括 5 卷本 419 篇 290 万字的中英文论文；另一套是"世界大学女校长·女子大学丛书"，包括四个系列，近 50 卷，700 余万字，涉及 34 个国家 80 多位中外女校长成长、任教、治学、治校的个案。这使所有从事高校领导和管理工作的女性，以及怀抱"奋发图强"理想的女性，都可以从中外女校长的成长轨迹、人生体悟、治校方略、办学理念、领导风格中得到教益和力量。

在举办了数届世界大学女校长论坛的基础上，中外女校长们经中国国家民政部注册，成立了"现代女性领导力研究院"，国家教委前主任、十一届全国人大常委会副委员长陈至立任名誉理事长，中国传媒大学名誉校长、世界大学女校长论坛组委会主席刘继南任院长。研究院旨在凝聚高校女校长们的个人智慧和群体能量，加强女校长现象的整理和研究，促进女性领导力尤其是高等教育领域女性领导力的发展和提升。类似的组织还有中国女子高等院校联盟。

（四）我国高校女校长发展面临的挑战

1. 我国高校女校长发展面临的主要问题

（1）相对于其他部门女领导的发展而言，高校女校长的人数偏少，比例偏低

尽管四地高校女领导的比例已经达到 18.63%，四地高校和中国重点高校女领导的配备率平均达到 70% 以上，但是，根据《北京行动纲领》各级女领导至少要达到 30% 的基线要求，根据《中国妇女发展纲要》和中组部"党政领导班子中要配备一名以上女领导"的要求，四地高校女领导的人数、比例和配备率，均未达到上述指标的要求。

《中国妇女发展纲要（1995～2000 年）》指出，"女职工比较集中的行业、部门以及企事业单位的领导班子成员中，应多选配一些女性"。高校应属女职工比较集中的部门，但是，四地和重点高校领导班子的女性配备率，

除天津市（81.48%）和"985"高校（84.21%）外，都明显低于全国2009年党政三级领导班子的女性配备率（均在82.6%以上）；特别是重庆市（53.97%），其高校领导班子女性的配备率，比2009年全国党政三级领导班子女性配备率低30多个百分点，应引起特别关注（见表20、表21、表24）。

表24　2000～2009年各级党政领导班子女干部配备率

年份	党委领导班子			政府领导班子		
	省级	地级	县级	省级	地级	县级
2000	77.4	59.2	61.6	64.5	65.1	59.8
2001	93.5	66.7	61.6	61.3	65.7	59.9
2002	96.8	71.2	67.5	64.5	69.4	70.0
2003	90.3	73.5	79.0	90.3	76.3	82.8
2004	93.5	77.3	79.3	87.1	84.6	84.9
2005	93.5	77.3	78.5	87.1	82.6	83.8
2006	87.1	91.5	92.0	90.3	85.0	84.7
2007	93.5	94.5	89.6	80.6	89.5	92.6
2008	90.3	91.0	85.6	93.5	90.0	90.3
2009	83.9	90.5	82.6	90.3	89.5	88.4

资料来源：中组部统计资料。转引自国家统计局社会和科技统计司《中国妇女儿童状况统计资料2010》，第57页。

教育部统计资料显示，2013年全国普通高校专任教师中女教师的比例已达47.7%（见表25），在一些文科院校、师范院校、艺术院校和医护院校，女教师的比例更高，而四地高校女领导的18.63%的比例，与高校女教师的比例相差较远，没有履行或体现"多配"的政策要求。

表25　2013年普通高校专任教师分年龄及性别构成

年龄	人数	女	性别构成（%）	
			男	女
总计	1496865	714450	52.3	47.7
29岁及以下	236347	140835	40.4	59.6
30～34岁	364180	200291	45.0	55.0
35～39岁	266353	131045	50.8	49.2

续表

年龄	人数	女	性别构成（%）	
			男	女
40～44 岁	218156	97934	55.1	44.9
45～49 岁	195191	79609	59.2	40.8
50～54 岁	120305	42697	64.5	35.5
55～59 岁	68890	16507	76.0	24.0
60～64 岁	16920	3972	76.5	23.5
65 岁及以上	10523	1560	85.2	14.8

资料来源：教育部统计资料。转引自国家统计局社会和科技统计司《2014 中国妇女儿童状况统计资料》，中国统计出版社，2014，第 31 页。

如果按照各国议会联盟的标准，副职没有实质上的决策权，是政策的最高执行者，而不是实际决策者。四地高校女性担任正职的比例只有 11.26%，其中，正职女书记占党委书记总数的 15.50%，正职女校长占校长总数的 7.00%，与国际社会 30% 的基线要求，与国内女教师数量的占比，都相差较远。

（2）高校女领导的任职还存在传统角色定型和边缘化的现象

所谓传统角色定型，指的是"男主外女主内"的性别分工、角色期待、行为规范在高校领导岗位、工作分工、学科专业的固定表现。所谓边缘化，是相对于主流化而言。

首先，四地女领导缺席的高校一般是所谓"男性主导"行业的高校。在中国教育领域普遍存在的"男理工、女文科"的性别隔离现象，在四地高校领导班子中也有一定反映，高校领导班子中女性"缺席"的高校一般是理工、农林、政法、科技、能源、电力、钢铁等门类的高校。比如，四地共有 5 所公安类的大学（含大专），除中国人民公安大学有一位女副校长外，其他四地的 4 所警官学院没有一位女领导。还有校企合办的高职高专或独立学院，若企业是重工业或科技类的集团公司，校领导班子中一般也没有女性（见表 26）。

表26　京津沪渝高校分类别无女领导统计

单位：人

高校专业分类	无女领导的高校人数	高校专业分类	无女领导的高校人数
综合院校	19	财经院校	6
文科院校	2	政法院校	4
理工院校	22	民族院校	0
农林院校	3	体育院校	2
医药院校	2	艺术院校	5
师范院校	1	其他	3
语言院校	5	—	—

这种学科专业上的"性别隔离"，不仅存在于横向范围，在纵向范围上也有表现，被称为"玻璃天花板"现象，即层次越高女性越少，女性被高层的无形障碍所阻隔。比如，在部属75所重点院校中，女正校长只有4位，她们是中国石油大学（华东）校长山红红、上海财经大学校长樊丽明、华南理工大学校长王迎军和西安电子科技大学校长郑晓静，占部属重点高校校长总数的5.41%；在38所"985"高校中，女校长只有1位，是华南理工大学校长王迎军，占"985"高校校长总数的2.63%；在114所"211"高校中，女校长也是只有4位，与部属高校4位女校长相同，占"211"高校校长总数的3.54%。在中国大陆，只有这4位女校长执掌重点高校，这与中国社会发展和妇女发展的进程相距甚远。

其次，在四地高校党政领导的分工上，存在着一定的性别差异。从高校党政领导的分工看，担任党务工作的女领导明显多于担任行政工作的女领导。党的思想、政治、组织工作的引领和保障固然重要，女性由党务工作领域进入高校领导岗位不失为一条重要通道，但高校毕竟是专业性的教学科研机构，不能进入教学科研工作的领导岗位，其实是其边缘化的一种表现。

此外，在高校领导分管工作的分工上，也存在一定的性别差异。除去正职和副职的分工差别外，思想政治工作、纪检工作、学生工作、工青妇工

作、财务工作等，女领导承担的较多；学科规划和建设工作、科研工作、教学工作、基建工作、信息工作、出版工作、保卫工作等，男性领导负责的较多。我们不能说思想政治工作、人的工作不重要，但进入高等教育的专门领域，不能更多接触教学科研的领导工作，不能不说是高校领导经验和领导力的一种缺失。

（3）高校女校长发展的路径偏窄、空间不足

四地统计显示，几乎一半（49%）的女领导都是由本校提升发展起来的，"其他高校成长"的和"其他非高校单位调入"的女领导比例，都明显低于男领导。这说明，其一，男领导在高校之间调动和流动的机会明显比女领导多；其二，教育领导机构和部委办局的一些司局级领导（包括较高职务级别的转业军人），也较多地派往高校担任领导。可见，与男领导的发展路径相比，女领导的发展机会和空间就没有那么多。高校女领导发展路径偏窄与空间不足的部分原因是，女性在司局级（或部委办局等）领导岗位上任职的比例本身就低。其反映的，不仅是四地高教领域女性参政的问题，也是中国妇女参政的整体问题。

（4）高校女领导发展的支持性环境不足

本研究将高校领导最终学历（受教育程度）的性别差异与高校领导职称的性别差异做了比较发现，尽管高校领导在学历上存在"两头低中间高"的性别差异，但不像高校领导职称上存在的性别差异那么大（见表6和表9）。在表示学术能力和学术地位的"职称"一项上，性别差距显著：男领导有26位"中科院院士"，女领导则无；男领导有13位"工程院院士"，女领导仅有1位；在"正高级职称"中，男领导比女领导高12.44个百分点（男64.50%，女51.86%），即在高端专业学术领域中，男性占绝对统治地位。

这种差距的存在可能说明，女性在高校专业技术领域中发展的支持性环境不足。女性因生育和承担较多家庭责任，从而在职称评定、科研课题获得、研究论文发表、获奖机会、重点学科实验室主持、重点课题的国际合作和交流、进入专家委员会的资格等方面，难以得到与男性专业人员平等的机

会和权利，从而成为学科专业带头人的可能明显少于男性。很多高校的职称评定委员会、学术委员会、获奖评审委员会等专门学术机构，成员均以男性专家为主，女性的诉求和能力较少进入男性专家的视野，加之腐败现象的存在，女教职人员学术发展的机会更少。

2. 我国高校女校长发展障碍的主要原因

（1）高校培养选拔女干部的制度规定不够明确

第一，没有明确的指标和时间表。政策规定，在女职工集中的单位，应在管理岗位上多配女性。因"多配"的指标模糊，其配备率普遍低于党、政、人大、政协四大班子在省、地（市）、县三级上的配备率，当然，也没有时间上的要求。再比如，要求女干部在正职岗位上有一定比例，"一定"是多少也不清楚。还比如，要求女性参政的指标比以前有所增长，"增长"多少还不清楚。"不清楚"意味着意愿不坚决，行动不明确，工作不担责。

第二，后备干部规定的比例没有区别对待，更没有与时俱进。2001年，中组部下发的《关于进一步做好培养选拔女干部、发展女党员工作的意见》，关于后备干部的比例做了这样的规定："省、市、县三级党政领导班子后备干部队伍中女干部的比例分别不少于10%、15%、20%。"老实说，这样的三级后备干部比例，已经落后于我国公务员队伍中女公务员快速增长的实际状况，而教育领域又是女教师集中的地方，其后备干部的比例怎样适应女公务员和女教师增长的变化，应该设定为多少，并没有明确规定。

《中国妇女发展纲要（2011～2020年）》"妇女参与决策和管理"的目标要求："逐步提高后备干部队伍中女干部的比例"。但"逐步"的日程表怎样体现？"提高的比例"是多少？"高教领域"的特殊性规定又是什么？这些具体政策的执行既没有责任人，又没有落实和执行机构，影响了高校女性参与决策和管理的发展进程。

第三，缺乏政策实施的考核和审查机制。有关培养选拔女干部的各项规定，对于相关干部主管部门，是否应当考核和审查？未尽责的主管，是否应承担责任，应被问责？这些考核、审查、问责和奖惩机制显然没有配套。

第四，没有政策落实的监督和评估机制。什么单位、社会群体、独立研

究机构可以监测和评估高校培养选拔女干部的工作？怎样做到这些信息透明公开，供相关机构和民众监督、评估、了解和使用？

在我国各类高校，建立包括社会性别主流化在内的现代化治理机制，建立决策的科学化民主化机制，真的是时候了。

（2）主管部门的认识尚有偏见

在我国，虽然"男女平等"已经作为中国社会发展的基本国策，但一些人对男女平等的认识还停留在所谓"中国化"或"过时"的理解上。人们平常仍喜欢说："让男人做适合男人的工作，让女人做适合女人做的工作，男女各自发挥自身的优势。"在教育领域，什么是男人或女人适合做的工作？一位教育部门的领导告诉我们，女性有爱心，感性思维强，适合做中小学校长，照顾好孩子；男性有魄力，理性思维强，适合做大学校长，教育好年轻人。这种看法反映了人们所谓的"男女各自发挥自身的优势"。这种两性对立的、基于传统认识的看法，早已不符合人类特别是妇女发展的现实，理性思维强的女性、有爱心的男性比比皆是，但这些教育部门领导的看法却很难改变，他们继续用这种观念指导工作，教育学生。

再就是有的干部主管部门，在"男主外女主内"潜在性别观念的支配下，认定女性必定依赖男性，不如男性，他们不信任女干部，不放心女干部，挑剔女干部。历史上，女性确实缺少参政的经历和资源，但不等于当今或未来社会女性永远不具备参政的条件和能力。还有的组织部门领导者为了避嫌或招惹是非，甚至不敢使用女干部。

与此相联系的一种认识是，高校有关业务主管部门不负有推进男女平等、提高教育领域女性地位、培养选拔女干部的责任，认为那是"组织部门"和妇联的事。"多一事不如少一事""宁肯不做，也别找麻烦"的风气加剧了这种认识。

上述种种根深蒂固的"男外女内""男尊女卑"等基于性别区别对待的观念和做法，严重影响了女性参与高校管理和决策的机会、权利和责任，也阻碍了党和政府履行提高妇女地位、促进男女平等的义务、承诺和责任。

（3）各种配套政策和措施不足

此处所指的各种配套措施，一是指与性别平等有关的各项政策和措施，二是指平衡工作和家庭矛盾的各种措施。

根据社会性别主流化的理论，其一，基于性别的区别对待，使得被区别对待的人或群体的基本权利和自由受到损害的政策，是直接歧视的政策。现在高校中还残存着这种政策，例如，强制女教职人员提前 5 年退休。其二，对所有的人一样的中立政策，由于人们生活的条件和特点不同，也可能造成歧视性的结果，使一些人丧失了某些机会和权利，是间接歧视的政策。高校的职称评定、科研课题评审、获奖机会、获得重点国际合作和交流的机会、专家委员会的组成等方面的政策，可能都是不想歧视任何人的中立政策，但因女性承担生育、养育或家庭照顾等责任，最终难以获得与男性专业人员平等的机会。

因此，在政策上的性别盲视和不敏感，看不到性别中立的政策可能存在的不平等后果，缺乏针对性的、系统性的促进女性在专业技能方面平等发展的政策，是影响高校女性学科专业发展和女性领导力提高的重要因素。

在平衡工作和家庭的矛盾、减轻专业技术人员的后顾之忧、保障家庭福利方面，当下的政策相对于计划经济时代有了很大倒退，尽管那个时代中国的经济发展和物质生活水平很低。哈尔滨军事工程学院建立之初，院长陈赓对全院的教职员工说，"我要当好你们的后勤部长，减轻你们工作和生活的后顾之忧。"学院建立了托儿所、幼儿园、食堂、开水房、洗澡堂等多种公共服务设施，为每一位教职员工提供全面的福利和照顾，从而使教师队伍迅速成长，教学质量大幅度提高。

随着计划经济向市场经济的转轨与改革，家庭照顾和公共服务也变得市场化了，生育和家庭照顾逐渐被看成家庭私事和女性的责任，这从根本上制约了女性的整体发展。尽管高校和政府部门的公共服务设施和福利待遇远远优于社会其他部门，被公众所羡慕，但因缺乏"男女共同承担家庭

责任和社会责任""提供家庭照顾服务是公共服务的基本内容""平衡工作和家庭的矛盾是政府和用人单位的责任"等基本理念、政策和举措，职业女性为事业的发展付出沉重的代价，进入高层决策和管理领域面临重重障碍。

（4）系统性传统角色定型等文化的影响

系统性传统角色定型是指"男外女内""男尊女卑"的观念、分工和做法，在各领域各阶段被固定和强化了。比如，在幼儿阶段，家长们习惯给女孩买娃娃和毛绒玩具，给男孩买手枪、车模或变形金刚，还说是孩子喜欢（其实是家长内化了传统观念推定孩子喜欢）；在学龄前阶段，幼儿园老师教女孩学芭蕾，教男孩学武术；在小学阶段，老师习惯训练女孩的朗读和表达能力（所谓形象思维能力），训练男孩的思考和判断能力（所谓逻辑思维能力）；在中学阶段，老师鼓励女孩学文科，鼓励男孩学习理工科；进入大学后，社会和家长不再关心女生的学习能力，更多关心女生有没有男朋友，暗示女生的最终价值和定位在家庭而不在社会。这种系统性的贯穿青少年一生的角色定型教育，怎么可能使女生具有对科学技术的热爱、兴趣和激情，从而使她们走上追求专业技术的道路？怎么可能激发她们对社会的责任，从而使她们走上参与公共事务管理的岗位？

此外，专业技术领域一贯是男性首先进入和发展的领域，其许多专业知识的表达，也是用男性习惯和熟悉的方式进行的，女性会有理解上的生疏和障碍，但不等于女性通过学习和训练，永远无法理解与掌握理工科的专业知识。再就是现实中国学术领域中女性榜样稀少，也会影响女性对科学技术的追求。前述四地高校领导学科背景的统计，也反映了男领导理工科专业背景多、女领导文科专业背景多的"学科专业的性别隔离"。而大学校长很重要的身份是专业学科领域的开拓者或带头人。学科专业方面的角色定型，可以促使男性在学科专业领域一展身手，进而成为学科专业带头人；而女性则难以进入理工科专业，更难成为这些领域的领军者。在我国，系统性的传统角色定型和分工，以及与此相关的根深蒂固的文化影响，是限制女性在高等教育领导和决策岗位上迅速发展的重要原因。

四 促进我国高校女校长发展的政策建议

1. 落实男女平等基本国策，将性别平等纳入我国教育和人才培养的主流

"男女平等基本国策"是中国国家领导人在1995年联合国第四次世界妇女大会上向全世界宣布与承诺的，并纳入《中华人民共和国妇女权益保障法》和中国共产党第十八次全国代表大会报告；"社会性别主流化"是联合国第四次世界妇女大会确定的推进性别平等的全球战略，中国政府是首先承诺社会性别主流化的49个政府之一。上述对四地高校女校长发展状况的社会性别分析表明，在高等教育领域女性参与决策和管理的不足，是"男女平等基本国策"和"社会性别主流化"的贯彻执行存在一定问题。因此，应将性别平等纳入教育领域宏观决策的主流。

首先，提高各级决策者的性别平等意识。联合国界定的性别平等，指的是所有人在尊严、价值、权利、机会、责任上的平等，也是指所有人都不受社会偏见、传统角色定型和各种歧视的限制，自由地发展个人能力和做出选择。它既不是指建立在"男尊女卑、男外女内"基础上的所谓适合男女"优势"的传统角色分工，也不是男女一模一样的"形式上的平等"。在性别平等的基础上，"任何社会组织结构中，另一性别的人不应低于40%"，教育领域应首先实现，教育领域的决策者应率先垂范。

其次，分析现行的各项教育政策、规划、方案对男女两性及各个社会群体、各个地区的不同影响，研究和修订那些基于性别区别对待并导致歧视性结果的政策与方案，例如退休政策、师范生招生政策、国防生招生政策；关注和分析那些没有歧视目的但可能产生歧视性结果的性别中立的政策，以及对男女两性及对经济社会发展的不同影响；研判和论证即将采取的政策方案可能产生的性别差异和影响……有针对性地采取补救措施或暂行特别措施，纠正可能导致的不平等、不公正结果，实现实质性平等的目标。

再次，清理性别不平等的教育内容，改变性别不平等的教育活动。从根本上说，人们的社会性别观念和行为，是人的社会化的结果，是通过接受教

育和学习得到的，这里所指的教育包括家庭教育、学校教育、社会教育、职业教育和终身教育等。仅有教育机会的平等，而没有教育内容、教育活动、教育环境、教育过程等的平等，也不可能得到教育结果的平等。"以其昏昏不能使人昭昭"，各类教育者树立性别平等和性别公正的观念尤其重要。

在我国各类高校，建立包括社会性别主流化在内的现代化治理机制，建立决策的科学化民主化机制，提高现代化治理能力，真的是时候了。

2. 落实培养选拔女干部的各项政策，加大高校领域培养选拔女领导干部的力度，促进女性领导力的增长

"培养选拔女干部"是《中华人民共和国宪法》《中华人民共和国妇女权益保障法》《中国人权行动计划》《中国妇女发展纲要》的明确规定和目标，"培养选拔教育领域的女干部"更有"多配"的规定，但"多配"的政策需要明确和落实。

第一，要有明确的指标和时间表。根据四地高校现有的实际情况，建议到 2020 年，高校领导班子女性的配备率应达到 85%（四地高校女干部的配备率现为 72.79%，2009 年各级党政班子的配备率平均为 90%），高校女领导的比例应达到 25%（现为 18.63%），高校正职女领导的比例应分别达到 20% 和 10%（现分别为 15.5% 和 7%）。有了明确目标和时间表，才能体现意愿和态度的坚决，才有可能落实这些目标。

第二，与时俱进提高高校后备女干部的比例。根据高校女干部发展的实际和女教职员工的比例，实事求是地规定高校后备女干部的比例，建议校系两级后备女干部的比例应分别为 30% 和 40%，下一级后备女干部的基数应高于上一级后备女干部的基数。

第三，严格执行领导班子中女干部只进不出的政策。国际经验证明，这是提高女性参与决策和管理的有效办法。中组部也有相应政策，"下级呈报的换届人事方案中没有女干部人选的，原则上不予审批；因女干部落选和工作调整出现的空位不能被挤占，要在一定时期内务色女性人选予以补充"，对此，要坚决执行，并定期公布。

第四，加大女干部学习、培训、挂职锻炼、交流、轮岗等的力度，加强

对女干部的培养和历练，拓展女干部发展的空间，那些领导班子中没有女干部的理工科学校应是贯彻这一政策的重点单位。

第五，建立对相关干部主管部门和主管干部的考核、审查、问责和奖惩机制。建立高校领导分性别的统计制度，真正做到信息公开，为社会各界、民间组织和广大教职员工监督和评估这项工作提供条件和帮助。

第六，建立和支持高校女领导的群团组织，为她们相互支持、交流经验、攻坚克难提供支持和帮助。

3. 建立起性别敏感的高校教学、科研、管理制度，推进高校女性人才的平等发展

2010年，国家自然科学基金委员会制定了培养和扶持女科技人员的相关政策，其一，将女性申请青年科学基金的年龄从35岁放宽到40岁；其二，对女性科研人员因生育而提出延长结题时间的要求予以批准；其三，逐步增加专家评审组中女性成员人数。这一政策的出台，增加了女性科技人员获得资助的人数，提升了其资助率，促进了科技女性的发展，也体现了对女科研人员的支持和人文关怀。建议高校认真学习和研究国家自然科学基金的做法，在扩大女性在教育科研领域的发展机会、加强女性的继续教育和知识更新、培养造就女性创新型人才、推动女性参与教学科研管理和重大政策咨询、支持孕哺期女性的教学科研活动、加大女性教研人员的激励和保障、增加各种学术评审机构中女性的比例、加强对女性人才的统计和评估等方面，制定一整套性别平等和性别敏感的政策，推动高校领域中女性人才的快速、健康和可持续发展。

4. 为有家庭责任的男女员工平衡工作和家庭冲突提供方便，努力营造女性人才发展的良好氛围

改革开放以来，生育责任与家庭照料的私人化、女性化和市场化，是强化传统社会性别分工、造成性别不平等的重要机制，也是女性高层人才发展的绊脚石。国际社会对《千年发展目标》的回顾和评估也发现，进入21世纪的15年来，全球妇女在就业、受教育、保健、参政和法律保障方面都有了长足发展，但男女两性的差距特别是在收入方面的差距却扩大了，性别不

平等加剧了。造成这种现象的重要原因，是女性承担了大量的无酬照料责任，其价值却未被承认，她们的这种责任反而成为诸多领域拒绝她们进入的理由。因此，联合国2015年制定的《2030：可持续发展议程》目标五——"促进性别平等，赋权所有妇女和女童"要求，"认可和尊重无偿护理和家务，各国可视本国情况提供公共服务、基础设施和社会保护政策，在家庭内部提倡责任共担"。

进入21世纪以来，中国政府加强了社会建设，并提出社会服务均等化的社会发展战略。可惜的是，政府尚未把消除性别不平等、承认无酬劳动的价值纳入公共服务均等化的规划。因此建议，首先，高校的智库和研究机构加强研究和论证，推进家庭服务和家庭福利纳入国家公共服务体系，大力发展家庭服务业，将家庭照料服务社会化、福利化。这是消除性别不平等和贫富差距的重要手段，也是减轻男女劳动者特别是女性承担无酬劳动负担的根本途径。

其次，在政府的相关社会服务政策尚未出台前，高校应调动可用的资源，为所有有家庭责任的男女教职人员平衡工作和家庭的矛盾提供支持，尽可能多地为高校员工提供家庭服务，并关心她/他们的身心健康。

再次，鼓励男女平等地承担家庭责任和社会责任，有条件的高校应试行"生育陪护假""父母育儿假"等政策，鼓励男性平等地承担家庭照顾责任。

五　研究的困难、不足与后续

本课题研究的初衷，是想通过高校官网，做出我国各类高校领导的分性别统计，搞清"家底"，在此基础上，辅以访谈和焦点组讨论，进而分析我国高校女校长发展的状况。实际上，本研究只做了京津沪渝四个直辖市272所高校的统计和分析。研究的主要困难如下。第一，绝大部分高校官网没有按照教育部"高校信息公开"的要求，公布现任领导的相关信息。有的高校网站信息不全，有的信息更换不及时，有的因各种原因删去了"领导信息"，有的不执行信息公开的规定，等等。第二，有的政府教育主管部门推透或不予帮助。第三，有的高校行政部门不予支持。这些给高校领导基本信息的获得带来很大困难。

研究的主要不足：第一，尚缺乏难以合作的某市 9 个高校的部分领导的信息；第二，尚缺乏对主要当事人女校长的讨论和评价；第三，尚缺乏与主要教育管理部门的沟通和讨论。

研究后续和建议：我国极为缺乏各个行业各个岗位上的分性别数据统计，更缺乏依据分性别数据对相关政策和相关群体发展状况的评估和分析，若能在四直辖市统计分析和研究的基础上，对全国的各类高校进行基础性的统计和分析，这将是对女性高等教育研究和女性高层人才研究的一大贡献。若进行这样的研究，必须具备相应的条件和资源。

参考文献

毕斯塔：《"和平与文化多样性"与大学女校长论坛的战略角色——在第五届世界大学女校长论坛开幕式上的致辞》，《现代传播·中国传媒大学学报》2011 年第 12 期。

曹燕、陈敬良、罗尧成：《中美重点高职院校校长的特征比较及其启示》，《现代教育管理》2011 年第 2 期。

陈雪洁、张丽军：《领导管理领域女性成才的条件与障碍》，《理论界》1995 年第 6 期。

国家自然科学基金委员会：《关于培养和扶持我国女性科研人员的政策措施》，载陈至立《女性高层次人才成长状况研究与政策推动》，中国妇女出版社，2013，第 186~187 页。

何达倩：《美国高教界女性校长的家庭成长背景探究》，《理论月刊》2008 年第 3 期。

何龙群：《浅论大学校长的职责》，《光明日报》2009 年 6 月 3 日，第 007 版。

胡滨：《高校女性领导人才选拔培养研究》，硕士学位论文，湖南师范大学，2009，第 21~22 页。

贾瑞磊：《高校领导行为研究》，硕士学位论文，山东师范大学，2009，第 18~42 页。

蒋莱：《女性领导力的现状及发展趋向》，《山西师范大学学报》（社会科学版）2012 年第 4 期。

妇女教育蓝皮书

马延军：《世界大学女校长论坛的战略性意义与可持续发展》，《中华女子学院学报》2015年第3期。

李培元：《交流合作互鉴共荣 提升女性领导力——在第五届世界大学女校长论坛闭幕式上的致辞》，《现代传播·中国传媒大学学报》2011年第12期。

李艳征：《新时期的女性领导者与"双性管理"》，《职业圈》2007年第23期。

林文漪：《五届十年成果丰硕——在第五届世界大学女校长论坛闭幕式上的致辞》，《现代传播·中国传媒大学学报》2011年第12期。

凌健、陈飞、谢玲霞：《我国"985"高校校长团队的人口特征分析》，《经营与管理》2013年第8期。

刘春元：《社会建构理论视角下的高校女性政治角色》，《河南社会科学》2009年第4期。

刘继南：《教育发展、性别平等与社会进步——在世界大学女校长非洲论坛上的主题发言》，《现代传播·中国传媒大学学报》2012年第11期。

刘莉：《女性管理者的性别角色与人格特征关系研究》，博士学位论文，西南财经大学，2012，第2~4页。

刘丽华：《浅论高校女校长的新领导观》，《江苏高教》2007年第1期。

刘利群、包蕾：《"第二届大学女校长国际论坛"情况简介》，《妇女研究论丛》2004年第6期。

刘利群、包蕾：《沟通·合作·发展——"第二届大学女校长国际论坛"会议综述》，《现代传播》2004年第6期。

刘利群、张敬婕：《老龄化背景下的女性高等教育——"第四届世界大学女校长论坛筹备会暨老龄化背景下的女性高等教育研讨会"综述》，《妇女研究论丛》2008年第4期。

刘云萍：《陈乃芳：呵护"北外"的女校长》，《国际人才交流》1998年第7期。

龙小农：《发展·平等·开放：世界大学女校长非洲论坛综述》，《现代传播·中国传媒大学学报》2012年第11期。

吕惠兰：《高校人力资源激励机制的构建研究》，《高等教育研究》2011年第7期。

陆士桢：《大学女校长管理特色研究》，《中华女子学院学报》2007年第4期。

缪莹：《女性参与高校行政管理的思考》，《黑龙江科技信息》2012年第2期。

牛维麟、詹宏毅：《中国大学校长素质调查》，《中国教育报》2007年8月17日，第7版。

欧桃英：《美国麻省理工学院校长与大学发展研究》，硕士学位论文，沈阳师范大学，2013，第35~37页。

潘利梅、赵保全：《高校女干部成长中的问题与对策研究》，《湖州职业技术学院学报》2009年第1期。

瞿卫星：《江苏省首批"名校长"成功的内在因素研究》，硕士学位论文，南京师范大学，2001，第 9 ~ 16 页。

陈至立主编《女性高层次人才成长状况研究与政策推动》，中国妇女出版社，2013，第 67 ~ 71 页。

沈慧婷、丁秀伟、吴启迪：《第一位民主推举的大学校长》，《中国妇女报》2009 年 10 月 14 日，第 A03 版。

宋静波：《我国高校管理中女性领导者的特质及职业发展障碍》，《新课程研究》2011 年第 6 期。

孙杰：《重构高校女性管理者话语权》，《科学大众·科学教育》2013 年第 7 期。

王福友：《美国大学校长领导能力开发及启示研究》，《国家教育行政学院学报》2008 年第 2 期。

王珺：《如何打破大学女教师发展的"玻璃天花板"》，《中国妇女报》2013 年 10 月 8 日，第 B01 版。

王琴：《大学女校长的使命与作为——第五届世界大学女校长论坛综述》，《现代传播·中国传媒大学学报》2011 年第 12 期。

王琴：《世界大学女校长论坛的品牌传播分析》，《现代传播·中国传媒大学学报》2011 年第 11 期。

潇潇：《一片冰心在玉壶——访我国最年轻的大学女校长吴启迪教授》，《上海高教研究》1995 年第 2 期。

晓庄：《女性领导者的三大"长板"》，《中外管理》2011 年第 3 期。

徐启生：《美国越来越多女性执掌高校》，《光明日报》2007 年 3 月 13 日，第 12 版。

徐盈盈：《从女权主义视角透析女性领导魅力和领导风格的理论建构》，硕士学位论文，北京燕山大学，2010，第 38 ~ 41 页。

徐玉斌、詹美娜：《我国本科院校校长个人特征分析》，《华北水利水电学院学报》（社会科学版）2011 年第 3 期。

佚名：《我国高校第一位民主推举的校长——吴启迪教授》，《同济大学学报》（社会科学版）1995 年第 1 期。

张苏：《女校长的领导力》，硕士学位论文，华东师范大学，2009，第 51 ~ 58 页。

张雪彦：《民办女校长领导力提升策略——以参加〈非你莫属〉节目的女校长为例》，《西北成人教育学报》2013 年第 5 期。

张燕玲、胡中锋：《高校管理中女性领导者角色的研究》，《阜阳师范学院学报》（社会科学版）2009 年第 3 期。

张莹：《高校女性管理者的管理风格研究》，硕士学位论文，上海师范大学，2012，第 20 ~ 37 页。

赵立莹：《超越"玻璃顶"：美国大学女校长案例研究》，《理工高教研究》2008 年第 6 期。

赵梦岩：《新形势下高校女性领导力的开发》，《经营管理者》2013 年第 10 期。

赵曙明：《美国的大学校长》，《高等教育研究》1989 年第 1 期。

赵艳艳：《美国大学校长成功因素探析》，硕士学位论文，河南大学，2013，第17～19 页。

郑畅：《我国高校女性校领导现状的调查与思考》，《黑龙江民族丛刊》2010 年第 6 期。

周丽娜、王琴：《跨越大洲，超越玻璃天花板——世界大学女校长欧亚论坛综述》，《现代传播·中国传媒大学学报》2012 年第 11 期。

周有恒：《福斯特哈佛第一位女校长》，《创新科技》2007 年第 10 期。

李汇群、周丽娜：《第五届世界大学女校长论坛：文化与教育的包容性发展——大学女校长的使命与作为》，中国传媒大学出版社，2014，第 38～80 页。

刘利群、张莉莉：《第三届世界大学女校长论坛：和谐世界，文化多样——大学与媒介的责任》（上卷），中国传媒大学出版社，2007，第 3～29 页。

刘利群、张莉莉：《第三届世界大学女校长论坛：和谐世界，文化多样——大学与媒介的责任》（下卷），中国传媒大学出版社，2007，第 133～140 页。

刘利群、张玲：《沟通·合作·发展：第二届大学女校长国际论坛》，中国传媒大学出版社，2005，第 1～16 页。

钱焕琦：《吴贻芳：金陵女子大学校长》，中国传媒大学出版社，2014，第 1～2 页。

王琴、周丽娜：《第四届世界大学女校长论坛：大学可持续发展与女性领导力》，中国传媒大学出版社，2011，第 3～58 页。

姚玉芹：《大学女书记们》，中国传媒大学出版社，2014，第 1、42、84、118、143 页。

张玲、刘利群、龙耘：《女校长国际论坛：新世纪高等教育发展战略》，北京广播学院出版社，2002，第 1～14 页。

张永英：《妇女参与权利和决策》，载柯倩婷《中国妇女发展 20 年：性别公正视角下的政策研究》，社会科学文献出版社，2015，第 138～161 页。

朱峰：《基督教与近代中国女子高等教育——金陵女大与华南女大比较研究》，福建教育出版社，2002，第 90～107 页。

朱冰：《中国大学女校长》，中国传媒大学出版社，2014，第 1～9 页。

Abstract

In the late nineties, the higher education of China stepped into the phase of education for all, and the scale of it has changed dramatically. This study contains two types of subject: female students and female teachers in universities of China.

In the first part, according to the research on the female students, firstly, the report analyzed the great achievements gained by China since 1949. It means that the population of female students who were in higher education has become larger. The levels of education have become diversified. Secondly, the report analyzed some issues concerning the existence and development of the female students in the university at present, including the difference of the chances for education between urban and rural areas, the difference of the entrance opportunity, and the unequal distribution of the subjects they study between men and women. In addition, it can be seen that female students received less education than the male students, and the course of women's studies is not incorporated into the mainstream classes in the university yet. At last, it proposes some suggestions, such as the adoption and improving of laws and regulations about gender equality, the revising and perfection of the current education policy and regulations about gender discrimination as well as blind spots, the incorporation of the social gender consciousness into education decision-making, the efforts to build up the progressive gender culture, the strengthening of the concept of self-reliant in order to carry out the female course successfully, and the strengthening of the construction of research institution about female education.

In the second part, the report analyzed the evolution of female teachers in the university. Next, it revealed that marginalized problems still exist in the development of female teachers, they mainly reflected in four parts such as low academic status, low status and pay, as well as the gender imbalance in the management of the university. According to those problems, it puts some advices.

Firstly, the gender consciousness shall be brought into mainstream policymakers. Secondly, gender consciousness shall be constructed in the culture. Finally, pilot programs of the gender equality shall be exercised in the university reform.

Keywords: Higher Education; Gender Equality; Female Student; Female Teacher

Contents

I General Report

Abstract: In the late nineties, the higher education of China stepped into the phase of education for all, and the scale of it has changed dramatically. This study contains two types of subject: female students and female teachers in universities of China.

In the first part, according to the research on the female students, firstly, the report analyzed the great achievements gained by China since 1949. It means that the population of female students who were in higher education has become larger. The levels of education have become diversified. Secondly, the report analyzed some issues concerning the existence and development of the female students in the university at present, including the difference of the chances for education between urban and rural areas, the difference of the entrance opportunity, and the unequal distribution of the subjects they study between men and women. In addition, it can be seen that female students received less education than the male students, and the course of women's studies is not incorporated into the mainstream classes in the university yet. At last, it proposes some suggestions, such as the adoption and improving of laws and regulations about gender equality, the revising and perfection of the current education policy and regulations about gender

discrimination as well as blind spots, the incorporation of the social gender consciousness into education decision-making, the efforts to build up the progressive gender culture, the strengthening of the concept of self-reliant in order to carry out the female course successfully, and the strengthening of the construction of research institution about female education.

In the second part, the report analyzed the evolution of female teachers in the university. Next, it revealed that marginalized problems still exist in the development of female teachers, they mainly reflected in four parts such as low academic status, low status and pay, as well as the gender imbalance in the management of the university. According to those problems, it puts some advices. Firstly, the gender consciousness shall be brought into mainstream policymakers. Secondly, gender consciousness shall be constructed in the culture. Finally, pilot programs of the gender equality shall be exercised in the university reform.

Keywords：Higher Education; Gender Equality; Female Student; Female Teacher

II   Special Reports

B. 2   Report on the Mechanism to Promote the Employment of

Female University Students   *Guo Liyan*, *Wang Bing* / 047

Abstract：The employment of female university students has always been the real concern of various governments, universities, families and students themselves, and the focus of the making and implementation of Chinese employment policy. The research adopted the self-designed questionnaire to investigate and analyze the pressure, problems and factors with the challenges of employment dilemma and pressure, with the consideration of international economic development and change from a perspective of state policy. The research raises several strategies to improve the employment mechanism, which includes the strategy to clarify the function of government, to strengthen legal supervision, to construct supervision mechanism of female university students, and to improve their professional quality, to improve the guiding mechanism and comprehensive quality of female university students.

Keywords: State Policy; Female University Student; Employment Mechanism

B. 3 Research on the Employment Status Quo of Female University Students   *Zhang Kecheng, Zhang Wuwei et al.* / 083

Abstract: The paper finds out that there are significant gender differences for female students in the fields of employment modes and locations, employment industries, the nature of corporations, occupation types, wages and salaries, the consistency of specializations and occupations, and job satisfaction according to the survey data from employment situations of female students in 2012 − 2014. In general, compared to male students, female students have less optimistic employment quality, especially in the aspects of employment modes, industries, the nature of corporations and wages and salaries.

Keywords: Female Students; Employment; Differences in Gender

B. 4 The Development of Female University Students in Recent Ten Years: Basing on Empirical Study on the Theory of Students' Development

Jiang Cheng, Zhang Xiaoxiao and Jin Wenwang / 107

Abstract: In recent years, the overall scale of Chinese female university students and the number and the proportion of highly educated talents have witnessed a historic growth. The level of their development has gradually become the focus of attention. This study is based on student development theory, through the large sample data analysis of questionnaire of Graduate School of Education at

Peking University in 2003 −2013, carried out the six national university graduates, in the past ten years. The main research contents include female university students (mainly graduates) development, such as, the total amount and structure characteristics, family environment, academic development, work and internship experience, employment values and higher education evaluation and other aspects, and put forward the relevant suggestions on student participation and gender differences etc. .

Keywords: Female College Students; Development Situation; Student Development Theory

B. 5 Research on the Development of Female University Teachers in Recent 20 Years
Zhao Yezhu / 157

Abstract: There is a great increase in the number of female faculty members entering into tertiary education since the implementation of the policy enlargement in recruiting university students from 1994. Now the presence of women is still very low, especially in high ranks of the faculty and among the academic leadership. The main causes of this phenomenon is the demanding workload of teaching, unreasonable academic resource allocation in universities and stresses of domestic labour. Thus, this paper suggests that progress could be made from both encouraging female faculty members to strive constantly to become stronger and by gradually improving the external environment to create a " female-friendly" surrounding. Meanwhile, more attention need be paid to the development of female faculty members and the improvement of their academic status and professional competence.

Keywords: Female Faculty; Teacher's Professional Development; Professional Competence

B. 6   A Report on the Development of Young Female Teachers in

Colleges and Universities in China   *Tong Xin* / 190

Abstract: Young teacher is an important human resource for the development of higher education in China. This group shows gender equality at the entry into university, and female teachers hold high academic degrees and have strong abilities. However, the career of young female teachers becomes divided depending on the type of university that they serve, namely regular university or liberty university. In liberty universities focused on research, young teachers are highly competitive, and among them female young teachers are academic elites as well with high level of career identity, constructing their academic pursuit with initiative. In contrast, in regular universities where research is not emphasized, female young teachers tend to have lower expectation and show diversity in their career. The career of female young teachers is faced with great pressure of birth and child caring. In addition, the market economy transition and traditional gender ideology increase the burden of balancing work and family. With the traditional gender division of labor still prominent in organizational environment, broader support from academic team and more opportunities to hold administrative post is needed for female young teachers. Female teachers of child-bearing age need more policy support from the organization.

Keywords: Young Female Teachers; Career Development; Work-family Balance; Organizational Gender Environment

B. 7   An Investigation on the Social Participation of College Women

Students   *Shi Tong, Li Jie and Wang Hongliang* / 219

Abstract: While college women students established their intimate relationship based on the emotional ties, college men students developed a broader social network and resources. In the participation of school organizations and student

431

associations, the performance of college women students do not lag behind men students. In the participation of social activities there are different gender characteristics, women students are more willing to participate in social welfare activities, men tend to join the professional, industry organizations. The proportion of women participating in the Communist Party of China is higher than that of men, but in the actual political participation, the ability and willingness of women to participate and discuss politics is lower than that of men. In the future we should further guide and enhance the college women's social participation will, ability and opportunity.

Keywords: Social Participation; Political Participation; School Activities; Social Relationship

B. 8   Research on the Job Satisfaction of Female Administrators in the

Universities: A Case Study of Three Women's Universities

in China   *Liu Xia et al.* / 244

Abstract: The study shall be conducted on the career of female administrators in the university from a perspective of organizational and personal development. This research takes three women's universities as case study, to do a survey on the job satisfaction of their female administrators. It principally adopts principal composition analysis and varimax to choose variables with orthogonal rotation, and then to discuss main factors to influence job satisfaction of female administrators and their difference basing on the questionnaire and interview. The survey finds out that the job satisfaction of the female administrators are fairly good, yet their level are lower than male counterpart. Among these factors, pressure is the principal one to influence it, and which can be adjusted from both perspectives of individual and organization, so as to raise their job satisfaction.

Keywords: Women's Universities; Female Administrators; Job Satisfaction

B. 9   The Influence of the Personnel System of University on the

Full-time Female Teachers and the Counterpart Measures

Zhu Yaoping, Zhu Benlin and Zhu Xiaoxuan / 296

Abstract: The report reviews the development of full-time teacher in the college and university from gender perspective, from which we can see great achievement and gender gap in the area of female faculty construction from aspects of sex, degree, age, title, position, talent exchange, etc. Therefore, it raises corresponding solutions according to the analysis of current system from perspectives of recruitment, retirement age, review of professional title, talent development and research.

Keywords: Gender; Female Faculty in Colleges and Universities; Counterpart Measures

B. 10   Research on the Healthy Status of Female Teachers in

Colleges and Universities

Jiao Kaishan, Ai Bin, Ren Guoying and Hu Wen / 341

Abstract: The research looked up 135 papers on the analysis of female teachers' physical status in colleges and universities in the CNKI, and then used META, to summarize and analyze those data. The finding shows that the highest prevalence of the female teacher is hyperlipidemia (20. 15%), followed by fatty liver (15. 41%), abnormal ecg (15. 17%), hypertension (14. 06%) and high blood sugar (8. 78%), and these common chronic disease prevalence increased with age. The prevalence of chronic cervicitis was the highest among college female faculty in common gynecological diseases, with 24. 45% , followed by hyperplasia of the breast (23. 18%), vaginitis (12. 47%) and uterine fibroids (9. 1%) . In addition, this research also shows on all five kinds of common chronic diseases, the risk of college female teachers were significantly lower than

that of male teachers in colleges and universities, only 61. 7% of the male teachers in the risk of high blood pressure, hyperlipidemia in only 59. 4% of the male teachers, the risk of the disease in high risk was only 73% of the male teachers, the risk of abnormal ecg in only 87. 7% of the male teachers, at risk of fatty liver of only 54. 9% of the male teachers. Finally, this study analyzes the factors that influence the health status of female teachers in colleges and universities and puts forward some suggestions for improving the health status of female teachers in colleges and universities.

Keywords: University Female Teachers; Health Status; Diseases

B. 11   Study on Development Status of Women Presidents of Colleges
         and Universities in Beijing, Tianjin, Shanghai and Chongqing

Liu Bohong / 373

Abstract: This study statistically classifies and comparatively analyses 1524 men presidents and 349 women presidents of 272 colleges and universities in four municipalities – Beijing, Shanghai, Tianjin, Chongqing by means of quantitative statistics, text analysis, interviews and focus group discussions, and finds that the current number of women presidents, the structure, their function, their contributions, their development environment, and the differences between them and their men counterparts and the challenges they faced. This study also explores the law of development, growth conditions and talent characteristics of women presidents at this stage of China, in order to improve relevant policies so as to encourage Chinese women to play a greater role and make more contribution in the field of management in colleges and universities.

Keywords: Women Presidents of Colleges and Universities; Gender Analysis; Development Status

社会科学文献出版社

❖ 皮书起源 ❖

"皮书"起源于十七、十八世纪的英国,主要指官方或社会组织正式发表的重要文件或报告,多以"白皮书"命名。在中国,"皮书"这一概念被社会广泛接受,并被成功运作、发展成为一种全新的出版形态,则源于中国社会科学院社会科学文献出版社。

❖ 皮书定义 ❖

皮书是对中国与世界发展状况和热点问题进行年度监测,以专业的角度、专家的视野和实证研究方法,针对某一领域或区域现状与发展态势展开分析和预测,具备原创性、实证性、专业性、连续性、前沿性、时效性等特点的公开出版物,由一系列权威研究报告组成。

❖ 皮书作者 ❖

皮书系列的作者以中国社会科学院、著名高校、地方社会科学院的研究人员为主,多为国内一流研究机构的权威专家学者,他们的看法和观点代表了学界对中国与世界的现实和未来最高水平的解读与分析。

❖ 皮书荣誉 ❖

皮书系列已成为社会科学文献出版社的著名图书品牌和中国社会科学院的知名学术品牌。2016 年,皮书系列正式列入"十三五"国家重点出版规划项目;2013~2018 年,重点皮书列入中国社会科学院承担的国家哲学社会科学创新工程项目;2018 年,59 种院外皮书使用"中国社会科学院创新工程学术出版项目"标识。

权威报告・一手数据・特色资源

皮书数据库
ANNUAL REPORT(YEARBOOK) DATABASE

当代中国经济与社会发展高端智库平台

所获荣誉

- 2016年，入选"'十三五'国家重点电子出版物出版规划骨干工程"
- 2015年，荣获"搜索中国正能量 点赞2015""创新中国科技创新奖"
- 2013年，荣获"中国出版政府奖・网络出版物奖"提名奖
- 连续多年荣获中国数字出版博览会"数字出版・优秀品牌"奖

成为会员

通过网址www.pishu.com.cn访问皮书数据库网站或下载皮书数据库APP，进行手机号码验证或邮箱验证即可成为皮书数据库会员。

会员福利

- 使用手机号码首次注册的会员，账号自动充值100元体验金，可直接购买和查看数据库内容（仅限PC端）。
- 已注册用户购书后可免费获赠100元皮书数据库充值卡。刮开充值卡涂层获取充值密码，登录并进入"会员中心"—"在线充值"—"充值卡充值"，充值成功后即可购买和查看数据库内容（仅限PC端）。
- 会员福利最终解释权归社会科学文献出版社所有。

社会科学文献出版社 皮书系列
SOCIAL SCIENCES ACADEMIC PRESS (CHINA)

卡号：848477137232
密码：

数据库服务热线：400-008-6695
数据库服务QQ：2475522410
数据库服务邮箱：database@ssap.cn
图书销售热线：010-59367070/7028
图书服务QQ：1265056568
图书服务邮箱：duzhe@ssap.cn

S 基本子库
SUB DATABASE

中国社会发展数据库（下设 12 个子库）

全面整合国内外中国社会发展研究成果，汇聚独家统计数据、深度分析报告，涉及社会、人口、政治、教育、法律等 12 个领域，为了解中国社会发展动态、跟踪社会核心热点、分析社会发展趋势提供一站式资源搜索和数据分析与挖掘服务。

中国经济发展数据库（下设 12 个子库）

基于"皮书系列"中涉及中国经济发展的研究资料构建，内容涵盖宏观经济、农业经济、工业经济、产业经济等 12 个重点经济领域，为实时掌控经济运行态势、把握经济发展规律、洞察经济形势、进行经济决策提供参考和依据。

中国行业发展数据库（下设 17 个子库）

以中国国民经济行业分类为依据，覆盖金融业、旅游、医疗卫生、交通运输、能源矿产等 100 多个行业，跟踪分析国民经济相关行业市场运行状况和政策导向，汇集行业发展前沿资讯，为投资、从业及各种经济决策提供理论基础和实践指导。

中国区域发展数据库（下设 6 个子库）

对中国特定区域内的经济、社会、文化等领域现状与发展情况进行深度分析和预测，研究层级至县及县以下行政区，涉及地区、区域经济体、城市、农村等不同维度。为地方经济社会宏观态势研究、发展经验研究、案例分析提供数据服务。

中国文化传媒数据库（下设 18 个子库）

汇聚文化传媒领域专家观点、热点资讯，梳理国内外中国文化发展相关学术研究成果、一手统计数据，涵盖文化产业、新闻传播、电影娱乐、文学艺术、群众文化等 18 个重点研究领域。为文化传媒研究提供相关数据、研究报告和综合分析服务。

世界经济与国际关系数据库（下设 6 个子库）

立足"皮书系列"世界经济、国际关系相关学术资源，整合世界经济、国际政治、世界文化与科技、全球性问题、国际组织与国际法、区域研究 6 大领域研究成果，为世界经济与国际关系研究提供全方位数据分析，为决策和形势研判提供参考。

法律声明

　　"皮书系列"（含蓝皮书、绿皮书、黄皮书）之品牌由社会科学文献出版社最早使用并持续至今，现已被中国图书市场所熟知。"皮书系列"的相关商标已在中华人民共和国国家工商行政管理总局商标局注册，如 LOGO（▧）、皮书、Pishu、经济蓝皮书、社会蓝皮书等。"皮书系列"图书的注册商标专用权及封面设计、版式设计的著作权均为社会科学文献出版社所有。未经社会科学文献出版社书面授权许可，任何使用与"皮书系列"图书注册商标、封面设计、版式设计相同或者近似的文字、图形或其组合的行为均系侵权行为。

　　经作者授权，本书的专有出版权及信息网络传播权等为社会科学文献出版社享有。未经社会科学文献出版社书面授权许可，任何就本书内容的复制、发行或以数字形式进行网络传播的行为均系侵权行为。

　　社会科学文献出版社将通过法律途径追究上述侵权行为的法律责任，维护自身合法权益。

　　欢迎社会各界人士对侵犯社会科学文献出版社上述权利的侵权行为进行举报。电话：010-59367121，电子邮箱：fawubu@ssap.cn。

社会科学文献出版社